普通高等教育电子通信类特色专业系列教材

数字图像处理

（第二版）

许录平　编著

U0786669

科学出版社

北　京

内 容 简 介

本书主要介绍了数字图像处理的基本概念、常用方法、实用技术和典型应用。全书分三大部分共九章，第一部分是数字图像处理基础，包括绪论、数字图像处理基础和图像变换。第二部分介绍图像处理的基本方法和技术，包括图像增强、图像恢复和图像压缩编码。第三部分讲述数字图像分析的基本原理和方法，包括图像分割、图像描述和图像分类识别。内容系统，重点突出，理论与实例并重，每章配有小结和习题。

本书可作为高等院校信息与通信工程、控制科学与工程、计算机科学与技术、生物医学工程、光学工程、电子科学与技术和网络与信息安全等学科研究生的图像处理课程的教材，以及电子信息工程、通信工程、探测制导与控制技术、计算机科学与技术、电子科学与技术、生物医学工程、电气工程及其自动化等相关专业本科生的教材，也可作为从事图像处理与分析、模式识别、人工智能和计算机应用的研究和开发的工程技术人员的参考书。

图书在版编目(CIP)数据

数字图像处理 / 许录平编著．—2 版．—北京：科学出版社，2017.1

普通高等教育电子通信类特色专业系列教材

ISBN 978-7-03-051142-3

Ⅰ.①数…　Ⅱ.①许…　Ⅲ.①数字图像处理-高等学校-教材

Ⅳ.①TN911.73

中国版本图书馆 CIP 数据核字(2016)第 312700 号

责任编辑：潘斯斯 / 责任校对：桂伟利

责任印制：赵　博 / 封面设计：陈　敬

科学出版社出版

北京东黄城根北街 16 号

邮政编码：100717

http://www.sciencep.com

中煤（北京）印务有限公司印刷

科学出版社发行　各地新华书店经销

*

2007 年 10 月第　一　版　开本：720×1000　1/16

2017 年 1 月第　二　版　印张：18

2025 年 1 月第二十三次印刷　字数：363 000

定价：59.80 元

（如有印装质量问题，我社负责调换）

第二版前言

本书第一版是作者于2007年按照高等院校教材及科技工作者参考的要求，集作者及其团队20多年的数字图像处理教学及科学研究经验编写的，以作为高等院校信息与通信工程、控制科学与工程、计算机科学与技术、生物医学工程、光学工程、电子科学与技术和网络与信息安全等学科研究生的图像处理课程的教材，以及电子信息工程、通信工程、探测制导与控制技术、计算机科学与技术、电子科学与技术、生物医学工程、电气工程及其自动化等相关专业本科生的教材，也可作为从事图像处理与分析、模式识别、人工智能和计算机应用的研究和开发的工程技术人员的参考书。本书内容系统，重点突出，理论与实例并重，每章配有小结和习题。出版后受到了高校师生和广大科技工作者的一致好评，期间经过修改和完善，已累计出版发行2.5万册，取得了良好的社会效益。

近十年来，数字图像处理技术得到了迅猛发展，并已应用到许多领域，如工业、农业、国防、军事、生物医学、通信、社会和日常生活等，尤其在人工智能等应用领域，数字图像处理已成为其核心技术。对此，作为教材使用的师生和广大科技读者需要与时俱进的新版书籍。在科学出版社“十二五”规划教材项目和西安电子科技大学教材立项的支持下，作者在全面总结原教材被高等院校作为教材和科技工作者作为参考书使用的基础上，适应学科和专业的发展需要，汲取教材使用者反馈的信息，尤其是宝贵的意见和建议，对全书进行了系统全面的修改。

本次修订，使本书作为教材和技术参考的特色更加突出。主要表现在如下几个方面。

(1) 结构上力求系统、全面，形式上保持简洁、实用，内涵上注重创新意识和能力培养。

(2) 遵循数字图像处理的特点，从概念出发，深入浅出；结合应用，融合科学研究成果。

(3) 全书覆盖数字图像处理基础、数字图像处理技术和图像分析等数字图像处理主要内容，使其具备教材和参考书的必备功能。

(4) 善于总结，明确数字图像处理方法或技术之间的关系，提出方法或技术的本质。比如，在图像增强中，提出了图像锐化的实质就是原图像加上加重的边缘，这样既明确了图像锐化和边缘检测的区别，同时又给出了二者的有机融合关系。

(5) 从教和学以及知识获取、理解掌握的特点出发，合理安排各章节的内容，以便于读者尽快理解和掌握。比如，在图象变换一章的离散沃尔什一哈达玛变换中，先介绍了变换核具有递推性的哈达玛变换(该方法的出现实际晚于离散沃尔什变换)，再介绍离散沃尔什变换，并提出了其变换核的间接递推性，方便了读者的理解掌握。

(6) 各章配有小结和习题，全书配有学习指导书和教学课件，以便于教师讲授，读者学习、理解掌握。

本书修订过程中，得到了科学出版社“十二五”规划教材和西安电子科技大学教材建设立项的资助，在此表示感谢。同时，也参考了国内外大量书籍和论文等参考资料，作者深表感谢。

由于编者水平有限，书中难免还存在一些缺点和错误，期待读者一如既往的批评指正。

作者

2016 年 12 月于西安电子科技大学

第一版前言

数字图像处理就是利用计算机或数字系统对图像进行转换、加工、分析和处理，以改善其视觉效果，满足实际应用需要，或达到识别理解的目的。1964 年美国喷气推进实验室对“旅行者 7 号”航天探测器传送的大批月球照片用计算机处理后，得到了清晰逼真的图像，开创了图像处理的先河。20 世纪 70 年代，数字图像处理技术开始应用于医学、地球遥感监测和天文学等领域，其中的 CT(计算机断层摄像术)就是图像处理在医学诊断领域最重要的应用之一。

近十年来，数字图像处理技术得到了迅猛发展，并已应用到许多领域，如工业、农业、国防军事、社会和日常生活、生物医学、通信等。今天，几乎不存在与数字图像处理无关的技术领域。因此，许多领域的研究者、教师、学生、科研和工程技术人员都迫切希望获取和掌握有关数字图像处理的方法、技术和应用技能。然而，数字图像处理的理论方法与技术涉及数学、物理学、信号处理、控制论、模式识别、人工智能、生物医学、神经心理学、计算机科学与技术等众多学科，它是一门兼具交叉性和开放性的学科。图像处理和分析所涉及的知识种类多样，方法繁多。鉴于此，作者在近二十年图像处理教学和科研实践的基础上，参考了近年来国内外相关领域的最新成果，编写了这本数字图像处理教材，旨在介绍数字图像处理的基本概念、主要方法和典型应用。

全书共 9 章，可以分为三个部分。第 1～3 章为图像处理基础部分，介绍有关数字图像处理的基础知识，主要包括图像及图像处理的概念、应用领域，人的视觉特性、图像数字化和图像变换。第 4～6 章为第二部分，主要介绍常用的数字图像处理技术。第 4 章介绍有关图像增强的理论及方法，在此基础上第 5 章阐述了图像恢复的相关知识。它们的主要目的就是为了提高图像质量，如去除噪声、增强图像细节的清晰度、恢复原图像等，而第 6 章的图像压缩编码则是以压缩表示图像信息的数据量为目的。第 7～9 章为图像分析部分。第 7 章介绍了图像分割的方法和技术，它是图像分析的必要准备。在第 8 章，利用图像描述的有关知识对已分割后的局部区域和图像整体作出描述和归纳，分析其局部特性并得到目标物的特征参数。第 9 章根据前面得到的目标物特征参数对图像进行相应的分类和识别，并列举了一些图像识别的经典方法，如统计模式识别、结构模式识别和神经网络识别方法等。

本书的部分章节中加入了一些科研成果，可作为研究生课程的内容，仅供本科生及其他读者参考。另外，在每章后面都有习题，习题解答提示及部分答案可见配套的学习指导书。

本书以讲透概念，重视方法，突出应用和好教易学为指导思想。从概念出发，精简实用，返璞归真，顺理成章，深入浅出。同时配有学习指导书和电子教案，以构成立体化教材，提高教学效果。

本书可作为高等院校信息与通信工程、控制科学与工程、计算机科学与技术、生物医学工程、光学工程和电子科学与技术等学科研究生的图像处理课程的教材，以及电子信息工程、通信工程、计算机科学与技术、电子科学与技术、生物医学工程、电气工程及其自动化等相关专业本科生的教材，也可作为从事图像处理与分析、模式识别、人工智能和计算机应用研究开发的工程技术人员的参考书。

本书编写过程中，得到了西安电子科技大学教材建设立项的资助，在此表示感谢。同时，也参考了国内外大量书籍和论文等参考资料，对书中所引用参考资料的作者深表感谢。

由于编者水平有限，书中难免还存在一些缺点和错误，敬请读者批评指正。

作　者
于西安电子科技大学

目　　录

第 1 章　绪　　论

本章主要介绍有关数字图像处理的一些基本概念和应用领域。其中包括图像和图像处理的概念、图像处理技术、图像处理系统构成以及图像处理的重要应用。

1.1　图像和图像处理

1.1.1　图像

“图”是物体透射或反射光的分布，是客观存在的。“像”是人的视觉系统对图在大脑中形成的印象或认识，是人的感觉[1]。图像(image)是图和像的有机结合，既反映物体的客观存在，又体现人的心理因素；图像也是对客观存在的物体的一种相似性的生动模仿或描述。或者说图像是客观对象的一种可视表示，它包含了被描述对象的有关信息。人们在工作或日常生活中会经常见到图像，比如红外图像、雷达图像、医学图像、照片、绘画、动画、电视画面等都是图像的最直接的例子，它是人们最主要的信息源。据统计，人类从外界获取的信息中约有 75%来自视觉，即以图像的形式获取。人们常说“百闻不如一见”“一目了然”都说明了这个事实[2]。

人们可以通过各种观测系统从被观察的场景获得图像。观测系统有照相机和摄像机、显微图像摄像系统、卫星多光谱扫描成像系统、合成孔径雷达成像系统、医学成像系统(超声成像系统、磁共振成像系统等)等。从观测系统所获取的图像可以是静止的，如照片、绘画、医学显微图片等；也可以是运动的，如飞行物、心脏图像等视频图像；还可以是三维(3D)的，大部分装置都将 3D 客观场景投影到二维(2D)像平面，所得图像是 2D 的；图像可以是黑白的，也可以是彩色的。根据图像空间坐标和幅度(亮度或色彩)的连续性可分为模拟(连续)图像和数字图像。模拟图像是空间坐标和幅度都连续变化的图像，而数字图像是空间坐标和幅度均用离散的数字(一般是整数)表示的图像。

1.1.2　图像处理

图像处理(image processing)就是对图像信息进行加工处理和分析，以满足人的视觉心理需要和实际应用或某种目的(如压缩编码或机器识别)的要求。图像处理可分为以下 3 类。

1. 模拟图像处理(analogue image processing)

模拟图像处理也称光学图像处理，它是利用光学透镜或光学照相方法对模拟图像进行的处理。光学图像处理方法历史已久，并在 20 世纪 60 年代激光全息技术出现后，得到了进一步的发展。该方法具有实时性强、速度快、处理信息量大、分辨率高等优点。但是处理精度低，灵活度差，难有判断功能。从 60 年代起，随着计算机技术的发展和广泛应用，数字图像处理诞生并得到了迅速的发展。

2. 数字图像处理(digital image processing)

数字图像处理就是利用计算机对数字图像进行处理。随着计算机和多媒体技术的迅速发展和普及，数字图像处理技术受到了空前广泛的重视，出现了许多新的应用领域和新的处理方法。它具有精度高、处理内容丰富、方法易变、灵活度高等优点。但是它的处理速度受到计算机和数字器件的限制，一般也是串行处理，因此处理速度较慢。

3. 光电结合处理(optoelectronic processing)

光电结合处理是用光学方法完成运算量巨大的处理(如频谱变换等)，而用计算机对光学处理结果(如频谱)进行分析判断等。该方法是前两种方法的有机结合，它集结了二者的优点。光电结合处理是今后图像处理的发展方向，也是一个值得关注的研究方向。随着集成光学的发展和光电结合的应用，在光学计算机出现以后，图像处理技术将会有全新的巨大突破。

1.1.3 图像的表示

1. 图像的数学表示

任何一幅图像都可看作是由无数个很小的光点组成的光强度集合，因此用数学方法描述一幅图像时，常考虑它的点的性质。一幅图像所包含的信息首先表现为光的强度(intensity)，即一幅图像可看成是空间各个坐标点上的光强度 I 的集合。其普遍数学表达式为

$$I = f(x,y,z,\lambda,t) \tag{1.1.1}$$

式中，(x,y,z)为空间坐标；λ 为波长；t 为时间；I 为光点(x,y,z)的强度(幅度)。

式(1.1.1)表示一幅运动(t)的、彩色/多光谱(λ)的、立体(x,y,z)图像。

对于静止图像，则与时间 t 无关；对于单色图像(也称灰度图像)，则波长 λ 为一常数；对于平面图像，则与坐标 z 无关。即在这 3 种情况的每一种下，图像的表示可省略掉一维，即

(1) 静止图像 $I = f(x,y,z,\lambda)$。

(2) 灰度图像 $I = f(x,y,z,t)$。

(3) 平面图像 $I = f(x,y,\lambda,t)$。

而对于平面上的静止灰度图像，其数学表达式可简化为

$$I = f(x,y) \tag{1.1.2}$$

运动图像可用(静止)图像序列表示，彩色图像可分解成三基色图像，三维图像可由二维重建。因此本书主要针对平面上的静止灰度图像进行介绍。

2. 图像的特点

对于表示图像的光强度函数 $f(x,y)$，根据它所代表的物理内容，应具有如下特点：

1) 空间有界

因为人的视野有限，人们看到的一幅图像应该是空间有界的，或在实际应用中要表示的一幅图像的大小也应该是有限的，即对于图像 $f(x,y)$ 应该有：$L_x^- \leqslant x \leqslant L_x^+$，$L_y^- \leqslant y \leqslant L_y^+$。

2) 幅度(强度)有限

作为图像的幅度(光强度)的量度函数，$f(x,y)$ 应该是非负的，即 $f(x,y) \geqslant 0$，而且是一个有限值，即对于所有的 x,y 都有 $0 \leqslant f(x,y) \leqslant B_m$，其中 B_m 为有限值。

所以，我们处理的平面图像是一个二元、有界、非负的连续(指模拟图像)函数，其具有良好的可分析特性，即可以对其进行微分、积分，也可以进行傅里叶变换等各种变换处理。

1.2 数字图像处理的步骤和方法

1.2.1 数字图像处理的基本步骤

数字图像处理技术在广义上是指各种与数字图像处理有关的技术的总称，目前主要指应用数字计算机和数字系统对数字图像进行加工处理的技术。这包括利用计算机和其他数字系统进行和完成的一系列数字图像处理任务，基本步骤如下：

1. 图像信息的获取

首先要获取能用计算机和数字系统处理的数字图像，其方法包括直接用数码照相机、数码摄像机等输入设备来产生，或利用扫描仪等转换设备，将照片等模拟图像变成数字图像，这就是图像数字化。

2. 图像信息的存储

无论是获取的数字图像，还是处理过程中的图像信息，以及处理结果都要存储在计算机等数字系统中。按照要存储信息的不同用途，可分为永久性存储和暂时性存储。前者主要指要长期保存的原图像和处理结果，一般要先压缩编码，以减少存储数据量，再存储在永久（外）存储器（如硬盘、光盘等）中；而对于处理过程中要使用的图像信息，为了提高存取速度，一般要存储在计算机内存中，这就要求内存容量要大。

3. 图像信息的处理

这里的图像信息处理，就是数字图像处理，它是指用数字计算机或数字系统对数字图像进行的各种处理，以达到图像处理的目的。广义地讲，数字图像处理包括图像处理（图像变换、图像增强、图像恢复、图像压缩编码）、图像分析和图像识别分类。图像处理是在图像的像素级上进行的图像到图像的处理，以改善图像的视觉效果或者进行压缩编码。图像分析是对图像中的目标物进行检测，对目标物的特征进行测量，以获取图像目标物的描述。它将二维图像信息变成了一维的目标物特征，是图像识别分类的基础。图像识别分类是在图像分析的基础上，利用人工智能、认知理论和模式识别等技术，对图像中的目标物进行识别和分类，以达到机器识别或实际应用的目的。

4. 图像信息的传输

随着计算机技术尤其是网络技术的迅猛发展和广泛应用，需要传输（通信）的信息不仅有文字或者语音信息，也包括大量的静态或者视频图像信息。由于图像信息量很大，图像信息传输中要解决的主要问题就是传输信道和数据量的矛盾问题。一方面要改善传输信道，提高传输速率，而这些都要受到环境的限制，另一方面就要对传输的图像信息进行压缩编码，以减少描述图像信息的数据量，而这也是图像处理的主要内容之一。

5. 图像的输出和显示

图像处理的目的就是改善图像的视觉效果或进行机器识别分类，最终都要提供给人去理解，因此必须通过可视的方法进行输出和显示，包括硬拷贝（如照相、打印、扫描）和软拷贝（如显示器显示）。

1.2.2 数字图像处理的内容和方法

数字图像处理的理论方法与实现技术涉及数学、物理学、信号处理、控制论、模式识别、人工智能、生物医学、神经心理学、计算机科学与技术等众多学科，它是一门兼具交叉性和开放性的学科。图像处理和分析所涉及的知识种类多样，具体的方法种类繁多，但从主要研究内容和方法上可以分为以下几个方面：

1. 图像数字化

它将非数字形式的图像信号通过数字化设备转换成数字计算机能接受的数字图像信息，是数字图像处理技术的基础，包括采样和量化。

2. 图像变换

为了便于在频域对图像进行更有效的处理，需要对图像信息进行变换。根据图像的特点，一般采用正交变换，诸如傅里叶变换、沃尔什-哈达码变换、离散余弦变换、KL 变换、小波变换等，以改变图像的表示域和图像数据的排列形式，有利于图像增强或压缩编码。

3. 图像增强

图像增强是增强图像中的有用信息，削弱干扰和噪声，提高图像的清晰度，突出图像中所感兴趣的部分。一方面用以改善人们的视觉效果，另一方面便于人或机器分析、理解图像内容。它主要包括灰度增强、图像平滑、锐化、同态增晰、彩色增强等。

4. 图像恢复(复原)

图像恢复(复原)是对退化的图像进行处理，使处理后的图像尽可能地接近原始的图像。所谓退化图像是指由于各种原因(设备问题、周围环境、干扰等)使原清晰图像变模糊或使原图像未达到应有质量而形成的降质图像。它主要包括退化模型的表示、退化系统的模型及参数的确定、无约束恢复、有约束最小二乘恢复、频域恢复方法、图像的几何畸变校正、超分辨率图像复原方法等。

5. 图像压缩编码

由于图像中通常存在冗余，数据量大，不利于传输、处理和存储，所以需要对待处理图像进行压缩编码，以减少描述图像的数据量。压缩可以在不失真的前提下进行，也可以在允许的失真条件下进行。前者解压后可无失真地得到原图像信息，称为无损压缩编码；而后者只能得到原图像的近似，称为有损压缩编码。

6. 图像分割

图像分割是数字图像处理中的关键技术之一。图像分割是指根据选定的特征将图像划分成若干个有意义的部分，这些选定的特征包括图像的边缘、区域等，这是进一步进行图像识别、分析和理解的基础。它主要包括边缘检测的基本方法、基于灰度的门限分割、区域分割等多种分割方法。

7. 图像分析与描述

图像分析与描述主要是对已经分割的或正在分割的图像中各部分的属性及各部分之间的关系进行分析表述。它主要包括灰度幅值与统计特征描述、区域的几何特征、边界描述、区域描述、矩描述、纹理描述、形态学描述等。随着图像处理研究的深入发展，已经有人进行三维物体描述的研究，提出了体积描述、表面描述、广义圆柱体描述等方法。

8. 图像识别分类

图像识别分类就是根据从图像中提取的各目标物的特征，与目标物固有的特征进行匹配、识别，以作出对各目标物类属的判别。

1.3 数字图像处理系统的组成

一个基本的数字图像处理系统由图像输入、图像存储、图像输出、图像通信、图像处理和分析 5 个模块组成，如图 1.3.1 所示。每个模块都有其特定的功能和对应的设备。下面对图 1.3.1 中的各个模块分别进行介绍。

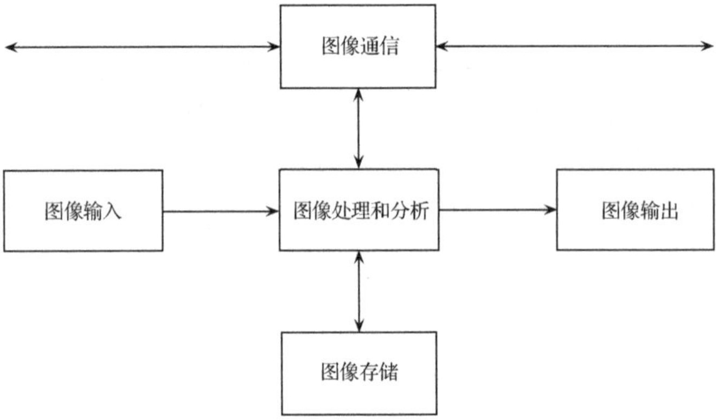

图 1.3.1 图像处理系统的组成示意图

1.3.1 数字图像输入模块

图像输入也称图像采集或图像数字化，它是利用图像采集设备（如数码照相机、数码摄像机等）来获取数字图像，或通过数字化设备（如图像扫描仪）将要处理的连续图像转换成适于计算机处理的数字图像。

1.3.2 数字图像存储模块

图像所包含的信息量非常大，因而存储图像也需要大量的空间。在数字图像处理系统中，大容量和快速的图像存储器是必不可少的。在计算机中，数据最小的度量单位是比特(bit)。存储器的存储量常用字节(1B = 1 Byte = 8 bit)、千字节(K Byte，1K=1024)、兆字节(M Byte，1M = 1024 × 1024 = 1048576)、吉字节(G Byte，1G=1024×1024×1024)、太字节(T Byte，1T=1048576×1048576)等表示。比如存储一幅 1024×1024 大小的 8bit 图像就需要 1MB 的存储器。用于图像处理和分析的数字图像存储器可分为 3 类：处理和分析过程中使用的快速存储器、在线或联机存储器、不经常使用的数据库(档案库)存储器。

计算机内存就是一种提供快速存储功能的存储器。目前一般微型计算机的内存有 256MB、512MB 和 1GB 等。另一种提供快速存储功能的存储器是特制的硬件卡，也叫帧缓存。它可以存储多幅图像并以视频速度(每秒 25 或 30 幅图像)读取，也允许对图像进行放大和缩小、垂直和水平翻转等。

硬盘和软盘是小型和微型计算机的必备外部存储器。硬盘给计算机提供了大容量存储介质，但是盘片无法更换，存储的信息也不便于携带。软盘虽然提供了可更换的存储介质，但其容量小、速度慢、易损坏，在现今 1.44MB 的存储容量远远不能满足图像处理的要求，因而逐步被其他存储设备取代。

闪存盘以闪存记忆体为存储介质，称之为“U 盘”。U 盘以 USB 为接口，具有存储容量大、体积小、易携带、保存数据时间长、防磁抗震、性价比高等特点，成为软盘的理想替代品。移动硬盘和 U 盘的性能类似，其优点是存储容量大、可靠性高、数据保存时间长、数据传输率高、操作简便，而且无需外接电源，以 USB 为接口。

此外，常用来存储数字图像的外存储器还有 CD 光盘、DVD 光盘、光盘塔、磁带、磁盘阵列(RAID)等。各类海量存储器的特点各不相同，应用环境也有极大差别，因此在实际应用中要根据环境的变化而选择不同的海量存储设备。

1.3.3 数字图像输出模块

在图像分析、识别和理解中，一般需要将处理前后的图像显示出来，以供分析、识别和理解，或将处理结果永久保存。前者称为软拷贝或显示，使用设备包括 CRT 显示器、液晶显示器和投影仪等。后者称为硬拷贝，使用设备包括照相机、激光拷贝和打印机等。

1.3.4 数字图像通信模块

在许多工程应用领域或日常工作生活中，都会遇到对大量的图像数据进行传输或通信。由于图像数据量很大，而能够提供通信的信道传输率又很有限，这就要求在传输前必须对表示图像信息的数据进行压缩和编码，以减少图像数据量。而实际的图像信息也包含大量的冗余，通过改变图像信息的表示形式，就可达到消除冗余、减少数据量的目的。因此，图像通信模块主要是要对图像进行压缩编码，而图像数据的压缩和编码技术也就成为数字图像处理的关键技术之一。

1.3.5 数字图像处理与分析模块

数字图像处理与分析模块包括处理算法、实现软件和计算机，它是数字图像处理系统的核心。根据要处理图像的数据量的大小、实时性要求及算法的复杂程度，来选择合适的硬件和软件系统，一般包括如下三种形式：

1. 通用图像处理

对于功能要求灵活，图像数据量大，但实时性要求不高的图像处理与分析算法可以在通用计算机上实现，也可以辅之以方便灵活的操作界面。

2. 专用图像处理系统

对于像 CT、核磁共振、彩色 B 超、机场安检等专用影像的处理，可采用能满足实际应用的专用计算机和专用图像处理算法等，来构成专用图像处理系统。

3. 图像处理芯片

将许多图像处理功能集成在一个很小的芯片上，形成专用或通用的图像处理芯片。如富士通于 2006 年 8 月推出的 MB91683 图像处理芯片。它在单芯片上集合了各种图像处理所需要的功能，比如色彩插值、色彩压缩等，其特点是体积小、功能强、价格低、使用方便。可应用于各种数码相机和带有成像功能的手机，也可应用于 CT、核磁共振、彩色 B 超、机场安检等专用影像处理中，通过采用能满足实际应用的专用计算机和专用图像处理算法等，来构成专用图像处理系统。

1.4 数字图像处理的主要应用

早在 1964 年，美国喷气推进实验室对“旅行者 7 号”航天探测器传送的大批月球照片用计算机处理后，得到了清晰逼真的图像，从此就开创了图像处理的先河。20 世纪 70 年代，数字图像处理技术开始应用于医学、地球遥感监测和天文学等领域，其中的 CT（计算机断层摄像术）就是图像处理在医学诊断领域最重要的应用之一。

近二十年来，数字图像处理技术得到了迅猛发展，并已应用到许多领域，如工业、农业、国防军事、社会和日常生活、生物医学、通信等。今天，几乎不存在与数字图像处理无关的技术领域，而最主要的应用包括如下 9 个方面。

1. 宇宙探测中的应用

在宇宙探测和太空探索中，有许多星体的图片需要获取、传送和处理，这些都依赖于数字图像处理技术。

2. 通信方面的应用

通信中的应用主要包括图像信息的传输、电视电话、卫星通信、数字电视等。传输的图像信息包括静态图像和动态序列（视频）图像，要解决的主要问题是图像压缩编码。

3. 遥感方面的应用

遥感包括航空遥感和卫星遥感。人们应用数字图像处理技术对通过卫星或飞机摄取的遥感图像进行处理和分析，以获取其中的有用信息。这些应用包括地形、地质、资源的勘测，自然灾害监测、预报和调查，环境监测、调查等。

4. 生物医学领域的应用

生物医学是数字图像处理应用最早、发展最快、应用最广泛的领域。主要包括细胞分析、染色体分类、放射图像处理、血球分类、各种 CT 和核磁共振图像分析、DNA 显示分析、显微图像处理、癌细胞识别、心脏活动的动态分析、超声图像成像、生物进化的图像分析等。

5. 工业生产中的应用

将 CAD 和 CAM 技术应用于磨具和零件优化设计及制造、印制板质量和缺陷的检测、无损探伤、石油气勘测、交通管制和机场监控、纺织物的图案设计、光的弹性场分析、运动工具的视觉反馈控制、流水线零件的自动监测识别、邮件自动分拣和包裹的自动分拣识别等。

6. 军事公安方面的应用

在任何时候，最先进的技术总是先用在军事中，数字图像处理技术也不例外。包括军事目标的侦察和探测、导弹制导、各种侦察图像的判读和识别，雷达、声呐图像处理、指挥自动化系统等。

公安方面的应用包括：现场实景照片、指纹、足迹的分析与鉴别，人像、印章、手迹的识别与分析，集装箱内物品的核辐射成像检测，人随身携带物品的 X 射线检查等。

7. 天气预报方面的应用

天气云图测绘和传输、气象卫星云图的处理和识别等。

8. 考古及文物保护方面的应用

珍贵稀有名画的电子化保存，珍贵文物图片、名画、壁画的辅助恢复等。

9. 新的应用领域

1）信息安全

用于版权保护和认证的信息隐藏与数字水印技术，用于身份认证的指纹识别、虹膜识别和面部识别等。

2）图像检索

基于内容的图像检测、识别和检索。

3）体育运动

运动员动作的分析、评测及优化设计。

总之，目前的趋势表明，数字图像处理技术的应用呈现爆炸式增长，而且将持续相当长的阶段。

1.5 全书内容简介

本书包含 9 章，可以分为三个部分，见图 1.5.1 所示。第 1～3 章介绍有关数字图像处理的基础知识。从第 4 章开始，介绍常用的图像处理技术。第 4 章介绍有关图像增强的理论及方法，在此基础上第 5 章阐述了图像恢复的相关知识，它们的主要目的就是为了提高图像质量，如去除噪声、增强图像细节的清晰度、恢复原图像等，而第 6 章的图像压缩编码则是以压缩表示图像信息的数据量为目的。

- 数字图像处理
  - 图像处理基础
    - 第 1 章　绪论
    - 第 2 章　数字图像处理基础
    - 第 3 章　图像变换
  - 图像处理技术
    - 第 4 章　图像增强
    - 第 5 章　图像恢复
    - 第 6 章　图像压缩编码
  - 图像分析方法
    - 第 7 章　图像分割
    - 第 8 章　图像描述
    - 第 9 章　图像分类识别

图 1.5.1　全书内容组成

第 7～9 章讨论的是图像分析方面的内容。首先第 7 章介绍了图像分割的方法，它是图像分析所必做的预先准备工作。然后在第 8 章中，利用图像描述的有关知识对已分割后的局部区域和图像整体作出描述和归纳，分析其局部特性并得到目标物的特征参数。最后在第 9 章，根据前面得到的目标物特征参数对图像进行相应的分类和识别工作，并列举了一些图像识别的经典方法，如统计模式识别、结构模式识别和神经网络识别方法等。

本书中有部分章节加入了一些科研成果，有一些章节可以仅作为研究生课程的内容，而供本科生及其他读者参考。另外，在每章后面都有习题，习题解答提示及部分答案可见配套的学习指导书。

习　题

1.1　什么是图像？如何区分数字图像和模拟图像？

1.2　一般的数字图像处理要经过几个步骤？由哪些内容组成？

1.3　图像处理的目的是什么？针对每个目的请举出实际生活中的一个例子。

1.4　请说明图像数学表达式 $I = f(x,y,z,\lambda,t)$ 中各参数的含义，该表达式代表哪几种不同种类的图像？

1.5　请说明 $f(x,y)$ 表示的图像类型及与 $f(x,y,z,\lambda,t)$ 之间的关系。

1.6　一个数字图像处理系统由哪几个模块组成？试说明各模块的作用。

1.7　数字图像处理主要应用在哪些方面？试举例说明。

第 2 章　数字图像处理基础

2.1　色度学基础

我们知道，图像是由人的视觉系统接收物体透射或者反射的光学信息，然后在大脑中形成的印象和认识，它其实只是客观存在的多维物体在人脑中的“成像”。因此我们要进行图像处理的研究，就需要从色度学以及人的视觉特性两方面开始着手。

2.1.1　三基色原理

颜色和亮度是由进入人眼的可见光成分的强弱及其波长所决定的一种主观属性。对于同一种入射光，不同观察者对其颜色和亮度的感受是不同的，即使是同一观察者在不同时刻和不同环境下的感受也是不相同的，对此必须有客观的描述方法，来表述颜色、亮度和人的感受。

通过对人眼机理及视觉的实验研究表明，人眼的视网膜上存在有大量能在适当亮度下分辨颜色的锥状细胞，它们分别对应红、绿、蓝三种颜色，即分别对红光、绿光、蓝光敏感。由此，红(R)、绿(G)、蓝(B)这三种颜色被称为三基色。

三基色实际将电磁波谱中的可见光分成了三个波段，如图 2.1.1 所示[3]。

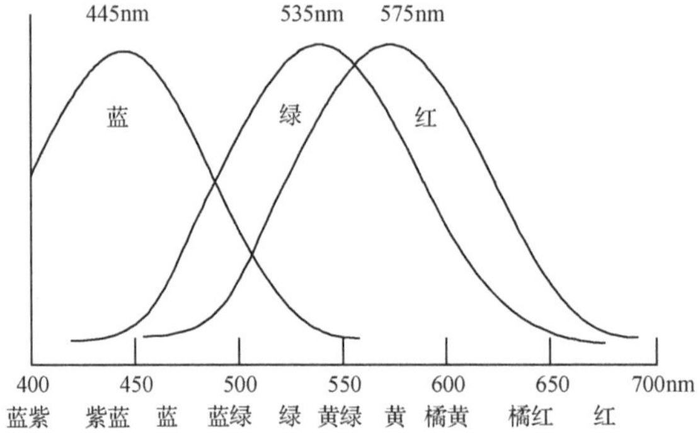

图 2.1.1　人眼三种视细胞的波长吸收函数曲线

根据人眼的三基色吸收特性，人眼所感受到的颜色其实是三种基色按照不同比例的组合。为建立统一的标准，国际照明委员会(CIE)于 1931 年就制定了特定波长的三基色标准：蓝(B=435.8nm)，绿(G=546.1nm)，红(R=700nm)。这样，任一彩色 C 可表示为

$$C = R(\mathrm{R}) + G(\mathrm{G}) + B(\mathrm{B}) \tag{2.1.1}$$

红(R)、绿(G)、蓝(B)三种基色按照不同比例相加合成混色成为相加混色，详见表 2.1.1。

表 2.1.1 三基色相加混色表

三基色比例			相加混色 $C=R(\mathrm{R})+G(\mathrm{G})+B(\mathrm{B})$
R	G	B	
0	0	0	黑色
0	0	1	蓝色
0	1	0	绿色
0	1	1	青色
1	0	0	红色
1	0	1	品红
1	1	0	黄色
1	1	1	白色
$R=G=B$			灰色

2.1.2 颜色模型

颜色是光的物理属性和人的视觉属性的综合反映。就人的视觉感受而言，各种颜色仅从其波长的不同来区分是不完全，也是不直观的。因此，人的视觉感受颜色可用色调(hue)、饱和度(saturation)和亮度(intensity 或 brightness)来表示。色调由颜色所在光谱中的波长决定，是颜色在“质”方面的特征，用来表示颜色的种类。饱和度取决于颜色中混入白光的数量，表示颜色的深浅。颜色中混入的白光数量越多，其饱和度越高，颜色也越淡。亮度取决于颜色的光强度，是颜色在“量”方面的特征，用来表征颜色的明亮程度。

由于颜色具有不同的主观和客观特性，即使相同的颜色，在主观感觉(人的视觉)及客观效果方面也不尽相同，而在不同的应用领域(如影视、光照、印染等)也是如此，因此人们提出了各种表示颜色的方法，称作颜色模型。目前使用最多的是面向机器(如显示器、摄像机、打印机等)的 RGB 模型和面向颜色处理(也面向人的视觉)的 HSI(HSV)模型。但是在印染界及影视界分别使用 CMYK 和 YUV 模型。

下面就常用的 RGB 模型和 HSI 模型作一简单介绍。

1. RGB 模型

在三维直角坐标系中，用相互垂直的三个坐标轴分别代表 R、G、B 三个分量，并将 R、G、B 分别限定在[0,1]，则该单位正方体就代表颜色空间，其中的一个点就代表一种颜色，如图 2.1.2 所示。

原点对应黑色，离原点最远的顶点对应白色，这样从黑色到白色的灰度值就分布在原点到离原点最远的顶点的连线上，而正方体内的各点就对应不同的颜色，可用原点到该点的矢量表示。其中，图 2.1.2 中的 r、g、b、c、m 和 y 分别代表红色(red)、绿色(green)、蓝色(blue)、青色(cyan)、品红(magenta)和黄色(yellow)。

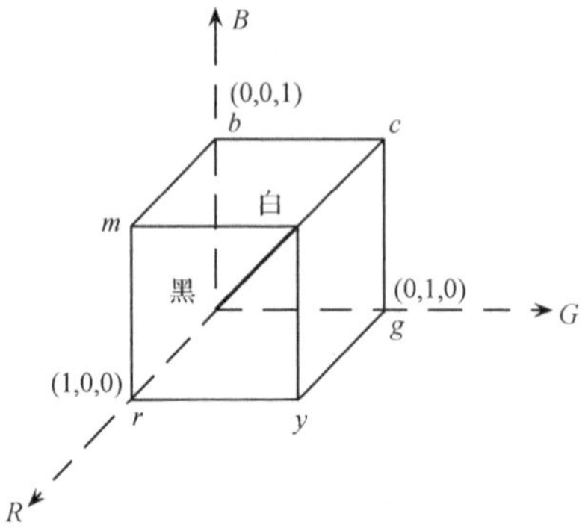

图 2.1.2　RGB 颜色模型

2. HSI 模型

HSI 模型是孟赛尔(Munsell)提出的颜色表示体系，它利用颜色的三个属性色调 H(hue)、饱和度 S(saturation)和亮度 I(intensity)组成一个表示颜色的圆柱体，如图 2.1.3 所示[18]。

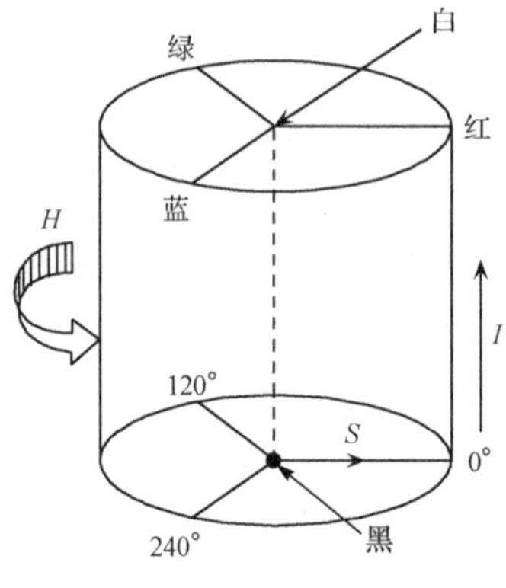

图 2.1.3　HSI 颜色圆柱体

HSI 颜色圆柱体的轴线方向表示亮度，其中底部最暗，顶部最亮。圆柱体的横截面形成颜色环，圆心(圆柱体的轴线上)为灰色，其中圆柱体底部的圆心为黑色，顶部的圆心为白色。色环圆心以外部分表示彩色，其中的角度表示色度，圆心到彩色点的半径长度表示饱和度。红、绿、蓝三基色位于色环圆周上，按 120°分隔。色环的示意图如图 2.1.4 所示[3]。

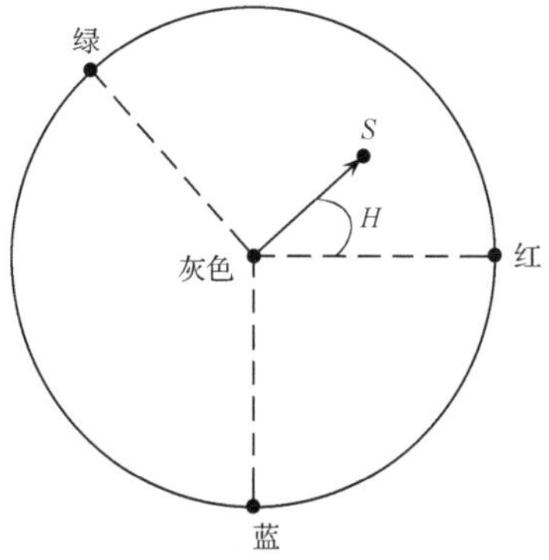

图 2.1.4　HSI 模型中的色环和三基色

HSI 模型的特点是：①I 分量与图像的彩色信息无关，②H 和 S 分量与人感知颜色的特性一一对应。

特点①带来的好处是，在处理彩色图像时，可仅对 I 分量进行处理，结果不改变原图像中的彩色种类。特点②表明，HSI 模型完全反映了人感知颜色的基本属性，与人感知颜色的结果一一对应。因此 HSI 模型被广泛应用于以人的视觉系统感知颜色的图像表示和处理系统中。

还有一种在概念上与 HSI 模型类似的 HSV 或 HVC 模型，其中 H 分量依然表示色调(hue)，S 表示饱和度，V 分量表示对应亮度(value)，C 分量表示色品或彩度(chroma)。

3. RGB 和 HSI 之间的模型转换

RGB 模型面向机器，而 HSI 模型与人的颜色感知一一对应。因此，实际应用中经常要用到 RGB 和 HSI 之间的模型转换。

1) RGB 转换到 HSI

首先将 R、G、B 分量归一化到[0,1]范围内，然后根据下列公式计算出对应的 H、S 和 I 分量分别为

$$I=\frac{R+G+B}{3} \tag{2.1.2}$$

$$S=1-\frac{3}{R+G+B}[\min(R,G,B)] \tag{2.1.3}$$

$$H=\begin{cases}\theta, & B\leqslant G\\ 360^\circ-\theta, & B>G\end{cases} \tag{2.1.4}$$

$$\theta=\arccos\frac{[(R-G)+(R+B)]/2}{[(R-G)^2+(R-B)(G-B)]^{1/2}} \tag{2.1.5}$$

2) HSI 转换到 RGB

若设 S、I 分量的值在[0,1]内，R、G、B 分量的值也在[0,1]内，则由 HSI 模型向 RGB 模型的转换公式如下：

(1) 当 $0°\leqslant H<120°$时，有

$$R=I\left[1+\frac{S\cos H}{\cos(60°-H)}\right] \tag{2.1.6}$$

$$B=I(1-S) \tag{2.1.7}$$

$$G=3I-(B+R) \tag{2.1.8}$$

(2) 当 $120°\leqslant H<240°$时，有

$$R=I(1-S) \tag{2.1.9}$$

$$G=I\left[1+\frac{S\cos(H-120°)}{\cos(180°-H)}\right] \tag{2.1.10}$$

$$B=3I-(R+G) \tag{2.1.11}$$

(3) 当 $240°\leqslant H<360°$时，有

$$B=I\left[1+\frac{S\cos(H-240°)}{\cos(300°-H)}\right] \tag{2.1.12}$$

$$R=3I-(G+B) \tag{2.1.13}$$

$$G=I(1-S) \tag{2.1.14}$$

在我们常用的数字图像处理算法中，如果直接对 RGB 模型中的 R、G 和 B 分别进行处理，其处理过程中很可能会引起三个量不同程度的变化，如此一来，在由 RGB 模型描述的处理图像中就会引起色差问题，甚至带来颜色上很大程度的失真。因此，人们在此基础上提出了 HSI 模型，它的出现使得在保持色彩无失真的情况下实现图像处理成为可能。通过先将 RGB 模型转化为 HSI 模型，得到相关性较小的色调、色饱和度和亮度，然后对其中的亮度分量进行处理，再转化为 RGB 模型，这样就可以避免由于直接对 RGB 分量进行处理时产生的图像失真。图 2.1.5 所示为常见彩色图像处理流程，其中包含了 RGB 模型和 HSI 模型之间的转换。

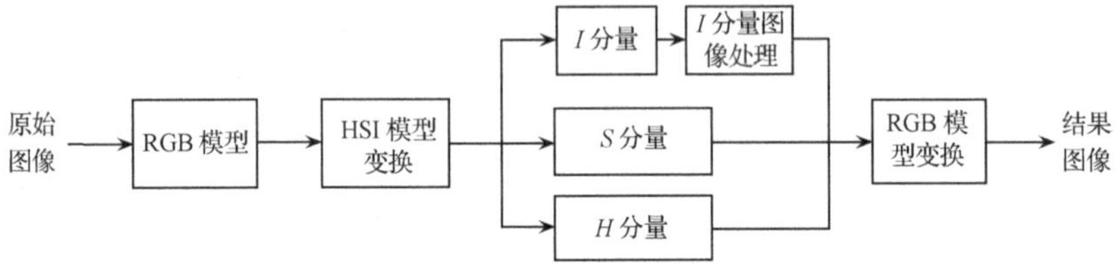

图 2.1.5 常见彩色图像处理流程

图 2.1.6 给出了一幅大小为 256×256 彩色图像的 RGB 模型分量和 HSI 模型分量。其中图(a)、(b)和(c)分别表示 RGB 模型中 R、G、B 分量，而图(d)、(e)、(f)描述了 HSI 模型中的 H、S、I 分量，各分量图像大小与原始图像大小相同。可以看出，图(d)图中物体较黑，而图(e)中较亮，它们分别代表了原始图像中的色调和饱和度，它们作为图像固有的特性，在图像处理中我们一般保留其原始特性，而只对图像的亮度分量进行修改和优化。

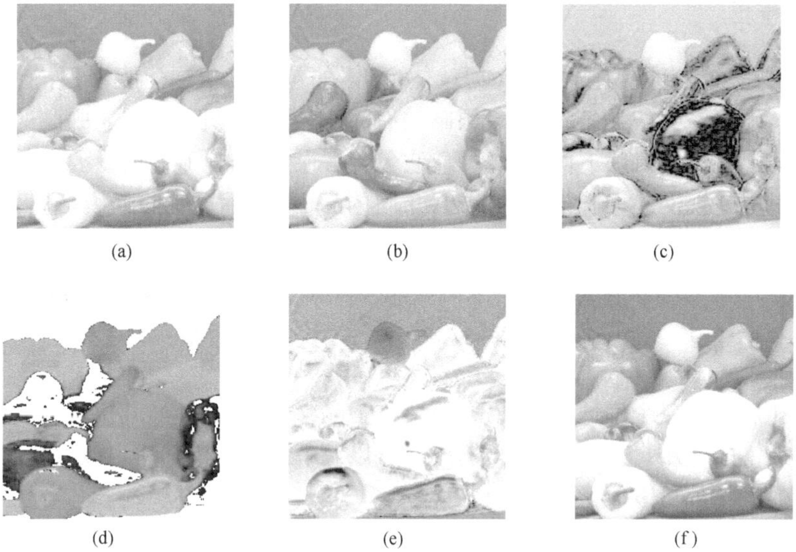

图 2.1.6　RGB 和 HSI 分量举例

2.2　人的视觉特性

图像是图和像的有机结合，像就是反射或透射光的物体在人脑中的印象，也就是物体在光的作用下，通过人眼在大脑的成像。而图像处理的主要目的之一就是提高图像的清晰度，即改善人的视觉效果。无论是成像、图像处理还是图像理解，都与人的视觉息息相关。因此，我们有必要介绍一些与图像处理相关的人的视觉特性。

2.2.1　人眼的构造与机理要点

人的眼睛是人的视觉系统的重要组成部分，其机理与照相机类似。人眼的结构剖面图如图 2.2.1 所示[6]。

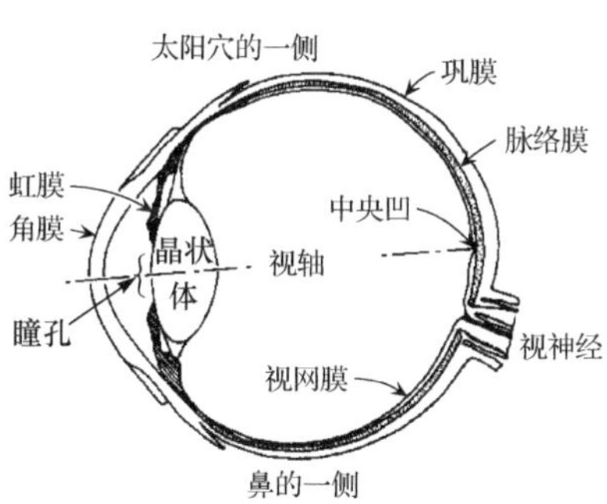

图 2.2.1　人眼的结构剖面图

1. 瞳孔

人眼是一个直径约为 20mm 的球体，球体外包覆有三层薄膜，最外层是角膜和巩膜。硬而透明的是角膜，位于眼睛的前部，不透明的巩膜包覆着眼睛的其他部分。中间层是位于巩膜下面的脉络膜，它包含有血管网，是眼睛的重要滋养源。脉络膜的里层是视网膜。脉络膜的前边（角膜的后面）是不透明的虹膜，虹膜中间有一圆孔称为瞳孔。在虹膜的收缩和扩张下，可以改变瞳孔的直径大小（变化2～8mm），以控制进入人眼内的光通量。瞳孔的机理相当于照相机中光圈的作用。

2. 晶状体

瞳孔后面是一个扁球形弹性透明体，称为晶状体（或晶体），其机理相当于照相机中的透镜的作用。通过睫状体的作用，可以调节晶状体的曲率以改变焦距，使不同距离的景物都可以成像。

3. 视细胞

视网膜位于眼球包覆的最里层，其上集中了大量的视细胞，视细胞的作用相当于光敏感器和光电转换器。它对进入人眼的光进行感知，并通过复杂的物理-化学过程，将光能信号转化为生理电信号。

视细胞分为两大类，用于感知不同的光信号。

1）锥状细胞

在正对晶状体轴线的视网膜中央附近有一凹坑，称为中央凹。在视网膜中央凹附近集中了 600 万～700 万个锥状细胞，它也称为明视细胞，用以在强光上检测亮度和颜色。每个锥状细胞都连接着一根视神经末梢，故分辨率高，可以分辨细节和颜色。

2）杆状细胞

在视网膜的中央凹以外的部分，集中了 7500 万～15000 万个杆状细胞，它比锥状细胞对光具有更高的灵敏度，用于在弱光下检测亮度。多个杆状细胞连接着一根视神经末梢，故其分辨率低，仅可分辨景物的轮廓，无色彩感觉。

4. 人眼成像的过程

根据人们对人眼结构和机理的实验研究，总结出人眼成像的过程如图 2.2.2 所示。

图 2.2.2　人眼成像过程

2.2.2 人的视觉模型

1. 点光源的表示函数

一幅图像可看作是无数多个像点的集合，这里的每个像点可看作是一个点光源。

数学上，点源可以用 δ 函数表示。表示平面图像的二维 δ 函数定义为

$$\begin{cases}\int_{-\infty}^{+\infty}\int_{-\infty}^{+\infty}\delta(x,y)\mathrm{d}x\mathrm{d}y=1\\ \delta(x,y)=\begin{cases}\infty, & x=0,\ y=0\\ 0, & \text{其他}\end{cases}\end{cases} \tag{2.2.1}$$

即它是一个冲激函数，通过它可以表示任意一幅图像 $f(x,y)$。

$$f(x,y)=\int_{-\infty}^{+\infty}\int_{-\infty}^{+\infty}f(\alpha,\beta)\delta(x-\alpha,y-\beta)\mathrm{d}\alpha\mathrm{d}\beta \tag{2.2.2}$$

2. 光学成像系统的表示

一个光学成像系统可用图 2.2.3 来描述。

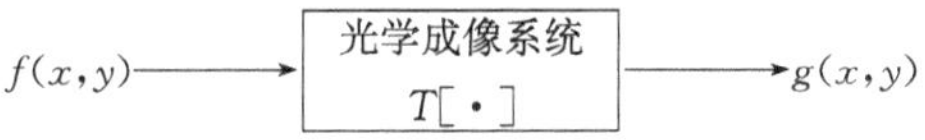

图 2.2.3　光学成像系统

原图像经过光学成像系统后，其输出为

$$\begin{aligned}g(x,y)&=T[f(x,y)]\\&=T\left[\int_{-\infty}^{+\infty}\int_{-\infty}^{+\infty}f(\alpha,\beta)\delta(x-\alpha,y-\beta)\mathrm{d}\alpha\mathrm{d}\beta\right]\end{aligned} \tag{2.2.3}$$

若系统是线性的，则由叠加性有

$$\begin{aligned}&T\left[\int_{-\infty}^{+\infty}\int_{-\infty}^{+\infty}f(\alpha,\beta)\delta(x-\alpha,y-\beta)\mathrm{d}\alpha\mathrm{d}\beta\right]\\&=\int_{-\infty}^{+\infty}\int_{-\infty}^{+\infty}T[f(\alpha,\beta)\delta(x-\alpha,y-\beta)]\mathrm{d}\alpha\mathrm{d}\beta\end{aligned} \tag{2.2.4}$$

利用齐次性有

$$\begin{aligned}&\int_{-\infty}^{+\infty}\int_{-\infty}^{+\infty}T[f(\alpha,\beta)\delta(x-\alpha,y-\beta)]\mathrm{d}\alpha\mathrm{d}\beta\\&=\int_{-\infty}^{+\infty}\int_{-\infty}^{+\infty}f(\alpha,\beta)T[\delta(x-\alpha,y-\beta)]\mathrm{d}\alpha\mathrm{d}\beta\end{aligned} \tag{2.2.5}$$

若系统还是时不变的，设

$$h(x,y)=T[\delta(x,y)] \tag{2.2.6}$$

则有

$$T[\delta(x-\alpha,y-\beta)] = h(x-\alpha,y-\beta) \tag{2.2.7}$$

这里的 $h(x,y)$ 称为该光学系统的冲激响应，也称为点扩展函数。于是有

$$\begin{aligned} g(x,y) &= \int_{-\infty}^{+\infty}\int_{-\infty}^{+\infty} f(\alpha,\beta)h(x-\alpha,y-\beta)\,\mathrm{d}\alpha\mathrm{d}\beta \\ &= f(x,y) * h(x,y) \end{aligned} \tag{2.2.8}$$

上式表示，若系统的点扩展函数已知，那么对于任一输入 $f(x,y)$，系统的输出就可以由点扩展函数决定。

对(2.2.8)式进行傅里叶变换，得到

$$G(u,v) = F(u,v)\cdot H(u,v) \tag{2.2.9}$$

式中，$|H(u,v)|$ 为光线系统的调制转移函数

$$|H(u,v)| = \left|\frac{G(u,v)}{F(u,v)}\right| \tag{2.2.10}$$

3. 人的视觉模型

通过对人眼的生理结构及机理研究，并结合类似的光学成像系统原理，人们发现，人眼类似于一个光学系统，但由于神经系统的调节作用，实际要比光学系统复杂得多。为了对人眼的机理和成像过程进行定性描述和分析，人们试图用线性光学成像系统的原理来解释某些视觉特性，以建立视觉模型。

目前常用的视觉模型是视觉系统的低通-对数-高通模型，大多数视觉现象都可以用它来解释。

根据人眼对光刺激的感知和成像过程，人的视觉模型可以用图 2.2.4 所示的形式来表示。

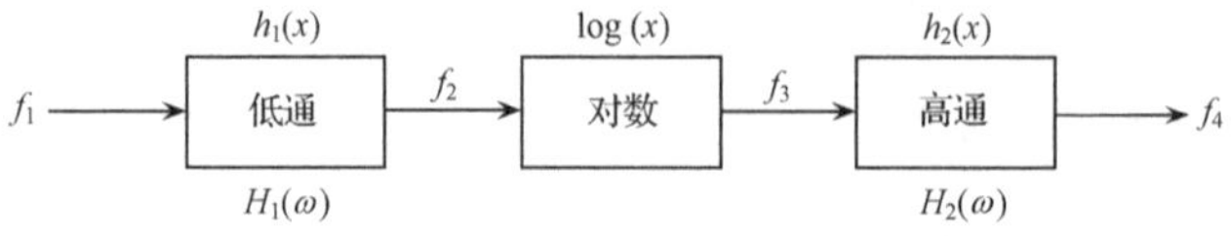

图 2.2.4 视觉的低通-对数-高通模型

(1) 在光刺激经角膜、瞳孔、晶状体等照射到视网膜上这一过程中，瞳孔总有一定的尺寸，晶状体总存在一定的光学像差，视细胞本身有一定大小，这些因素就限制了人眼的分辨力，也限制了视觉系统的上限频率，使视觉系统对高频变化起抑制作用。这一阶段等效为一个低通滤波器，如图 2.2.4 中的第一方块。

(2) 视细胞对光的响应可视为视觉感知的第二阶段。研究表明，主观亮度感觉和客观亮度之间为单调非线性的对数关系，如图 2.2.4 中的中间方块。正是由于人眼的这种非线性关系，使人眼可以接受宽达 10^8 倍的亮度范围。

(3) 由于视神经细胞的侧向抑制作用，其等效于一个高通滤波器，见图 2.2.4 中的第三个方块。视觉过程的高通滤波特性就反映了侧抑制引起的 Mach 带效

应,即在客观亮区的边沿也会存在一条主观亮度更亮的光带(见图 2.2.8)。

2.2.3 人眼的亮度感觉

根据人眼机理及人的视觉模型,人眼感知的主观亮度与实际的客观亮度之间并非完全相同,但有一定的对应关系,这些关系对数字图像处理结果的表达具有重要的作用。下面介绍人眼亮度感觉中的几种主要特性。

1. 亮度对比度

图像中亮度的最大值与最小值的比值称为对比度,用下式表示

$$C=\frac{B_{\max}}{B_{\min}} \tag{2.2.11}$$

有时还采用相对对比度 C_r,定义为

$$C_r=\frac{B-B_0}{B_0}\times 100\% \tag{2.2.12}$$

式中,B_0 为背景亮度;B 为目标物亮度。

2. 人眼的亮度感觉范围

亮度范围是指人眼所感知的亮度从最小值到最大值的范围。人眼能感觉的亮度总的范围很宽($C=10^8$),但人眼并不能同时感受这么宽的亮度范围,事实上人眼适应了某一平均亮度的环境后,所能感受的亮度范围要小得多。当平均亮度适中时,人眼能分辨的亮度上、下限之比为 1000∶1(即 $C=10^3$),而当平均亮度较低时,$C=10$。

人眼之所以能适应亮度环境的变化,是因为人眼的瞳孔大小有调节作用,视细胞本身也有调整能力。

3. 人眼的亮度适应性

当人从一种亮度环境进入到另一种亮度环境时,适应该环境的能力称为亮度适应性。从亮环境到暗环境而适应暗环境的能力称为暗适应,通常这个过程需要几分钟,而亮适应的过程通常只需要几秒钟。

4. 亮度对比灵敏度

为了获得人眼的亮度对比灵敏度,可做如下两个实验[7]。

实验 1 在一个面积较大亮度为 B 的背景上放置一个亮度为 $B+\Delta B$ 的圆形目标,如图 2.2.5(a)所示。改变 B 的值,测得人眼刚好能分辨的亮度差值对应的 ΔB,画出 $\frac{\Delta B}{B}\sim B$ 的关系曲线,如图 2.2.5(b)所示。从图中看到,在很宽的 B 值变

化范围内，比值$\frac{\Delta B}{B}$近似等于一个常数，约为 0.02。该比值称为韦伯(Weber)比或对比灵敏度。

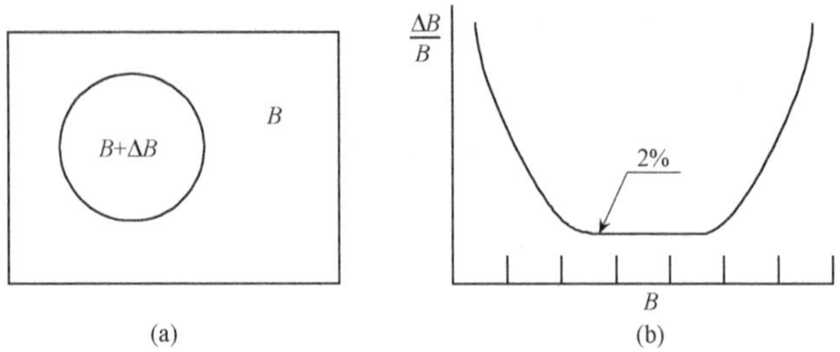

图 2.2.5　恒定背景下的对比灵敏度试验

实验 2　在一个面积较大，亮度为 B_0 的背景上放置一个圆形目标，其一半亮度为 B，另一半亮度为 $B+\Delta B$，如图 2.2.6(a)所示。对于一个 B_0 的值，改变 B 的值，同样测得$\frac{\Delta B}{B}$。而对应每一个 B_0 可以得到一条$\frac{\Delta B}{B}\sim B$ 曲线，画于图 2.2.6(b)中。与图 2.2.5(b)所示相比，韦伯比不仅是 B 的函数，也是 B_0 的函数。在每个 B_0 下，韦伯比保持常数的范围大大缩小了，但韦伯比曲线族的包络就是图 2.2.5(b)中的曲线。

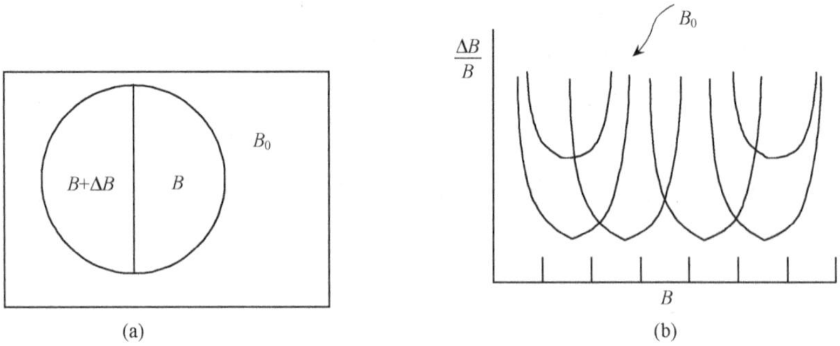

图 2.2.6　不同背景下的对比灵敏度试验

5. 主观亮度与实际亮度的关系

由人眼的对比灵敏度可知，人眼对亮度差别的感觉取决于相对亮度的变化。若实际的刺激亮度 B 产生 ΔB 的变化，而且这个变化人刚刚能辨别出来，那么，对应的主观感觉亮度 S 的变化 ΔS 有下式成立

$$\Delta S = K\frac{\Delta B}{B} \tag{2.2.13}$$

上式两边积分后可得到主观亮度与客观亮度间的关系为

$$S = K\ln B + K_0 \tag{2.2.14}$$

上式说明主观感觉与实际刺激亮度成对数关系，式中，K 和 K_0 均为常数。这一规律称为韦伯-费希纳(Weber-Fechner)定律。

6. 亮度对比效应

人眼对亮度差别的感觉取决于相对亮度的变化，同时人眼对目标的感觉亮度也与相对亮度有关，而且在客观亮度的突变处，人眼感觉的主观亮度会出现超调现象。

1) 同时对比效应

大小一样且亮度相同的四个小方块目标物处于不同亮度的背景中，当人同时观察目标物和背景时，会感到背景较暗的目标物较亮，而背景较亮的目标物较暗。这是由人在高亮度背景下视敏度会下降所致。它与我们在亮处观看一点着的蜡烛和在暗处看一同样点着的蜡烛感觉的亮度不同的道理是一样的，这种效应称为同时对比效应。同时对比效应可推广到如下几种情况(图 2.2.7)：

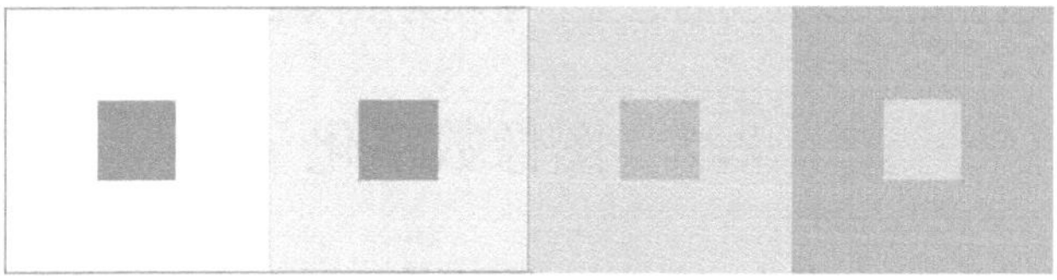

图 2.2.7 同时对比效应

(1) 两目标物亮度相同，但人会感觉到背景暗的目标物亮，背景亮的目标物暗。

(2) 两个不同亮度的目标物处于不同亮度的背景中，人会按对比度感觉目标物的亮度对比。

(3) 人眼观察对比度相近($C_1 \approx C_2$)的两个目标物，会认为两个目标物的亮度接近，这种现象称为亮度恒定现象。

2) 马赫带(Mach Band)效应

图 2.2.8 上半部是由一系列条带组成的灰度图像，其中每个条带内的亮度是均匀分布的，而相邻两条带的亮度相差一个固定值，但人的感觉认为每个条带内的亮度不是均匀分布的，而是感觉到所有条带的左边部分都比右边亮一些，这便是所谓的马赫带效应[4]。

马赫带效应的出现，是因为人眼对于图像中不同空间频率具有不同的灵敏度，而在空间频率突变处就出现了“欠调”或“过调”。

7. 人眼亮度感觉的作用

由以上人眼亮度感觉特性可知，若一幅原图像经过处理，恢复后得到重现图像，重现图像的亮度不必等于原图像的亮度，只要保证二者的对比度及亮度层次

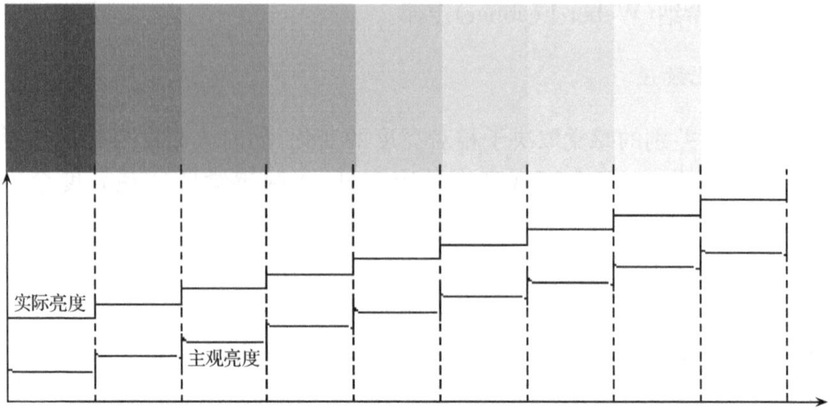

图 2.2.8　马赫带效应

(灰度级)相同，就能给人以真实的感觉。这就为图像处理奠定了灵活的基础。

2.3　图像数字化

图像包括模拟(连续)图像和数字图像，而模拟图像要变成数字图像才能用计算机进行处理。

模拟图像要经过数字化才能变成数字图像。图像的数字化包括采样和量化两个过程。

2.3.1　图像采样

图像在位置上的离散化称为采样。其方法是对原图像按照正方形或正六边形网格点阵进行均匀采样。

设二维连续图像 $f(x,y)$，$x,y\in(-\infty,+\infty)$，它是一个有限带宽的函数。即 $f(x,y)$ 的傅里叶变换为 $F(u,v)$，则有

$$F(u,v)=\begin{cases}F(u,v), & u\in[-W_u,W_u],\ v\in[-W_v,W_v]\\ 0, & 其他\end{cases} \tag{2.3.1}$$

式中，W_u 和 W_v 分别为其在 u 和 v 方向上的带宽。

均匀采样的方法就是用二维离散采样函数 $s(x,y)$ 与原图像相乘。$s(x,y)$ 的表达式为

$$s(x,y)=\sum_{m=-\infty}^{+\infty}\sum_{n=-\infty}^{+\infty}\delta(x-m\Delta x,y-n\Delta y) \tag{2.3.2}$$

其中的 Δx 和 Δy 分别表示 x 和 y 方向的采样周期(采样间隔)。该采样函数如图 2.3.1 所示。

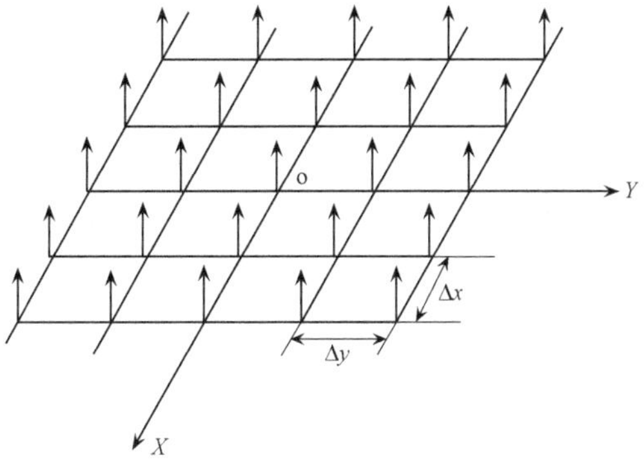

图 2.3.1　采样函数 $s(x,y)$ 的图示

$f(x,y)$ 采样后的采样函数 $f_s(m,n)$ 为

$$f_s(x,y)=f(x,y)s(x,y)=f(x,y)\sum_{m=-\infty}^{+\infty}\sum_{n=-\infty}^{+\infty}\delta(x-m\Delta x,y-n\Delta y)$$

$$=\sum_{m=-\infty}^{+\infty}\sum_{n=-\infty}^{+\infty}f(m\Delta x,n\Delta y)\delta(x-m\Delta x,y-n\Delta y) \tag{2.3.3}$$

式中，连续函数 $f(x,y)$ 移入求和公式内变为 $f(m\Delta x,n\Delta y)$，表示只在采样点 $(m\Delta x,n\Delta y)$ 上取值。于是根据傅里叶变换中的卷积定理，可以得到频域关系式为

$$F_s(u,v)=\frac{1}{4\pi}F(u,v)*S(u,v) \tag{2.3.4}$$

式中的 $S(u,v)$ 表示采样函数 $s(x,y)$ 的傅里叶变换

$$S(u,v)=\frac{1}{\Delta x}\frac{1}{\Delta y}\sum_{-\infty}^{+\infty}\sum_{-\infty}^{+\infty}\delta\left(u-m\frac{1}{\Delta x},v-n\frac{1}{\Delta y}\right) \tag{2.3.5}$$

将式(2.3.5)代入式(2.3.4)，并把卷积式展开，则可以写成

$$F_s(u,v)=\frac{1}{\Delta x}\frac{1}{\Delta y}\sum_{-\infty}^{+\infty}\sum_{-\infty}^{+\infty}F(\alpha,\beta)\delta\left(u-m\frac{1}{\Delta x}-\alpha,v-n\frac{1}{\Delta y}-\beta\right)$$

$$=\frac{1}{\Delta x}\frac{1}{\Delta y}\sum_{m=-\infty}^{+\infty}\sum_{n=-\infty}^{+\infty}F\left(u-m\frac{1}{\Delta x},v-n\frac{1}{\Delta y}\right) \tag{2.3.6}$$

由上面的结果可以看出，采样图像的频谱 $F_s(u,v)$ 是原图像频谱 $F(u,v)$ 沿 u、v 方向以 $\frac{1}{\Delta x}$、$\frac{1}{\Delta y}$ 为周期延拓而得。$F(u,v)$ 和 $F_s(u,v)$ 的示意图见图 2.3.2 所示[17]。

根据上面的分析，如果采样图像周期延拓频谱各周期间不混叠，就可以通过一个二维理想低通滤波器，取出原图像频谱 $F(u,v)$，经傅里叶反变换后得到原图像 $f(x,y)$。其中的理想低通滤波器的频率响应为

$$H(u,v)=\begin{cases}1, & u\in[-W_u,W_u],\ v\in[-W_v,W_v]\\ 0, & \text{其他}\end{cases} \tag{2.3.7}$$

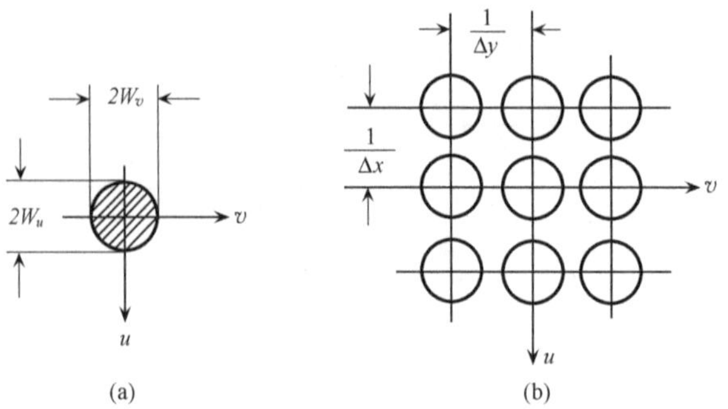

图 2.3.2　原图像和采样图像的频谱

(a) $F(u,v)$　(b) $F_s(u,v)$

从图 2.3.2(b)可以看出，频谱不混叠的条件是

$$\begin{cases} \dfrac{1}{\Delta x} \geqslant 2W_u \\ \dfrac{1}{\Delta y} \geqslant 2W_v \end{cases} \tag{2.3.8}$$

即

$$\begin{cases} \Delta x \leqslant \dfrac{1}{2W_u} \\ \Delta y \leqslant \dfrac{1}{2W_v} \end{cases} \tag{2.3.9}$$

这就是二维采样定理。

经采样后，原连续图像就变成了位置上离散化的采样图像 $f_s(x,y) \to f_s(m,n)$，其中 m 和 n 为满足如下关系式的整数

$$\begin{cases} 0 \leqslant m \leqslant M-1 \\ 0 \leqslant n \leqslant N-1 \end{cases} \tag{2.3.10}$$

这里的 M 和 N 分别表示行和列的均匀采样点数，(m,n) 表示一个采样点，称为像素。

2.3.2　采样图像的均匀量化

采样后获得的采样图像，虽然在空间分布上是离散的，但是各像素点的取值还是连续变化的，还需要将这些连续变化的量转化成有限个离散值，并给各值赋予不同的码字，从而使样本像素的取值也呈离散化分布，这个过程就称为量化。

常用的量化方法是均匀量化，它是将图像函数值域等分为若干个子区间，然后取各子区间的中点作为该区间对应的量化值，并将所有子区间的量化值用整数进行编码，这些编码就是量化结果，称为图像灰度级。均匀量化过程如图 2.3.3 所示。

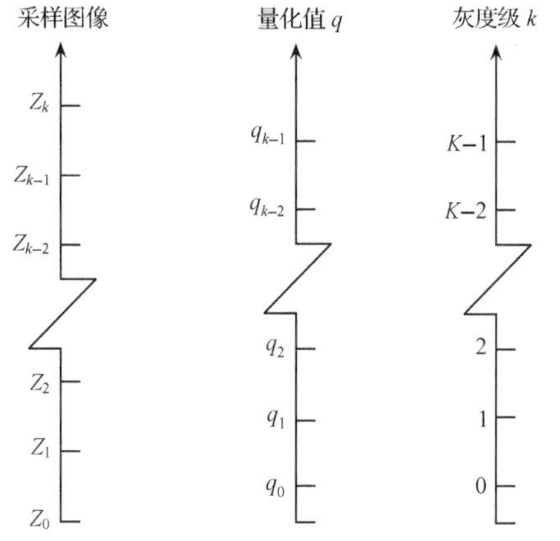

图 2.3.3　图像的量化过程

图中，采样图像 $Z=f_s(m,n)\in[Z_i,Z_{i+1}]$；量化值 $q_i=\frac{1}{2}(Z_i+Z_{i+1})$；对量化值 q_i 的编码即为灰度级为 k：$k=0,1,2,\cdots,K-1$。

至此，已完成了连续图像到数字图像的转化，整个过程的总结见图 2.3.4。

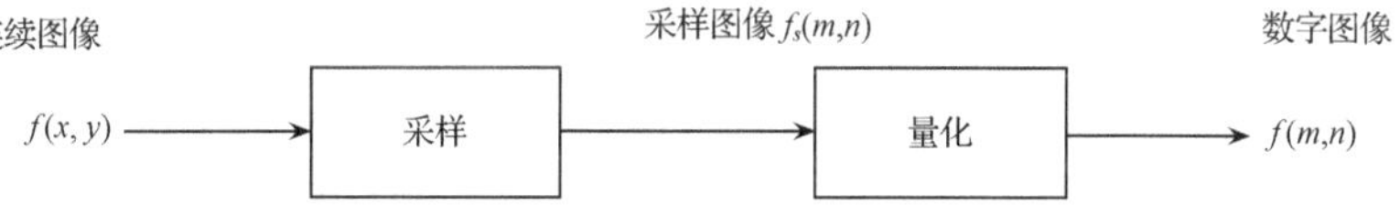

图 2.3.4　图像的数字化过程

2.3.3　数字化参数的选择及对图像的影响

数字化图像 $f(m,n)$ 主要由采样点数和灰度级决定。采样点数和灰度级也决定图像的数据量和图像分辨率。

1. 图像采样点数和灰度级

在满足采样定理的条件下，将连续图像采样成 $M\times N$ 个样点。为了便于处理，实际应用中总将图像采样为 $N\times N$ 的方阵，同时也将 N 置为 2 的整数次幂，即 $N=2^n$。当然实际应用中的采样点数一般都超过了采样定理所要求的点数。

量化后的灰度级也取为 $K=2^k$，此时，一幅数字图像的数据量即为

$$b = N^2 k \text{ (bit)} \tag{2.3.11}$$

或

$$B = N^2 k/8 \text{ (Byte)} \tag{2.3.12}$$

表 2.3.1 给出了数字图像的数据量 B 与 N 和 k 的关系。

表 2.3.1　数字图像数据量 B 与 N 和 k 的关系

k \ N	8	16	32	64	128	256	512	1024
1	8	32	128	512	2048	8192	32 768	131 072
2	16	64	256	1024	4096	16 384	65 536	262 144
3	24	96	384	1536	6144	24 576	98 304	393 216
4	32	128	512	2048	8192	32 968	131 072	524 288
5	40	160	640	2560	10 240	40 960	163 840	655 360
6	48	192	768	3072	12 288	49 152	196 608	786 432
7	56	224	896	3584	14 336	57 344	229 376	917 504
8	64	256	1024	4096	16 384	65 536	262 144	1 048 576
9	72	288	1152	4147	18 432	73 728	294 912	1 179 648

2. N 和 k 与图像分辨率的关系

区分图像中目标物细节的程度，称作图像分辨率。图像分辨率包括空间分辨率和幅度分辨率，分别由图像采样和量化决定。

1) 空间分辨率

图像空间分辨率由采样点数(N^2)决定。当灰度级 k 一定时，采样点数越多(N 越大)，图像的空间分辨率就越高，图像质量就越好。当 N 减少时，图像中就会出现块状效应，这是因为此时像素块的面积增大。不同采样点数对图像质量的影响见图 2.3.5 所示。

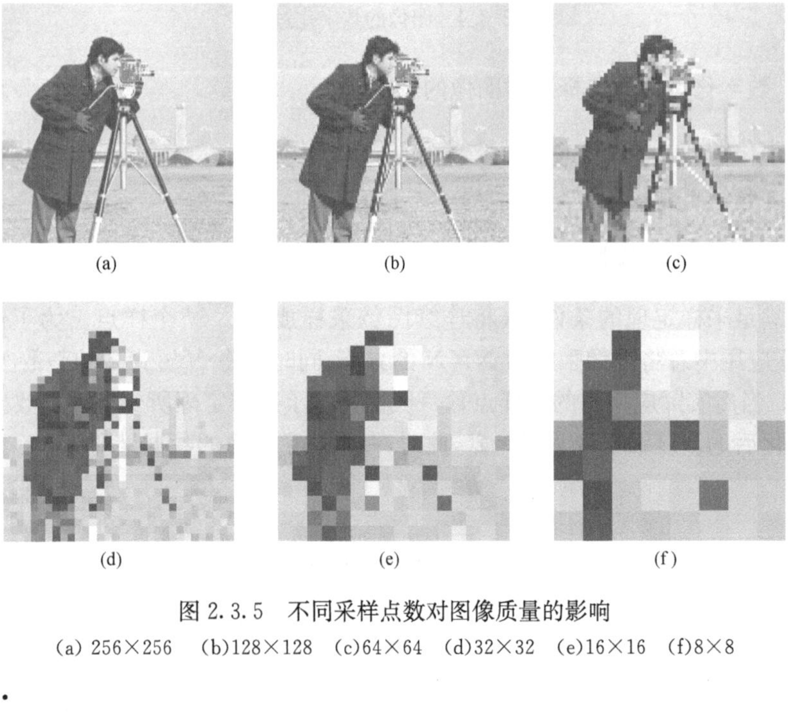

图 2.3.5　不同采样点数对图像质量的影响

(a) 256×256　(b)128×128　(c)64×64　(d)32×32　(e)16×16　(f)8×8

2）幅度分辨率

图像幅度分辨率由量化级数即灰度级决定。当采样点数一定时，灰度级数越多，图像幅度分辨率就越高，图像质量就越好；当灰度级 k 减少时，图像中就会出现虚假轮廓，而图像质量就下降。不同灰度级对图像质量的影响见图 2.3.6 所示。

(a)　(b)　(c)　(d)　(e)　(f)

图 2.3.6　不同灰度级对图像质量的影响

(a) $k=256$　(b) $k=128$　(c) $k=32$　(d) $k=16$　(e) $k=4$　(f) $k=2$

2.4　数字图像表示形式和特点

图像 $f(x,y)$本身是一个二维连续函数，图像的幅度是其位置的连续函数。然而在计算机中对图像进行数字处理时，首先必须对其在空间和幅度上进行数字化，也就是图像的采样和量化。对二维图像进行均匀采样，就可以得到一幅离散化成 $M\times N$像元的数字图像。用 $I=f(m,n)$表示模拟图像 $f(x,y)$的数字化结果。本书中定义的图像表示坐标系见图 2.4.1 所示，在该坐标系中，一幅数字图像可用一个二维矩阵 $f(m,n)$表示，其中 $0\leqslant m\leqslant M-1$，$0\leqslant n\leqslant N-1$，$(m,n)$称为图像元素，简称像素（pixel），其取值（幅度）$f(m,n)$称为灰度（gray），一幅图像的灰度种类称为灰度级（gray level）。

$$f(m,n)=\begin{bmatrix} f(0,0) & f(0,1) & \cdots & f(0,N-1) \\ f(1,0) & f(1,1) & \cdots & f(1,N-1) \\ \vdots & \vdots & & \vdots \\ f(M-1,0) & f(M-1,1) & \cdots & f(M-1,N-1) \end{bmatrix} \tag{2.4.1}$$

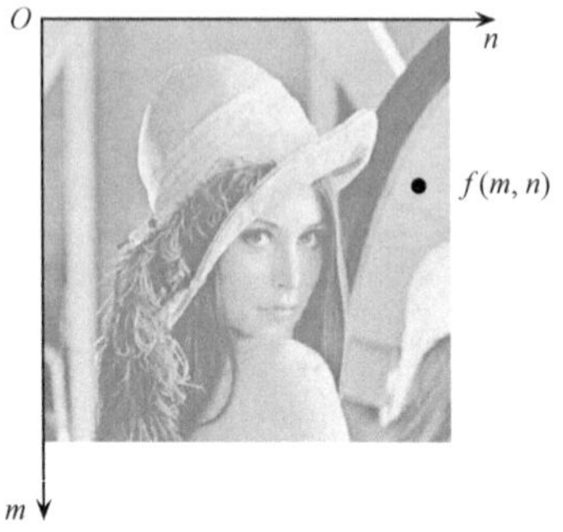

图 2.4.1　图像表示坐标系

相比于语音等其他信号，数字图像具有如下特点。

1. 信息量大

一幅图像 $N=512$，$K=256=2^8=2^k$，则其容量 $B=N^2k/8=0.25\text{MB}$。如果是运动图像，每秒按一定的采样率(如 30f/s)，则 1.5h 的容量就为

$$0.25\text{MB/f}\times 30\ \text{f/s}\times 3600\text{s/h}\times 1.5\text{h}=40500\ \text{MB}$$

2. 占用频带宽

与语音信息相比，图像信息占用的带宽要大几个数量级。如电视图像带宽约为 5.6 MHz，而语音带宽仅为 2kHz 左右。

因此，特点 1 和特点 2 说明，对于数据量大、频带宽的数字图像，在成像、传输、存储、处理、显示等各环节的实现上，技术难度都加大，成本增高。尤其是图像通信中，有限的信道根本无法实时传输图像，这就对图像(频带)压缩提出了很高的要求。

3. 像素间相关性大

图像信号在同一帧(幅)内各相邻像素间具有相同(或相近)灰度的可能性很大(即相关性很大)，其相关系数大于 0.8。而运动图像的相邻帧对应像素间相关性更大，其相关系数大于 0.9。这就说明数字图像中存在着大量的冗余，通过减少或消除这些冗余，进行图像压缩的潜力(可能性)很大。

4. 视觉效果的主观性大

图像作为图(客观)和像(主观)的有机结合,对于同一幅图像,不同的人对图像中不同的目标物的感兴趣程度不同,会给出不同的视觉效果评价结果。因此,在数字图像处理中,一定要充分考虑人的视觉特点,提高图像的清晰度;利用人的视觉特性,简化处理过程。

2.5 小　　结

本章阐述了有关数字图像处理方面的基础知识。首先从光学知识方面引入了三基色的概念,构造了两种彩色模型,将彩色图像用三个灰度图像表示出来。然后,从人的视觉特性入手,介绍了视觉成像特性,时间及空间特性。给出了图像数字化方法,包括采样和量化,这是数字图像处理的预处理阶段。最后概括了数字图像的表示方法及数字图像的四大特点。

习　　题

2.1　试说明视觉成像的基本原理。

2.2　为何彩色图像要经过 RGB 到 HSI 的模型转换才能处理?

2.3　请解释马赫带效应。

2.4　发光强度、亮度和照度各有什么不同?

2.5　什么是视觉模型?它在图像处理中有何用途?

2.6　人观察如题图 2.6 所示两幅形状相同的目标图像时,人眼会觉得哪一个目标更亮一些?与实际亮度有无不同?简述理由。[黑色(最暗)灰度值定为 0,白色(最亮)灰度值定为 255]

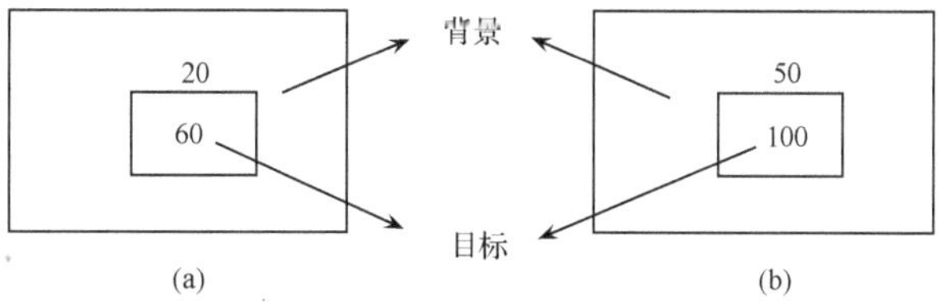

题图 2.6

2.7　在串行通信中,常用波特率描述传输的速率,它被定义为每秒传输的数据比特数。串行通信中,数据传输的单位是帧,也称字符。假如一帧数据由一个起始比特位、8 个信息比特位和一个结束比特位构成。根据以上概念,请问:

(1) 如果要利用一个波特率为 56kbps(1k=1000)的信道来传输一幅大小为 1024×1024、256 级灰度的数字图像需要多长时间?

(2) 如果是用波特率为 750kbps 的信道来传输上述图像,所需时间又是多少?

(3) 如果要传输的图像是 512×512 的真彩色图像(颜色数目是 32bit),则分别在上面两种信道下传输，各需要多长时间？

2.8 请简述二维采样定理的条件、内容及用途。

2.9 采样时何时会产生频谱混叠？如何避免频谱混叠的发生？

2.10 (1) 存储一幅 1024×768，256 个灰度级的图像需要多少 bit？

(2) 一幅 512×512 的 32bit 真彩图像的容量为多少 bit？

2.11 某一线性移不变系统，基点扩展函数 $h(x,y)$ 是输入为 $\delta(x)\delta(y)$ 时系统的输出，求下述情况下的调制转移函数 $H(u,v)$。

(1) $h(x,y)=\delta(x-x_0)\delta(y-y_0)$

(2) $h(x,y)=\begin{cases}E, & |x|\leqslant a \text{ 和 } |y|\leqslant b\\ 0, & \text{其他}\end{cases}$

(3) $h(x,y)=\begin{cases}E, & (x,y)\in R\\ 0, & \text{其他}\end{cases}$

其中，R 如题图 2.11 所示。

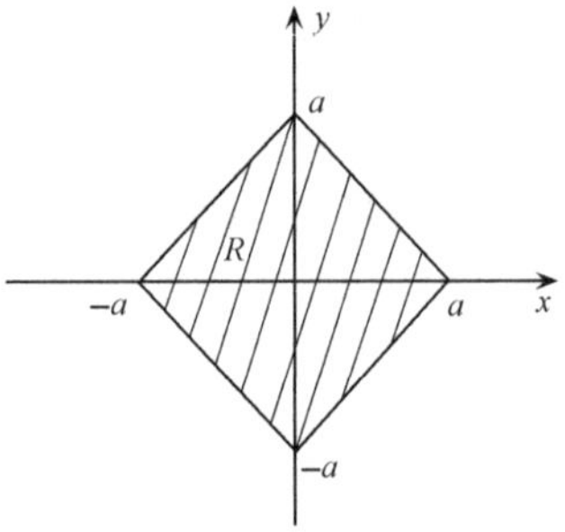

题图 2.11

第 3 章　图 像 变 换

图像和其他信号一样，既能在空间域（简称空域）处理，也能在频率域（简称频域）处理。把图像信息从空域变换到频域，可以更好地分析、加工、处理图像信息。因为图像信息的频域处理具有如下特点：①能量守恒，但能量重新分配；②有利于提取图像的某些特征；③正交变换具有能量集中作用，可实现图像的高效压缩编码；④频域有快速算法，可大大减少运算量，提高处理效率。

从信息的表现形式来讲，所有信息变换方法都可用于图像变换，但鉴于图像信息数据量大，带宽宽等特点，只有既能大大减少运算量，也能压缩图像数据量，更有利于进一步处理的变换才可应用于图像变换中。为此，本章除介绍图像的几何变换外，主要介绍可分离正交变换，包括离散傅里叶变换、离散余弦变换、离散哈达玛-沃尔什变换等。

3.1　图像的几何变换

几何变换是图像变换的基本方法，包括图像的空间平移、比例缩放、旋转、仿射变换、透视变换和图像插值。图像几何变换的实质是改变像素的空间位置或估算新空间位置上的像素值。

3.1.1　图像几何变换的一般表达式

图像几何变换就是建立一幅图像与其变换后的图像中所有各点之间的映射关系，用通用数学表示方式可表示为

$$[u,v]=[X(x,y),Y(x,y)] \tag{3.1.1}$$

式中，$[u,v]$为变换后图像像素的笛卡儿坐标；$[x,y]$为原始图像中像素的笛卡儿坐标；$X(x,y)$和$Y(x,y)$分别定义了在水平和垂直两个方向上的空间变换的映射函数。这样就得到了原始图像与变换后图像的像素的对应关系。如果$X(x,y)=x$，$Y(x,y)=y$，则有$[u,v]=[x,y]$，即变换后图像仅仅是原图像的简单拷贝。

3.1.2　平移变换

若图像像素点(x,y)平移到$(x+x_0,y+y_0)$，则变换函数为$u=X(x,y)=x+x_0$，$v=Y(x,y)=y+y_0$，写成矩阵表达式为

$$\begin{bmatrix}u\\v\end{bmatrix}=\begin{bmatrix}x\\y\end{bmatrix}+\begin{bmatrix}x_0\\y_0\end{bmatrix} \tag{3.1.2}$$

式中，x_0 和 y_0 分别为 x 和 y 的坐标平移量。

3.1.3 比例缩放

若图像坐标(x,y)缩放到(s_x,s_y)倍，则变换函数为

$$\begin{bmatrix} u \\ v \end{bmatrix}=\begin{bmatrix} s_x & 0 \\ 0 & s_y \end{bmatrix}\begin{bmatrix} x \\ y \end{bmatrix} \tag{3.1.3}$$

式中，s_x，s_y 分别为 x 和 y 坐标的缩放因子，其大于 1 表示放大，小于 1 表示缩小。

3.1.4 旋转变换

将输入图像绕笛卡儿坐标系的原点逆时针旋转 θ 角度，则变换后图像坐标为

$$\begin{bmatrix} u \\ v \end{bmatrix}=\begin{bmatrix} \cos\theta & -\sin\theta \\ \sin\theta & \cos\theta \end{bmatrix}\begin{bmatrix} x \\ y \end{bmatrix} \tag{3.1.4}$$

图像旋转变换的示例见图 3.1.1 所示。

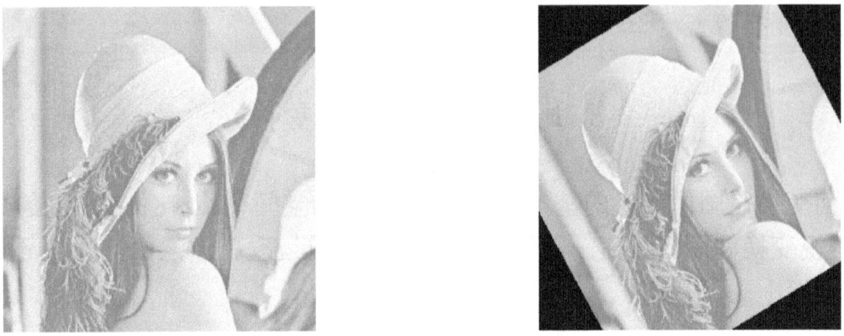

(a)　　(b)

图 3.1.1　图像旋转变换的示例

(a) 原始图像(512×512)　(b) 逆时针旋转 30°后的图像(512×512)

3.1.5 仿射变换

平移、比例缩放和旋转变换都是一种称为仿射变换的特殊情况(图 3.1.2)。仿射变换的一般表达式为

$$\begin{bmatrix} u \\ v \end{bmatrix}=\begin{bmatrix} a_2 & a_1 & a_0 \\ b_2 & b_1 & b_0 \end{bmatrix}\begin{bmatrix} x \\ y \\ 1 \end{bmatrix} \tag{3.1.5}$$

仿射变换具有如下性质：

(1) 仿射变换只有 6 个自由度(对应变换中的 6 个系数)，因此，仿射变换后互相平行直线仍然为平行直线，三角形映射后仍是三角形。但却不能保证将四边形以上的多边形映射为等边数的多边形。

(2) 仿射变换的乘积和逆变换仍是仿射变换。

(3) 仿射变换能够实现平移、旋转、缩放等几何变换。

图像先进行平移，然后进行比例变换，最后进行旋转的复合几何变换表达式为

$$\begin{bmatrix} u \\ v \end{bmatrix} = \begin{bmatrix} \cos\theta & -\sin\theta \\ \sin\theta & \cos\theta \end{bmatrix} \begin{bmatrix} s_x & 0 \\ 0 & s_y \end{bmatrix} \left\{ \begin{bmatrix} x \\ y \end{bmatrix} + \begin{bmatrix} x_0 \\ y_0 \end{bmatrix} \right\}$$

$$= \begin{bmatrix} s_x\cos\theta & -s_y\sin\theta \\ s_x\sin\theta & s_y\cos\theta \end{bmatrix} \begin{bmatrix} x \\ y \end{bmatrix} + \begin{bmatrix} s_x x_0\cos\theta & -s_y y_0\sin\theta \\ s_x x_0\sin\theta & +s_y y_0\cos\theta \end{bmatrix} \tag{3.1.6}$$

显然上式是线性的，故可以表示成如下的线性表达式

$$\begin{bmatrix} u \\ v \end{bmatrix} = \begin{bmatrix} a_2 & a_1 \\ b_2 & b_1 \end{bmatrix} \begin{bmatrix} x \\ y \end{bmatrix} + \begin{bmatrix} a_0 \\ b_0 \end{bmatrix} \tag{3.1.7}$$

从上式可见，平移、比例缩放和旋转变换是仿射变换的特殊情况。设定加权因子 a_i 和 b_i 的值，可以得到不同的变换。例如，当选定 $a_2=b_1=1, b_2=-0.1, a_1=a_0=b_0=0$，该情况是图像剪切的一种列剪切[6]。

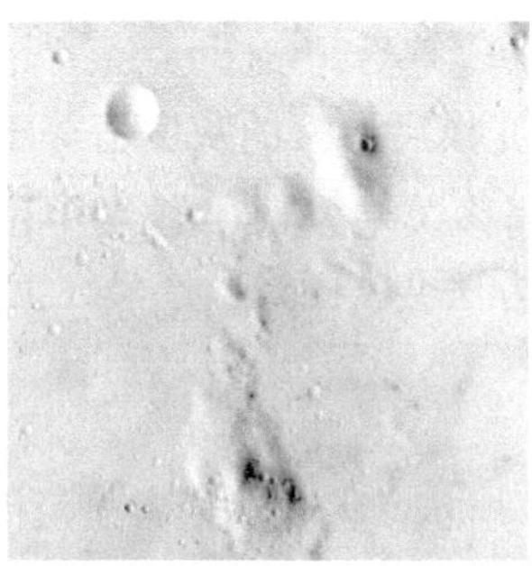

(a)

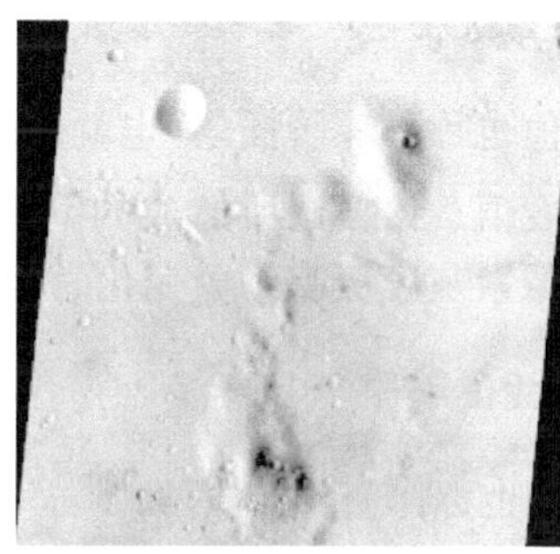

(b)

图 3.1.2　仿射变换示例

(a) 原始图像　(b) 仿射变换后图像

3.1.6　透视变换

把物体的三维图像表示转变为二维表示的过程，称为透视变换，也称为投影映射，其表达式为

$$\begin{bmatrix} u' \\ v' \\ w' \end{bmatrix} = \begin{bmatrix} a_{11} & a_{12} & a_{13} \\ a_{21} & a_{22} & a_{23} \\ a_{31} & a_{32} & a_{33} \end{bmatrix} \begin{bmatrix} x \\ y \\ 1 \end{bmatrix} \tag{3.1.8}$$

透射变换的向前映射函数可以表示为

$$
\begin{cases}
u = \dfrac{u'}{w'} = \dfrac{a_{11}x + a_{12}y + a_{13}}{a_{31}x + a_{32}y + a_{33}} \\
v = \dfrac{v'}{w'} = \dfrac{a_{21}x + a_{22}y + a_{23}}{a_{31}x + a_{32}y + a_{33}}
\end{cases}
\tag{3.1.9}
$$

式中，$a_{31} \neq 0$；$a_{32} \neq 0$。

与仿射变换类似，透视变换也是一种平面映射，并且正变换和逆变换都是单值的，而且可以保证任意方向上的直线经过透视变换后仍然保持是直线，但是由于透视变换具有 9 个自由度(其变换系数为 9 个)，故可以实现平面四边形到四边形的映射。

3.1.7 灰度插值

在数字图像中，由于其灰度值只在整数位置(x, y)被定义，即规定所有的像素值都位于采样栅格的整数坐标处。而通过几何变换后的灰度值往往会出现在原始图像中相邻像素值的点之间。为此，需要通过插值运算来获得变换后不在采样点上的像素的灰度值。常用的灰度插值方法有 3 种。

1. 最近邻插值法

最近邻插值也称作零阶插值，也就是令变换后像素的灰度值等于距它最近的输入像素的灰度值。该方法所造成的空间偏移误差为 $1/\sqrt{2}$ 像素单位，计算简单。但当图像中的像素灰度级有细微变化时，该方法会在图像中产生人工的痕迹。

2. 双线性插值法

双线性插值也称作一阶插值，如图 3.1.3 所示。该方法通常是沿图像矩阵的每一列(行)进行插值，然后对插值后所得到的矩阵再沿着行(列)方向进行线性插值[6]。

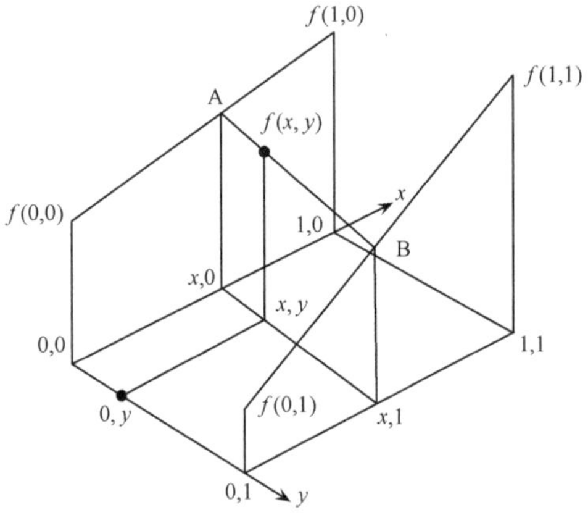

图 3.1.3　双线性插值法示意图

例如，令 $f(x,y)$ 表示 (x,y) 坐标处的像素灰度值，根据四点(0,0)、(0,1)、(1,0) 和(1,1)来进行双线性插值。首先对(0,0)和(1,0)两点进行线性插值，得到 $(x,0)$ 点的像素灰度插值为

$$f(x,0)=f(0,0)+x[f(1,0)-f(0,0)] \tag{3.1.10}$$

对(0,1)，(1,1)两点进行线性插值，得到 $(x,1)$ 点的像素灰度插值为

$$f(x,1)=f(0,1)+x[f(1,1)-f(0,1)] \tag{3.1.11}$$

然后进行水平方向的线性插值，得到

$$f(x,y)=f(x,0)+y[f(x,1)-f(x,0)] \tag{3.1.12}$$

当对相邻四个像素点采用双线性插值时，所得表面在邻域处是吻合的，但斜率不吻合。并且双线性灰度插值的平滑作用可能使得图像的细节产生退化，这种现象在进行图像放大时尤其明显，如图 3.1.4 所示。

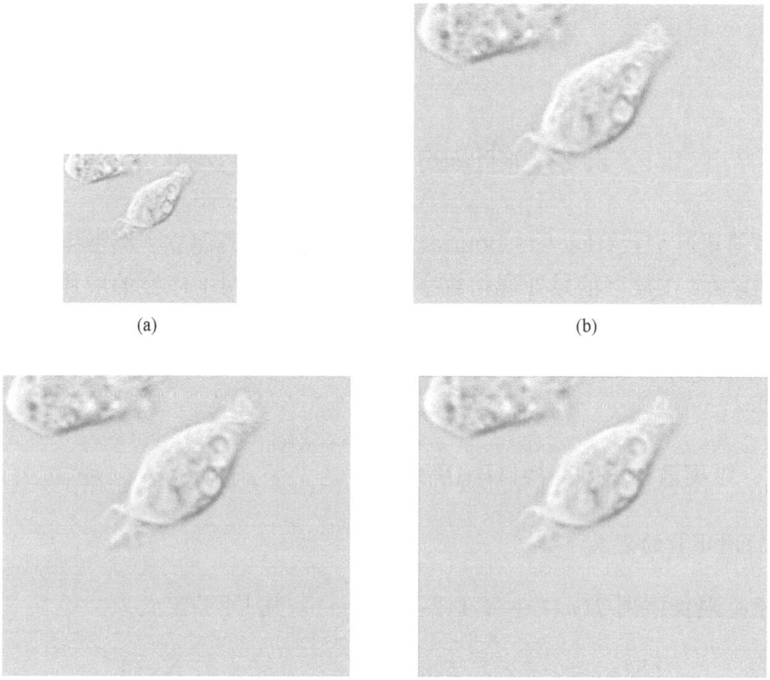

(a) (b) (c) (d)

图 3.1.4 图像插值放大示例

(a) 原始图像 (b) 最近邻插值放大图像 (c) 双线性插值放大图像 (d) 三次 B 样条插值放大图像

3. 卷积插值法

当图像放大时，图像像素的灰度值插值可以通过卷积来实现，即将输入图像两行两列中间插零值，然后通过低通模板滤波。

$$\begin{bmatrix} x_{11} & x_{12} \\ x_{21} & x_{22} \end{bmatrix} \qquad \begin{bmatrix} x_{11} & 0 & x_{12} \\ 0 & 0 & 0 \\ x_{21} & 0 & x_{22} \end{bmatrix}$$

输入图像邻域　　　　　　　　插零的邻域

一般低通模板有

$$柱形\begin{bmatrix} 1 & 1 \\ 1 & 1 \end{bmatrix}, \quad 棱锥形\frac{1}{4}\begin{bmatrix} 1 & 2 & 1 \\ 2 & 4 & 2 \\ 1 & 2 & 1 \end{bmatrix}, \quad 钟形\frac{1}{16}\begin{bmatrix} 1 & 3 & 3 & 1 \\ 3 & 9 & 9 & 3 \\ 3 & 9 & 9 & 3 \\ 1 & 3 & 3 & 1 \end{bmatrix}$$

$$三次\text{B}样条\frac{1}{64}\begin{bmatrix} 1 & 4 & 6 & 4 & 1 \\ 4 & 16 & 24 & 16 & 4 \\ 6 & 24 & 36 & 24 & 6 \\ 4 & 16 & 24 & 16 & 4 \\ 1 & 4 & 6 & 4 & 1 \end{bmatrix}$$

3.2 图像的离散傅里叶变换

离散傅里叶变换(discrete Fourier transform,DFT)建立了离散空域和离散频域之间的联系，在数字信号处理和数字图像处理中得到了广泛的应用。利用计算机对变换后的信号进行频域处理，比在空域中直接处理更加方便。并且，由于DFT具有快速算法(fast Fourier transform,FFT)，可大大减少运算量，提高处理速度。

3.2.1 一维离散傅里叶变换(1D-DFT)

1. 1D-DFT 的定义

对于有限长序列 $f(n)(n=0,1,2,\cdots,N-1)$，其DFT定义为

$$\begin{cases} F(u) = \dfrac{1}{\sqrt{N}}\sum_{n=0}^{N-1} f(n)W_N^{nu}, & 0 \leqslant u \leqslant N-1 \\ f(n) = \dfrac{1}{\sqrt{N}}\sum_{n=0}^{N-1} F(u)W_N^{-nu}, & 0 \leqslant n \leqslant N-1 \end{cases} \tag{3.2.1}$$

式中，$W_N=\exp(-\mathrm{j}2\pi/N)$。

2. 1D-DFT 的矩阵表示

式(3.2.1)的正变换可用矩阵表示为

$$\begin{bmatrix} F(0) \\ F(1) \\ F(2) \\ \vdots \\ F(N-1) \end{bmatrix} = \begin{bmatrix} W_N^{00} & W_N^{01} & \cdots & W_N^{0(N-1)} \\ W_N^{10} & W_N^{11} & \cdots & W_N^{1(N-1)} \\ W_N^{20} & W_N^{21} & \cdots & W_N^{2(N-1)} \\ \vdots & \vdots & & \vdots \\ W_N^{(N-1)0} & W_N^{(N-1)1} & \cdots & W_N^{(N-1)(N-1)} \end{bmatrix} \begin{bmatrix} f(0) \\ f(1) \\ f(2) \\ \vdots \\ f(N-1) \end{bmatrix} \tag{3.2.2}$$

若令

$$\boldsymbol{F} = [F(0) \quad F(1) \quad F(2) \quad \cdots \quad F_1(N-1)]^{\mathrm{T}}$$

$$\boldsymbol{U} = \begin{bmatrix} W_N^{00} & W_N^{01} & \cdots & W_N^{0(N-1)} \\ W_N^{10} & W_N^{11} & \cdots & W_N^{1(N-1)} \\ \vdots & \vdots & & \vdots \\ W_N^{(N-1)0} & W_N^{(N-1)1} & \cdots & W_N^{(N-1)(N-1)} \end{bmatrix}$$

$$\boldsymbol{f} = [f(0) \quad f(1) \quad f(2) \quad \cdots \quad f(N-1)]^{\mathrm{T}}$$

上标 T 表示转置。则式(3.2.2)可写为

$$\boldsymbol{F} = \boldsymbol{U}\boldsymbol{f} \tag{3.2.3}$$

式中，$\boldsymbol{U}$ 称为变换矩阵。从 $\boldsymbol{U}$ 的构成形式可知，$\boldsymbol{U}$ 是对称的，即

$$\boldsymbol{U}^{\mathrm{T}} = \boldsymbol{U} \tag{3.2.4}$$

又由 $\boldsymbol{U}(\boldsymbol{U}^*)^{\mathrm{T}} = \boldsymbol{I}_N$，则 $\boldsymbol{U}$ 称为酉矩阵，且 $\boldsymbol{U}^{-1} = (\boldsymbol{U}^*)^{\mathrm{T}} = \boldsymbol{U}^*$，而 1D-DFT 就称为正交变换。

同理可得到反变换的矩阵表示

$$\boldsymbol{f} = \boldsymbol{U}^{-1}F = U^* F \tag{3.2.5}$$

3.2.2 二维离散傅里叶变换(2D-DFT)

1. 2D-DFT 的定义

类似于 1D-DFT，数字图像的 2D-DFT 定义如下

$$\begin{cases} F(u,v) = \dfrac{1}{N}\displaystyle\sum_{m=0}^{N-1}\sum_{n=0}^{N-1} f(m,n) W_N^{mu+nv} \\ f(m,n) = \dfrac{1}{N}\displaystyle\sum_{u=0}^{N-1}\sum_{v=0}^{N-1} F(u,v) W_N^{-(mu+nv)} \end{cases} \tag{3.2.6}$$

式中，m,n,u,v 都为整数，它们的取值范围都为 $0 \leqslant m,\ n,u,v \leqslant N-1$。

2. 几个相关参数

通常傅里叶变换为复数形式，可表示为

$$F(u,v) = R(u,v) + \mathrm{j}I(u,v) \tag{3.2.7}$$

式中，$R(u,v)$和 $I(u,v)$分别为 $F(u,v)$的实部和虚部。

上式也可表示成指数形式

$$F(u,v) = |F(u,v)| e^{j\phi(u,v)} \tag{3.2.8}$$

通常称$|F(u,v)|$为$f(m,n)$的频谱或幅度谱，$\phi(u,v)$为$f(m,n)$的相位。

$$|F(u,v)| = \sqrt{R^2(u,v)+I^2(u,v)} \tag{3.2.9}$$

$$\phi(u,v) = \arctan\frac{I(u,v)}{R(u,v)} \tag{3.2.10}$$

频谱的平方称为功率谱，即

$$P(u,v) = R^2(u,v)+I^2(u,v) \tag{3.2.11}$$

3. 2D-DFT 的性质

2D-DFT 的性质对其在图像处理中的应用具有重要作用。

1）变换核的可分离性

在离散傅里叶变换中，$\exp[-j2\pi(mu+nv)/N] = W_N^{mu+nv}$ 称为变换核，将$W_N^{mu+nv} = W_N^{mu}W_N^{nv}$ 代入式(3.2.6)的正变换中，得

$$\begin{aligned}F(u,v) &= \frac{1}{N}\sum_{m=0}^{N-1}\sum_{n=0}^{N-1} f(m,n)W_N^{mu+nv}\\ &= \frac{1}{\sqrt{N}}\sum_{m=0}^{N-1}\left[\frac{1}{\sqrt{N}}\sum_{n=0}^{N-1} f(m,n)W_N^{nv}\right]W_N^{mu}\\ &= \frac{1}{\sqrt{N}}\sum_{m=0}^{N-1} F(m,v)W_N^{mu}\\ &= F(u,v)\end{aligned}$$

该性质说明 2D-DFT 可通过两次 1D-DFT 完成，即按如下两种方法来实现 2D-DFT：

$$f(m,n)\xrightarrow{\text{沿列 1D-DFT}}F(m,v)\xrightarrow{\text{沿行 1D-DFT}}F(u,v)$$

$$\text{或 } f(m,n)\xrightarrow{\text{沿行 1D-DFT}}F(u,n)\xrightarrow{\text{沿列 1D-DFT}}F(u,v)$$

2）移位特性

若 $f(x,y)\leftrightarrow F(u,v)$，则

(1) 空域移位

$$f(m-m_0,n-n_0)\leftrightarrow F(u,v)W_N^{(m_0u+n_0v)}$$

(2) 频域移位

$$f(m,n)W_N^{(mu_0+nv_0)}\leftrightarrow F(u-u_0,v-v_0)$$

(3) 移位时幅度不变。

因为$|W_N^{(m_0u+n_0v)}| = |W_N^{(mu_0+nv_0)}| = 1$，所以有

$$|f(m-m_0,n-n_0)|\leftrightarrow|F(u,v)|$$

$$|f(m,n)|\leftrightarrow|F(u-u_0,v-v_0)|$$

即一个域移位时，对应着另一个域的幅度不变。

(4) 频谱中心化。

令 $u_0=v_0=\dfrac{N}{2}$,则

$$(-1)^{m+n}f(m,n)\leftrightarrow F\left(u-\frac{N}{2},v-\frac{N}{2}\right)$$

即通过给图像 $f(m,n)$ 乘以$(-1)^{m+n}$,就可使 $f(m,n)$ 的频谱从原点$(0,0)$ 移到中心$\left(\dfrac{N}{2},\ \dfrac{N}{2}\right)$,而得到一个完整的频谱,该方法称为频谱中心化(图 3.2.1)。

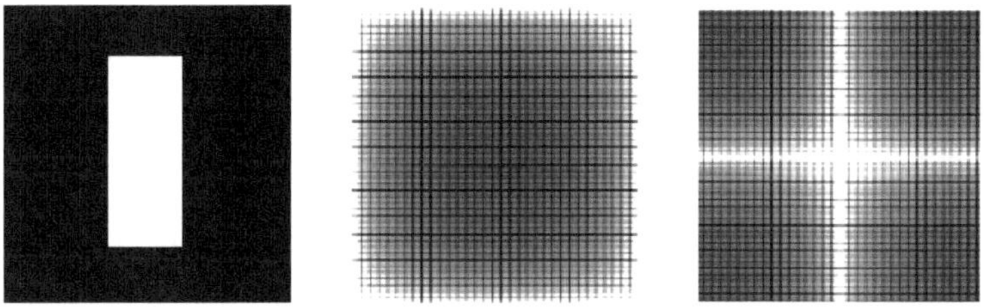

(a)　　　　(b)　　　　(c)

图 3.2.1　频谱中心化示例

(a)原图像　(b)$|F(u,\ v)|$的示意图　(c)$|F(u-N/2,\ v-N/2)|$的示意图

3) 周期性和共轭对称性

(1) 周期性。

$$f(m,n)=f(m+aN,n+bN)$$
$$F(u,v)=F(u+aN,v+bN)$$

式中,a 和 b 为整数。

(2) 共轭对称性。

图像 $f(m,n)$为实函数,则 $F(u,v)$具有共轭对称性,即

$$F^*(u,v)=F(-u,-v),\quad |F(u,v)|=|F(-u,-v)|$$

4) 旋转不变性

若用极坐标:$m=r\cos\theta, n=r\sin\theta, u=\omega\cos\phi, v=\omega\sin\phi$,则 $f(m,n)$及其傅里叶变换 $F(u,v)$就可以转化为 $f(r,\theta)$和 $F(\omega,\phi)$,这样

$$f(r,\theta)\Leftrightarrow F(\omega,\phi),\ 则\ f(r,\theta+\theta_0)\Leftrightarrow F(\omega,\phi+\theta_0) \tag{3.2.12}$$

从上式可见,空域中函数 $f(m,n)$旋转 θ_0 角度,它的傅里叶变换 $F(u,v)$也旋转同样大小的角度,反之亦然。如图 3.2.2 所示。

5) 实偶函数的 DFT

实的偶函数 $f_e(m,n)=f_e(-m,-n)$的 DFT 为

$$F_e(u,v)=\sum_{m=0}^{N-1}\sum_{n=0}^{N-1}f_e(m,n)\cos\frac{2\pi mu}{N}\cos\left[\frac{2\pi}{N}(mu+nv)\right] \tag{3.2.13}$$

即实的偶函数的 DFT 仅含有余弦项的实部。

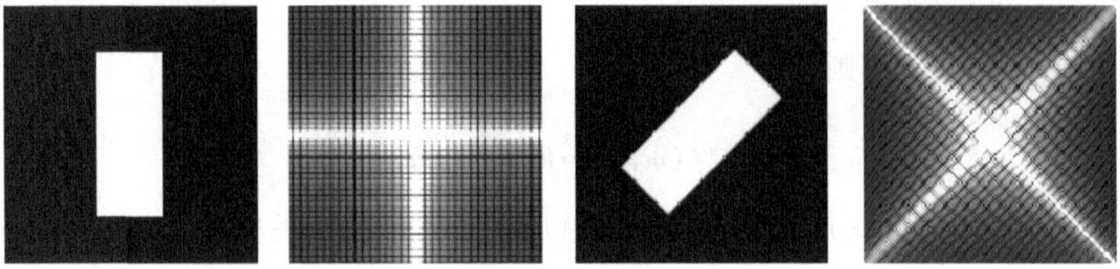

图 3.2.2 旋转不变性示例

(a) 原始图像 (b) 频谱 (c) 图像旋转 45° (d) 图(c)的频谱

6）实奇函数的 DFT

同理，实的奇函数 $f_0(m,n)=-f_0(-m,-n)$ 的 DFT 为

$$F_0(u,v)=-\mathrm{j}\sum_{m=0}^{N-1}\sum_{n=0}^{N-1}f_0(m,n)\sin\left[\frac{2\pi}{N}(mu+nv)\right] \tag{3.2.14}$$

即实的奇函数的 DFT 仅有正弦项的虚部。

7）线性性

若 a 和 b 是常数，傅里叶的正反变换都是线性变换，即

$$\mathrm{DFT}[af_1(m,n)+bf_2(m,n)]=a\cdot\mathrm{DFT}[f_1(m,n)]+b\cdot\mathrm{DFT}[f_2(m,n)] \tag{3.2.15}$$

$$\mathrm{IDFT}[aF_1(u,v)+bF_2(u,v)]=a\cdot\mathrm{IDFT}[F_1(u,v)]+b\cdot\mathrm{IDFT}[F_2(u,v)] \tag{3.2.16}$$

8）比例性(尺度变换)

若 a 和 b 是标量，$f(m,n)\Leftrightarrow F(u,v)$，则

$$f(am,bn)\Leftrightarrow\frac{1}{\sqrt{|ab|}}F\left(\frac{u}{a},\frac{v}{b}\right) \tag{3.2.17}$$

9）平均值

数字图像的平均值可以定义为

$$\overline{f(m,n)}=\frac{1}{N^2}\sum_{m=0}^{N-1}\sum_{n=0}^{N-1}f(m,n)$$

将 $u=v=0$ 代入 $F(u,v)$ 公式，有

$$F(0,0)=\frac{1}{N}\sum_{m=0}^{N-1}\sum_{n=0}^{N-1}f(m,n) \tag{3.2.18}$$

故 $\overline{f(m,n)}=\frac{1}{N}F(0,0)$。

10）卷积定理

若

$$f(m,n)=\begin{cases}f(m,n), & 0\leqslant m\leqslant A-1,\ 0\leqslant n\leqslant B-1\\ 0, & \text{其他}\end{cases}$$

$$h(m,n)=\begin{cases}h(m,n), & 0\leqslant m\leqslant C-1,\ 0\leqslant n\leqslant D-1\\0, & \text{其他}\end{cases}$$

则令

$$f_e(m,n)=\begin{cases}f(m,n), & 0\leqslant m\leqslant A-1,\ 0\leqslant n\leqslant B-1\\0, & A\leqslant m\leqslant M-1\ \text{或}\ B\leqslant n\leqslant N-1\end{cases}$$

$$h_e(m,n)=\begin{cases}h(m,n), & 0\leqslant m\leqslant C-1,\ 0\leqslant n\leqslant D-1\\0, & C\leqslant m\leqslant M-1\ \text{或}\ D\leqslant n\leqslant N-1\end{cases}$$

$$F(u,v)=\sum_{m=0}^{M-1}\sum_{n=0}^{N-1}f_e(m,n)W_M^{mu}W_N^{nv},\quad 0\leqslant u\leqslant M-1,\ 0\leqslant v\leqslant N-1$$

$$H(u,v)=\sum_{m=0}^{M-1}\sum_{n=0}^{N-1}h_e(m,n)W_M^{mu}W_N^{nv},\quad 0\leqslant u\leqslant M-1,\ 0\leqslant v\leqslant N-1$$

$$M=A+C-1,\quad N=B+D-1$$

有

$$\begin{cases}f_e(m,n)*h_e(m,n)\Leftrightarrow F(u,v)H(u,v)\\f_e(m,n)h_e(m,n)\Leftrightarrow F(u,v)*H(u,v)\end{cases}\tag{3.2.19}$$

式中，$f_e(m,n)*h_e(m,n)=\sum_{i=0}^{M-1}\sum_{j=0}^{N-1}f_e(i,j)h_e(m-i,n-j)$。

11）相关定理

$f(m,n)$，$h(m,n)$，$f_e(m,n)$，$h_e(m,n)$，$F(u,v)$和$H(u,v)$的定义同上，则就有如下相关定理

$$\begin{gathered}f_e(m,n)\circ h_e(m,n)\Leftrightarrow F(u,v)H^*(u,v)\\f_e(m,n)h_e(m,n)\Leftrightarrow F(u,v)\circ H^*(u,v)\end{gathered}\tag{3.2.20}$$

式中，$f_e(m,n)\circ h_e(m,n)=\sum_{i=0}^{M-1}\sum_{j=0}^{N-1}f_e(i,j)h_e(m+i,n+j)$。

4. 2D-DFT 的计算

根据傅里叶变换核的可分离性，2D-DFT 可用两步 1D-DFT 来实现，而 1D-DFT 有快速算法 FFT，这也就说明 2D-DFT 就可用 FFT 来完成，即

$$\begin{aligned}F(u,v)&=\mathrm{FFT}_m\{\mathrm{FFT}_n[f(m,n)]\}\\&=\mathrm{FFT}_n\{\mathrm{FFT}_m[f(m,n)]\}\end{aligned}\tag{3.2.21}$$

3.3 图像变换的一般表示形式

前面介绍的 2D-DFT 只是可用于图像变换的一种可分离的、正交变换，根据它的计算方法及特性，我们总结出图像变换的一般表达形式。

1. 图像变换的一般表达式

$$\begin{cases} F(u,v)=\sum_{m=0}^{N-1}\sum_{n=0}^{N-1}f(m,n)g(m,n,u,v), & 0\leqslant u,v\leqslant N-1 \\ f(m,n)=\sum_{u=0}^{N-1}\sum_{v=0}^{N-1}F(u,v)h(m,n,u,v), & 0\leqslant m,n\leqslant N-1 \end{cases} \tag{3.3.1}$$

式中，$g(m,n,u,v)$和$h(m,n,u,v)$分别称为正、反变换核，图像变换完全由变换核的特性决定，不同特性的变换核就形成了不同种类的变换。

2. 正交变换

将图像变换公式(3.3.1)中的正变换写成矩阵表达式，为

$$\boldsymbol{F}=\boldsymbol{G}\boldsymbol{f} \tag{3.3.2}$$

式中，$\boldsymbol{G}$称为变换矩阵。

1) 正交变换矩阵及其主要性质

(1) 定义

定义 1　若N阶实数矩阵$\boldsymbol{G}_{N\times N}$满足$\boldsymbol{G}\cdot\boldsymbol{G}^{\mathrm{T}}=\boldsymbol{I}_N$，则$\boldsymbol{G}$称为正交矩阵。

定义 2　若N阶复数矩阵$\boldsymbol{G}_{N\times N}$满足$\boldsymbol{G}\cdot(\boldsymbol{G}^*)^{\mathrm{T}}=\boldsymbol{I}_N$，则$\boldsymbol{G}$称为酉矩阵。

式中，$\boldsymbol{G}^{\mathrm{T}}$表示$\boldsymbol{G}$的转置；$\boldsymbol{G}^*$表示$\boldsymbol{G}$的共轭；$\boldsymbol{I}_N$表示单位矩阵。

(2) 几个性质

根据线性代数或矩阵论理论，正交(或酉)矩阵具有如下几个主要性质：

性质 1　若$\boldsymbol{G}$为正交矩阵，则$\boldsymbol{G}^{-1}=\boldsymbol{G}^{\mathrm{T}}$。

若$\boldsymbol{G}$为酉矩阵，则$\boldsymbol{G}^{-1}=(\boldsymbol{G}^*)^{\mathrm{T}}$。

性质 2　(正交归一)若$\boldsymbol{G}$为正交(或酉)矩阵，则在$\boldsymbol{G}$中各行(或各列)向量的模为1，任意不同行(或不同列)向量之间正交。

性质 3　若$\boldsymbol{G}$是正交(或酉)矩阵，则其行列式的模$\|\boldsymbol{G}\|=1$。

性质 4　若$\boldsymbol{G}$是正交(或酉)矩阵，则$\boldsymbol{G}^{\mathrm{T}}$和$\boldsymbol{G}^{-1}$也是正交(或酉)矩阵。

性质 5　若$\boldsymbol{G}_1$和$\boldsymbol{G}_2$是正交(或酉)矩阵，则$\boldsymbol{G}_1\boldsymbol{G}_2$也是正交(或酉)矩阵。

2) 正交变换

变换矩阵是正交(或酉)矩阵的变换称为正交变换。如前面介绍的 2D-DFT 就是正交变换。

3) 二维正交变换下的能量守恒

正交变换下，变换前后的能量是守恒的，即

$$\sum_{m=0}^{N-1}\sum_{n=0}^{N-1}|f(m,n)|^2=\sum_{u=0}^{N-1}\sum_{v=0}^{N-1}|F(u,v)|^2 \tag{3.3.3}$$

3. 可分离变换

1）可分离变换核

若 $g(m,n,u,v)=g_1(m,u)\cdot g_2(n,v)$，则称正变换核是可分离的。

同理，若 $h(m,n,u,v)=h_1(m,u)\cdot h_2(n,v)$，则称反变换核是可分离的。

2）可分离变换

变换核可分离的变换称为可分离变换。二维可分离变换可由两步一维变换来实现，即

$$F(u,v)=\sum_{m=0}^{N-1}\Big[\sum_{n=0}^{N-1}f(m,n)g_2(n,v)\Big]g_1(m,u)=\sum_{m=0}^{N-1}F(m,v)g_1(m,u) \tag{3.3.4}$$

或

$$F(u,v)=\sum_{n=0}^{N-1}\Big[\sum_{m=0}^{N-1}f(m,n)g_1(m,u)\Big]g_2(n,v)=\sum_{n=0}^{N-1}F(u,n)g_2(n,v)$$

$$f(m,n)=\sum_{u=0}^{N-1}\Big[\sum_{v=0}^{N-1}F_1(u,v)h_2(n,v)\Big]h_1(m,u)=\sum_{u=0}^{N-1}f(u,n)h_1(m,u)$$

或

$$f(m,n)=\sum_{v=0}^{N-1}\Big[\sum_{u=0}^{N-1}F(u,v)h_1(m,u)\Big]h_2(n,v)=\sum_{v=0}^{N-1}f(m,v)h_2(n,v)$$

4. 可分离正交变换

若用矩阵形式表示式(3.3.4)，则有

$$\boldsymbol{F}=\boldsymbol{G}_1^{\mathrm{T}}\boldsymbol{f}\boldsymbol{G}_2 \tag{3.3.5}$$

式中，$\boldsymbol{f}$ 为数字图像矩阵；$\boldsymbol{F}$ 为经正变换后得到的变换域的结果，即

$$\boldsymbol{f}=[f(m,n)]=\begin{bmatrix} f(0,0) & f(0,1) & \cdots & f(0,N-1) \\ f(1,0) & f(1,1) & \cdots & f(1,N-1) \\ \vdots & \vdots & & \vdots \\ f(N-1,0) & f(N-1,1) & \cdots & f(N-1,N-1) \end{bmatrix} \tag{3.3.6}$$

$$\boldsymbol{F}=[F(u,v)]=\begin{bmatrix} F(0,0) & F(0,1) & \cdots & F(0,N-1) \\ F(1,0) & F(1,1) & \cdots & F(1,N-1) \\ \vdots & \vdots & & \vdots \\ F(N-1,0) & F(N-1,1) & \cdots & F(N-1,N-1) \end{bmatrix} \tag{3.3.7}$$

$\boldsymbol{G}_1$ 和 $\boldsymbol{G}_2$ 是正变换核 g 分离后所得的变换矩阵

$$
\boldsymbol{G}_1 = \begin{bmatrix} g_1(0,0) & g_1(0,1) & \cdots & g_1(0,N-1) \\ g_1(1,0) & g_1(1,1) & \cdots & g_1(1,N-1) \\ \vdots & \vdots & & \vdots \\ g_1(N-1,0) & g_1(N-1,1) & \cdots & g_1(N-1,N-1) \end{bmatrix} \tag{3.3.8}
$$

$$
\boldsymbol{G}_2 = \begin{bmatrix} g_2(0,0) & g_2(0,1) & \cdots & g_2(0,N-1) \\ g_2(1,0) & g_2(1,1) & \cdots & g_2(1,N-1) \\ \vdots & \vdots & & \vdots \\ g_2(N-1,0) & g_2(N-1,1) & \cdots & g_2(N-1,N-1) \end{bmatrix} \tag{3.3.9}
$$

如果 $\boldsymbol{G}_1$ 和 $\boldsymbol{G}_2$ 都有逆矩阵存在，则可得到反变换为

$$
\boldsymbol{f} = (\boldsymbol{G}_1^{\mathrm{T}})^{-1}\boldsymbol{F}\boldsymbol{G}_2^{-1} \tag{3.3.10}
$$

变换核可分离的正交变换，可称为可分离正交变换。此时，变换既是可分离变换，又是正交变换。分离后的变换矩阵 $\boldsymbol{G}_1$ 和 $\boldsymbol{G}_2$ 都是正交矩阵(或酉矩阵)。

根据正交变换矩阵的性质 1，即若 $\boldsymbol{G}$ 为正交矩阵，则 $\boldsymbol{G}^{-1}=\boldsymbol{G}^{\mathrm{T}}$；若 $\boldsymbol{G}$ 为酉矩阵，则 $\boldsymbol{G}^{-1}=(\boldsymbol{G}^{*})^{\mathrm{T}}$。

将该性质代入式(3.3.10)中，则可得到可分离正交变换的反变换为

$$
\boldsymbol{f} = \boldsymbol{G}_1{}^{*}\boldsymbol{F}(\boldsymbol{G}_2^{*})^{\mathrm{T}} \qquad (\boldsymbol{G}_1 \text{ 和 } \boldsymbol{G}_2 \text{ 为酉矩阵})
$$

或

$$
\boldsymbol{f} = \boldsymbol{G}_1\boldsymbol{F}\boldsymbol{G}_2^{\mathrm{T}} \qquad (\boldsymbol{G}_1 \text{ 和 } \boldsymbol{G}_2 \text{ 为正交矩阵})
$$

因此，可分离正交变换的矩阵表示式为

$$
\begin{cases} \boldsymbol{F} = \boldsymbol{G}_1^{\mathrm{T}}\boldsymbol{f}\boldsymbol{G}_2 \\ \boldsymbol{f} = \boldsymbol{G}_1\boldsymbol{F}\boldsymbol{G}_2^{\mathrm{T}} & (\boldsymbol{G}_1 \text{ 和 } \boldsymbol{G}_2 \text{ 为正交矩阵}) \\ \text{或 } \boldsymbol{f} = \boldsymbol{G}_1^{*}\boldsymbol{F}(\boldsymbol{G}_2^{*})^{\mathrm{T}} & (\boldsymbol{G}_1 \text{ 和 } \boldsymbol{G}_2 \text{ 为酉矩阵}) \end{cases} \tag{3.3.11}
$$

若 $\boldsymbol{G}_1$ 和 $\boldsymbol{G}_2$ 还是对称矩阵，即 $\boldsymbol{G}_1^{\mathrm{T}}=\boldsymbol{G}_1$，$\boldsymbol{G}_2^{\mathrm{T}}=\boldsymbol{G}_2$，则正反变换的矩阵表示形式为

$$
\begin{cases} \boldsymbol{F} = \boldsymbol{G}_1\boldsymbol{f}\boldsymbol{G}_2 \\ \boldsymbol{f} = \boldsymbol{G}_1\boldsymbol{F}\boldsymbol{G}_2 \\ \text{或 } \boldsymbol{f} = \boldsymbol{G}_1^{*}\boldsymbol{F}\boldsymbol{G}_2^{*} \end{cases} \tag{3.3.12}
$$

3.2 节介绍的 2D-DFT 就是可分离的正交变换，而且其变换核也是对称的。

3.4 图像的离散余弦变换

由于 DFT 是复数运算，运算量大，不便于实时处理。但由 DFT 的性质 5)[式(3.2.13)]可知，当 $f(m,n)$ 为实的偶函数时，其 2D-DFT 仅有实部(虚部为 0)，为实变换。虽然数字图像 $f(m,n)$ 一般不满足偶函数的条件，但通过 $f(m,n)$ 的构造，可以变成偶函数，对构造后的实的偶函数的 2D-DFT 就仅含实部(余弦项)，形成的变换就称为离散余弦变换。

1. 偶函数的构造

设图 3.4.1(a)表示原数字图像 $f(m,n)$,则有两种方法可由实的 $f(m,n)$构造实的偶函数。

1) 奇对称的偶函数[图 3.4.1(b)]

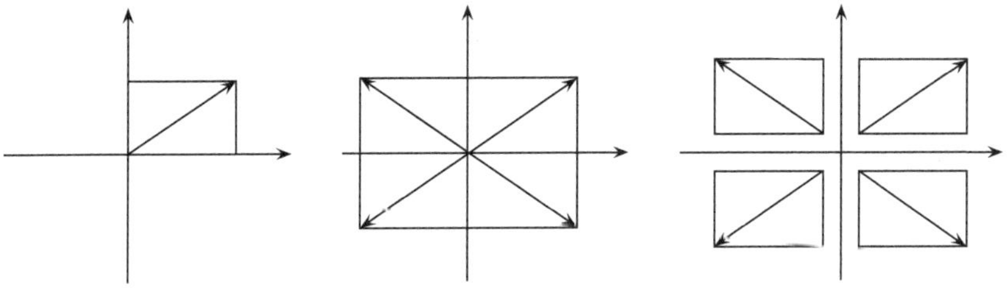

(a) (b) (c)

图 3.4.1 偶函数的构造

(a) 原图像 (b) 奇对称的偶函数 (c) 偶对称的偶函数

$$f'(m,n)=\begin{cases}f(m,n), & m,n\geqslant 0\\ f(-m,n), & m<0,\ n\geqslant 0\\ f(m,-n), & m\geqslant 0,\ n<0\\ f(-m,-n), & m,n<0\end{cases}\tag{3.4.1}$$

2) 偶对称的偶函数[图 3.4.1(c)]

$$f'(m,n)=\begin{cases}f(m,n), & m\geqslant 0,\ n\geqslant 0\\ f(-1-m,n), & m<0,\ n\geqslant 0\\ f(m,\ -1-n), & m\geqslant 0,\ n<0\\ f(-1-m,-1-n), & m,\ n<0\end{cases}\tag{3.4.2}$$

2. 二维离散余弦变换(2D-DFT)公式

将构造的偶函数代入 2D-DFT 公式,进行整理后就得到 2D-DCT 公式

$$F(u,v)=a(u)a(v)\sum_{m=0}^{N-1}\sum_{n=0}^{N-1}f(m,n)\cos\frac{(2m+1)u\pi}{2N}\cos\frac{(2n+1)v\pi}{2N}\tag{3.4.3}$$

2D-DCT 的反变换定义为

$$f(m,n)=\sum_{u=0}^{N-1}\sum_{v=0}^{N-1}a(u)a(v)F(u,v)\cos\frac{(2m+1)u\pi}{2N}\cos\frac{(2n+1)v\pi}{2N}\tag{3.4.4}$$

式中,$m,n,u,v=0,1,2,\cdots,N-1$;

$$a(u)=a(v)=\begin{cases}\sqrt{\dfrac{1}{N}}, & u=0\ 或\ v=0\\ \sqrt{\dfrac{2}{N}}, & u,v=1,2,\cdots,N-1\end{cases}$$

3. 2D-DCT 的矩阵表示

2D-DCT 除具备 2D-DFT 的所有性质外，其还是实的可分离正交变换，2D-DCT 可用 2 步 1D-DCT 来实现。类似于 FFT，DCT 也有快速算法。

2D-DCT 的矩阵表示为

$$\begin{cases}\boldsymbol{F}=\boldsymbol{C}^{\mathrm{T}}\boldsymbol{f}\boldsymbol{C}\\ \boldsymbol{f}=\boldsymbol{C}\boldsymbol{F}\boldsymbol{C}^{\mathrm{T}}\end{cases} \tag{3.4.5}$$

式中，$\boldsymbol{C}$ 为变换矩阵，有

$$c(i,j)=\begin{cases}\dfrac{1}{\sqrt{N}}, & i=0,\ 0\leqslant j\leqslant N-1\\ \dfrac{2}{\sqrt{N}}\cos\dfrac{(2j+1)i\pi}{2N}, & 1\leqslant i\leqslant N-1,\ 0\leqslant j\leqslant N-1\end{cases} \tag{3.4.6}$$

易见，$\boldsymbol{C}=\boldsymbol{C}^{*}$，因而 $\boldsymbol{C}^{-1}=\boldsymbol{C}^{\mathrm{T}}$。

3.5 图像的离散沃尔什-哈达玛变换

本章前几节介绍的傅里叶变换和余弦变换都是采用正余弦函数组成的变换核，运算比较复杂。因此，本节引入了离散沃尔什变换和哈达玛变换。

在前人研究的基础上，美国数学家沃尔什(J. L. 沃尔什)于 1923 年提出了一组在[0,1]上定义的完备、正交的矩形函数系，即沃尔什函数。由于沃尔什函数的完备正交性，可用于正交变换。哈达玛对其进行了改进，又形成了哈达玛变换。沃尔什变换和哈达玛变换统称沃尔什-哈达玛变换。由于它们的变换矩阵只由 +1 和 −1 组成，与数值逻辑的两个状态相对应，故更适用于计算机实现，同时占用空间少，且计算简单，在图像的正交变换中得到了广泛的应用。

3.5.1 离散哈达玛变换(DHT)

1. 哈达玛变换核

当 $N=2^n$ 时，函数 $f(m)$ 的 DHT 记作 $F(u)$，其变换核为

$$h(m,u)=\frac{1}{\sqrt{N}}(-1)^{\sum_{i=0}^{n-1}b_i(m)b_i(u)} \tag{3.5.1}$$

式中，$b_k(m)$为非负整数 m 的二进制表示的第 k 位。

因此，1-D 离散哈达玛变换为

$$F(u) = \sum_{m=0}^{N-1} f(m)h(m,u) \tag{3.5.2}$$

将式(3.5.1)所示的变换核写成矩阵形式，则哈达玛变换矩阵为

最低阶

$$\boldsymbol{H}_2 = \frac{1}{\sqrt{2}}\begin{bmatrix} 1 & 1 \\ 1 & -1 \end{bmatrix} \tag{3.5.3}$$

递推阶

$$\boldsymbol{H}_{2N} = \frac{1}{\sqrt{2}}\begin{bmatrix} \boldsymbol{H}_N & \boldsymbol{H}_N \\ \boldsymbol{H}_N & -\boldsymbol{H}_N \end{bmatrix} \quad (N = 2^l, l = 1,2,\cdots) \tag{3.5.4}$$

如

$$\boldsymbol{H}_4 = \frac{1}{\sqrt{2}}\begin{bmatrix} \boldsymbol{H}_2 & \boldsymbol{H}_2 \\ \boldsymbol{H}_2 & -\boldsymbol{H}_2 \end{bmatrix} = \frac{1}{2}\begin{bmatrix} 1 & 1 & 1 & 1 \\ 1 & -1 & 1 & -1 \\ 1 & 1 & -1 & -1 \\ 1 & -1 & -1 & 1 \end{bmatrix} \begin{matrix} \text{变号次数 } k \\ 0 \\ 3 \\ 1 \\ 2 \end{matrix}$$

2. 哈达玛变换核特点

从式(3.5.1)～式(3.5.4)可知，哈达玛变换核(变换矩阵)具有如下特点：

(1) 递推性：$\boldsymbol{H}_{2N}$可以由 $\boldsymbol{H}_N$ 递推得到。

(2) 哈达玛变换矩阵 $\boldsymbol{H}_N$ 为实的正交对称矩阵：$\boldsymbol{H}_N = \boldsymbol{H}_N^{-1} = \boldsymbol{H}_N^{\mathrm{T}}$，因此，正反变换具有相同的变换核(矩阵)。

(3) 行(或列)变号次数乱序。

3. 2D-DHT

2-D 哈达玛正变换核由下式给出

$$h(m,n,u,v) = \frac{1}{N}(-1)^{\sum_{i=0}^{n-1}[b_i(m)b_i(u)+b_i(n)b_i(v)]} \tag{3.5.5}$$

上式也可写为

$$h(m,n,u,v) = \frac{1}{\sqrt{N}}(-1)^{\sum_{i=0}^{n-1}b_i(m)b_i(u)} \cdot \frac{1}{\sqrt{N}}(-1)^{\sum_{i=0}^{n-1}b_i(n)b_i(v)} = h(m,u)h(n,v)$$

正变换为

$$\begin{aligned} F(u,v) &= \sum_{m=0}^{N-1}\sum_{n=0}^{N-1} f(m,n)h(m,n,u,v) \\ &= \sum_{m=0}^{N-1}\Big[\sum_{n=0}^{N-1} f(m,n)h(n,v)\Big]h(m,u) \end{aligned} \tag{3.5.6}$$

写成矩阵形式，即为

$$F = H_N f H_N \tag{3.5.7}$$

根据变换核的特点，可知反变换与正变换形式相同，即为

$$f = H_N F H_N \tag{3.5.8}$$

3.5.2 离散沃尔什变换(DWT)

1. 变换核

当 $N=2^n$ 时，函数 $f(m)$的 DWT 记为 $F(u)$，其变换核为

$$\begin{cases} w(m,u) = \dfrac{1}{\sqrt{N}} \prod\limits_{i=0}^{n-1} (-1)^{r_i(m)b_i(u)} \\ r_0(m) = b_{n-1}(m) \\ r_i(m) = b_{n-i}(m) \oplus b_{n-i-1}(m) \end{cases} \tag{3.5.9}$$

式中，$b_k(m)$为非负整数 m 的二进制表示的第 k 位，符号$\oplus$表示模 2 加。

因此，1-D 离散沃尔什变换为

$$F(u) = \sum_{m=0}^{N-1} f(m) w(m,u), \quad u = 0,1,\cdots,N-1 \tag{3.5.10}$$

当 N 确定时，根据沃尔什变换[式(3.5.9)]可以计算出对应 N 的沃尔什矩阵，例如，当 $N=4$ 时，有

$$W_4 = \frac{1}{2}\begin{bmatrix} 1 & 1 & 1 & 1 \\ 1 & 1 & -1 & -1 \\ 1 & -1 & -1 & 1 \\ 1 & -1 & 1 & -1 \end{bmatrix} \begin{matrix} \text{变号次数 } k \\ 0 \\ 1 \\ 2 \\ 3 \end{matrix}$$

与哈达玛变换矩阵不同的是，沃尔什变换矩阵的行(或列)变号次数按自然数序(定序)排列。

2. 沃尔什变换核特点

从式(3.5.9)并对比哈达玛变换核，沃尔什变换核(变换矩阵)具有如下特点：

(1) 变换核 W_N 可由哈达玛变换核 H_N 间接得到(间接递推)，如下：

$$H_N \xrightarrow[\text{自然数定序}]{\text{行(或列)变号次数}} W_N$$

$$H_4 = \frac{1}{2}\begin{bmatrix} 1 & 1 & 1 & 1 \\ 1 & -1 & 1 & -1 \\ 1 & 1 & -1 & -1 \\ 1 & -1 & -1 & 1 \end{bmatrix} \begin{matrix} k \\ 0 \\ 3 \\ 1 \\ 2 \end{matrix} \longrightarrow W_4 = \frac{1}{2}\begin{bmatrix} 1 & 1 & 1 & 1 \\ 1 & 1 & -1 & -1 \\ 1 & -1 & -1 & 1 \\ 1 & -1 & 1 & -1 \end{bmatrix} \begin{matrix} k \\ 0 \\ 1 \\ 2 \\ 3 \end{matrix}$$

式中，k 为行变号次数。显然，沃尔什变换矩阵可由哈达玛变换矩阵按照行或列的变号次数递增的顺序(自然定序)来得到。

(2) 沃尔什变换矩阵 $\boldsymbol{W}_N$ 为实的正交对称矩阵：$\boldsymbol{W}_N=\boldsymbol{W}_N^{-1}=\boldsymbol{W}_N^{\mathrm{T}}$。因此，正反变换具有相同的变换核(矩阵)。

(3) 行(或列)变号次数按自然定序排列。

3. 2D-DWT

与 2D-DHT 类同，2D-DWT 变换核也具有可分离性，即 $W(m,n,u,v)=W(m,u)W(n,v)$，因此

2D-DWT 的矩阵形式为

$$\boldsymbol{F}=\boldsymbol{W}_N\boldsymbol{f}\boldsymbol{W}_N \tag{3.5.11}$$

同理，反变换为

$$\boldsymbol{f}=\boldsymbol{W}_N\boldsymbol{F}\boldsymbol{W}_N \tag{3.5.12}$$

3.5.3 2D DHT 和 2D DWT 的特点及举例

1. 2D-DHT-DWT 特点

通过与 2D-DFT 和 2D-DCT 比较，2D-DHT 和 2D-DWT 具有如下特点：

(1) 与 2D-DFT 和 2D-DCT 类同，都是属于可分离的正交变换。可分离变换可以使 2D 变换用 1D 变换实现，而 1D 也有快速算法，可大大减少运算量。正交变换使得反变换中避免了矩阵求逆。

(2) 与 2D-DCT 类同，都是实函数变换。同时，由于变换核仅取 +1 和 −1 两个值，因此变换只需进行加、减法运算。

(3) 正反变换形式完全相同。

(4) 变换核中不存在正、余弦函数，所以用计算机计算时，不会因字长有限而产生附加噪声。

(5) 由于是正交变换，具有很好的能量集中作用。对图像变换后，绝大多数能量(幅度大的系数)都集中在左上角。

2. 2D-DHT 和 2D-DWT 举例

[**例 3.1**] 已知

$$\boldsymbol{f}_1=\begin{bmatrix}1&3&3&1\\1&3&3&1\\1&3&3&1\\1&3&3&1\end{bmatrix}$$

由 $\boldsymbol{H}_2=\frac{1}{\sqrt{2}}\begin{bmatrix}1&1\\1&-1\end{bmatrix}$ 和 $\boldsymbol{H}_{2N}=\frac{1}{\sqrt{2}}\begin{bmatrix}\boldsymbol{H}_N&\boldsymbol{H}_N\\\boldsymbol{H}_N&-\boldsymbol{H}_N\end{bmatrix}$，得

$$\boldsymbol{H}_4 = \frac{1}{2}\begin{bmatrix} 1 & 1 & 1 & 1 \\ 1 & -1 & 1 & -1 \\ 1 & 1 & -1 & -1 \\ 1 & -1 & -1 & 1 \end{bmatrix}$$

则 2D-DHT 为

$$\boldsymbol{F}_1 = \boldsymbol{H}_4 \boldsymbol{f} \boldsymbol{H}_4 = \begin{bmatrix} 8 & 0 & 0 & -4 \\ 0 & 0 & 0 & 0 \\ 0 & 0 & 0 & 0 \\ 0 & 0 & 0 & 0 \end{bmatrix}$$

同理，由 $\boldsymbol{H}_4 \rightarrow \boldsymbol{W}_4$，得

$$\boldsymbol{W}_4 = \frac{1}{2}\begin{bmatrix} 1 & 1 & 1 & 1 \\ 1 & 1 & -1 & -1 \\ 1 & -1 & -1 & 1 \\ 1 & -1 & 1 & -1 \end{bmatrix}$$

则 2D-DHT 为

$$\boldsymbol{F}_2 = \boldsymbol{W}_4 \boldsymbol{f} \boldsymbol{W}_4 = \begin{bmatrix} 8 & 0 & -4 & 0 \\ 0 & 0 & 0 & 0 \\ 0 & 0 & 0 & 0 \\ 0 & 0 & 0 & 0 \end{bmatrix}$$

[例 3.2] 已知

$$\boldsymbol{f}_2 = \begin{bmatrix} 1 & 1 & 1 & 1 \\ 1 & 1 & 1 & 1 \\ 1 & 1 & 1 & 1 \\ 1 & 1 & 1 & 1 \end{bmatrix}$$

则 2D-DHT 和 2D-DWT 为

$$\boldsymbol{F}_1 = \boldsymbol{H}_4 \boldsymbol{f} \boldsymbol{H}_4 = \boldsymbol{F}_2 = \boldsymbol{W}_4 \boldsymbol{f} \boldsymbol{W}_4 = \begin{bmatrix} 4 & 0 & 0 & 0 \\ 0 & 0 & 0 & 0 \\ 0 & 0 & 0 & 0 \\ 0 & 0 & 0 & 0 \end{bmatrix}$$

从这两个例子可看出，DHT 和 DWT 都满足变换前后能量守恒，即 $\sum\limits_{m=0}^{N-1}\sum\limits_{n=0}^{N-1} f^2(m,n) = \sum\limits_{u=0}^{N-1}\sum\limits_{v=0}^{N-1} F^2(u,v)$，但相比于原图像数据，变换后的系数矩阵具有能量集中的作用，且数据越均匀（$\boldsymbol{f}_2$ 比 $\boldsymbol{f}_1$ 更均匀）能量越集中，这个特性可用于图像压缩中。

由于大部分数字图像变换中都是 $N=2^n$ 成立的情况，因此，沃尔什和哈达玛变换经常混合使用，故通常说的沃尔什-哈达玛变换指代的是这两种变换的其中一种。

3.6 K-L 变换

K-L 变换首先由 Karhunen 和 Leoeve 引入，用来处理随机过程中的连续信号的去相关问题。而 Hotelling 也提出了一种离散信号的去相关性线性变换，称为“主分量分析法(PCA)”，实际上它是 K-L 级数展开的离散等效方法。因此，这种变换方法就有多种称谓，如 K-L 变换、Hotelling 变换、特征向量变换或主分量变换等。

不同于前面介绍的傅里叶变换、离散余弦变换、哈达玛-沃尔什变换，离散 K-L 变换是以变换矢量的统计性质为基础，在均方误差最小意义下得到的最佳变换，因此常被用来作为衡量其他变换性能的标准[6]。

3.6.1 图像的向量表示和统计参数

若一幅 $N\times N$ 的图像 $f(m,n)$ 在信道中传送了 L 次，或一物体形成了 L 个波段的多光谱图像，则会得到 L 幅(帧)图像组成的图像集合为

$$f(m,n) = \{f_1(m,n), f_2(m,n), \cdots, f_L(m,n)\}$$

由于成像或传输过程中受到噪声或干扰的影响，图像中不可避免地包含有一些随机的成分，因此对图像 $f(m,n)$ 可计算其统计特性。

1. 图像的向量表示

对图像集合中的每一个样本 $f_i(m,n)$ 可以用堆叠方式表示成 N^2 维向量 $\boldsymbol{f}_i$，即

$$\boldsymbol{f}_i = \begin{bmatrix} f_{i,0} \\ f_{i,1} \\ \cdots \\ f_{i,N-1} \end{bmatrix} \tag{3.6.1}$$

其中的元素

$$f_{i,j} = \begin{bmatrix} f_i(j,0) \\ f_i(j,1) \\ \cdots \\ f_i(j,N-1) \end{bmatrix} \tag{3.6.2}$$

式中，$\boldsymbol{f}_i$ 为图像集合中的第 i 个样本；$f_{i,j}$ 为第 i 帧第 j 行元素形成的列向量。

2. 图像的统计参数

图像 $\boldsymbol{f}$ 向量的协方差阵定义为

$$\boldsymbol{C}_f = E[(\boldsymbol{f}-\boldsymbol{m}_f)(\boldsymbol{f}-\boldsymbol{m}_f)^{\mathrm{T}}] \tag{3.6.3}$$

式中，$\boldsymbol{m}_f = E[\boldsymbol{f}]$ 为 $\boldsymbol{f}$ 的均值向量；$E[\cdot]$ 为求统计平均。

在 L 帧图像样本组成的集合中，可用如下两式近似，求得 $\boldsymbol{m}_f$ 和 $\boldsymbol{C}_f$

$$\boldsymbol{m}_f \approx \frac{1}{L}\sum_{i=1}^{L} f_i \tag{3.6.4}$$

$$\boldsymbol{C}_f \approx \frac{1}{L}\sum_{i=1}^{L}(\boldsymbol{f}_i - \boldsymbol{m}_f)(\boldsymbol{f}_i - \boldsymbol{m}_f)^{\mathrm{T}} = \frac{1}{L}\left[\sum_{i=1}^{L}\boldsymbol{f}_i\boldsymbol{f}_i^{\mathrm{T}}\right] - \boldsymbol{m}_f\boldsymbol{m}_f^{\mathrm{T}} \tag{3.6.5}$$

式中，均值向量 $\boldsymbol{m}_f$ 为 N^2 维的列向量；方差向量为 $N^2 \times N^2$ 维的矩阵。

3.6.2 $\boldsymbol{C}_f$ 的特征值和特征向量

1. $\boldsymbol{C}_f$ 的特征值

由矩阵理论可知，对于 $N^2 \times N^2$ 的矩阵 $\boldsymbol{C}_f$，有 N^2 个标量 λ_i，$i=1,2,\cdots,N^2$，能使

$$|\boldsymbol{C}_f - \lambda_i \boldsymbol{I}| = 0 \tag{3.6.6}$$

式中，λ_i 为矩阵 $\boldsymbol{C}_f$ 的特征值。

2. $\boldsymbol{C}_f$ 的特征向量

重新排列特征值 λ_i，使得

$$\lambda_1 \geqslant \lambda_2 \geqslant \cdots \geqslant \lambda_{N^2} \tag{3.6.7}$$

若设 $\boldsymbol{b}_i$ 是 $\boldsymbol{C}_f$ 的 N^2 维特征向量，则有

$$\boldsymbol{C}_f\boldsymbol{b}_i = \lambda_i\boldsymbol{b}_i, \qquad i = 1,2,\cdots,N^2 \tag{3.6.8}$$

因此，$\boldsymbol{C}_f$ 是一实对称方阵，则一定存在有 N^2 个互为正交的实特征向量 $\boldsymbol{b}_i$，构成一个 N^2 维的完备正交向量集。

特征向量 $\boldsymbol{b}_i$ 所组成的 $N^2 \times N^2$ 正交矩阵 $\boldsymbol{B}$ 为

$$\boldsymbol{B} = \begin{bmatrix} \boldsymbol{b}_1^{\mathrm{T}} \\ \boldsymbol{b}_2^{\mathrm{T}} \\ \vdots \\ \boldsymbol{b}_{N^2}^{\mathrm{T}} \end{bmatrix} = \begin{bmatrix} b_{11} & b_{12} & \cdots & b_{1N^2} \\ b_{21} & b_{22} & \cdots & b_{2N^2} \\ \vdots & \vdots & & \vdots \\ b_{N^21} & b_{N^22} & \cdots & b_{N^2N^2} \end{bmatrix} \tag{3.6.9}$$

式中，$b_{i,j}$ 为第 i 个特征向量的第 j 个分量。

3.6.3 离散 K L 变换及其性质

1. 离散 K-L 变换

对各特征向量 $\boldsymbol{b}_i$ 进行归一化处理后，就得到了 K-L 变换的变换矩阵 $\mathbf{A}$。即

$$\mathbf{A} = \begin{bmatrix} \boldsymbol{a}_1^{\mathrm{T}} \\ \boldsymbol{a}_2^{\mathrm{T}} \\ \vdots \\ \boldsymbol{a}_{N^2}^{\mathrm{T}} \end{bmatrix} = \begin{bmatrix} a_{11} & a_{12} & \cdots & a_{1N^2} \\ a_{21} & a_{22} & \cdots & a_{2N^2} \\ \vdots & \vdots & & \vdots \\ a_{N^21} & a_{N^22} & \cdots & a_{N^2N^2} \end{bmatrix} \tag{3.6.10}$$

式中，特征向量 $\boldsymbol{b}_i$ 归一化的过程为

$$a_{ij}=b_{ij}\Big/\sqrt{\sum_{j=0}^{N^2}b_{ij}^2} \tag{3.6.11}$$

且有

$$\boldsymbol{a}_i^{\mathrm{T}}\boldsymbol{a}_j=\begin{cases}1, & 当\ i=j\\ 0, & 当\ i\neq j\end{cases} \tag{3.6.12}$$

显然，$\boldsymbol{A}$ 是一个 N^2 阶的正交矩阵。

到此，离散 K-L 变换可以表示为

$$\boldsymbol{g}=\boldsymbol{A}(\boldsymbol{f}-\boldsymbol{m}_f) \tag{3.6.13}$$

2. 离散 K-L 变换的性质

离散 K-L 变换是由中心化图像向量$(\boldsymbol{f}-\boldsymbol{m}_f)$与归一化特征向量矩阵 $\boldsymbol{A}$ 相乘，结果产生一幅新的图像向量，其具有如下性质。

(1) $\boldsymbol{g}$ 的均值向量 $\boldsymbol{m}_g$ 为 0。

$$\boldsymbol{m}_g=E[\boldsymbol{g}]=E[\boldsymbol{A}(\boldsymbol{f}-\boldsymbol{m}_f)]=\boldsymbol{A}\cdot E[\boldsymbol{f}]-\boldsymbol{A}\cdot\boldsymbol{m}_f=\boldsymbol{0}_{N^2\times 1}$$

即变换后 $\boldsymbol{g}$ 的均值向量为 0。

(2) $\boldsymbol{g}$ 的方差向量为

$$\begin{aligned}\boldsymbol{C}_g&=E[(\boldsymbol{g}-\boldsymbol{m}_g)(\boldsymbol{g}-\boldsymbol{m}_g)^{\mathrm{T}}]\\&=E[(\boldsymbol{Af}-\boldsymbol{Am}_f)(\boldsymbol{Af}-\boldsymbol{Am}_f)^{\mathrm{T}}]\\&=E[\boldsymbol{A}(\boldsymbol{f}-\boldsymbol{m}_f)(\boldsymbol{f}-\boldsymbol{m}_f)^{\mathrm{T}}\boldsymbol{A}^{\mathrm{T}}]\\&=\boldsymbol{A}E[(\boldsymbol{f}-\boldsymbol{m}_f)(\boldsymbol{f}-\boldsymbol{m}_f)^{\mathrm{T}}]\boldsymbol{A}^{\mathrm{T}}\\&=\boldsymbol{AC}_f\boldsymbol{A}^{\mathrm{T}}\end{aligned} \tag{3.6.14}$$

(3) $\boldsymbol{C}_f$ 为对角阵。

$\boldsymbol{C}_g$ 是一个对角矩阵，其主对角线上的元素正是 $\boldsymbol{C}_f$ 的特征值，即

$$\boldsymbol{C}_g=\begin{bmatrix}\lambda_1 & 0 & \cdots & 0 & 0\\ 0 & \lambda_2 & \cdots & 0 & 0\\ \vdots & \vdots & & 0 & \vdots\\ 0 & \cdots & \cdots & 0 & \lambda_{N^2}\end{bmatrix} \tag{3.6.15}$$

这表明，图像 $\boldsymbol{f}$ 经离散 K-L 变换后，$\boldsymbol{g}$ 中的各个元素是不相关的，$\boldsymbol{g}$ 中第 i 个元素的方差就是 $\boldsymbol{C}_f$ 的第 i 个特征值 λ_i。

(4) 因为 $\boldsymbol{A}$ 是正交矩阵，所以离散 K-L 变换是正交变换。

(5) 由于二维 K-L 变换核是不可分离的，所以离散 K-L 变换不是可分离变换。

3. 离散 K-L 反变换

因为 K-L 变换矩阵 $\boldsymbol{A}$ 是正交矩阵，所以由式(3.6.13)可得到离散 K-L 反变换式是

$$\boldsymbol{f}=\boldsymbol{A}^{\mathrm{T}}\boldsymbol{g}+\boldsymbol{m}_f \tag{3.6.16}$$

3.6.4 图像的主分量表示和降维重建

离散 K-L 变换矩阵 $\boldsymbol{A}$ 是按特征值 λ 大小排列的相应特征向量 $\boldsymbol{a}$ 组成的变换核矩阵，由于能量主要集中于特征值 λ 大的系数中，如果只用特征值较大的前 k($k<N^2$)个分量来近似表示 $\boldsymbol{f}$，即丢掉对应于特征值 λ 较小的系数，则对图像质量不会有大的影响。

也即用前 k 个最大的特征值对应的 k 个特征向量构成新的变换矩阵 $\boldsymbol{A}_k$

$$\boldsymbol{A}_k=\begin{bmatrix}\boldsymbol{a}_1^{\mathrm{T}}\\ \boldsymbol{a}_2^{\mathrm{T}}\\ \cdots\\ \boldsymbol{a}_{1k}^{\mathrm{T}}\end{bmatrix}_{k\times N^2} \tag{3.6.17}$$

作一新的变换

$$\boldsymbol{g}_k=\boldsymbol{A}_k(\boldsymbol{f}-\boldsymbol{m}_f) \tag{3.6.18}$$

则可由 k 维向量 $\boldsymbol{g}_k$(称为主分量)代替原来的 N^2 维向量 $\boldsymbol{g}$。式(3.6.18)就称为图像的主分量表示，它可广泛应用于多光谱图像特征选择和表示、图像数据压缩等方面。

$\boldsymbol{g}_k$ 相对于 $\boldsymbol{g}$ 其维数减少了 N^2-k 维，再作反变换，就得到了原图像 $\boldsymbol{f}$ 的降维重建值 $\hat{\boldsymbol{f}}$

$$\hat{\boldsymbol{f}}=\boldsymbol{A}_k^{\mathrm{T}}\boldsymbol{g}_k+\boldsymbol{m}_f \tag{3.6.19}$$

由上式所建图像只能叫做原图像 $\boldsymbol{f}$ 的估值 $\hat{\boldsymbol{f}}$，也必然存在误差。

可以证明，$\boldsymbol{f}$ 和 $\hat{\boldsymbol{f}}$ 之间的均方误差是

$$e_{ms}=\sum_{i=0}^{N^2}\lambda_i-\sum_{i=1}^{k}\lambda_i=\sum_{i=k+1}^{N^2}\lambda_i \tag{3.6.20}$$

上式表明，如果 $k=N^2$(即如果所有的特征向量都用于变换)，则误差为零。而如果选用 k 个具有最大特征值的特征向量组成变换矩阵 $\boldsymbol{A}_k$，则从图像的降维重建和均方误差降至最小来说，离散 K-L 变换是最佳的。由于这种使用特征向量对应的最大特征值的思想，K-L 变换也称为主分量变换。

图 3.6.1 给出了 256×256 的摄像师图像对行方向进行 K-L 变换后的变换系数图，从中可看出图像的能量大部分集中到前几列的 K-L 变换系数上。

图 3.6.2 给出了利用不同的 k 个最大特征值对应的特征向量进行降维重建后的估值图像，从中看出，当 $k=64$ 时，重建图像的效果已经很好。

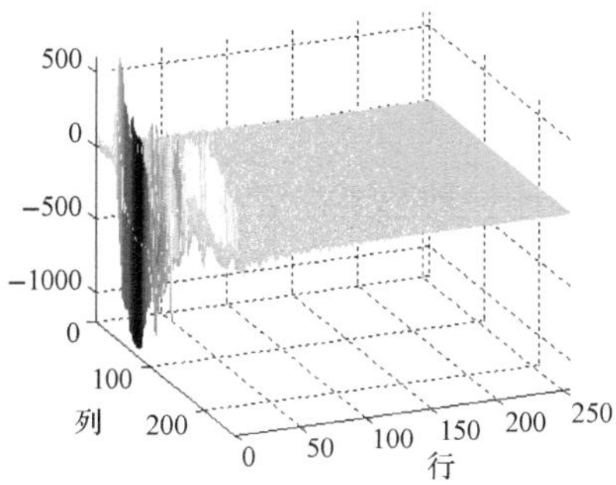

图 3.6.1　camera 图像进行行方向的 K-L 变换系数图

K-L 变换的变换核是不可分离的，因此需要进行非常复杂的矩阵乘法运算。另外，由于 K-L 变换是一种线性变换，它的基函数是通过图像的统计特性得到的，因此，该变换是自适应的，它依赖于输入的图像，不存在类似于 FFT 的快速算法。因此，这些缺点限制了 K-L 变换的应用(如在图像压缩中的应用)。但是，K-L 变换可以用来作为衡量其他变换性能的基准。

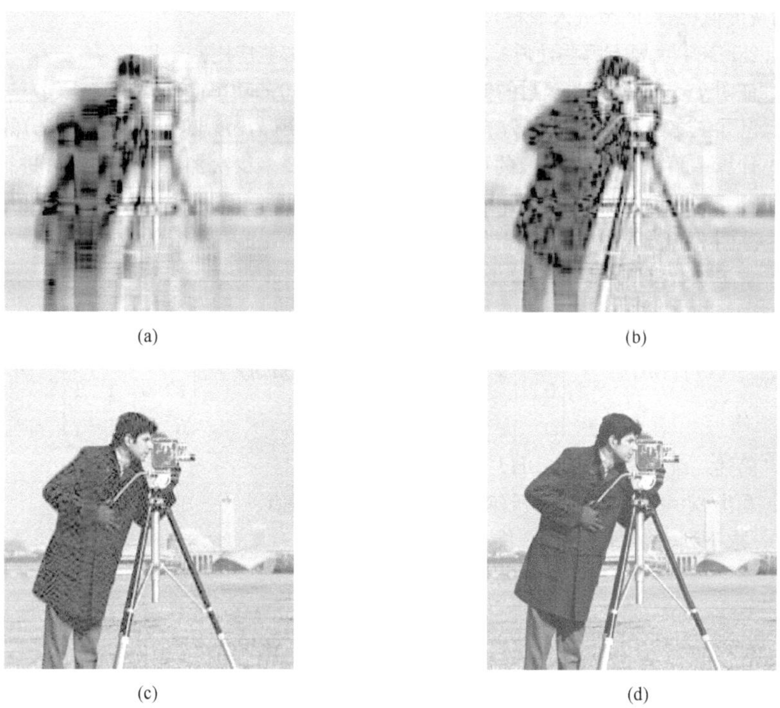

图 3.6.2　camera 图像的降维重建

(a) 用前 8 个特征向量　(b) 用前 16 个特征向量　(c) 用前 32 个特征向量　(d) 用前 64 个特征向量

3.7 小　　结

变换处理作为信号处理的一种基本方法，已广泛应用于许多领域，在图像处理中的许多方法和技术，包括图像增强、图像恢复、压缩编码等都是以变换为基础的。

本章主要介绍了图像的几何变换，离散傅里叶变换、离散余弦变换、离散沃尔什-哈达玛变换等可分离正交变换，以及不满足可分离但是正交变换的 K-L 变换。当前广泛使用的小波变换将在第 6 章介绍。

习　　题

3.1　已知图像块

$$f(x,y)=\begin{bmatrix} f(0,0) & f(0,1) & f(0,2) & f(0,3) \\ f(1,0) & f(1,1) & f(1,2) & f(1,3) \\ f(2,0) & f(2,1) & f(2,2) & f(2,3) \\ f(3,0) & f(3,1) & f(3,2) & f(3,3) \end{bmatrix}=\begin{bmatrix} 0 & 1 & 2 & 3 \\ 4 & 5 & 6 & 7 \\ 8 & 9 & 10 & 11 \\ 12 & 13 & 14 & 15 \end{bmatrix}$$

若将其绕坐标原点逆时针旋转 30°，结果为 $g(u,v)$。分别用最近邻插值法和双线性变换法求 $g(1,3)$ 的灰度值（结果四舍五入取整）。

3.2　2D-DFT 主要有哪些性质？其在图像处理中有哪些应用？

3.3　证明 $f(x)$ 的自相关函数的傅里叶变换就是 $f(x)$ 的功率谱（谱密度）$|F(u)|^2$。

3.4　已知 $N\times N$ 的数字图像为 $f(m,n)$，其 DFT 为 $F(u,v)$，求 $(-1)^{m+n}f(m,n)$ 的 DFT。

3.5　计算一幅 256×256 图像的可分离 2D-DFT 需要多少次加法和乘法？若进行可分离 2D-FFT，结果又如何？

3.6　证明 2D-DFT 和 2D-IDFT 是线性变换。

3.7　求下列数字图像块的二维 DFT 和二维 DCT。

$$(1)\ f_1(m,n)=\begin{bmatrix} 0 & 1 & 1 & 0 \\ 0 & 1 & 1 & 0 \\ 0 & 1 & 1 & 0 \\ 0 & 1 & 1 & 0 \end{bmatrix},\quad (2)\ f_2(m,n)=\begin{bmatrix} 0 & 0 & 1 & 1 \\ 0 & 0 & 1 & 1 \\ 0 & 0 & 1 & 1 \\ 0 & 0 & 1 & 1 \end{bmatrix}$$

3.8　简述二维 DFT、DCT、DHT 和 DWT 的异同。

3.9　写出 $N=8$ 的哈达码和沃尔什变换核，简述其特点。

3.10　求下列数字图像块的二维 DHT。

$$(1)\ f_1(m,n)=\begin{bmatrix} 1 & 4 & 4 & 1 \\ 1 & 4 & 4 & 1 \\ 1 & 4 & 4 & 1 \\ 1 & 4 & 4 & 1 \end{bmatrix},\quad (2)\ f_2(m,n)=\begin{bmatrix} 4 & 4 & 1 & 1 \\ 4 & 4 & 1 & 1 \\ 4 & 4 & 1 & 1 \\ 4 & 4 & 1 & 1 \end{bmatrix},$$

$$(3)\ f_3(m,n)=\begin{bmatrix} 4 & 4 & 4 & 4 \\ 4 & 4 & 4 & 4 \\ 4 & 4 & 4 & 4 \\ 4 & 4 & 4 & 4 \end{bmatrix}$$

3.11　求习题 3.10 的二维 DWT。

3.12　与 DFT 相比，DCT 有哪些特点？

3.13　写出 $N=2$ 时的 2-D DCT 的正反变换核的值。

3.14　沃尔什变换的变换矩阵有哪些特点？在图像处理应用中其最突出的优点是什么？

3.15　K-L 变换中，如果 $\boldsymbol{A}$ 是将 $\boldsymbol{x}$ 转化为 $\boldsymbol{y}$ 的变换矩阵，即 $\boldsymbol{y}=\boldsymbol{A}(\boldsymbol{x}-\boldsymbol{m}_x)$，试证明：

(1) 变换得到的 $\boldsymbol{y}$ 矢量的均值为零；

(2) 若 $\boldsymbol{x}$ 和 $\boldsymbol{y}$ 的协方差矩阵分别为 $\boldsymbol{C}_x$ 和 $\boldsymbol{C}_y$，则 $\boldsymbol{C}_y=\boldsymbol{A}\boldsymbol{C}_x\boldsymbol{A}^{\mathrm{T}}$；

(3) $\boldsymbol{C}_y$ 是一个对角矩阵，它的主对角线上的元素是 $\boldsymbol{C}_x$ 的特征值。

3.16　设有 4 个矢量 $\boldsymbol{x}_1=[1\quad 0\quad 0]^{\mathrm{T}}$，$\boldsymbol{x}_2=[1\quad 1\quad 0]^{\mathrm{T}}$，$\boldsymbol{x}_3=[1\quad 0\quad 1]^{\mathrm{T}}$，请求出矢量 $\boldsymbol{X}=[\boldsymbol{x}_1\quad \boldsymbol{x}_2\quad \boldsymbol{x}_3]^{\mathrm{T}}$ 的协方差矩阵 $\boldsymbol{C}_x$。

3.17　设二元素随机向量 $\boldsymbol{X}$ 的 4 个样本为

$$\boldsymbol{X}_1=\begin{bmatrix}-2\\0\end{bmatrix},\quad \boldsymbol{X}_2=\begin{bmatrix}-1\\1\end{bmatrix},\ \boldsymbol{X}_3-\begin{bmatrix}1\\3\end{bmatrix},\quad \boldsymbol{X}_4-\begin{bmatrix}2\\4\end{bmatrix}$$

求其 K-L 变换。

第4章 图像增强

在图像的生成、传输或变换的过程中，由于多种因素的影响，会导致图像质量的下降。图像增强就在于修正这种降质，达到以下两个目的：一是改善图像的视觉效果，提高图像的清晰度；二是将图像转换成一种更适合于人或机器分析处理的形式。总之，就是通过处理来有选择地突出图像中感兴趣的信息，抑制无用信息，以提高图像的使用价值[12,13]。

图像增强由于其与感兴趣信息的特征、观察者的习惯和处理目的有关，因此往往具有针对性，增强的结果多以人的主观感觉加以评价，缺乏通用的、客观的标准。在实际应用中，针对某个应用场合的具体图像，可同时选择几种适当的图像增强算法进行实验，从中选取视觉效果较好，计算复杂度小，同时又合乎应用要求的一种算法。

图像增强方法按作用域可分为空域法和频域法两类。

1. 空域法

空域法是直接对图像的像素灰度值进行操作。常用的空域法包括图像的灰度变换、直方图修正、图像空域平滑和锐化处理、彩色增强等。

2. 频域法

频域法是在图像的变换域中，对图像的变换值进行操作，然后经逆变换获得所需的增强结果。常用的方法包括低通滤波、高通滤波以及同态滤波等。

本章将对这些常用的图像增强方法进行介绍。

4.1 图像的对比度增强

在图像的成像过程中，由于环境限制等因素的影响，生成的图像往往对比度不足，造成图像的视觉效果差。对此，可采用图像灰度值变换的方法，即改变图像像素的灰度值，以改变图像灰度的动态范围，增强图像的对比度。设原图像为 $f(m,n)$，处理后为 $g(m,n)$，则对比度增强可表示为

$$g(m,n)=T[f(m,n)] \tag{4.1.1}$$

式中，$T[\cdot]$为增强图像和原图像的灰度变换关系（函数）。针对数字图像，由于其灰度取值的离散性，而通过 $T[\cdot]$计算的增强值可能带有小数部分，一般采取四舍五入取整的方法，使 $g(m,n)$仍取整数。因此，这里的 $T[\cdot]$也隐含灰度变换值的取整过程。

4.1.1 灰度线性变换

在曝光不足或曝光过度的情况下，图像的灰度值会局限在一个较小的范围内，或虽然曝光充分，但图像中我们感兴趣部分的灰度值分布范围小、层次少，此时的图像可能是一个模糊、灰度层次不清楚的图像。利用灰度的线性或分段线性变换，就可以扩展图像的动态范围，或增强图像的对比度。

1. 灰度的线性变换

灰度的线性变换就是将图像的灰度值按给定的线性函数进行变换，以此增强或减弱图像的灰度，达到增强图像对比度的目的。

设原图像灰度取值 $f(m,n)\in[a,b]$，线性变换后的取值 $g(m,n)\in[c,d]$，则线性变换如图 4.1.1 所示。变换关系式为

$$g(m,n) = c + k[f(m,n) - a] \tag{4.1.2}$$

式中，$k=\dfrac{d-c}{b-a}$为变换函数(直线)的斜率。即倾斜程度。

根据$[a,b]$和$[c,d]$的取值大小，可有如下几种情况。

(1) 扩展动态范围。

若$[a,b]\subset[c,d]$，即 $k>1$，则结果会使图像灰度取值的动态范围展宽，这样就可改善曝光不足的缺陷，或充分利用图像显示设备的动态范围。

(2) 改变取值区间。

若 $k=1$，即 $d-c=b-a$，则变换后灰度动态范围不变，但灰度取值区间会随 a 和 c 的大小而平移。

(3) 缩小动态范围。

若$[c,d]\subset[a,b]$，即 $0<k<1$，则变换后图像动态范围会变窄。

(4) 反转或取反。

若 $k<0$，即对于 $b>a$ 有 $d<c$，则变换后图像的灰度值会反转，即原亮的变暗，原暗的变亮。在 $k=-1$ 时，$g(m,n)$即为 $f(m,n)$的取反。

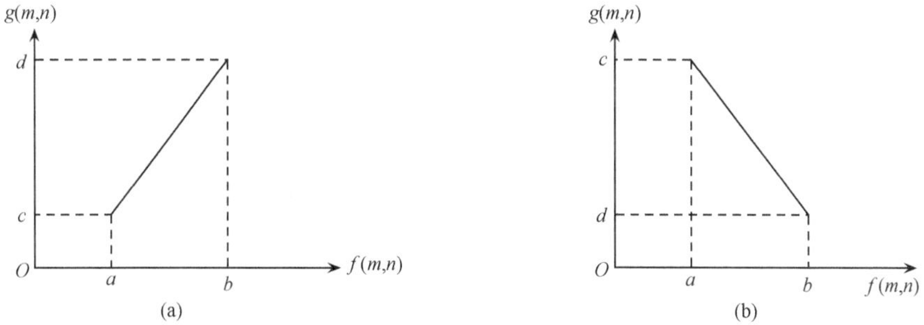

图 4.1.1 灰度线性变换关系

(a) $k=\dfrac{d-c}{b-a}>0$ (b) $k=\dfrac{d-c}{b-a}<0$

2. 灰度分段线性变换

有些情况下，图像的整个灰度范围（记为[0,*M*]）已经很宽了，但感兴趣的某两灰度值间的动态范围（记为[*a*,*b*]）却很窄。这时，可采用分段线性变换，来扩展感兴趣的[*a*,*b*]区间。具体情况有两种，对应的变换关系如图 4.1.2 所示。

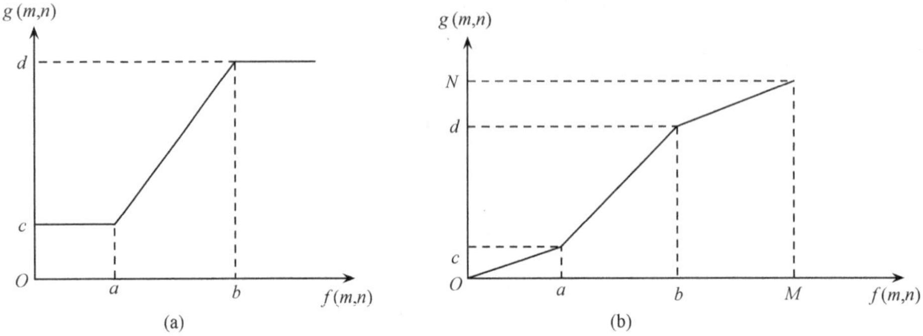

图 4.1.2　灰度分段线性变换关系

(a) 扩展感兴趣的牺牲其他　(b) 扩展感兴趣的，压缩其他

(1) 扩展感兴趣的，牺牲其他。

对于感兴趣的[*a*,*b*]区间，采用斜率大于 1 的线性变换来进行扩展，而把其他区间用 *a* 或 *b* 来表示。变换函数为

$$g(m,n)=\begin{cases}a, & f(m,n)<a\\ c+\dfrac{d-c}{b-a}[f(m,n)-a], & a\leqslant f(m,n)\leqslant b\\ b, & f(m,n)>b\end{cases}\tag{4.1.3}$$

(2) 扩展感兴趣的，压缩其他。

在扩展感兴趣的[*a*,*b*]区间的同时，为了保留其他区间的灰度层次，也可以采用其他区间压缩的方法，即有扩有压。变换函数为

$$g(m,n)=\begin{cases}\dfrac{c}{a}f(m,n), & 0\leqslant f(m,n)<a\\ c+\dfrac{d-c}{b-a}[f(m,n)-a], & a\leqslant f(m,n)\leqslant b\\ d+\dfrac{N-d}{M-b}[f(m,n)-b], & b<f(m,n)\leqslant M\end{cases}\tag{4.1.4}$$

图像灰度线性变换的示例见图 4.1.3 所示。

4.1.2　灰度的非线性变换

除采用线性变换外，也可以采用非线性变换来增强图像的对比度。常用的灰度非线性变换方法如下。

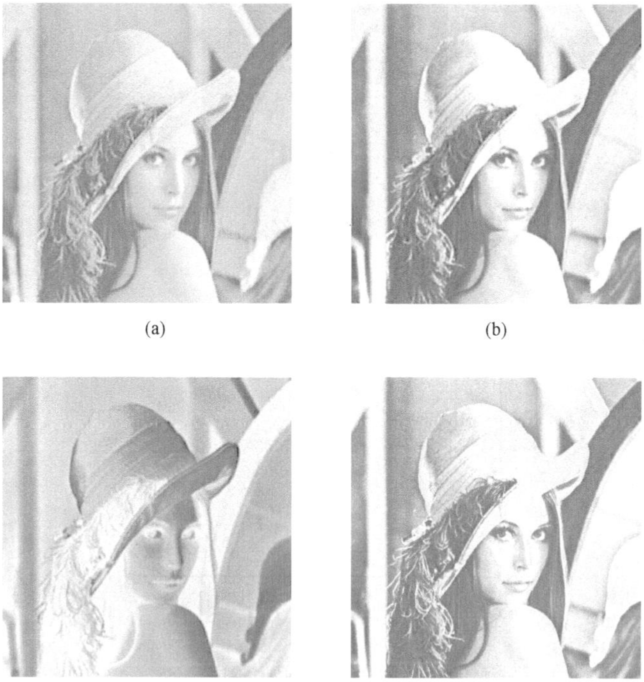

(a) (b) (c) (d)

图 4.1.3　图像灰度的线性变换示例

(a) 原图像　(b) 扩展动态范围　(c) 图像取反　(d) 有扩有压

1. 灰度对数变换[12]

对数变换的一般表达式为

$$g(m,n)=\lambda \lg[1+f(m,n)] \tag{4.1.5}$$

式中，λ 为一个调节常数，用它来调节变换后的灰度值，使其符合实际要求。对数变换的作用是扩展图像的低灰度范围，同时压缩高灰度范围，使得图像灰度分布均匀，与人的视觉特性相匹配。对数变换的一个典型应用就是傅里叶频谱，由于其频谱值的范围很大，图像显示系统往往不能如实呈现出如此大范围的强度值，从而造成很多细节在显示时丢失，如图 4.1.4 所示。这时采用对数变换，可得到清晰的频谱。

2. 灰度指数变换[12]

与对数变换的效果相反，指数变换使得高灰度范围得到扩展，而压缩了低灰度范围，其一般表达式为

$$g(m,n)=\lambda[f(m,n)+\varepsilon]^{\gamma} \tag{4.1.6}$$

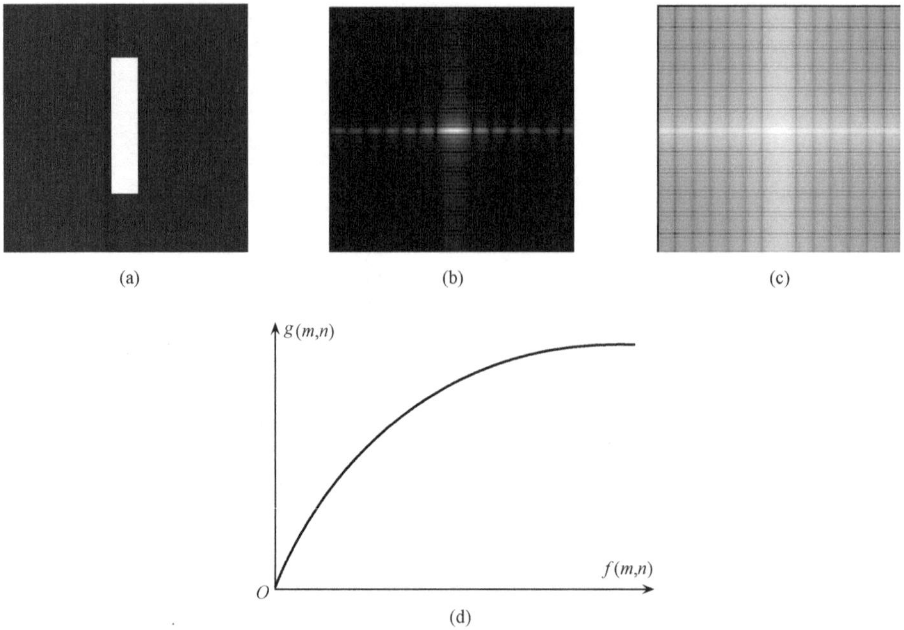

图 4.1.4　对数变换应用示例

(a) 图像　(b) 图像的傅里叶谱　(c) 图(b)的对数变换效果　(d) 对数变换关系($\lambda=1$)

式中，λ 和 γ 为常数。为避免 $f(m,n)=0$ 时底数为 0 的情况，增加偏移量 ε。γ 值的选择对于变换函数的特性有很大影响，当 $\gamma<1$ 时会将原图像的灰度向高亮度部分映射，当 $\gamma>1$ 时向低亮度部分映射，而当 $\gamma=1$ 时相当于正比变换。灰度指数变换的图像示例如图 4.1.5 所示。

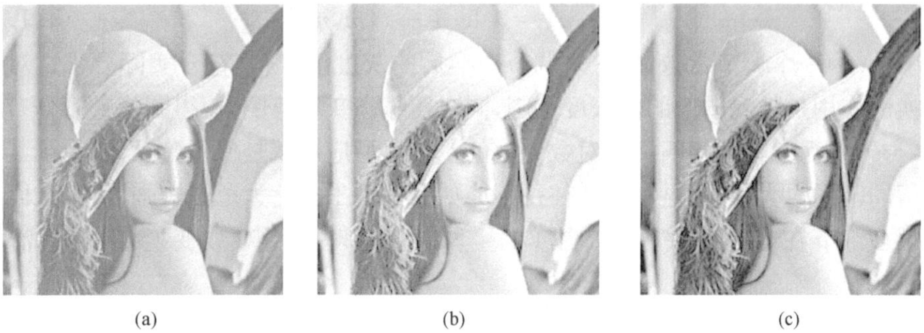

图 4.1.5　取不同 γ 值的指数变换结果对比

(a) 原图像　(b) $\gamma=0.7$ 时的变换结果　(c) $\gamma=1.7$ 时的变换结果

4.2 图像的直方图修正

将统计学中直方图的概念引入到数字图像处理中，用来表示图像的灰度分布，称为灰度直方图。而不同的灰度分布就对应着不同的图像质量。因此，灰度直方图能反映图像的概貌和质量，也将是图像增强处理时的重要依据。

4.2.1 灰度直方图的定义

灰度直方图定义为数字图像中各灰度级与其出现的频数间的统计关系，可表示为

$$P(k) - \frac{n_k}{n}, \qquad k = 0,1,\cdots,L \quad 1 \tag{4.2.1}$$

且

$$\sum_{k=0}^{L-1} P(k) = 1 \tag{4.2.2}$$

式中，k 为图像 $f(m,n)$ 的第 k 级灰度值；n_k 为 $f(m,n)$ 中灰度值为 k 的像素个数；n 为图像的总像素个数；L 为灰度级数。

4.2.2 灰度直方图的性质

由灰度直方图的定义可知，数字图像的灰度直方图直观地表述了图像灰度分布的情况，其具有如下三个重要性质。

1. 直方图的位置缺失性

灰度直方图仅仅反映了数字图像中各灰度级出现频数的分布，即取某灰度值的像素个数占图像总像素个数的比例，但对那些具有同一灰度值的像素在图像中的空间位置一无所知，即其具有位置缺失性。

2. 直方图与图像的一对多特性

任一幅图像都能唯一地确定与其对应的一个直方图，但由于直方图的位置缺失性，对于不同的多幅图像来说，只要其灰度级出现频数的分布相同，则都具有相同的直方图，即直方图与图像是一对多的关系(图 4.2.1)。

3. 直方图的可叠加性

由于灰度直方图是各灰度级出现频数的统计值，若一图像分成几个子图，则该图像的直方图就等于各子图直方图的叠加。

图 4.2.1　具有相同直方图的三个不同图像

4.2.3　直方图与图像清晰性的关系

图 4.2.2 给出了 4 种不同灰度分布的图像和直方图，从中可以看出：暗图像(a)对应的直方图组成成分集中在灰度值较小(暗)的左边一侧，而明亮图像(b)的直方图则倾向于灰度值较大(亮)的右边一侧。对比度较低的图像(c)对应的直方图窄而集中于灰度级的中部，对比度高的图像(d)对应的直方图分布范围很宽而且分布均匀。从图像效果来看，(a)、(b)、(c)这 3 幅图像都因其直方图的分布范围窄，对应图像的灰度动态范围小，对比度低，图像看起来都不清晰，而只有图像(d)，因其直方图近似均匀分布，对应图像动态范围宽，对比度高，图像最清晰。因此，直方图反映了图像的清晰程度，当直方图均匀分布时，图像最清晰。由此，我们可以利用直方图来达到使图像清晰的目的。

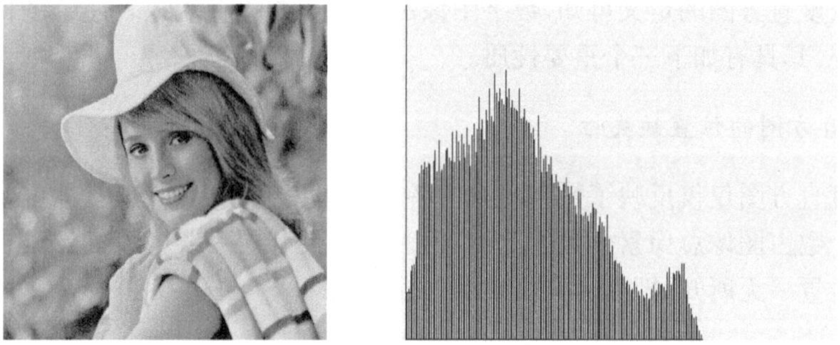

(a)

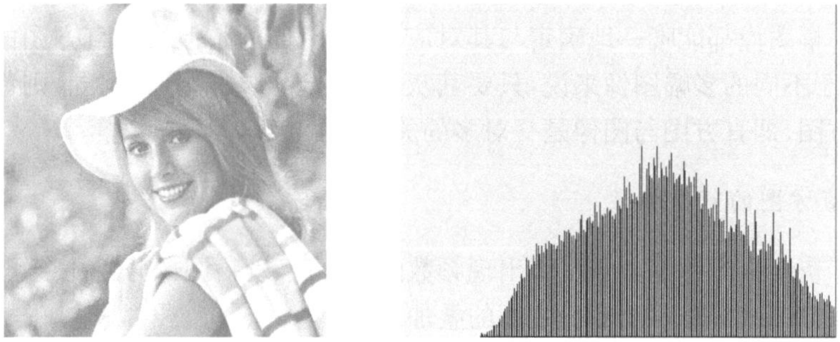

(b)

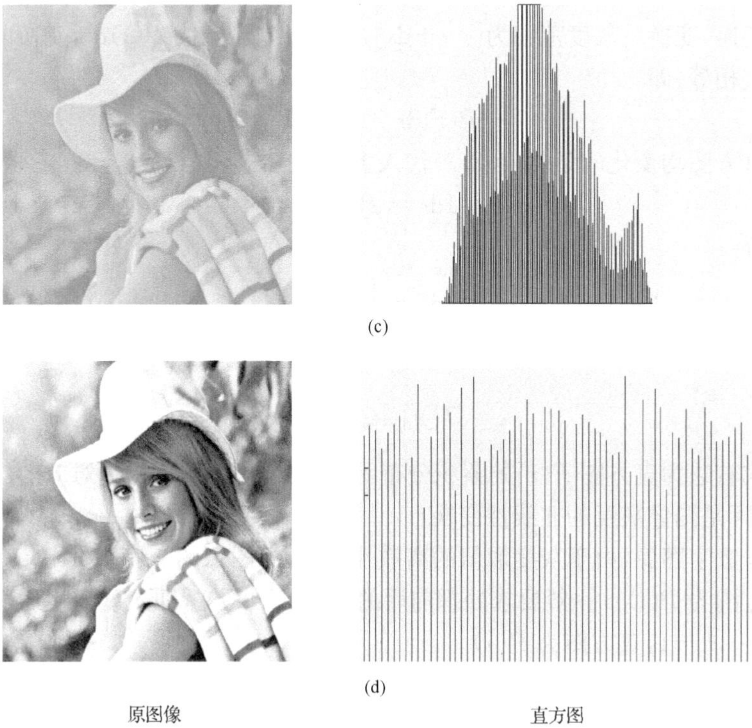

图 4.2.2　4 种典型的图像及其对应的直方图

4.2.4　直方图均衡化

直方图均衡化(均匀化)是通过对原图像进行某种灰度变换,使变换后图像的直方图能均匀分布,这样就能使原图像中具有相近灰度且占有大量像素点的区域之灰度范围展宽,使大区域中的微小灰度变化显现出来,使图像更清晰[46]。

对于连续图像,设 r 代表原图像的灰度级,假定 r 已经归一化,即 $0 \leqslant r \leqslant 1$,$r=0$ 代表黑(最暗),$r=1$ 代表白(最亮)。设变换后的图像灰度级为 s,s 与 r 的变换关系为 $s=T[r]$。对于图像灰度变换函数 $s=T[r]$应满足如下条件:

(1) 对 $0 \leqslant r \leqslant 1$, $s=T[r]$是单调增函数。

(2) 对 $0 \leqslant r \leqslant 1$, $0 \leqslant s=T[r] \leqslant 1$。

条件(1)保证,通过灰度变换,原始图像的每个灰度级 r 都对应产生一个灰度级 s,且灰度变换前后不倒置,即 $\forall\, r_i \leqslant r_j$ 有 $s_i=T[r_i] \leqslant s_j=T[r_j]$。条件(2)保证变换后的灰度值仍在变换前允许的范围内。

同理,反变换 $r=T^{-1}[s]$应也满足单调增。

若图像变换前后的直方图分别记为 $P(r)$和 $P(s)$,则直方图均衡化时,满足

$$P(s) = 1 \tag{4.2.3}$$

设原图像的灰度范围为$[r,r+\mathrm{d}r]$，包含的像素个数为$P(r)\mathrm{d}r$，经过单调增的一对一变换，变换后灰度范围为$[s,s+\mathrm{d}s]$，包含像素个数为$P(s)\mathrm{d}s$，变换前后的像素个数应相等，即

$$P(r)\mathrm{d}r = P(s)\mathrm{d}s \tag{4.2.4}$$

将直方图均衡化的条件(4.2.3)代入上式，有

$$1\mathrm{d}s = P(r)\mathrm{d}r$$

两边积分

$$\int 1\mathrm{d}s = \int P(r)\mathrm{d}r$$

即

$$s = T[r] = \int_0^r P(x)\mathrm{d}x \tag{4.2.5}$$

上式右边为直方图$P(r)$的累积分布函数，也是直方图均衡化对应的灰度变换函数，实际是图像灰度的非线性变换。

对于数字图像，由于灰度取值的离散性，可设原图像的灰度级为$i=0,1,\cdots,L-1$，直方图为$P(i)$。一般要求处理前后的灰度级数不变，即灰度变换后灰度级为$j=0,1,\cdots,L-1$，直方图为$P(j)$。

当直方图均衡化时，变换后直方图要满足均匀分布，即

$$P(j) = \frac{1}{L-1} = \text{常数} \tag{4.2.6}$$

利用连续图像的直方图均衡化结果[式(4.2.4)和(4.2.5)]有

$$\frac{1}{L-1}\cdot j = \sum_{i=0}^{j} P(i), \qquad j = 0,1,\cdots,L-1 \tag{4.2.7}$$

整理后可写为

$$j = T[i] = (L-1)\sum_{i=0}^{j} P(i), \qquad j = 0,1,\cdots,L-1 \tag{4.2.8}$$

上式右边的$\sum\limits_{i=0}^{j} P(i)$仍是原图像直方图的累积函数，实际上也是图像的累积直方图。乘以$(L-1)$是保证变换后的灰度值及其灰度范围仍与原图像的灰度值及灰度范围相一致。但通过式(4.2.8)计算的灰度值可能不是整数，这时可采用最靠近取整的方法，一般采用四舍五入取整法，使其变为整数，即实际变换函数为

$$j = T[i] = \mathrm{INT}\left[(L-1)\sum_{i=0}^{j} P(i) + 0.5\right] \tag{4.2.9}$$

上式就是直方图均衡化的离散形式，其中的INT()是取整符号。

综上所述，直方图均衡化就是通过原始图像的灰度非线性变换，使其直方图变成均匀分布，以增加图像灰度值的动态范围，从而达到增强图像整体对比度，使图像变清晰的效果。直方图均衡化的计算过程如下：

(1) 列出原始图像和变换后图像的灰度级：$i,j=0,1,\cdots,L-1$，其中 L 是灰度级的个数。

(2) 统计原图像各灰度级的像素个数 n_i。

(3) 计算原始图像直方图：$P(i)=\frac{n_i}{n}$，n 为原始图像像素总个数。

(4) 计算累积直方图 $P_j=\sum_{k=0}^{j}P(k)$。

(5) 利用灰度变换函数计算变换后的灰度值，并四舍五入取整：$j=\text{INT}[(L-1)P_j+0.5]$。

(6) 确定灰度变换关系 $i\rightarrow j$，据此将原图像的灰度值 $f(m,n)=i$ 修正为 $g(m,n)=j$。

(7) 统计变换后各灰度级的像素个数 n_j。

(8) 计算变换后图像的直方图 $P(j)=\frac{n_j}{n}$。

下面举一个例子说明直方图均衡化的计算过程。

[例 4.1] 设有一幅大小为 64×64，包含灰度值是 0～7 的 8 个灰度级的数字图像，其各灰度级的像素个数见表 4.2.1 所示，要求对其进行直方图均衡化，求出灰度变换关系和变换后的直方图。

表 4.2.1 图像各灰度级的像素个数

灰度级(i)	0	1	2	3	4	5	6	7
像素个数(n_i)	786	1020	852	650	333	245	130	80

解 首先利用式(4.2.1)计算原图像的灰度直方图

$$P(i)=\frac{n_i}{n},\qquad i=0,1,\cdots,L-1$$

式中，$L=8$；$n=64\times64$。

然后计算累积直方图

$$P_i=\sum_{k=0}^{i}P(k) \tag{4.2.10}$$

再按式(4.2.9)求变换关系和变换后灰度值。

表 4.2.2 列出了以上直方图均衡化的计算步骤和结果。

图 4.2.3 给出了直方图均衡化的示意图。从图和表中可以看出，由于数字图像灰度取值的离散性，通过四舍五入使变换后的灰度值出现了归并现象，而使变换后的直方图并非完全均匀分布，但相比于原直方图要平坦得多。

图 4.2.4 给出了一个图像直方图均衡化的实际例子。通过直方图均衡化，扩展了灰度的动态范围，增强了对比度，使图像变得更清晰。

表 4.2.2　图像直方图均衡化的计算过程列表

步骤	计算方法或公式	计算结果							
1	列出图像灰度级(i 或 j)	0	1	2	3	4	5	6	7
2	统计原图像各灰度级像素个数 n_i	786	1020	852	650	333	245	130	80
3	计算原始直方图：$P(i)=\dfrac{n_i}{n}$	0.19	0.25	0.21	0.16	0.08	0.06	0.03	0.02
4	计算累积直方图：$P_j=\sum\limits_{k=0}^{j}P(k)$	0.19	0.44	0.65	0.81	0.89	0.95	0.98	1.00
5	计算变换后的灰度值：$j=\text{INT}[(L-1)P_j+0.5]$	1	3	5	6	6	7	7	7
6	确定灰度变换关系：$i\to j$	0→1	1→3	2→5	3,4→6		5,6,7→7		
7	统计变换后各灰度级的像素个数 n_j		786		1020		852	983	455
8	计算变换后图像的直方图：$P(j)=\dfrac{n_j}{n}$		0.19		0.25		0.21	0.24	0.11

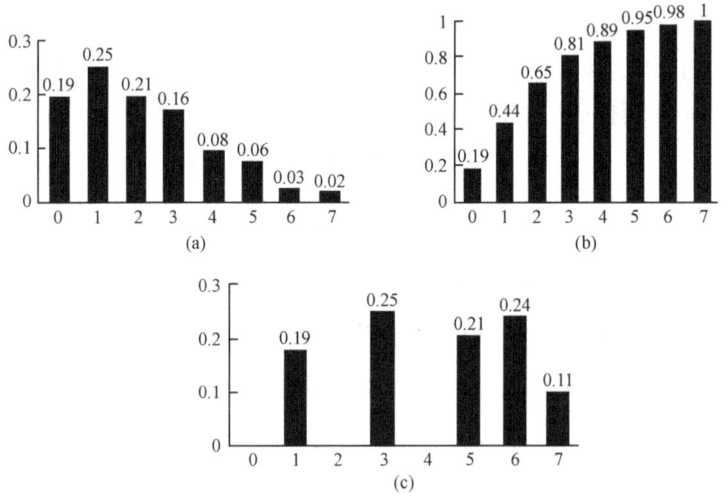

图 4.2.3　直方图均衡化的示意图

(a) 原始直方图 $P(i)$　(b) 累计直方图 P_i　(c) 均衡化后的直方图 $P(j)$

4.2.5　直方图规定化

直方图均衡化能自动确定灰度变换函数，从而获得具有均匀分布直方图的输出图像，自动增强整个图像的对比度，获得更清晰的图像，但其增强效果不易控制。实际应用中，有时希望根据某幅标准图像或已知图像的直方图来修正原图像，或甚至直接给定直方图的形状，如图 4.2.5 所示的几种形状的直方图，希望找到灰度增强(变换)函数，使原图像的直方图变成某个给定的形式，从而有选择地增强某个灰

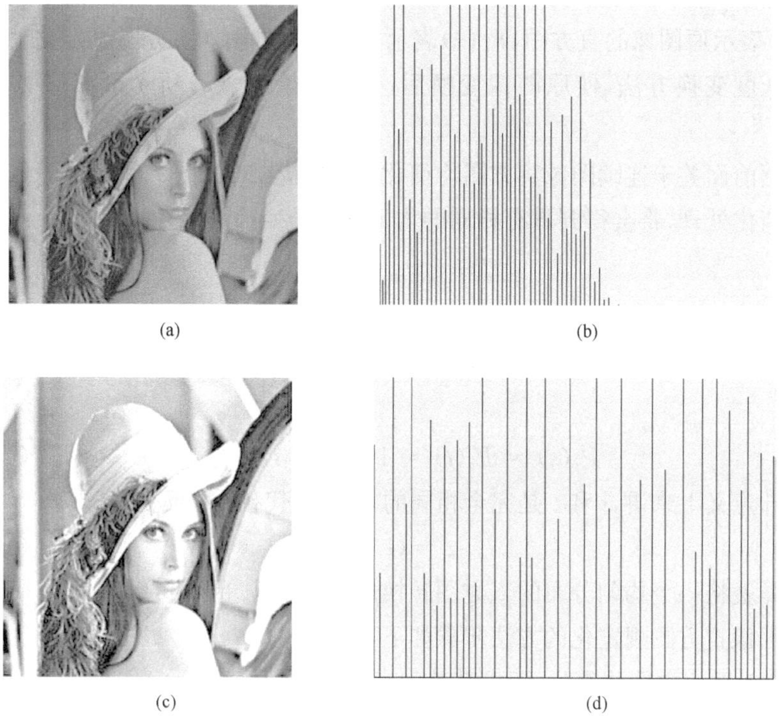

图 4.2.4　直方图均衡化的示例

(a) 原图像　(b) 原图像的直方图　(c)直方图均衡化后的图像　(d) 均衡化后的直方图

度值范围内的对比度。该过程称为直方图的规定化或直方图匹配。

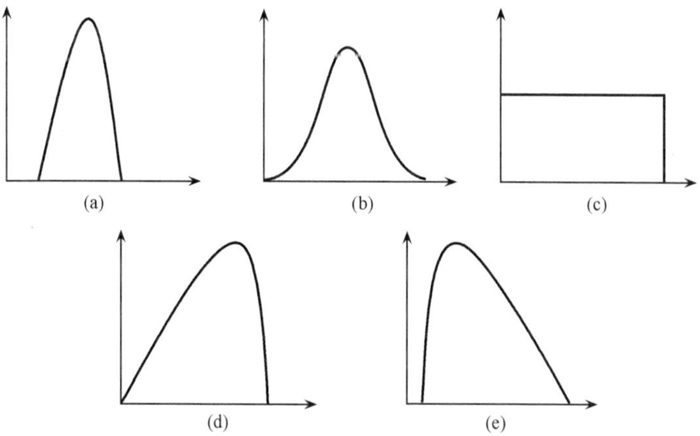

图 4.2.5　几种给定形状的直方图

(a) 原直方图　(b) 正态扩展直方图　(c) 均匀化直方图

(d) 暗区扩展直方图　(e) 亮区扩展直方图

实际上，直方图均衡化是直方图规定化中给定直方图为均匀分布的一种特例。设 $P_r(r)$表示原图像的直方图，$P_z(z)$表示规定的直方图。直方图规定化就是要找到一种灰度变换方法，使原图像变换后，变成具有 $P_z(z)$所示形状直方图的期望图像。

根据前面关于连续图像直方图均衡化的讨论，若对原图像和期望图像都进行一次均衡化处理，将会得到具有相同的均匀分布的变换结果，即令

$$\begin{cases} s = T[r] = \int_0^r P_r(x)\mathrm{d}x \\ t = G[z] = \int_0^z P_z(x)\mathrm{d}x \end{cases} \tag{4.2.11}$$

则有

$$P_s(s) = P_t(t) = 1, \quad 0 \leqslant s, t \leqslant 1 \tag{4.2.12}$$

即从统计意义上来讲，s 和 t 是完全相同的，可用 s 代替 t 取反变换

$$z = G^{-1}(t) \tag{4.2.13}$$

这样就将一个均匀分布的直方图转换成具有 $P_z(z)$形状的直方图。由此归纳出数字图像直方图规定化的方法步骤如下：

(1) 对原直方图均衡化，即求其累积直方图 P_i：

$$P_i = \sum_{k=0}^{i} P_r(k), \qquad i = 0,1,2,\cdots,L-1 \tag{4.2.14}$$

(2) 对规定直方图均衡化，即求其累积直方图 P_j：

$$P_j = \sum_{l=0}^{j} P_z(l), \qquad j = 0,1,2,\cdots,L-1 \tag{4.2.15}$$

(3) 按 $P_j \to P_i$ 最靠近的原则进行 $i \to j$ 的变换。

(4) 求出 $i \to j$ 的变换函数，对原图像进行灰度变换。

$$j = T(i) \tag{4.2.16}$$

式中，$P_r(i)$为原数字图像的直方图；$P_z(j)$为规定直方图；i 和 j 分别为原图像和期望图像的灰度级，且具有相同的取值范围，即 $i,j=0,1,2,\cdots,L-1$。

[例 4.2] 对例 4.1 所给的图像进行直方图规定化处理。给定的规定直方图如表 4.2.3 所示。

表 4.2.3 规定直方图

图像灰度级 j	0	1	2	3	4	5	6	7
规定直方图 $P_z(j)$	0	0	0	0	0.2	0.3	0.3	0.2

解 按上述给出的方法步骤进行直方图规定化处理，其计算步骤和结果由表

4.2.4 列出。

表 4.2.4　图像直方图规定化的计算过程列表

步骤	计算方法	计算结果							
1	列出图像灰度级 i,j	0	1	2	3	4	5	6	7
2	计算原始直方图 $P_r(i)$	0.19	0.25	0.21	0.16	0.08	0.06	0.03	0.02
3	列出规定直方图 $P_z(j)$	0	0	0	0	0.2	0.3	0.3	0.2
4	计算原始累积直方图 P_i	0.19	0.44	0.65	0.81	0.89	0.95	0.98	1.00
5	计算规定累积直方图 P_j	0	0	0	0	0.20	0.50	0.80	1.0
6	按照 $P_j \to P_i$ 找到 i 对应的 j	4	5	6	6	7	7	7	7
7	确定变换关系 $i \to j$	0→4	1→5	2，3→6		4，5，6，7→7			
8	求变换后的匹配直方图 $P(j)$	0	0	0	0	0.19	0.25	0.37	0.19

其中，按 $P_j \to P_i$ 最靠近进行 $i \to j$ 变换的方法为：

(1) $P_{j=4}=P_z(j=4)=0.2 \xrightarrow{\text{最靠近}} P_{i=0}=P_r(i=0)=0.19$，所以灰度的变换关系为 $i=0 \to j=4$。

(2) $P_{j=5}=P_{j=4}+P_z(j=5)=0.50 \xrightarrow{\text{最靠近}} P_{i=1}=P_{i=0}+P_r(i=1)=0.44$，所以，$i-1 \to j=5$。

(3) $P_{j=6}=P_{j=5}+P_z(j=6)=0.80 \xrightarrow{\text{最靠近}} P_{i=3}=P_{i=1}+\sum_{i=2}^{3}P_r(i)=0.81$，所以，$i=2,3 \to j=6$。

(4) $P_{j=7}=P_{j=6}+P_z(j=7)=1.00 \xrightarrow{\text{最靠近}} P_{i=7}=P_{i=3}+\sum_{i=4}^{7}P_r(i)=1.00$，所以，$i=4,5,6,7 \to j=7$。

图 4.2.6 给出了直方图规定化的示意图。

从表 4.2.4 和图 4.2.6 可看出，经直方图规定化变换后的图像的直方图(称为匹配直方图)，并非完全与规定直方图相同，但相比于原直方图，匹配直方图要更接近于规定直方图。

图 4.2.7 给出了一个图像直方图规定化的实际例子。

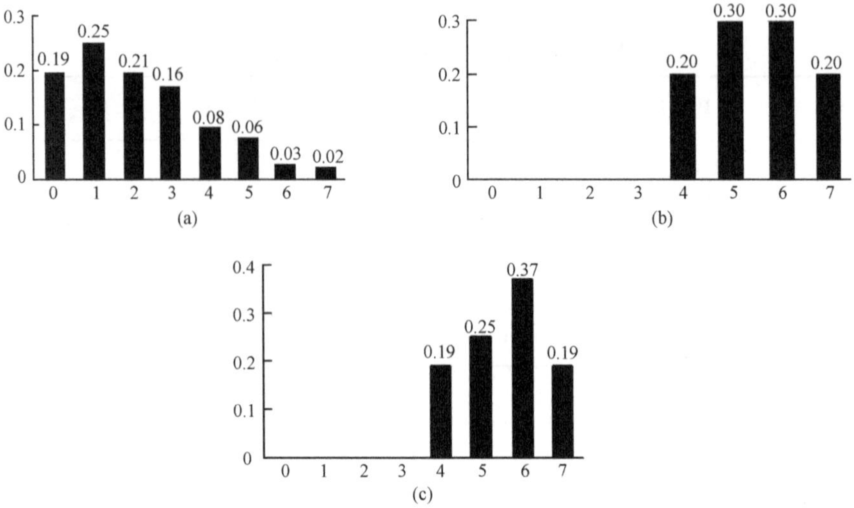

图 4.2.6　直方图规定化的示意图

(a) 原图像直方图　(b) 规定直方图　(c) 变换后的匹配直方图

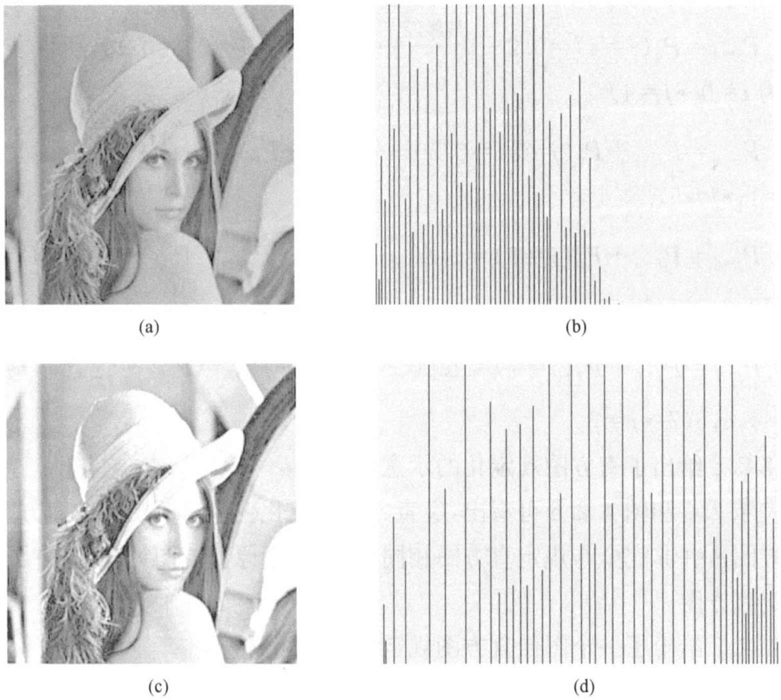

图 4.2.7　实际图像直方图规定化的示例

(a) 原图像　(b) 原图像的直方图　(c) 直方图规定化的图像　(d) 规定直方图

4.3 图像平滑

图像在生成和传输过程中,往往会受到各种噪声的干扰和影响,而降低了图像质量,为后续的图像处理和分析造成障碍。

噪声反映在图像中,会使原本均匀和连续变化的灰度值突然变大或变小,形成一些虚假的边缘或轮廓。减弱、抑制或消除这类噪声而改善图像质量的方法称为图像平滑。图像平滑既可以在空(间)域进行,也可以在频(率)域进行。本节将从空域和频域来讨论图像的平滑。

4.3.1 空域平滑法

1. 邻域平均法

图像中的大部分噪声是随机噪声,其对某一像素点的影响可以看作是孤立的。因此,噪声点与该像素点的邻近各点相比,其灰度值会有显著的不同(突跳变大或变小)。基于这一事实,可以采用所谓的邻域平均的方法,来判定图像中每一像素点是否含有噪声,并用适当的方法来减弱或消除该噪声。

1) 定义和计算公式

邻域平均法就是对含噪图像 $f(m,n)$ 的每个像素点取一邻域 S,用 S 中所包含像素的灰度平均值来代替该点的灰度值。即

$$g(m,n)=f_{\text{avg}}=\frac{1}{N}\sum_{(i,j)\in S}f(i,j) \tag{4.3.1}$$

式中,S 为不包括本点 (m,n) 的邻域中各像素点的集合;N 为 S 中像素的个数。常用的邻域为 4-邻域和 8-邻域,如图 4.3.1 所示。

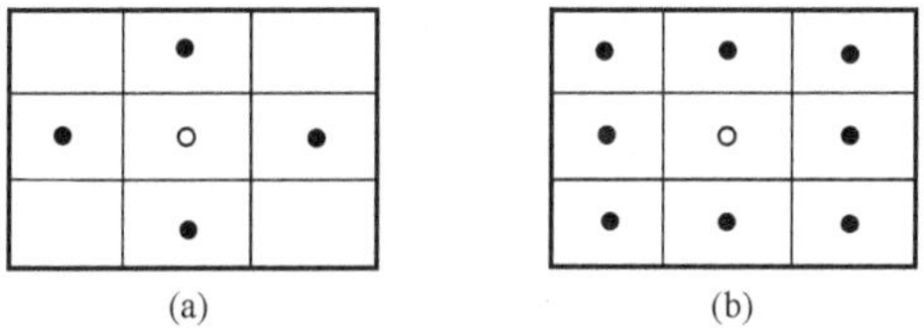

图 4.3.1 邻域示意图

(a) 4-邻域 S_4 (b) 8-邻域 S_8

设要处理点坐标为 (m,n),则 4-邻域和 8-邻域的坐标表示如图 4.3.2 所示。对应的 4-邻域平均和 8-邻域平均计算公式为

4- 邻域平均: $$g(m,n)=f_{\text{avg}}=\frac{1}{4}\sum_{(i,j)\in S_4}f(i,j)$$

$$
= \frac{1}{4}[f(m-1,n) + f(m,n-1) + f(m,n+1) + f(m+1,n)] \tag{4.3.2}
$$

8-邻域平均：
$$
g(m,n) = f_{\text{avg}} = \frac{1}{8}\sum_{(i,j)\in S_8} f(i,j)
$$

$$
=\frac{1}{8}[f(m-1,n-1) + f(m-1,n) + f(m-1,n+1) + f(m,n-1) + f(m,n+1) + f(m+1,n-1) + f(m+1,n) + f(m+1,n+1)] \tag{4.3.3}
$$

	$(m-1,n)$	
$(m,n-1)$	(m,n)	$(m,n+1)$
	$(m+1,n)$	

(a)

$(m-1,n-1)$	$(m-1,n)$	$(m-1,n+1)$
$(m,n-1)$	(m,n)	$(m,n+1)$
$(m+1,n-1)$	$(m+1,n)$	$(m+1,n+1)$

(b)

图 4.3.2　像素点(m,n)和其邻域的坐标示意图

(a) S_4　(b) S_8

2）特性分析

假设图像是由许多灰度值相近的小块组成，这个假设大体上反映了许多图像的结构特征。设噪声$\eta(m,n)$是均值为0、方差（噪声功率）为σ^2，且与图像不相关的加性白噪声。含有噪声的图像$f(m,n)$为

$$
f(m,n) = f_s(m,n) + \eta(m,n) \tag{4.3.4}
$$

式中，$f_s(m,n)$为不含噪声的图像信号。

经过邻域平均后的图像$g(m,n)$为

$$
g(m,n) = \frac{1}{N}\sum_{(i,j)\in S} f(i,j) = \frac{1}{N}\sum_{(i,j)\in S}[f_s(i,j) + \eta(i,j)]
$$

$$
=\frac{1}{N}\sum_{(i,j)\in S} f_s(i,j) + \frac{1}{N}\sum_{(i,j)\in S}\eta(i,j) \tag{4.3.5}
$$

对上式结果中含噪声的第二项进行统计运算，求其均值$E\{\cdot\}$和方差$D\{\cdot\}$。

均值

$$
E\left\{\frac{1}{N}\sum\eta(i,j)\right\} = \frac{1}{N}\sum E\{\eta(i,j)\} = 0 \tag{4.3.6}
$$

方差

$$
D\left\{\frac{1}{N}\sum\eta(i,j)\right\} = \frac{1}{N^2}\sum D\{\eta(i,j)\} = \frac{1}{N}\sigma^2 \tag{4.3.7}
$$

由以上两式的结果可知，图像经 N 点邻域平均后，噪声的均值仍为 0，而方差会降为原来的 $\frac{1}{N}$，这就证明邻域平均确实削弱了噪声，而且 N 值越大(邻域越大)，噪声削弱的程度就越强。但由式(4.3.5)的结果第一项可知，邻域平均后，图像信号则由 $f_s(m,n)$ 变为 $\frac{1}{N}\sum f_s(i,j)$，虽然整体大小不变，但这里的平均会引起失真，具体表现为图像中目标物的边缘或细节变模糊，如图 4.3.3 所示。

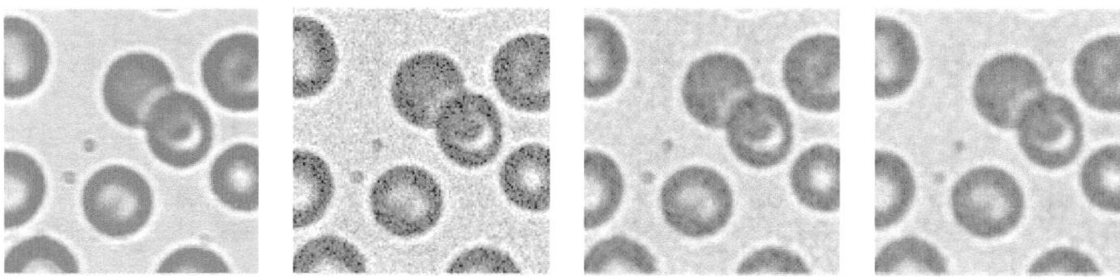

(a)　　(b)　　(c)　　(d)

图 4.3.3　图像邻域平均示例

(a) 原图像　(b) 加高斯噪声后的图像　(c) 对(b)的 4-邻域平均结果　(d) 对(b)的 8-邻域平均结果

2. 阈值平均法

为克服邻域平均使图像变模糊的缺点，可以采用加门限的方法来减少这种模糊。具体计算公式是

$$g(m,n)=\begin{cases}f_{\text{avg}}, & |f(m,n)-f_{\text{avg}}|>T\\ f(m,n), & \text{其他}\end{cases}\tag{4.3.8}$$

式中的门限 T 通常选择为 $T=k\sigma_f$，σ_f 表示图像的均方差。但实际应用中，门限 T 要利用经验值和多次试验来获得。这种方法对抑制椒盐噪声比较有效，同时也能较好地保护仅有微小变化差的目标物细节。

3. 加权平均法

利用邻域平均的思想，同时也突出(m,n)点本身的重要性，可将(m,n)点加权后也计入平均中，这样就能在一定程度上减少图像模糊，这种利用邻域内像素的灰度值和本点灰度加权值的平均值来代替该点灰度值的方法就称为加权平均法。其计算公式为

$$g(m,n)=f_{\text{avgw}}=\frac{1}{M+N}\Big[\sum_{(i,j)\in S}f(i,j)+Mf(m,n)\Big]\tag{4.3.9}$$

同理，也可以对加权平均法施加门限，形成阈值加权平均法。其计算公式为

$$g(m,n)=\begin{cases}f_{\text{avgw}}, & |f(m,n)-f_{\text{avgw}}|>T\\ f(m,n), & \text{其他}\end{cases}\tag{4.3.10}$$

这样既能平滑噪声，又保证图像中的目标物边缘不至于模糊。

4. 模板平滑法

无论是上述的邻域平均还是加权平均，实际都是用某点(m,n)的邻域内的平均值或加入本点的加权平均值来代替(m,n)的值，具体计算过程相当于用图 4.3.2 所示的区域与原图像进行卷积，卷积块写成矩阵的形式为：

1）邻域平均

4-邻域平均：$\boldsymbol{W}_1=\frac{1}{4}\begin{bmatrix}0&1&0\\1&0&1\\0&1&0\end{bmatrix}$

8-邻域平均：$\boldsymbol{W}_2=\frac{1}{8}\begin{bmatrix}1&1&1\\1&0&1\\1&1&1\end{bmatrix}$

2）加权平均

4-邻域加权平均：$\boldsymbol{W}_3=\frac{1}{5}\begin{bmatrix}0&1&0\\1&1&1\\0&1&0\end{bmatrix}$（权值 $M=1$），$\boldsymbol{W}_4=\frac{1}{6}\begin{bmatrix}0&1&0\\1&2&1\\0&1&0\end{bmatrix}$（权值 $M=2$）

8-邻域加权平均：$\boldsymbol{W}_5=\frac{1}{9}\begin{bmatrix}1&1&1\\1&1&1\\1&1&1\end{bmatrix}$（权值 $M=1$），$\boldsymbol{W}_6=\frac{1}{10}\begin{bmatrix}1&1&1\\1&2&1\\1&1&1\end{bmatrix}$（权值 $M=2$）

这些矩阵通常称为模板，也称为掩模矩阵。利用这些模板对图像进行处理的方法就称为模板法，不同形式和结构的模板就会形成不同的图像处理方法。由此，邻域平均法和加权平均法，都可归结到模板平滑法中。

根据实际需要，我们可以设计其他具有不同特性的平滑模板，如高斯平滑

$$\boldsymbol{W}_7=\frac{1}{16}\begin{bmatrix}1&2&1\\2&4&2\\1&2&1\end{bmatrix}$$

该模板属于加权平均模板，但与标准加权平均不同的是，在对本点加权（权值 $M=4$）的同时，也对本行和本列的灰度值进行加权（权值 $M=2$），其效果是在平滑图像的同时，突出了本点及水平和垂直方向，即能较好地保持水平和垂直方向的边缘。

从以上模板形式，可得出平滑模板的特点是：

(1) 模板内系数全为正，表示求和，所乘的小于 1 的系数表示取平均。

(2) 模板系数之和为 1，表示对常数图像（$f(m,n)=$常数）处理前后不变，而对一般图像而言，处理前后平均亮度基本保持不变。

利用模板对图像进行平滑处理时，一般从图像的第二行和第二列的像素点开始，逐点移动模板进行计算，而且始终用原图像。为保证 3×3 的模板内都能套住原图像的像素点，图像的四周（第一行、最后一行、第一列和最后一列）不处理。

基于模板的平滑处理，相当于模板与原图像的卷积。即

$$g(m,n)=F(m,n)*\boldsymbol{W} \tag{4.3.11}$$

不失一般性，若设 3×3 的模板 $\boldsymbol{W}$（比例因子为 C）为

$$\boldsymbol{W}=C\begin{bmatrix} w(-1,-1) & w(-1,0) & w(-1,1) \\ w(0,-1) & w(0,0) & w(0,1) \\ w(1,-1) & w(1,0) & w(1,1) \end{bmatrix} \tag{4.3.12}$$

以 (m,n) 为中心与模板大小相同的图像块为

$$F(m,n)=\begin{bmatrix} f(m-1,n-1) & f(m-1,n) & f(m-1,n+1) \\ f(m,n-1) & f(m,n) & f(m,n+1) \\ f(m+1,n-1) & f(m+1,n) & f(m+1,n+1) \end{bmatrix} \tag{4.3.13}$$

则 $F(m,n)$ 与 $\boldsymbol{W}$ 的卷积就等于像素点 (m,n) 在模板大小（这里为 3×3）区域内的线性组合，即

$$F(m,n)*\boldsymbol{W}=C\sum_{i=-1}^{1}\sum_{j=-1}^{1}[f(m+i,n+j)w(i,j)] \tag{4.3.14}$$

5. 多图像平均法

利用邻域平均滤除噪声的思想，我们可以在相同条件下来获取同一目标物的若干幅图像，采用多图像平均的方法来消减随机噪声。

设在相同条件下，获取同一目标物的 M 幅图像为

$$f(m,n)=\{f_1(m,n),f_2(m,n),\cdots,f_M(m,n)\} \tag{4.3.15}$$

则多幅图像平均法为

$$g(m,n)=\frac{1}{M}\sum_{i=1}^{M}f_i(m,n) \tag{4.3.16}$$

如果图像中仅包含零均值，方差为 σ_η^2 且与图像不相关的加性白噪声，且各幅图像间的噪声也不相关，即

$$f_i(m,n)=f_s(m,n)+\eta_i(m,n) \tag{4.3.17}$$

则

$$\begin{aligned} E\{g(m,n)\} &= E\left\{\frac{1}{M}\sum_{i=1}^{M}f_i(m,n)\right\}=E\left\{\frac{1}{M}\sum_{i=1}^{M}f_s(m,n)+\frac{1}{M}\sum_{i=1}^{M}\eta_i(m,n)\right\} \\ &= \frac{1}{M}\sum_{i=1}^{M}E\{f_s(m,n)\}+\frac{1}{M}\sum_{i=1}^{M}E\{\eta_i(m,n)\} \\ &\approx f_s(m,n)+0=f_s(m,n) \end{aligned} \tag{4.3.18}$$

$$D\{g(m,n)\}=E\{g^2(m,n)\}-E^2\{g(m,n)\}$$

$$=\frac{1}{M^2}E\left\{\left[Mf_s(m,n)+\sum_{i=1}^{M}\eta_i(m,n)\right]^2\right\}-f_s^2(m,n)$$

$$=\frac{1}{M^2}E\left\{\sum_{i=1}^{M}\eta_i^2(m,n)\right\}=\frac{1}{M^2}(M\cdot\sigma_\eta^2)=\frac{1}{M}\sigma_\eta^2 \qquad (4.3.19)$$

式(4.3.18)和式(4.3.19)表明，多幅图像平均后，图像信号基本不变，而各点噪声的方差降为单幅图像中该点噪声方差的$\frac{1}{M}$。从而就抑制了噪声，相当于提高了信噪比。因此，这种平均的消噪思想被广泛应用于强噪声中的弱目标检测。

图 4.3.4 给出了多幅图像平均法削弱随机噪声的一个实际例子。其中图(a)为一幅含有零均值高斯随机噪声的图像，图(b)、图(c)和图(d)分别是用 4 幅、8 幅和 16 幅同类图像(噪声的均值和方差不变)进行多幅图像平均的结果。从中可以看出，随着平均图像数量 M 的增加，噪声的影响逐渐减少。

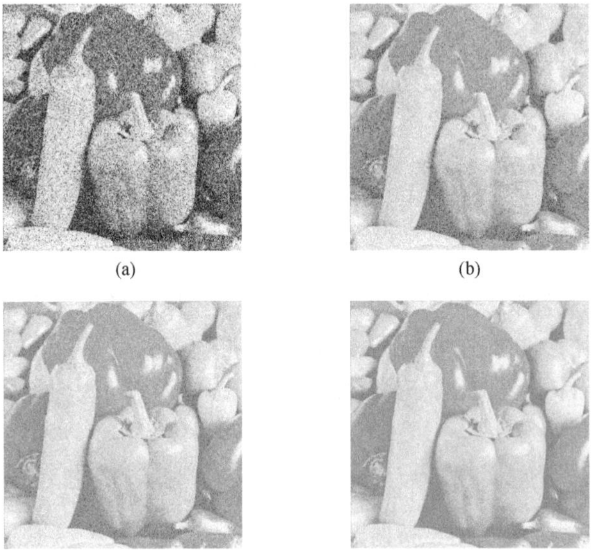

(a) (b) (c) (d)

图 4.3.4 多图像平均法削弱随机噪声的示例

4.3.2 频域低通滤波法

根据信息(包括信号和噪声)在空域和频域的对应关系，即随空间位置突变的信息在频域是高频，而缓变的信息在频域是低频。具体到图像中，边缘和噪声对应于频域的高频区域，而背景及信号缓变部分则对应于频域的低频区域。因此，我们可以利用频域的低通滤波法来达到滤除(高频)噪声的目的，这就是图像的频域平滑法，一般称作频域低通滤波法。

由于图像中的边缘(细节)反映在频域也是高频，因此，在低通滤波的同时，也会损失边缘信息，使图像变模糊。

设 $F(u,v)$ 和 $G(u,v)$ 分别代表含噪图像 $f(m,n)$ 和滤波结果图像 $g(m,n)$ 的频域表示，$H(u,v)$ 为低通滤波器。图 4.3.5 给出了采用离散傅里叶变换的低通滤波法的处理过程，当然这里的变换方法不仅仅局限于离散傅里叶变换。

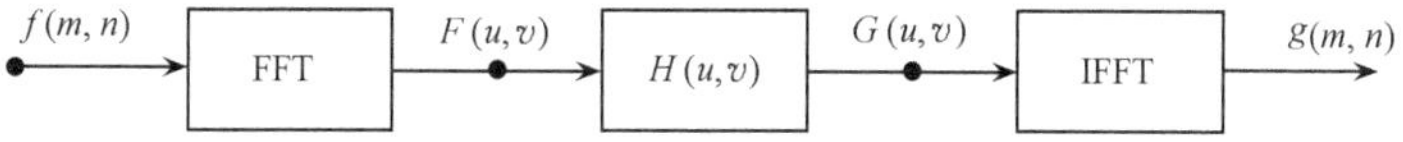

图 4.3.5　频域低通滤波法的处理过程

1. 空域模板平滑法等效于频域低通滤波法

实际上可以证明，我们前面介绍的模板平滑法（包括邻域平均和加权平均）就等效于频域的低通滤波法。下面就通过一个 8-邻域加权平均模板，来求解其对应滤波器的转移函数。选用 8-邻域加权平均模板为

$$\boldsymbol{W} = \frac{1}{9}\begin{bmatrix} 1 & 1 & 1 \\ 1 & 1 & 1 \\ 1 & 1 & 1 \end{bmatrix}$$

则平滑公式为

$$g(m,n) = \frac{1}{9}\sum_{i=-1}^{1}\sum_{j=-1}^{1} f(m-i,n-j) \tag{4.3.20}$$

可写出对应的 Z 变换式

$$\begin{aligned} G(Z_m,Z_n) &= \frac{1}{9}\sum_{i=-1}^{1}\sum_{j=-1}^{1} F(Z_m,Z_n)Z_m^i Z_n^j \\ &= \frac{1}{9}F(Z_m,Z_n)\Big(\sum_{i=-1}^{1} Z_m^i\Big)\Big(\sum_{j=-1}^{1} Z_n^j\Big) \end{aligned} \tag{4.3.21}$$

$$\begin{aligned} H(Z_m,Z_n) &= \frac{G(Z_m,Z_n)}{F(Z_m,Z_n)} \\ &= \frac{1}{9}(1+Z_m+Z_m^{-1})(1+Z_n+Z_n^{-1}) \end{aligned} \tag{4.3.22}$$

以 $Z_m = e^{j\omega_m}$ 和 $Z_n = e^{j\omega_n}$ 代入上式，得到傅里叶变换式

$$H(\omega_m,\omega_n) = \frac{1}{9}(1+2\cos\omega_m)(1+2\cos\omega_n) \tag{4.3.23}$$

从式(4.3.23)可知，当 $\omega_m = \omega_n = 0$ 时，$|H|$ 具有最大值 1，这说明“直流”分量即图像的灰度平均值处理前后不变；当 ω_m 或 $\omega_n = \frac{2}{3}\pi$ 时，$|H|$ 具有最小值 0，即高频得到最大限度的抑制。根据式(4.3.23)画出的模板 $\boldsymbol{W}$ 对应滤波器的频率响应 $|H(\omega_m,\omega_n)|$ 见图 4.3.6 所示。

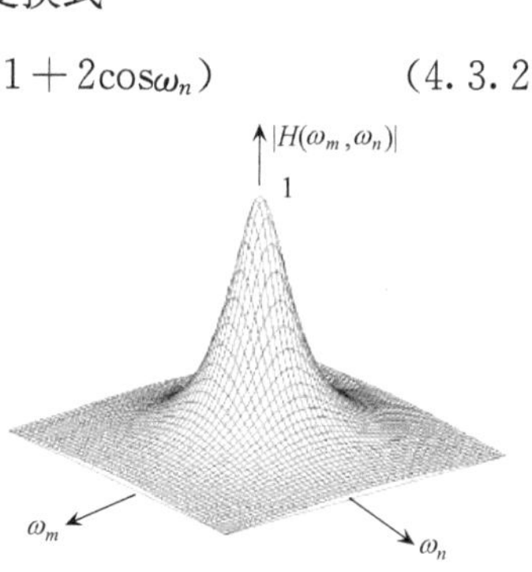

图 4.3.6　加权平均模板的频率响应

从以上分析和图 4.3.6 可看出，平滑模板

的频率响应就是一低通滤波器。

2. 用于图像滤波的几种低通滤波器

从图 4.3.5 可知，频域低通滤波的处理步骤为

$$F(u,v) = \text{FFT}\{f(m,n)\} \tag{4.3.24}$$

设计、给定低通滤波器 $H(u,v)$，则由卷积定理得

$$G(u,v) = H(u,v)F(u,v) \tag{4.3.25}$$

反变换后得到滤波结果图像 $g(m,n)$ 为

$$g(m,n) = \text{IFFT}\{G(u,v)\} = \text{IFFT}\{H(u,v)F(u,v)\} \tag{4.3.26}$$

频域低通滤波法的关键是设计和选定低通滤波器 $H(u,v)$，图像滤波中常用的低通滤波器如下：

1）理想低通滤波器(ILPF)

一个理想低通滤波器的传递函数定义为

$$H(u,v) = \begin{cases} 1, & D(u,v) \leqslant D_0 \\ 0, & D(u,v) > D_0 \end{cases} \tag{4.3.27}$$

式中，D_0 为理想低通滤波器的截止频率；$D(m,n)$ 为从频域平面原点到点 (u,v) 的距离。即

$$D(u,v) = \sqrt{u^2 + v^2} \tag{4.3.28}$$

理想低通滤波器的特性曲线如图 4.3.7 所示。其滤波特性为：以 D_0 为半径的圆内的所有频率分量无失真地通过，而圆外的所有频率分量完全被抑制。事实上，这种理想低通滤波器是无法用硬件实现的，因为实际的器件无法实现 $H(u,v)$ 从 1 到 0 的突变。同时，既然 $H(u,v)$ 是理想的矩形特性，那么其反变换 $h(m,n)$ 的特性必然会产生无限的振铃现象。$h(m,n)$ 与 $f(m,n)$ 卷积后则给 $g(m,n)$ 带来模糊和振铃现象。D_0 越小这种现象就越严重，当然，其滤波效果也就越差。这是理想低通滤波器不可克服的缺点。如图 4.3.8 所示，其中图(b)和图(c)中有明显的振铃现象出现，而且图像变模糊。

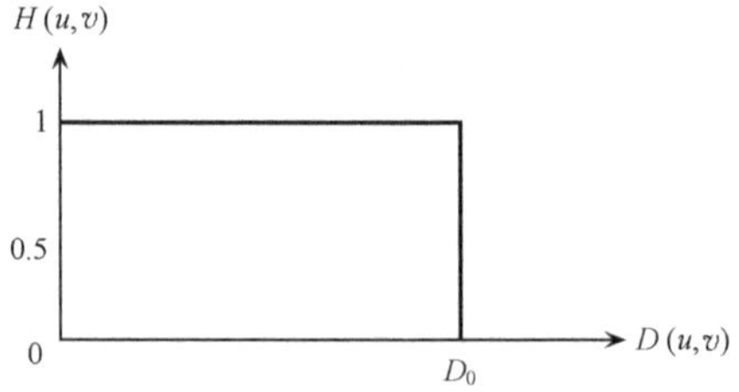

图 4.3.7　理想低通滤波特性曲线

2）Butterworth 低通滤波器(BLPF)

一个 N 阶 Butterworth 低通滤波器的传递函数定义为

$$H(u,v)=\frac{1}{1+(\sqrt{2}-1)\left[\frac{D(u,v)}{D_0}\right]^{2n}} \tag{4.3.29}$$

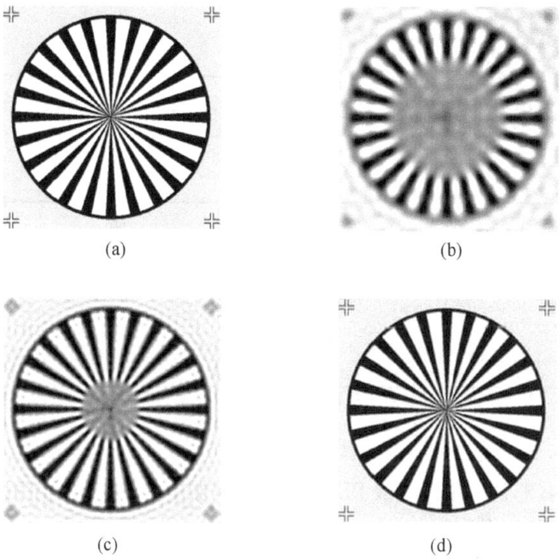

图 4.3.8　不同截止频率的理想低通滤波结果比较

(a) 原图像　(b)、(c)和(d)分别为截止频率半径是 15、30 和 80 的 ILPF 滤波结果

图 4.3.9 是 Butterworth 低通滤波器的特性曲线。与 ILPF 所不同的是，BLPF 在通带和阻带之间没有明显的不连续性，过渡比较光滑，当 $D(u,v)=D_0$ 时，$H(u,v)$下降到最大值的 $1/\sqrt{2}$。但是从图 4.3.10 可以看出，一阶 BLPF 没有振铃，二阶的 BLPF 就已经显示出轻微的振铃和较小的负值，但它们远没有 ILPF 那么明显，这一点可以在图 4.3.11 中得到证实。事实上随着阶数的增高，振铃现象将越来越明显，并且由于它的尾部保留了较多的高频分量，所以其噪声的平滑效果要低于 ILPF。

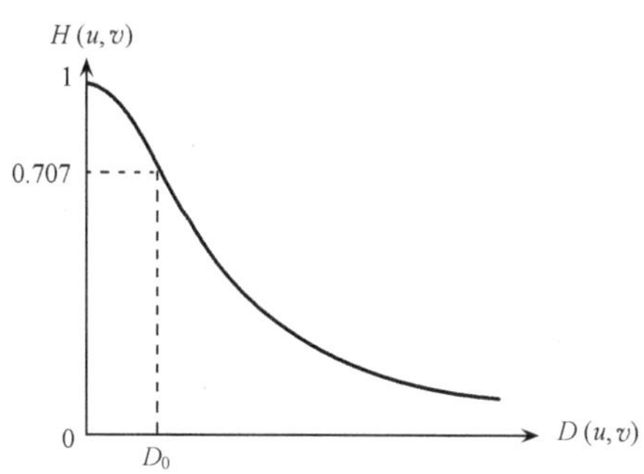

图 4.3.9　Butterworth 低通滤波器的特性曲线

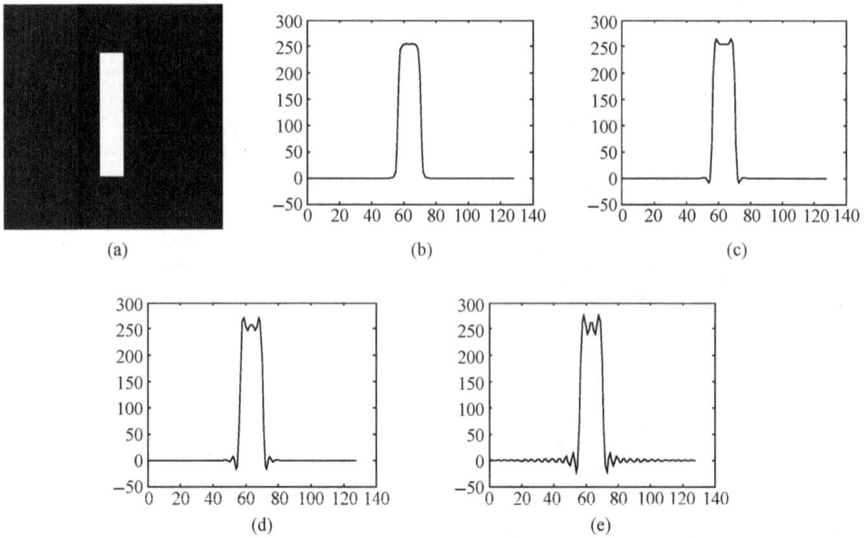

图 4.3.10　不同阶数 BLPF 低通滤波器中心的灰度级剖面图

(a) 原图像　(b)～(e)所用 BLPF 的阶数分别为 1,2,5,30

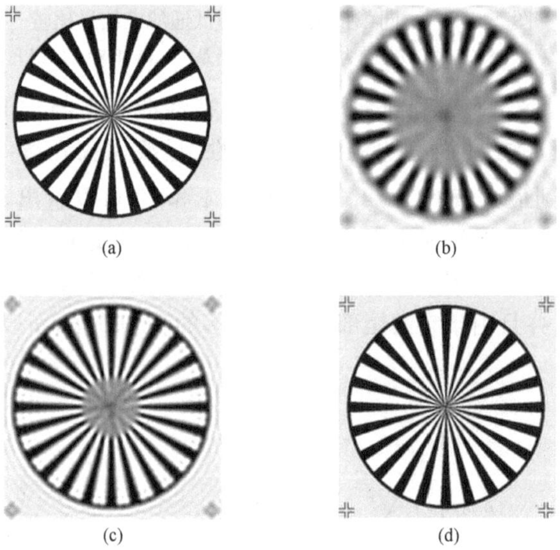

图 4.3.11　不同截止频率的 Butterworth 滤波结果比较

(a) 加噪原图像　(b)～(d)为二阶 BLPF 滤波结果，截止频率半径分别取 15,30,80

3）指数低通滤波器(ELPF)

在图像处理中，常用的另一种低通滤波器是指数滤波器，它的传递函数定义为

$$H(u,v)=\exp\left\{\ln\left(\frac{1}{\sqrt{2}}\right)\left[\frac{D(u,v)}{D_0}\right]^n\right\} \tag{4.3.30}$$

式中，n 为决定衰减率的系数，它决定了滤波特性曲线的衰减程度。ELPF 的特性曲线如图 4.3.12 所示。当 $D(u,v)=D_0$ 时，$H(u,v)$ 下降到其最大值的 $1/\sqrt{2}$。与 BLPF 相比，ELPF 中的指数函数有更快的衰减率和更为平滑的过渡带，所以经 ELPF 滤波后的图像比 BLPF 滤波结果稍模糊一些，但没有振铃现象，如图 4.3.13 所示。

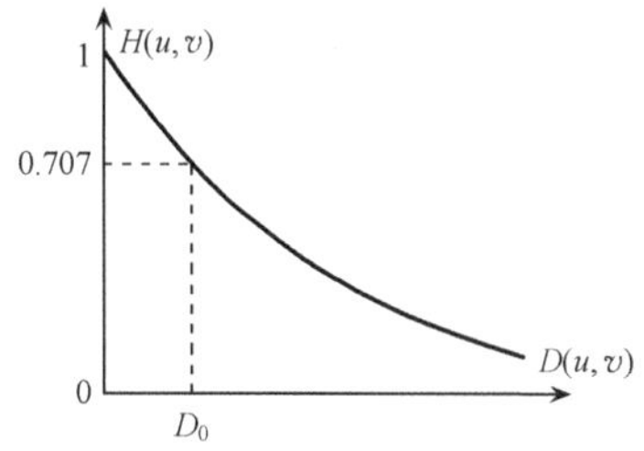

图 4.3.12　指数低通滤波器的特性曲线

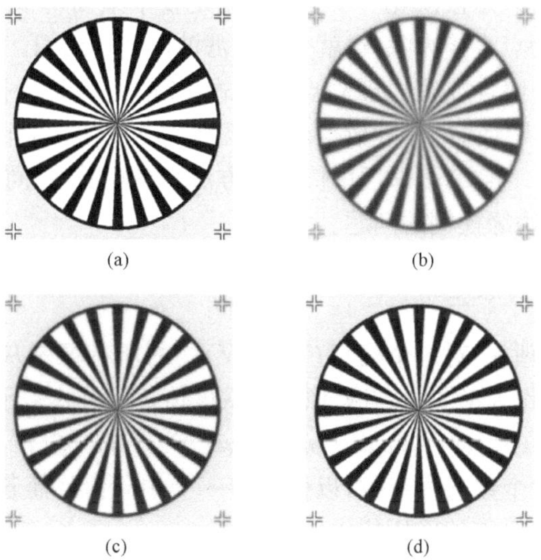

图 4.3.13　不同截止频率的指数滤波结果比较

(a) 含噪原图像　(b)～(d)为 ELPF 滤波结果，截止频率半径分别取 15，30，80

4）梯形低通滤波器(TLPF)

梯形低通滤波器是理想低通滤波器和完全平滑滤波器的折中，其传递函数定义为

$$H(u,v)=\begin{cases}1, & D(u,v)<D_0\\ \dfrac{D(u,v)-D_1}{D_0-D_1}, & D_0\leqslant D(u,v)\leqslant D_1\\ 0, & D(u,v)>D_1\end{cases} \tag{4.3.31}$$

式中，D_0 仍定义为截止频率；D_1 可任选，但必须大于 D_0。

TLPF 的特性曲线如图 4.3.14 所示。其滤波性能也介于理想滤波器和具有平滑过渡的滤波器之间，滤波后的图像既有一定的模糊，也有一定振铃现象存在。

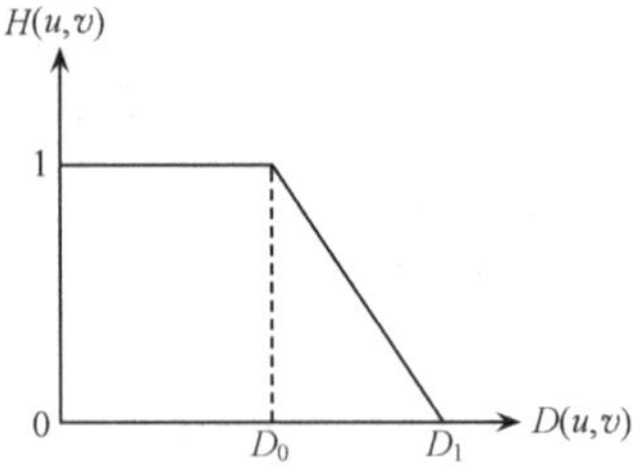

图 4.3.14　梯形低通滤波器的特性曲线

4.3.3　中值滤波法

如上所述图像的空域平滑法或频域低通滤波法，都是属于局部平均的线性滤波法，所用线性滤波器的工作原理可以比喻为用水冲浇桌面上的污点，冲洗的结果是污点并没有消失，只是被淡化[74]，也有可能是整个桌面都被污点所影响。能否有一种方法，是将污点直接去除，这就是中值滤波的基本思想。

在含噪图像中，噪声往往以孤立点的形式出现，尤其是干扰脉冲和椒盐类噪声。这些干扰或噪声所占的像素数很少，而图像则是由像素数目较多、面积较大的小块组成。基于这一事实，可采用中值滤波方法来消除噪声，同时避免采用平均滤波时带来的目标物边缘模糊的问题。

1. 中值滤波法的原理

中值滤波的原理是：对一个窗口（记为 W）内的所有像素灰度值进行排序，取排序结果的中间值作为 W 中心点处像素的灰度值。用公式表示为

$$g(m,n)=\text{med}\{f(m-i,n-j),(i,j)\in W\} \tag{4.3.32}$$

通常 W 内像素个数选为奇数，以保证有一个中间值。而若 W 内像素数选为偶数时，则取中间两个值的平均值作为中值。

2. 中值滤波窗口

中值滤波的关键是选择合适的窗口形状和大小，因为不同形状和大小的滤波窗会带来不同的滤波效果。一般要根据噪声和图像中目标物细节的情况来选择。常用的中值滤波窗口有线状、十字形、X 状、方形、菱形和圆形等，如图 4.3.15 所示。

3. 中值滤波的重要特性

以一维信号为例，图 4.3.16 给出了平均滤波和中值滤波的结果对比[7]，图 4.3.17 给出了一个实际图像经平均滤波和中值滤波的结果。从中可得到中值滤波具有如下重要特性：

(1) 对离散阶跃信号和斜升（或斜降）信号不产生影响。

(2) 连续个数小于窗口宽度一半的离散脉冲将被滤除。

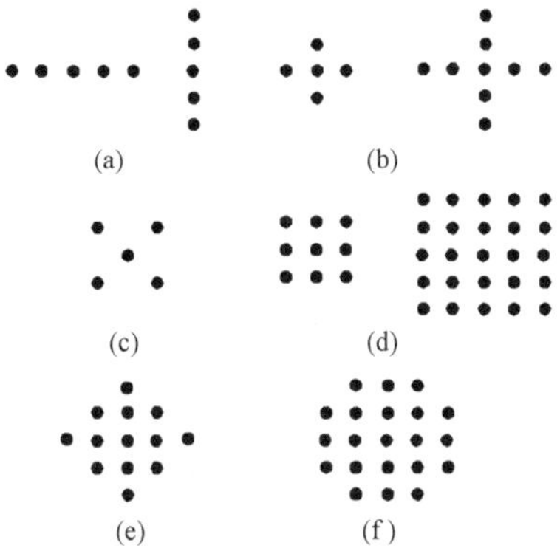

图 4.3.15　中值滤波常用窗口

(a) 线状　(b) 十字形　(c) X 状　(d) 方形　(e) 菱形　(f) 圆形

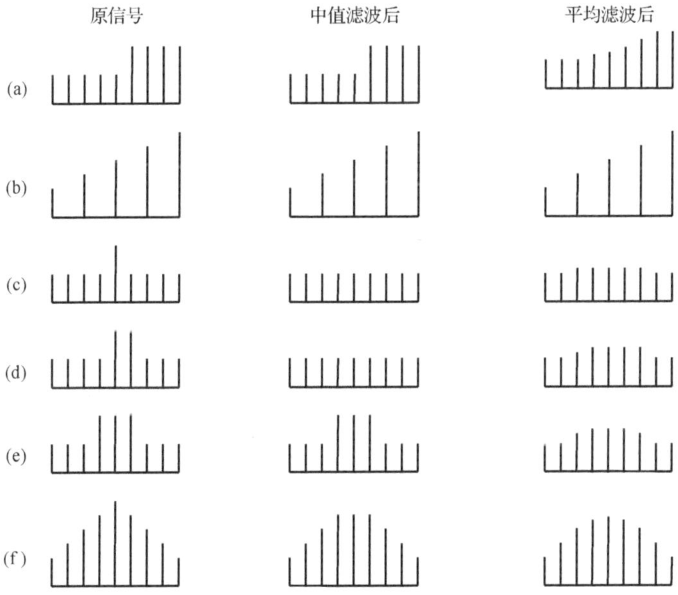

图 4.3.16　一维信号的平均滤波和中值滤波比较(窗宽为 5)

(a) 阶跃信号　(b) 斜升信号　(c) 单脉冲信号

(d) 双脉冲信号　(e) 三脉冲信号　(f) 三角形信号

(3) 三角形信号的顶部被削平。

(4) 若 C 为常数,则也有

① $$\mathrm{med}\{Cf(m,n)\}=C\mathrm{med}\{f(m,n)\} \tag{4.3.33}$$

② $$\mathrm{med}\{C+f(m,n)\}=C+\mathrm{med}\{f(m,n)\} \tag{4.3.34}$$

③ $$\mathrm{med}\{f_1(m,n)+f_2(m,n)\}\neq\mathrm{med}\{f_1(m,n)\}+\mathrm{med}\{f_2(m,n)\} \tag{4.3.35}$$

其中①和②很容易证明,因为无论乘以 C 还是加上 C,都不改变取值的大小排序。但③只要举一个例子就能说明。如若窗宽取 5，$f_1=\{10,20,30,40,50\}$，$f_2=\{10,20,30,20,10\}$，则 $\mathrm{med}\{f_1+f_2\}=\mathrm{med}\{20,40,60,60,60\}=60$，而由 $\mathrm{med}\{f_1\}=30$ 和 $\mathrm{med}\{f_2\}=20$，得 $\mathrm{med}\{f_1\}+\mathrm{med}\{f_2\}=30+20=50$，所以 $\mathrm{med}\{f_1+f_2\}\neq\mathrm{med}\{f_1\}+\mathrm{med}\{f_2\}$。

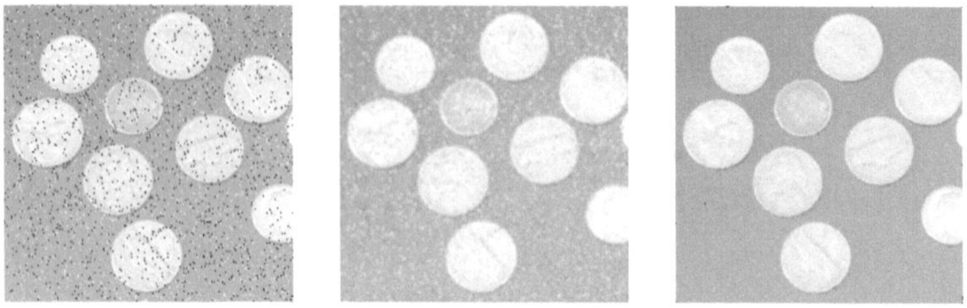

(a) (b) (c)

图 4.3.17 图像平均滤波和中值滤波的对比

(a) 椒盐噪声污染的图像 (b) 平均模板的滤波结果 (c) 中值滤波的结果

4. 使用中值滤波时的注意事项

相对于平均滤波，中值滤波对于椒盐噪声及干扰脉冲有很好的滤除作用，同时还能保持目标物的边缘，但这要在合适的应用场合和合适的滤波窗口形状和大小下。因为滤波的目的是：既要滤除噪声和干扰，又要保持(保留)图像中目标物的细节。因此，使用中值滤波时，要注意以下事项：

(1) 中值滤波适合于滤除椒盐噪声和干扰脉冲，尤其适合于目标物形状是块状时的图像滤波。

(2) 具有丰富尖角几何结构的图像，一般采用十字形滤波窗，且窗口大小最好不要超过图像中最小目标物的尺寸，否则会丢失目标物的细小几何特征。

(3) 需要保持细线状及尖顶角目标物细节时，最好不要采用中值滤波。

4.4 图 像 锐 化

图像在形成和传输过程中，由于成像系统聚焦不好或信道的带宽过窄，结果会使图像目标物轮廓变模糊，细节不清晰。同时，图像平滑后也会变模糊。究其原因，主要是图像受到了平均或积分运算。对此，可采用相反的运算(如微分运算)来增强图像，使图像变清晰。若从频域分析，图像模糊的实质是表示目标物轮廓和细节的高频分量被衰减，因而在频域可采用高频提升滤波的方法来增强图像。这种使图像目标物轮廓和细节更突出的方法，就称为图像锐化。

在图像增强中，图像平滑是为了消除(或减弱)图像中的噪声或干扰，从而可能降低图像的对比度；而与之相反的是，图像锐化是为了强调(增强)图像的边缘和细节，以提高图像的对比度。

4.4.1 空域锐化法

微分作为数学中求变化率的一种方法，可用来求解图像中目标物轮廓和细节(统称为边缘)等突变部分的变化。对于数字信号，微分通常用差分来表示。常用的一阶和二阶微分的差分表示为

$$\frac{\mathrm{d}f}{\mathrm{d}x} \rightarrow f'_n = f(n+1) - f(n) \tag{4.4.1}$$

$$\frac{\mathrm{d}^2 f}{\mathrm{d}x^2} \rightarrow f''_n = f(n+1) + f(n-1) - 2f(n) \tag{4.4.2}$$

1. 一维信号的锐化示例

设边缘变模糊的一维阶跃信号 $f(n)$为

$$f(n) = \{\cdots,10,10,10,12,16,20,24,28,30,30,30,\cdots\}$$

由式(4.4.1)求得一阶微分(差分)为

$$f'(n) = \{\cdots,0,0,2,4,4,4,4,2,0,0,0,\cdots\}$$

同理用式(4.4.2)求得二阶微分(差分)为

$$f''(n) = \{\cdots,0,0,2,2,0,0,0,-2,-2,0,0,\cdots\}$$

若用下式对 $f(n)$进行处理

$$g(n) = f(n) + [-f''(n)] \tag{4.4.3}$$

处理结果为

$$g(n) = \{\cdots,10,10,8,10,16,20,24,30,32,30,30,\cdots\}$$

图 4.4.1 给出了一维信号锐化前后的对比结果。

从 $g(n)$与 $f(n)$的数值对比和图 4.4.1 可知，$f(n)$经式(4.4.3)处理后，$g(n)$的波形上升较快，而且出现了“过冲”，即在波形底部突变处形成了“下冲”，在波形上部突变处出现了“上冲”，这就使得信号 $f(n)$的边缘得到了突出，达到了锐化的目的。

通常把式(4.4.3)就称为信号锐化公式。

2. 拉普拉斯锐化法

在图像锐化增强中，我们希望找到一种各向同性的边缘检测算子，使不同走向边缘都能达到上例所述一维信号的增强效果。这个算子就是拉普拉斯算子，该算子及其对 $f(x,y)$的作用是

$$\nabla^2 = \frac{\partial^2}{\partial x^2} + \frac{\partial^2}{\partial y^2} \tag{4.4.4}$$

$$\nabla^2 f = \frac{\partial^2 f}{\partial x^2} + \frac{\partial^2 f}{\partial y^2} \tag{4.4.5}$$

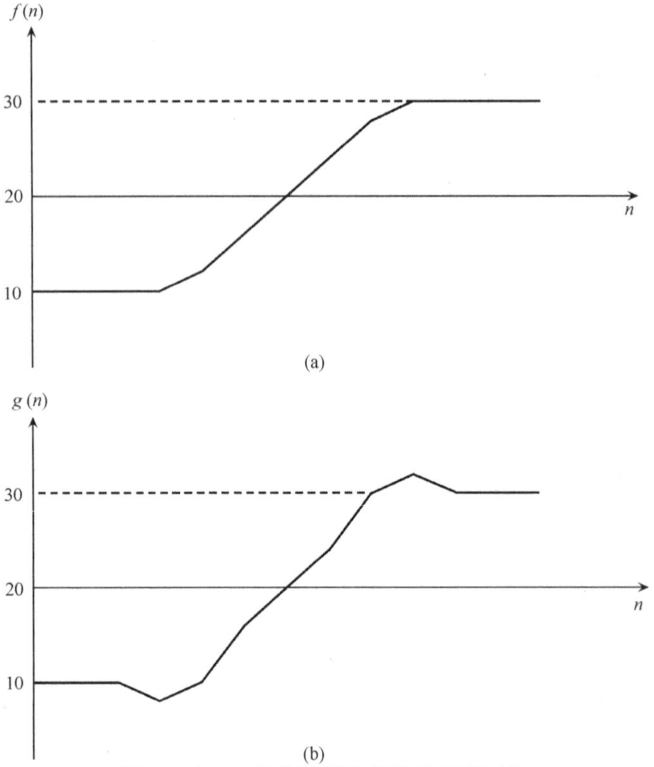

图 4.4.1　一维信号锐化前后的波形对比

(a) 原信号 $f(n)$　(b) 锐化后信号 $g(n)$

由一维信号的锐化公式可得到二维数字图像的锐化公式为

$$g(m,n) = f(m,n) + \alpha[-\nabla^2 f(m,n)] \tag{4.4.6}$$

在数字图像处理中，$\frac{\partial^2 f}{\partial x^2}$和$\frac{\partial^2 f}{\partial y^2}$类似于式(4.4.1)和式(4.4.2)，可用差分表示为

$$\frac{\partial^2 f}{\partial x^2} \rightarrow f''_m = f(m+1,n) + f(m-1,n) - 2f(m,n) \tag{4.4.7}$$

$$\frac{\partial^2 f}{\partial y^2} \rightarrow f''_n = f(m,n+1) + f(m,n-1) - 2f(m,n) \tag{4.4.8}$$

将式(4.4.7)和式(4.4.8)代入式(4.4.6)，可得图像的拉普拉斯锐化表示为

$$\begin{aligned} g(m,n) &= f(m,n) - \alpha[f(m+1,n) + f(m-1,n) + f(m,n+1) \\ &\quad + f(m,n-1) - 4f(m,n)] \\ &= (1+4\alpha)f(m,n) - \alpha[f(m+1,n) + f(m-1,n) \\ &\quad + f(m,n+1) + f(m,n-1)] \end{aligned} \tag{4.4.9}$$

式中，α 为锐化强度系数(一般取为正整数)，α 越大，锐化的程度就越强，对应于图 4.4.1(b)中的“过冲”就越大。

图像在不同 α 取值下的锐化结果对比见图 4.4.2 所示。

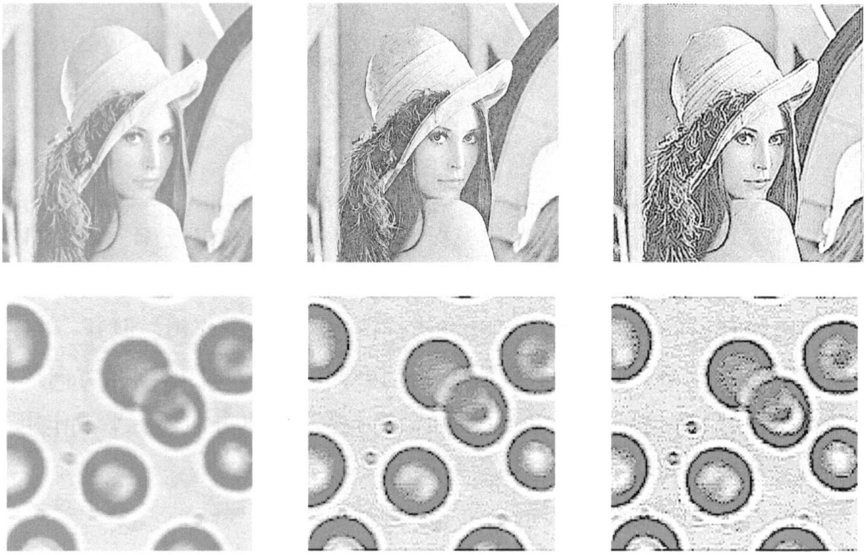

(a) (b) (c)

图 4.4.2　不同 α 取值下的锐化结果对比

(a) 原图像　(b) $\alpha=1$　(c) $\alpha=2$

3. 模板锐化法

将式(4.4.9)写成模板形式，则有

$$\boldsymbol{W}_1=\begin{bmatrix}0 & -\alpha & 0\\ -\alpha & 1+4\alpha & -\alpha\\ 0 & -\alpha & 0\end{bmatrix}$$

当 α 取 1 和 2 时，就有

$$\boldsymbol{W}_2=\begin{bmatrix}0 & -1 & 0\\ -1 & 5 & -1\\ 0 & -1 & 0\end{bmatrix},\quad \boldsymbol{W}_3=\begin{bmatrix}0 & -2 & 0\\ -2 & 9 & -2\\ 0 & -2 & 0\end{bmatrix}$$

图 4.4.2 中的(b)和(c)就相当于 $\boldsymbol{W}_2$ 和 $\boldsymbol{W}_3$ 对图像(a)锐化的结果。同理，我们可以根据实际需要，设计出其他具有不同特性的锐化模板，如

$$\boldsymbol{W}_4=\begin{bmatrix}-\alpha & -\alpha & -\alpha\\ -\alpha & 1+8\alpha & -\alpha\\ -\alpha & -\alpha & -\alpha\end{bmatrix},\quad \boldsymbol{W}_5=\begin{bmatrix}-1 & -1 & -1\\ -1 & 9 & -1\\ -1 & -1 & -1\end{bmatrix},$$

$$W_6 = \begin{bmatrix} -2 & -2 & -2 \\ -2 & 17 & -2 \\ -2 & -2 & -2 \end{bmatrix}, \quad W_7 = \begin{bmatrix} 1 & -2 & 1 \\ -2 & 5 & -2 \\ 1 & -2 & 1 \end{bmatrix},$$

$$W_8 = \begin{bmatrix} -2 & 1 & -2 \\ 1 & 5 & 1 \\ -2 & 1 & -2 \end{bmatrix}$$

式中，$\boldsymbol{W}_1$、$\boldsymbol{W}_2$ 和 $\boldsymbol{W}_3$ 为拉普拉斯锐化模板，也称为 4-邻锐化模板；$\boldsymbol{W}_4$、$\boldsymbol{W}_5$ 和 $\boldsymbol{W}_6$ 称为 8-邻锐化模板，也称为 8-邻拉普拉斯模板，它们既能像 4-邻模板一样对水平和垂直方向边缘有锐化增强作用，也对边角方向的边缘有增强作用。但 $\boldsymbol{W}_7$ 和 $\boldsymbol{W}_8$ 与其他模板不同的是，$\boldsymbol{W}_7$ 在对水平和垂直方向边缘增强的同时，在对角方向还有平滑作用；$\boldsymbol{W}_8$ 在对对角方向边缘增强的同时，在水平和垂直方向还有平滑作用。即 $\boldsymbol{W}_7$ 和 $\boldsymbol{W}_8$ 在锐化的同时还有抑制噪声的作用。

与平滑模板类似，锐化模板也有如下特点：

(1) 模板内系数有正有负，表示差分运算。

(2) 模板内系数之和为 1，表示对常数图像处理前后不变，而对一般图像而言，处理前后平均亮度基本保持不变。

利用模板对图像进行锐化处理时，一般从图像的第二行和第二列的像素点开始，逐点移动模板进行计算，而且始终用原图像。为保证 3×3 的模板内都能套住像素点，图像的四周(第一行、最后一行、第一列和最后一列)不处理。

与模板平滑法一样，模板锐化就等于锐化模板与图像的卷积，计算公式同式(4.3.11)和式(4.3.14)。

4. 图像锐化的实质

式(4.4.9)给出的图像的拉普拉斯锐化公式，也可写成如下形式，即

$$g(m,n) = f(m,n) + \alpha\{[f(m,n) - f(m-1,n)] + [f(m,n) - f(m+1,n)] + [f(m,n) - f(m,n-1)] + [f(m,n) - f(m,n+1)]\}$$

上式右边的 $f(m,n)$ 为原图像的当前处理像素点(称为本点)，α 为锐化强度系数，{ }内为本点分别与其上、下、左、右像素点的灰度差值之和，也就是图像本点处的边缘。因此，图像锐化的实质是

$$\text{锐化图像} = \text{原图像} + \text{加重的边缘} \tag{4.4.10}$$

即

$$g(m,n) = f(m,n) + \alpha \cdot \Delta f \tag{4.4.11}$$

式中

$$\Delta f = [f(m,n)-f(m-1,n)]+[f(m,n)-f(m+1,n)]$$
$$+[f(m,n)-f(m,n-1)]+[f(m,n)-f(m,n+1)]$$

为图像边缘。该结论可由图 4.4.3 得到验证。

通过我们对锐化本质的了解，图像锐化的关键是求图像的边缘，只要能检测出图像边缘，就能按照式(4.4.10)得到锐化结果。除了上面介绍的拉普拉斯算子法和模板法外，还有频域的高通提升滤波法和第 7 章要介绍的许多边缘检测的方法。

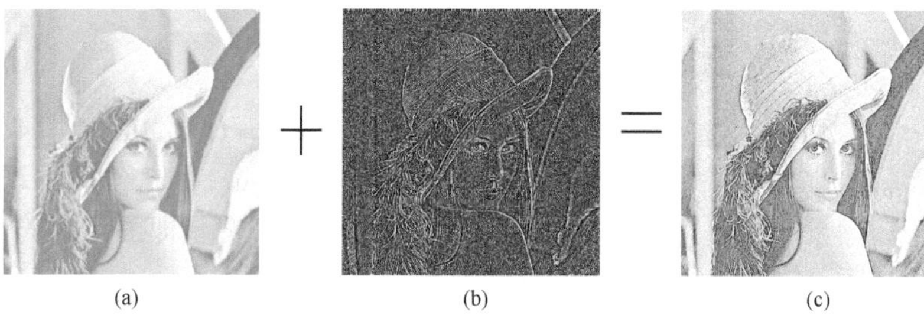

图 4.4.3　图像、边缘和锐化结果的关系($\alpha=2$)
(a) 原图像　(b) 加重的边缘 $\alpha\cdot\Delta f$　(c) 锐化结果

4.4.2　高频提升滤波法

图像的边缘反映在频域是高频，因此可以在频域通过高通滤波器得到图像边缘信息，再利用式(4.4.10)对图像进行锐化，其结果相当于对高频(边缘)分量的提升，可称为频域的高通提升滤波法。

设 $F(u,v)$ 和 $\Delta F(u,v)$ 分别代表原图像 $f(m,n)$ 和高通滤波结果 $\Delta f(m,n)$ 的频域表示，$H(u,v)$ 为高通滤波器，$g(m,n)$ 为锐化结果。图 4.4.4 给出了采用离散傅里叶变换和高通滤波器的图像的频域锐化处理过程，当然这里空域和频域的变换也可采用其他方法。

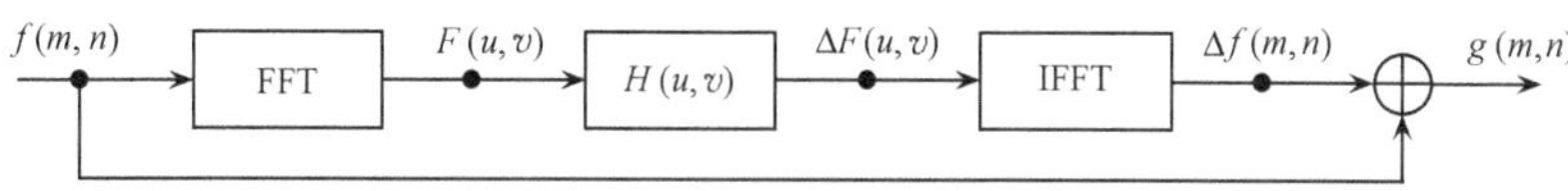

图 4.4.4　图像高频提升滤波法的处理过程

1. 空域模板锐化法等效于频域高频提升滤波法

可以证明前面介绍的模板锐化法就等效于高频提升滤波法。下面我们就通过一个 4-邻拉普拉斯模板来求解其对应滤波器的转移函数。

拉普拉斯模板为

$$\boldsymbol{W}_1=\begin{bmatrix}0 & -\alpha & 0\\ -\alpha & 1+4\alpha & -\alpha\\ 0 & -\alpha & 0\end{bmatrix}$$

则锐化结果为

$$g(m,n) = (1+4\alpha)f(m,n) - \alpha[f(m+1,n) + f(m-1,n) + f(m,n+1) + f(m,n-1)] \tag{4.4.12}$$

可写出对应的 Z 变换式

$$G(Z_m,Z_n) = [(1+4\alpha) - \alpha(Z_m + Z_m^{-1} + Z_n + Z_n^{-1})]F(Z_m,Z_n) \tag{4.4.13}$$

$$H(Z_m,Z_n) = \frac{G(Z_m,Z_n)}{F(Z_m,Z_n)} = (1+4\alpha) - \alpha(Z_m + Z_m^{-1} + Z_n + Z_n^{-1}) \tag{4.4.14}$$

以 $Z_m = e^{j\omega_m}$ 和 $Z_n = e^{j\omega_n}$ 代入上式，得到傅里叶变换式

$$H(\omega_m,\omega_n) = 1 + 2\alpha(1-\cos\omega_m) + 2\alpha(1-\cos\omega_n) \tag{4.4.15}$$

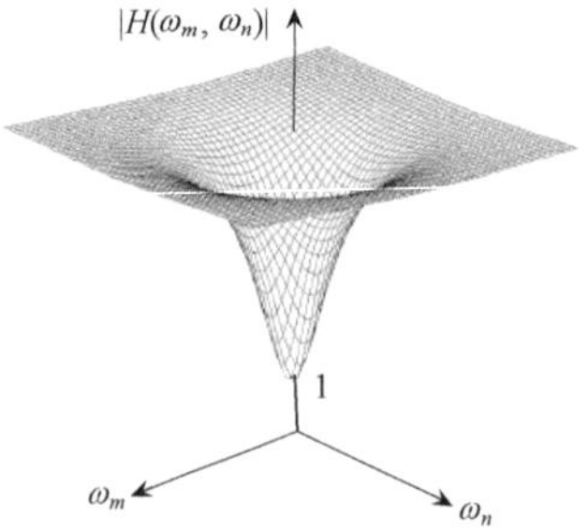

图 4.4.5　拉普拉斯锐化模板的频率响应

从上式可知，当 $\omega_m = \omega_n = 0$ 时，$|H|$ 有最小值 1，这说明"直流"分量即图像的灰度平均值处理前后不变；当 $\omega_m = \omega_n = \pi$ 时，$|H|$ 具有最大值为 $(1+8\alpha) > 1(\alpha > 0)$，即高频分量得到了提升，也就是图像的边缘信息得到了增强。根据式(4.4.15)画出的模板 W_1 对应的频率响应 $|H|$ 见图 4.4.5 所示。

从以上分析和图 4.4.5 可看出，锐化模板的频率响应就是一高频提升滤波器。

2. 几种常用的高通滤波器

与低通滤波器类似，几种常用的高通滤波器的传递函数如表 4.4.1 所示：

表 4.4.1　几种常用高通滤波器的传递函数

滤波器名称	传递函数 $H(u,v)$
理想高通滤波器(IHPF)	$H(u,v)=\begin{cases}0, & D(u,v)\leqslant D_0\\ 1, & \text{其他}\end{cases}$
巴特沃思高通滤波器(BHPF)	$H(u,v)=\dfrac{1}{1+(\sqrt{2}-1)[D_0/D(u,v)]^{2n}}$
指数高通滤波器(EHPF)	$H(u,v)=\exp\left\{\ln\left(\dfrac{1}{\sqrt{2}}\right)\left[\dfrac{D_0}{D(u,v)}\right]^n\right\}$
梯形高通滤波器(THPF)	$H(u,v)=\begin{cases}0, & D(u,v)<D_0\\ \dfrac{D(u,v)-D_0}{D_1-D_0}, & D_0\leqslant D(u,v)\leqslant D_1\\ 1, & D(u,v)>D_1\end{cases}$

相应的特性曲线如图 4.4.6 所示。高通滤波所得到的并不是锐化图像，而是原图像的高频图像即图像的边缘，我们需要按图 4.4.4 所示方法将该高频图像附加到原图像中去，才能够得到期望的锐化图像。

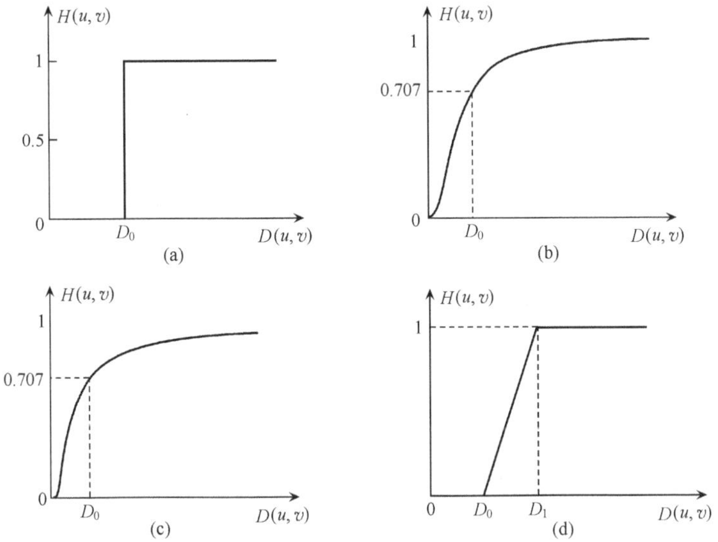

图 4.4.6　高通滤波器 $H(u,v)$的特性曲线

(a) 理想高通滤波器　(b) Butterworth 高通滤波器　(c) 指数高通滤波器　(d) 梯形高通滤波器

与低通滤波器的性能相类似，由于理想高通滤波器是突变的，所以由它得到的高频图像中存在有较强的振铃现象。在图 4.4.7 的(b)和(c)中可以看到明显的振铃现象，即使在截止频率较大的图(d)中也存在轻微的振铃现象。

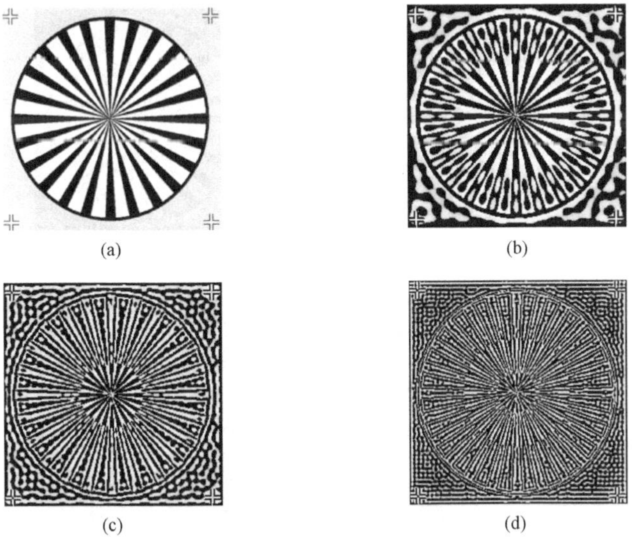

图 4.4.7　取不同截止频率的理想高通滤波后图像的比较

(a) 原图像　(b)～(d) 为 IHPF 滤波结果，D_0 分别取 15，30，50

Butterworth 高通滤波器的传递函数由于变化比较平滑，在阶数较低的时候所得的高频图像中只有轻微的振铃现象产生，并且图像也较为清晰，如图 4.4.8 所示。

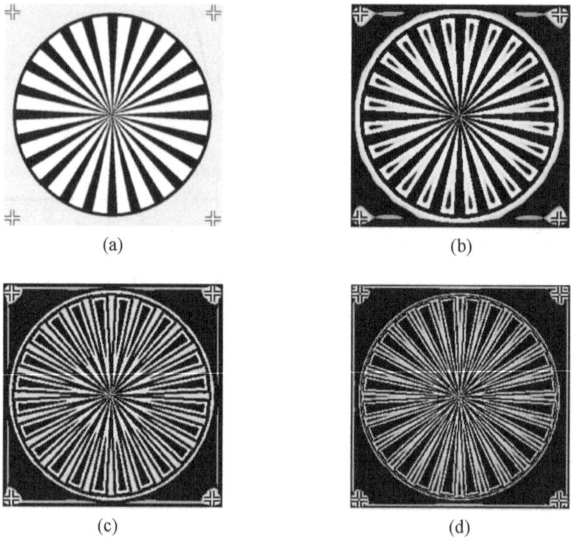

图 4.4.8　取不同截止频率的 Butterworth 高通滤波后图像的比较

(a) 原图像　(b)～(d)为二阶 BHPF 滤波结果，D_0 分别取 15,30,50

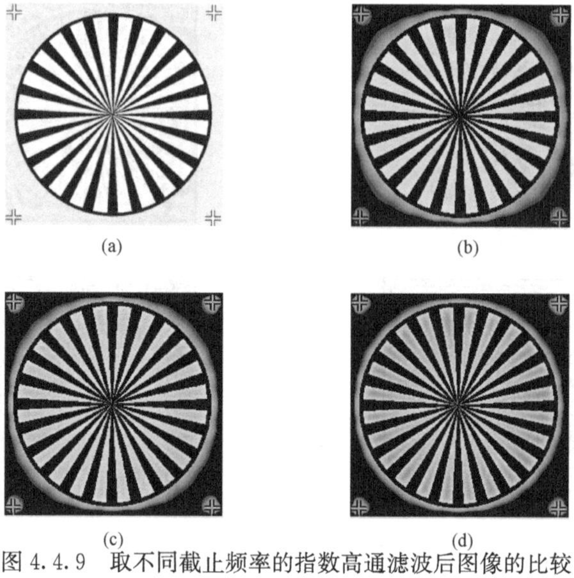

图 4.4.9　取不同截止频率的指数高通滤波后图像的比较

(a) 原图像　(b)～(d)为 EHPF 滤波结果，D_0 分别 15,30,50

指数型高通滤波器由于其具有比 Butterworth 高通滤波器更为平滑的传递函

数，所得的高频图像中没有振铃现象产生，但是通过对图 4.4.8(d)和图 4.4.9(d)进行比较，发现后者的高频图像更为模糊一些。而梯形高通滤波器的性能则介于理想高通滤波器和具有平滑过渡的滤波器之间，得到的高频图像既有一定的模糊，也有一定的振铃现象存在。

4.5 图像的同态滤波

从图像的形成和其光特性考虑，一幅图像是由光源的照度分量(也称照度场)$i(m,n)$和目标场的反射分量 $r(m,n)$组成，即

$$f(m,n) = i(m,n) \cdot r(m,n) \tag{4.5.1}$$

理想情况下，照度分量应是常数，这时 $f(m,n)$可以不失真地反映 $r(m,n)$。然而在实际中，由于光照不均匀，$i(m,n)$并非常数。同时，由于成像系统的不完善，也会引起类似于光照不均匀的效果。二者都引起 $i(m,n)$随坐标的变换而缓慢变化，结果造成图像 $f(m,n)$中出现大面积阴影，而掩盖一些目标物细节，使图像不清晰。因此，必须想办法减弱 $i(m,n)$。而 $r(m,n)$反映图像的对比度和目标物细节，必须增强。

事实上，$i(m,n)$变化缓慢，在频域表现为低频，而 $r(m,n)$包含了目标物细节，在频域表现为高频。为此，只要我们能从 $f(m,n)$中把 $i(m,n)$和 $r(m,n)$分开，并分别采取压缩低频、提升高频的方法，就可达到减弱照度分量、增强反射分量，使图像清晰的目的。

从式(4.5.1)可知，$i(m,n)$和 $r(m,n)$是相乘的关系，无法在频域把它们分开。为此，先对式(4.5.1)两边取对数，即

$$z(m,n) = \ln f(m,n) = \ln i(m,n) + \ln r(m,n) \tag{4.5.2}$$

然后进行 FFT

$$\mathrm{FFT}[z(m,n)] = \mathrm{FFT}[\ln i(m,n)] + \mathrm{FFT}[\ln r(m,n)] \tag{4.5.3}$$

简记为

$$Z(u,v) = I(u,v) + R(u,v) \tag{4.5.4}$$

式中，$Z(u,v)$、$I(u,v)$和 $R(u,v)$分别为 $z(m,n)$、$\ln i(m,n)$和 $\ln r(m,n)$的傅里叶变换。若用一滤波器 $H(u,v)$进行滤波处理，则

$$S(u,v) = H(u,v)Z(u,v) = H(u,v)I(u,v) + H(u,v)R(u,v) \tag{4.5.5}$$

反变换到空域，则

$$\begin{aligned} s(m,n) &= \mathrm{IFFT}[H(u,v)I(u,v)] + \mathrm{IFFT}[H(u,v)R(u,v)] \\ &= i'(m,n) + r'(m,n) \end{aligned} \tag{4.5.6}$$

式中，$i'(m,n) = \mathrm{IFFT}[H(u,v)I(u,v)]$；$r'(m,n) = \mathrm{IFFT}[H(u,v)R(u,v)]$。

再取指数，就得到了处理后的空域图像

$$g(m,n) = \exp[s(m,n)] = \exp[i'(m,n)] \cdot \exp[r'(m,n)] \qquad (4.5.7)$$

也可写成

$$g(m,n) = i_0(m,n) \cdot r_0(m,n) \qquad (4.5.8)$$

式中，$i_0(m,n)=\exp[i'(m,n)]$；$r_0(m,n)=\exp[r'(m,n)]$，分别为输出图像的照度分量和反射分量。

上述处理过程可用图 4.5.1 表示。这种方法就称为同态滤波法，其关键是选择合适的滤波器 $H(u,v)$（称为同态滤波器）。为达到压制低频部分（照度分量）而增强（提升）高频部分（反射分量）的目的，同态滤波器 $H(u,v)$ 的特性曲线如图 4.5.2 所示。

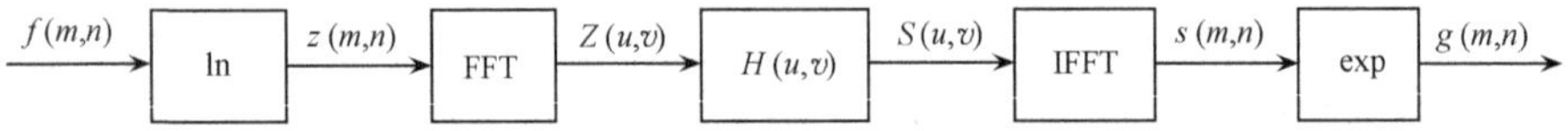

图 4.5.1　图像同态滤波的处理过程

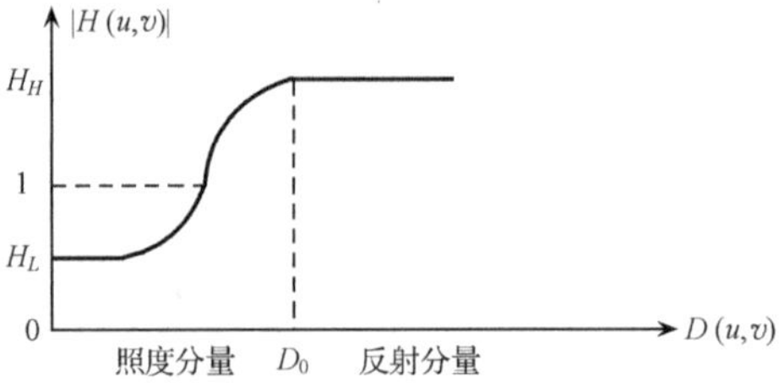

图 4.5.2　同态滤波器的特性曲线

图 4.5.3 给出了一个实际图像经同态滤波增晰的示例。可看出，处理后的图像的目标物细节变得清晰可见。

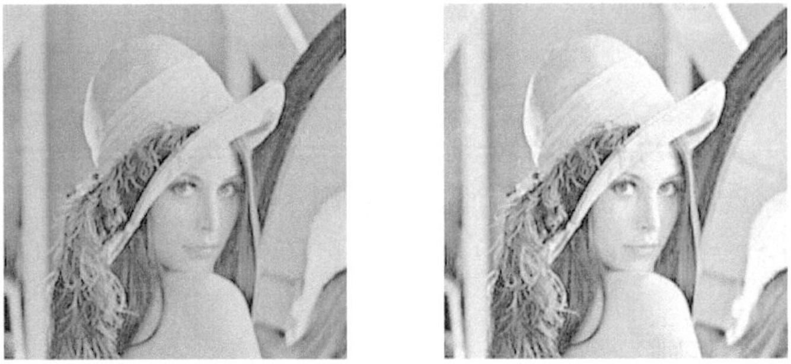

(a)　　(b)

图 4.5.3　图像同态滤波增晰的示例

4.6 图像的彩色增强

通常人眼对灰度等级的区分并不敏感，一般来说人眼能分辨的灰度级介于十几级到二十几级之间，但却可以分辨出上千种彩色。因此利用人眼的这一视觉特性，将灰度图像变成彩色图像或者改变已有彩色的分布，都可以改变图像的可分辨性，这就是彩色增强。常用的彩色增强方法可以分为伪彩色增强、假彩色增强和真彩色增强三种。

4.6.1 伪彩色 pseudo color 增强

伪彩色增强就是将灰度图像的各灰度级按照线性或非线性的映射方法变换成不同的颜色，得到一幅彩色图像的增强技术。它的结果可改善图像的视觉效果，提高分辨率，使得图像的细节更加突出，目标更容易识别。伪彩色增强的方法主要有以下三种。

1. 灰度分层法

灰度分层法也称为伪彩色编码法，它是伪彩色增强中一种最简单的方法。其原理是：将图像的灰度级分成 M 个不同的区域，让每个区域对应一种彩色，如图 4.6.1 所示。该方法的特点是直观简单，但可形成的彩色数目不多。

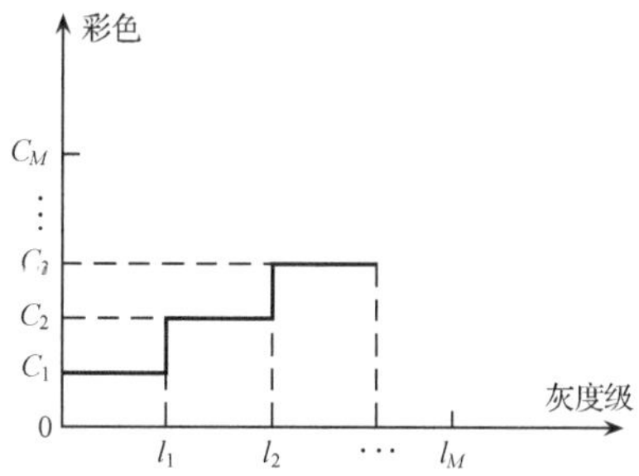

图 4.6.1 灰度分层法示意图

2. 灰度变换彩色法

根据彩色的三基色原理，可将灰度映射成红(R)、绿(G)、蓝(B)三个基色，再合成彩色。其原理如图 4.6.2 所示。这是一种更为常用、比灰度分层法更有效的伪彩色增强法。在该方法中，对每个原始图像的灰度值可用 3 个独立的变换来处理，利用这 3 种变换函数来控制 3 种颜色分量，从而控制合成后的输出颜色。

图 4.6.3 给出了灰度到彩色的一种变换方法。在 $f(m,n)\in[0,L/4]$ 时，红色的变换为零，绿色随灰度级从暗到亮成线性变换关系，而蓝色为常数 L，红、绿、蓝

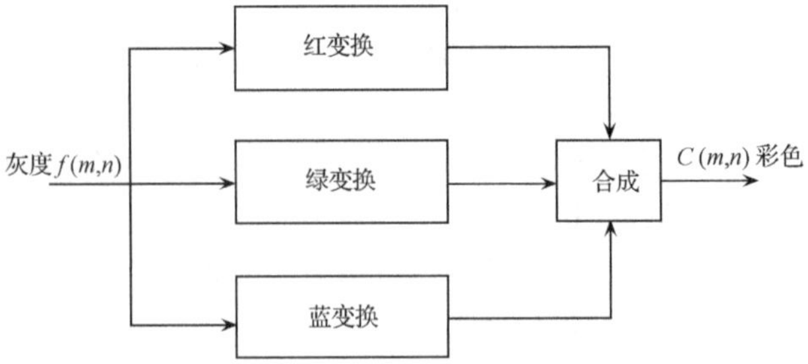

图 4.6.2　灰度变换彩色法的原理框图

合成后形成不同的彩色。$f(m,n)$在其他灰度级区间也因三种基色的不同而合成出不同的彩色。

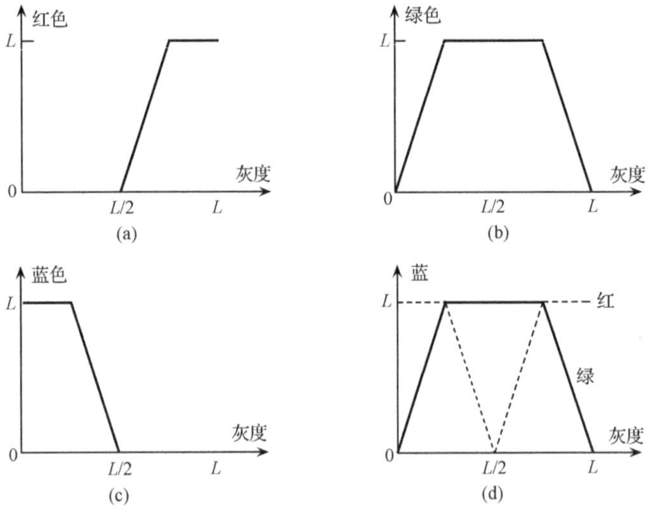

图 4.6.3　一种典型的灰度到彩色变换函数

3. 频域滤波

频域伪彩色增强是借助之前所介绍的各种滤波器来完成的。先把灰度图像经傅里叶变换到频域,在频域内用 3 个不同传递特性的滤波器分离出 3 个独立分量,然后通过傅里叶反变换便得到 3 幅代表不同频率分量的单色图像,进而通过对这 3 幅图像做进一步的增强处理(如直方图均衡化或规定化),最后将其分别输入彩色显示器的红、绿、蓝通道,从而实现了频域伪彩色增强。其框图如图 4.6.4 所示。

4.6.2　假彩色 false color 增强

与伪彩色增强不同,假彩色增强所处理的是真实的自然彩色图像,或者是多光谱图像。其目的是将一种彩色变成另一种彩色,或把多光谱图像变成彩色图像。

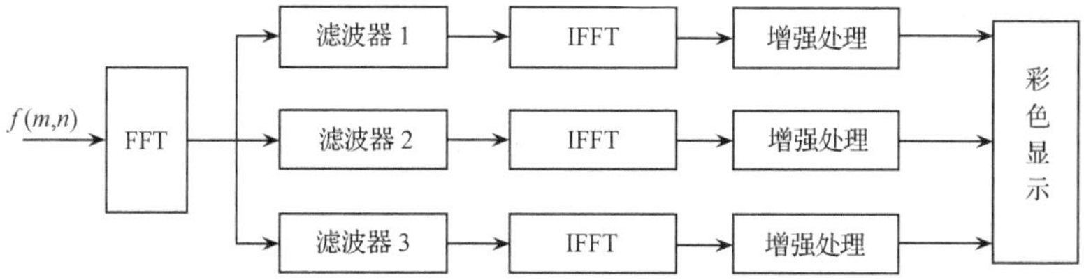

图 4.6.4　频域伪彩色增强原理框图

这种增强主要用于：

(1) 把正常的目标置于特定的彩色环境中，使目标更加突出。

(2) 可以使正常目标具有与人眼颜色感觉的灵敏度相匹配的颜色。例如人眼对绿色特别敏感，因而感兴趣的目标变为绿色就更容易识别出来；人眼对蓝色变化的对比灵敏度较高，因此可以把物体细节映射到蓝色区域，从而改善细节的可检测性。

(3) 将多光谱图像合成彩色图像，不仅可以看起来自然、逼真，更可以通过与其他波段图像的综合获得更多的信息，便于区分某些特征。

对于自然彩色图像的假彩色增强一般采用如下的三对三的映射

$$\begin{bmatrix} R_g \\ G_g \\ B_g \end{bmatrix} = \begin{bmatrix} \alpha_1 & \beta_1 & \gamma_1 \\ \alpha_2 & \beta_2 & \gamma_2 \\ \alpha_3 & \beta_3 & \gamma_3 \end{bmatrix} \begin{bmatrix} R_f \\ G_f \\ B_f \end{bmatrix} \tag{4.6.1}$$

式中，R_f、G_f、B_f 以及 R_g、G_g、B_g 分别表示原图像某像素与处理后图像中对应像素点的三基色的亮度值。

而对于多光谱图像来说，其假彩色增强一般采用多对三的映射

$$\begin{cases} R_g = T_R[f_1, f_2, \cdots, f_k] \\ G_g = T_G[f_1, f_2, \cdots, f_k] \\ B_g = T_B[f_1, f_2, \cdots, f_k] \end{cases} \tag{4.6.2}$$

式中，$f_1, f_2, \cdots, f_k$ 分别表示在光谱 i 个不同波段获得的 k 幅图像。此时原图像上同一像素点将对应 k 个原始值，经过式(4.6.2)映射为显示三基色分量的值。T_R、T_G、T_B 代表原图像灰度值的线性或非线性函数变换。

4.6.3　真彩色图像增强

在对真彩色图像增强时，我们自然想到直接在 RGB 坐标系用图 4.6.5 所示的方法对 R、G、B 三个分量分别进行增强处理，再合成彩色，但其结果会改变原彩色图像的颜色种类，使图像彩色失真。对此，我们可以利用第 2 章介绍的颜色模型(坐标)转换方法，先将彩色图像从 RGB 坐标转换成 HSI 坐标[见式(2.1.2)、式(2.1.3)和式(2.1.4)]。在 HSI 颜色坐标中，H 和 S 分别表示色度和饱和度，它们与彩色的种类紧密相关，而 I 表示亮度，它与彩色种类无关。为了不改变彩色的

种类，我们可仅仅对 I 分量（亮度）进行增强处理，H 和 S 分量不变，然后再变换回 RGB 坐标[见式(2.1.6)～式(2.1.14)]。其原理框图如图 4.6.6 所示。

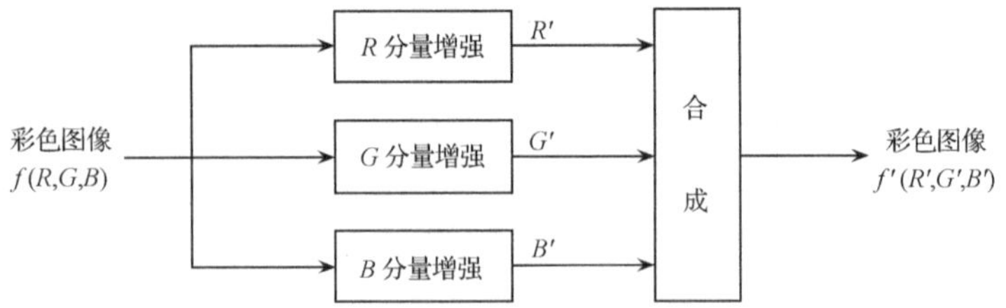

图 4.6.5　真彩色图像的 RGB 直接增强法原理框图

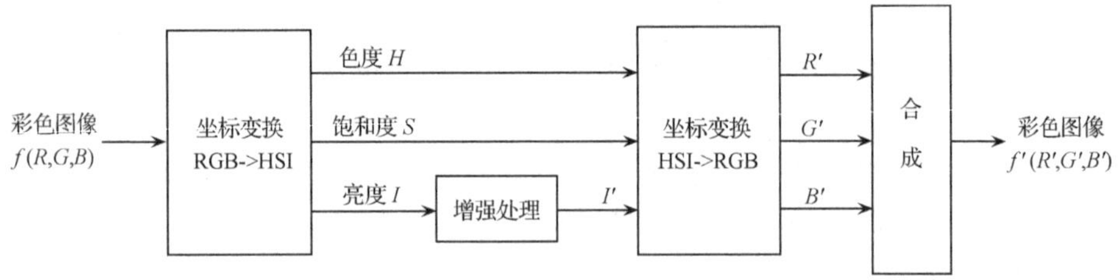

图 4.6.6　真彩色图像的 HSI 增强法框图

这里关键是利用了 HSI 颜色坐标系中亮度和彩色种类分开的特点，结果既增强了彩色图像，又不会改变彩色种类。

4.7　小　　结

图像增强的目的是为了满足下一步图像分析的要求，是图像分析中预处理的重要一步。本章着重介绍了常用的几种图像增强算法，从简单的灰度变换和直方图修正，到各种空域和频域的平滑及锐化方法。其中直方图作为图像处理的一个重要工具，具有十分重要的作用。很多图像增强算法都是基于对直方图的处理而衍生出来的，它在图像分割中也具有较大的应用价值。

图像平滑的目的主要是为了衰减或去除图像中的噪声，但同时也要尽量不破坏原图像中的目标信息，即如何在去除噪声的同时尽可能大地保留原图像边缘。在这一方面非线性滤波器表现较为出色，中值滤波器就是一个很好的选择。

图像锐化的主要目的是为了加强图像中的边缘信息（高频成分），使图像更为清晰。它可以看作是检测出图像的边缘信息后，将其附加到原图像上，从而达到增强边缘（高频成分）的目的。需要说明的是，在噪声存在的情况下，单纯的锐化也会造成噪声的加强，此时又需要平滑的参与。所以在实际应用中图像处理技术往往是搭配使用的，而不是单纯一种手段就可以达到目的的。

图像的同态增晰是在频域压缩了动态范围的同时提高图像对比度的方法，它使得图像中较暗部分的细节可以显现出来，便于观察者进行观察和处理。

在本章的最后，我们介绍了彩色图像的增强算法，其中的 HSI 颜色模型在彩色图像处理中也是一个不可忽视的重要角色。

习　　题

4.1　图像增强的目的是什么？它包含哪些内容？

4.2　试给出把灰度范围[0,10]伸长为[0,15]，把范围[10,20]移到[15,25]，并把范围[20,30]压缩为[25,30]的变换方程。

4.3　为什么一般情况下对离散图像的直方图均衡化并不能产生完全平坦的直方图？

4.4　设 1 幅图像具有如题表 4.4.1 所示概率分布，对其分别进行直方图均衡化和规定化。要求规定化后的图像具有如题表 4.4.2 所示的灰度级分布[13]。

题表 4.4.1

灰度级	0	1	2	3	4	5	6	7
各灰度级概率分布	0.14	0.22	0.25	0.17	0.10	0.06	0.03	0.03

题表 4.4.2

灰度级	0	1	2	3	4	5	6	7
各灰度级概率分布	0	0	0	0.19	0.25	0.21	0.24	0.11

4.5　设工业检测中工件的图像受到零均值、与图像不相关噪声的影响。假设图像采集装置每秒可采集 30 幅图，若采用图像平均法将噪声的均方差减小到原来的 1/10，则工件需固定在采集装置前多长时间[4]？

4.6　证明拉普拉斯(Laplacian)算子具有旋转不变性。

4.7　试证明 Laplacian 算子是各向同性的。

4.8　对于如下所示的空域增强公式，试推导出其相应的频域滤波器 $H(u,v)$。

$$g(m,n)=f(m,n)-f(m+1,n)+f(m,n)-f(m,n+1)$$

4.9　试证明如果 $H(u,v)$ 是实对称的，则 $h(x,y)$ 一定也是实对称的。

4.10　对于一幅大小为 $M\times N$ 的图像，如果用一个截止频率为 D_0 的高斯低通滤波器对其进行多次滤波，设 K 为滤波的次数，那么在 K 足够大的时候，输出图像会是怎样的？

4.11　试述各种空域平滑方法的功能、适用条件及优缺点。

4.12　试述图像的对比度增强变换法与直方图修正法的异同之处。

4.13　若对一幅数字图像进行直方图均匀化处理，试说明第二次直方图均匀化的结果与第一次直方图均匀化的处理结果相同。

4.14　请举一个例子说明中值滤波是非线性运算。

4.15　讨论用一个 3×3 平滑模板反复对一幅数字图像处理的结果，可以不考虑边界的影响。

4.16　如题图 4.16 所示 256×256 的二值图像(白为 1，黑为 0)，其中的白条是 7 像素宽，210 像素高。两个白条之间的宽度是 17 像素，当应用下面的方法处理时图像的变化结果(按最靠近原则仍取 0 或 1)是什么？(图像边界不考虑)

(1) 3×3 的邻域平均滤波；

(2) 7×7 的邻域平均滤波；

(3) 9×9 的邻域平均滤波。

题图 4.16

4.17　用中值滤波重复习题 4.16 的问题。

4.18　如题图 4.18 所示两幅图像(白为 1，黑为 0)完全不同，但它们的直方图是相同的。假设每幅图像均用 3×3 的平滑模板进行处理(图像边界不考虑，结果按四舍五入仍取 0 或 1)。

(1) 处理后的图像的直方图还是一样吗？

(2) 如果不一样，则求出这两个直方图。

题图 4.18

4.19　对一实际真彩图像利用 4.6 节介绍方法分别在 RGB 和 HSI 坐标系进行增强处理，比较两者异同。

4.20　编写一个 RGB 与 HSI 相互转换的计算程序，并对一实际真彩图像进行变换。

第5章 图像恢复

图像在形成、记录、传输等过程中，由于受光学成像系统的相差、成像衍射、成像非线性、系统噪声等多种因素的影响，图像的质量都会有所下降，图像的这一降质过程称为图像的退化，此时的图像就称为退化图像。图像恢复，又叫图像复原，就是尽可能地减少或消除图像质量的下降，恢复被退化图像的本来面目。

与图像增强相比，图像恢复也是改善给定图像的质量，但两者有着明显的不同。

首先，图像恢复试图利用退化过程的先验知识，来建立图像的退化模型，在退化模型的基础上，再采用与退化相反的过程来恢复图像；而图像增强一般无需对图像降质过程建立模型。

其次，图像恢复是针对图像整体，以改善图像的整体质量；而图像增强是针对图像的局部，以改善图像的局部特性，如图像的平滑和锐化。

再次，图像恢复主要是利用图像退化过程来恢复图像的本来面目，它是一个客观过程，最终的结果必须要有一个客观的评价准则；而图像增强主要是尝试用各种技术来改善图像的视觉效果，以适应人的心理、生理需要，而不考虑处理后图像是否与原图像相符，也就很少涉及统一的客观评价准则。

由于图像恢复时只有退化图像，原来的未退化图像是无法获知的，而退化的过程实际上是随机噪声的污染过程。因此，图像恢复实际是对原图像的估计过程，目的是在某种客观准则下，得到对原未退化图像的最优估计。

本章作为图像恢复学习的一个引导，将介绍图像恢复方面的基础知识，并且仅仅是从单幅退化图像的角度来考虑恢复问题。

5.1 退化模型

图像的退化过程一般都看作是噪声的污染过程，而且假定噪声是加性白噪声，这时退化后的图像为

$$g(x,y) = H[f(x,y)] + \eta(x,y) \tag{5.1.1}$$

$H[\ ]$可理解为综合所有退化因素的函数。此时图像的退化模型如图 5.1.1 所示。

虽然非线性和移变的系统模型更具有普遍性和准确性，但是针对此类问题的求解往往是十分困难的。而实际的成像系统在一定条件下往往可以近似地看作是线性移不变系统，所以图像恢复过程中往往使用线性移不变的系统模型，而对于非线性和移变情况也多是在线性移不变的基础上加以修改得到的。在此我们将分别

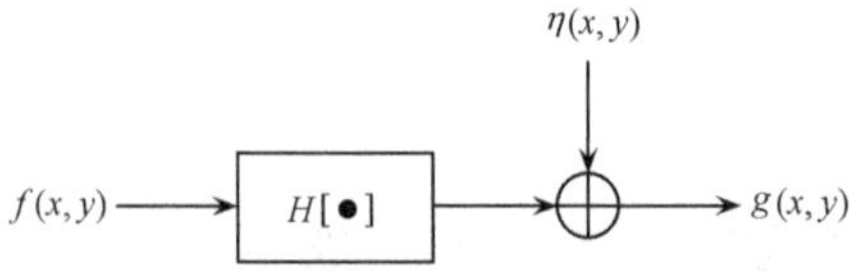

图 5.1.1　图像退化的一般模型

介绍其相应的连续和离散退化模型。

5.1.1　连续退化模型

从 2.2.2 中我们知道，一光学系统可用系统点扩散函数表示为

$$h(x,y;\alpha,\beta)=H[\delta(x-\alpha,y-\beta)] \tag{5.1.2}$$

系统的输出 $g(x,y)$ 可以由下式表示

$$g(x,y)=H[f(x,y)]=H\left[\int_{-\infty}^{\infty}\int_{-\infty}^{\infty}f(\alpha,\beta)\delta(x-\alpha,y-\beta)\,\mathrm{d}\alpha\mathrm{d}\beta\right] \tag{5.1.3}$$

假设系统是线性的，由于线性算子和积分运算是可以交换的，则

$$\begin{aligned}g(x,y)&=\int_{-\infty}^{\infty}\int_{-\infty}^{\infty}f(\alpha,\beta)H[\delta(x-\alpha,y-\beta)]\mathrm{d}\alpha\mathrm{d}\beta\\&=\int_{-\infty}^{\infty}\int_{-\infty}^{\infty}f(\alpha,\beta)h(x,y;\alpha,\beta)\,\mathrm{d}\alpha\mathrm{d}\beta\end{aligned} \tag{5.1.4}$$

如果同时系统位移不变的，式(5.1.2)将变为

$$h(x,y;\alpha,\beta)=H[\delta(x-\alpha,y-\beta)]=h(x-\alpha,y-\beta) \tag{5.1.5}$$

于是，对于一个线性移不变系统，则有

$$g(x,y)=\int_{-\infty}^{\infty}\int_{-\infty}^{\infty}f(\alpha,\beta)h(x-\alpha,y-\beta)\,\mathrm{d}\alpha\mathrm{d}\beta \tag{5.1.6}$$

这时，对于包含加性白噪声的退化模型表达式为

$$\begin{aligned}g(x,y)&=\int_{-\infty}^{\infty}\int_{-\infty}^{\infty}f(\alpha,\beta)h(x-\alpha,y-\beta)\,\mathrm{d}\alpha\mathrm{d}\beta+\eta(x,y)\\&=f(x,y)*h(x,y)+\eta(x,y)\end{aligned} \tag{5.1.7}$$

连续退化模型如图 5.1.2 所示，其中“ * ”表示线性卷积。

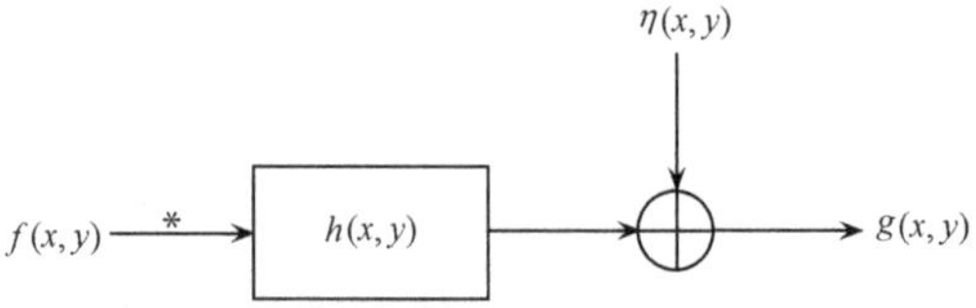

图 5.1.2　连续退化模型

5.1.2 离散退化模型

若对图像 $f(x,y)$ 和点扩散函数 $h(x,y)$ 均匀采样就可以得到离散的退化模型。但式(5.1.7)所示退化过程是线性卷积，线性卷积后点数变长。为便于用 FFT(或循环卷积)求解线性卷积，必须将各函数进行延拓。即若 $f(m,n)$ 和 $h(m,n)$ 的大小分别为 $A\times B$ 和 $C\times D$，需要先将各函数添零并延拓成 $M\times N$ 的周期函数，$f(m,n)$ 和 $h(m,n)$ 线性卷积后的大小为 $M\times N$，式中，$M=A+C-1$，$N=B+D-1$。这样

$$f_e(m,n)=\begin{cases}f(m,n), & 0\leqslant m\leqslant A-1 \quad 且 \quad 0\leqslant n\leqslant B-1\\ 0, & A\leqslant m\leqslant M-1 \quad 或 \quad B\leqslant n\leqslant N-1\end{cases} \tag{5.1.8}$$

$$h_e(m,n)=\begin{cases}h(m,n), & 0\leqslant m\leqslant C-1 \quad 且 \quad 0\leqslant n\leqslant D-1\\ 0, & C\leqslant m\leqslant M-1 \quad 或 \quad D\leqslant n\leqslant N-1\end{cases} \tag{5.1.9}$$

$$g_e(m,n)=\begin{cases}g(m,n), & 0\leqslant m\leqslant A-1 \quad 且 \quad 0\leqslant n\leqslant B-1\\ 0, & A\leqslant m\leqslant M-1 \quad 或 \quad B\leqslant n\leqslant N-1\end{cases} \tag{5.1.10}$$

$$\eta_e(m,n)=\begin{cases}\eta(m,n), & 0\leqslant m\leqslant A-1 \quad 且 \quad 0\leqslant n\leqslant B-1\\ 0, & A\leqslant m\leqslant M-1 \quad 或 \quad B\leqslant n\leqslant N-1\end{cases} \tag{5.1.11}$$

由此得到线性移不变系统的离散退化模型为

$$g_e(m,n)=\sum_{i=0}^{M-1}\sum_{j=0}^{N-1}f_e(i,j)h_e(m-i,n-j)+\eta_e(m,n) \tag{5.1.12}$$

该退化模型也称为变形退化模型，见图 5.1.3 所示，其中的⊗表示循环卷积。

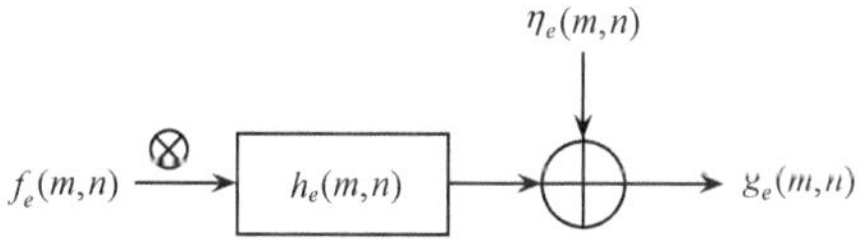

图 5.1.3 变形退化模型

式(5.1.12)进一步用矩阵运算加以描述，即

$$\boldsymbol{g}=\boldsymbol{Hf}+\boldsymbol{\eta} \tag{5.1.13}$$

式中，$\boldsymbol{f}$、$\boldsymbol{g}$ 和 $\boldsymbol{\eta}$ 表示 $MN\times 1$ 维的列向量，分别是由 $M\times N$ 维的矩阵 $f_e(m,n)$、$g_e(m,n)$ 和 $\eta_e(m,n)$ 的各行堆积而成，如下所示

$$\boldsymbol{f}=\begin{bmatrix}f_e(0,0)\\ f_e(0,1)\\ \vdots\\ f_e(0,N-1)\\ f_e(1,0)\\ f_e(1,1)\\ \vdots\\ f_e(M-1,N-1)\end{bmatrix},\ \boldsymbol{g}=\begin{bmatrix}g_e(0,0)\\ g_e(0,1)\\ \vdots\\ g_e(0,N-1)\\ g_e(1,0)\\ g_e(1,1)\\ \vdots\\ g_e(M-1,N-1)\end{bmatrix},\ \boldsymbol{\eta}=\begin{bmatrix}\eta_e(0,0)\\ \eta_e(0,1)\\ \vdots\\ \eta_e(0,N-1)\\ \eta_e(1,0)\\ \eta_e(1,1)\\ \vdots\\ \eta_e(M-1,N-1)\end{bmatrix}$$

$\boldsymbol{H}$ 为 $MN\times MN$ 维矩阵，对于线性移不变系统其具有如下特殊结构：

$$\boldsymbol{H}=\begin{bmatrix} H_0 & H_{M-1} & H_{M-2} & \cdots & H_1 \\ H_1 & H_0 & H_{M-1} & \cdots & H_2 \\ H_2 & H_1 & H_0 & \cdots & H_3 \\ \vdots & \vdots & \vdots & & \vdots \\ H_{M-1} & H_{M-2} & H_{M-3} & \cdots & H_0 \end{bmatrix}_{M\times M} \tag{5.1.14}$$

而 $\boldsymbol{H}_i$ 是由周期延拓图像 $h_e(m,n)$ 的第 i 行按如下方式构成

$$\boldsymbol{H}_i=\begin{bmatrix} h_e(i,0) & h_e(i,N-1) & \cdots & h_e(i,1) \\ h_e(i,1) & h_e(i,0) & \cdots & h_e(i,2) \\ \vdots & \vdots & & \vdots \\ h_e(i,N-1) & h_e(i,N-2) & \cdots & h_e(i,0) \end{bmatrix}_{N\times N} \tag{5.1.15}$$

可以看出 $\boldsymbol{H}$ 是一个分块循环矩阵，而其中的 $\boldsymbol{H}_i$ 也是右移循环矩阵，这是由于在卷积时利用了矩阵 $[h_e]$ 的周期延拓性。直接用 $\boldsymbol{H}$ 来进行求解将是一个运算量非常庞大的工作。如果 $M=N=512$，则 $\boldsymbol{H}$ 的大小为 262144×262144，求解 $\boldsymbol{f}$ 则需要求解 262144 个联立方程。因此我们需要利用 $\boldsymbol{H}$ 的特殊性来简化运算，或在频域利用快速算法进行求解。

5.1.3 循环矩阵 $\boldsymbol{H}$ 的对角化

根据有关数学知识，对于循环矩阵和分块循环矩阵来说，总是存在非奇异矩阵可使其对角化，且这个由矩阵的特征矢量所构成的奇异矩阵与分块循环矩阵的阵元无关。因此，根据 Hunt 的结果，可以对 $\boldsymbol{H}$ 进行对角化，即

$$\boldsymbol{H}=\boldsymbol{W}\boldsymbol{D}\boldsymbol{W}^{-1} \tag{5.1.16}$$

$\boldsymbol{W}$ 是一个大小为 $MN\times MN$ 维的矩阵，由 $M\times M$ 个大小为 $N\times N$ 的子块构成，如式(5.1.17)所示

$$\boldsymbol{W}=\begin{bmatrix} w_M(0,0) & w_M(0,1) & \cdots & w_M(0,M-1) \\ w_M(1,0) & w_M(1,1) & \cdots & w_M(1,M-1) \\ \vdots & \vdots & & \vdots \\ w_M(M-1,0) & w_M(M-1,1) & \cdots & w_M(M-1,M-1) \end{bmatrix} \tag{5.1.17}$$

其中

$$w_M(i,m)=\exp(\mathrm{j}2\pi im/M) \tag{5.1.18}$$

式中，$i,m=0,1,2,\cdots,M-1$；w_N 为 $N\times N$ 的矩阵

$$w_N(k,n)=\exp(\mathrm{j}2\pi kn/N) \tag{5.1.19}$$

式中，$k,n=0,1,2,\cdots,N-1$。从而

$$\boldsymbol{W}=\boldsymbol{W}_M\otimes\boldsymbol{W}_N=\{w_M(i,m)\}\otimes\{w_N(k,n)\}$$

$$=\{\exp(\mathrm{j}2\pi im/M)\}\otimes\{\exp(\mathrm{j}2\pi nk/N)\} \tag{5.1.20}$$

事实上，任何一个形如 $\boldsymbol{H}$ 的分块循环矩阵，$\boldsymbol{W}$ 都可以使它对角化。

$\boldsymbol{D}$ 是一个对角矩阵，其对角线上的元素由$[h_e(m,n)]_{M\times N}$的二维离散傅里叶变换$[H(u,v)]_{M\times N}$中的元素的$\sqrt{MN}$倍组成，按顺序$\sqrt{MN}H(0,0)$，$\sqrt{MN}H(0,1)$，…，$\sqrt{MN}H(0,N-1)$，…，$\sqrt{MN}H(M-1,N-1)$排列。即对于

$$H(u,v)=\frac{1}{\sqrt{MN}}\sum_{m=0}^{M-1}\sum_{n=0}^{N-1}h_e(m,n)\exp\left[-\mathrm{j}2\pi\left(\frac{um}{M}+\frac{vn}{N}\right)\right] \tag{5.1.21}$$

可以确定 $\boldsymbol{D}$ 如下表示

$$D(k,i)=\begin{cases}\sqrt{MN}\cdot H\left(\left[\dfrac{k}{N}\right],k \bmod N\right), & i=k\\ 0, & i\neq k\end{cases} \tag{5.1.22}$$

式中，$\left[\dfrac{k}{N}\right]$表示对$\dfrac{k}{N}$取整；$k \bmod N$ 表示对 N 除 k 取余数。

于是将式(5.1.16)代入式(5.1.13)中得

$$\boldsymbol{g}=\boldsymbol{W}\boldsymbol{D}\boldsymbol{W}^{-1}\boldsymbol{f}+\boldsymbol{\eta} \tag{5.1.23}$$

将上式两边左乘以 $\boldsymbol{W}^{-1}$，有

$$\boldsymbol{W}^{-1}\boldsymbol{g}=\boldsymbol{D}\boldsymbol{W}^{-1}\boldsymbol{f}+\boldsymbol{W}^{-1}\boldsymbol{\eta} \tag{5.1.24}$$

而

$$\begin{aligned}\boldsymbol{W}^{-1}&=\boldsymbol{W}_M^{-1}\otimes\boldsymbol{W}_N^{-1}=\frac{1}{\sqrt{MN}}\{w_M^{-1}(i,m)\}\otimes\{w_N^{-1}(k,n)\}\\&=\frac{1}{\sqrt{MN}}\{\exp(-\mathrm{j}2\pi im/M)\}\otimes\{\exp(-\mathrm{j}2\pi kn/N)\}\end{aligned} \tag{5.1.25}$$

所以可以证明

$$\boldsymbol{W}^{-1}\boldsymbol{g}=\begin{bmatrix}G(0,0)\\G(0,1)\\\vdots\\G(0,N-1)\\G(1,0)\\G(1,1)\\\vdots\\G(M-1,N-1)\end{bmatrix} \tag{5.1.26}$$

同样 $\boldsymbol{W}^{-1}\boldsymbol{f}$ 和 $\boldsymbol{W}^{-1}\boldsymbol{\eta}$ 也是以类似的方式排列的矢量，相应的 $G(u,v)$，$F(u,v)$ 和 $N(u,v)$分别是 $g(m,n)$，$f(m,n)$和 $\eta(m,n)$的二维傅里叶变换。于是有

$$\begin{aligned}&G(u,v)=H(u,v)F(u,v)+N(u,v)\\&u=0,1,\cdots,M-1;\quad v=0,1,\cdots,N-1\end{aligned} \tag{5.1.27}$$

这样整个 $f(m,n)$的求解过程就得到了简化。如果系统是线性移不变的，在空间域中建立的退化模型可通过分块循环矩阵对角化导出频域中的恢复滤波器，

将庞大的空域运算转化为相对较少的频域运算。

5.1.4 频域退化模型

由循环矩阵对角化结果形成的式(5.1.27)也可称为频域退化模型，如图5.1.4所示。

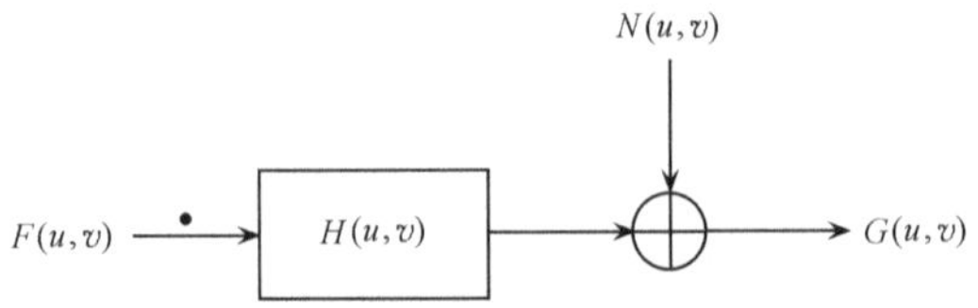

图5.1.4 频域退化模型

其中的“·”表示乘法，$F(u,v)$、$H(u,v)$、$N(u,v)$和$G(u,v)$分别为$f_e(m,n)$、$h_e(m,n)$、$\eta_e(m,n)$和$g_e(m,n)$的离散傅里叶变换，即

$$\begin{cases} F(u,v)=\dfrac{1}{\sqrt{MN}}\displaystyle\sum_{m=0}^{M-1}\sum_{n=0}^{N-1}f_e(m,n)\exp\left[-\mathrm{j}2\pi\left(\dfrac{mu}{M}+\dfrac{nv}{N}\right)\right] \\ H(u,v)=\dfrac{1}{\sqrt{MN}}\displaystyle\sum_{m=0}^{M-1}\sum_{n=0}^{N-1}h_e(m,n)\exp\left[-\mathrm{j}2\pi\left(\dfrac{mu}{M}+\dfrac{nv}{N}\right)\right] \\ G(u,v)=\dfrac{1}{\sqrt{MN}}\displaystyle\sum_{m=0}^{M-1}\sum_{n=0}^{N-1}g_e(m,n)\exp\left[-\mathrm{j}2\pi\left(\dfrac{mu}{M}+\dfrac{nv}{N}\right)\right] \end{cases} \tag{5.1.28}$$

式中，$u=0,1,\cdots,M-1$；$v=0,1,\cdots,N-1$。

相对于空域退化模型，在频域可利用DFT的快速算法FFT计算，以加速求解。

5.2 常见退化函数模型及辨识方法

在图像恢复的过程中，一般都要用到退化函数$h(m,n)$，因此首先需要完成的就是对退化函数的辨识。由于图像退化是一个物理过程，许多情况下的退化函数都可以从物理知识和图像观测中辨识出来。特别是，最常见的退化函数只有有限几种，这就大大简化了一大类退化函数的辨识问题。在辨识退化函数时，有以下先验知识可供利用：

(1) $h(m,n)$是确定性的并且非负。

(2) $h(m,n)$具有有限支持域。

(3) 退化过程并不损失图像的能量。

在某些实际问题中还有一些先验知识也可以利用，例如$h(m,n)$的对称性，但是这不是一般都成立的。本节将介绍最常见的几种退化函数的特性，同时介绍一些常用的辨识方法[19]。

5.2.1 几种常见退化函数模型

1. 线性运动退化函数

线性运动退化是由于目标与成像系统间的相对匀速直线运动形成的退化。水平方向的线性运动可以用以下退化函数来表示

$$h(m,n)=\begin{cases}\dfrac{1}{d}, & 0\leqslant m\leqslant d \text{ 且 } n=0\\ 0, & \text{其他}\end{cases} \tag{5.2.1}$$

式中，d 为退化函数的长度。对于线性移动为其他方向的情况，也可以用类似的方法进行定义。

2. 散焦退化函数

几何光学的分析表明，光学系统散焦造成的图像退化对应的点扩散函数应该是一个均匀分布的圆形光斑，如图 5.2.1(f)所能看到的。该退化函数可以表示为

$$H(u,v)=\begin{cases}1/(\pi R^2), & u^2+v^2\leqslant R^2\\ 0, & \text{其他}\end{cases} \tag{5.2.2}$$

式中，R 为散焦斑的半径。在信噪比较高的情况下，在频域图上可以观察到圆形的轨迹。

3. 高斯退化函数

高斯退化函数是许多光学测量系统和成像系统最常见的退化函数。在这些系统中，由于决定系统点扩散函数的因素较多，其综合结果往往使最终的点扩散函数趋于高斯型。其表达式为

$$h(m,n)=\begin{cases}K\exp[-\alpha(m^2+n^2)], & (m,n)\in C\\ 0, & \text{其他}\end{cases} \tag{5.2.3}$$

式中，K 为归一化常数；α 为一个正常数；C 为 $h(m,n)$ 的圆形支持域。由高斯退化函数的表达式可以看出，二维的高斯函数能够分解成两个一维的高斯函数的乘积，这一性质在图像恢复中很有意义。

5.2.2 退化函数的辨识方法

在图像复原中，有三种方法可用来对退化函数进行辨识。这三种方法是：图像观察法、试验估计法和数学建模法。

1. 图像观察法

假设我们已知的只有退化图像，那么辨识其退化函数的一个方法就是从收集

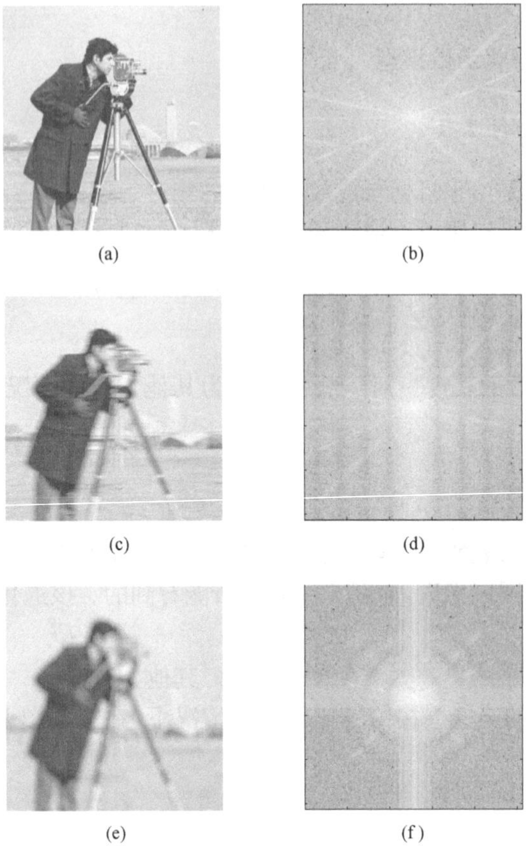

图 5.2.1　散焦退化示例

(a)、(c)和(e)分别为原图像、线性运动模糊图像和散焦模糊图像

(b)、(d)和(f)分别为相应的频率幅度图

图像自身的信息入手。例如对于一幅模糊图像，首先提取包含简单结构的一小部分图像，为减少观察时噪声的影响，通常会选择强信号内容区。然后根据这部分图像中目标和背景的灰度级，我们可以构建一幅不模糊的图像，该图像与观察到的子图像具有相同的大小和特性。于是定义 $g_s(m,n)$ 为观察到的子图像，$\hat{f}_s(m,n)$ 为构建的子图像，同时假定噪声可以忽略(因为我们提取的是强信号内容区)，从而根据式(5.1.27)得

$$H_s(u,v)=\frac{G_s(u,v)}{\hat{F}_s(u,v)} \tag{5.2.4}$$

假设系统为移不变的，从这一函数特性我们可以推出针对整幅图像的 $H(u,v)$，它必然与 $H_s(u,v)$ 具有相同的形状。

2. 试验估计法

我们可以使用与获取退化图像的设备相似的设备，那么利用相同的系统设置，就可以由成像一个脉冲(小亮点)得到退化函数的冲激响应。需要注意的是，这个亮点必须尽可能的亮，以达到减少噪声干扰的目的。这样由于冲激响应的傅里叶变换是一个常量，有

$$H(u,v)=\frac{G(u,v)}{A} \tag{5.2.5}$$

式中，$G(u,v)$与之前一样，为观察图像的傅里叶变换；A 为常量，为冲激强度。

3. 数学建模法

在图像退化的多年研究中，对于一些退化环境已经建立了数学模型。这其中有些是利用引起退化的物理环境来建立退化模型的，例如 Hufnagel 和 Stanley 提出的基于大气湍流物理特性的退化模型[3]

$$H(u,v)=\mathrm{e}^{-k(u^2+v^2)^{5/6}} \tag{5.2.6}$$

式中，k 为常数，与湍流性质有关。图 5.2.2 给出了应用大气湍流模型模糊一幅图像得到的例子，相应的 k 值分别取 0.003、0.001、0.00003，分别代表了剧烈湍流、中等程度湍流及轻微程度湍流等三种情况。

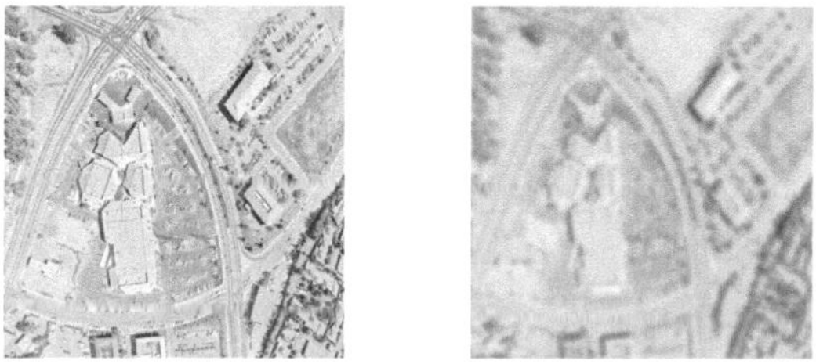

(a)　(b)

(c)　(d)

图 5.2.2　大气湍流模型示例

(a) 原始图像；(b) 剧烈湍流(k=0.003)；(c) 中等程度湍流(k=0.001)；(d) 轻微程度湍流(k=0.00003)

数学建模法的另一类方法就是通过退化原理进行推导，来获得退化模型。以

图像与传感器之间的均匀线性运动造成的退化为例。假设图像 $f(x,y)$ 进行平面运动，$x_0(t)$ 和 $y_0(t)$ 分别表示 x 和 y 方向上随时间变化的运动参数。设 T 为曝光时间，则模糊图像 $g(x,y)$ 可表示为

$$g(x,y)=\int_0^T f[x-x_0(t),y-y_0(t)]\mathrm{d}t \tag{5.2.7}$$

相应的傅里叶变换为

$$\begin{aligned}G(u,v)&=\int_{-\infty}^{\infty}\int_{-\infty}^{\infty} g(x,y)\mathrm{e}^{-\mathrm{j}2\pi(ux+vy)}\mathrm{d}x\mathrm{d}y\\&=\int_{-\infty}^{\infty}\int_{-\infty}^{\infty}\left[\int_0^T f[x-x_0(t),y-y_0(t)]\mathrm{d}t\right]\mathrm{e}^{-\mathrm{j}2\pi(ux+vy)}\mathrm{d}x\mathrm{d}y\end{aligned} \tag{5.2.8}$$

通过改变积分次序，则上式可以表示为

$$\begin{aligned}G(u,v)&=\int_0^T\left[\int_{-\infty}^{\infty}\int_{-\infty}^{\infty} f[x-x_0(t),y-y_0(t)]\mathrm{e}^{-\mathrm{j}2\pi(ux+vy)}\mathrm{d}x\mathrm{d}y\right]\mathrm{d}t\\&=\int_0^T F(u,v)\mathrm{e}^{-\mathrm{j}2\pi[ux_0(t)+vy_0(t)]}\mathrm{d}t\\&=F(u,v)\int_0^T \mathrm{e}^{-\mathrm{j}2\pi[ux_0(t)+vy_0(t)]}\mathrm{d}t\end{aligned} \tag{5.2.9}$$

令

$$H(u,v)=\int_0^T \mathrm{e}^{-\mathrm{j}2\pi[ux_0(t)+vy_0(t)]}\mathrm{d}t \tag{5.2.10}$$

此时式(5.2.8)就变为

$$G(u,v)=H(u,v)F(u,v) \tag{5.2.11}$$

那么假设图像做沿着 x 方向速度为 $x_0(t)=at/T$ 的匀速直线运动，$y_0(t)=0$，此时可以由式(5.2.10)导出

$$\begin{aligned}H(u,v)&=\int_0^T \mathrm{e}^{-\mathrm{j}2\pi ux_0(t)}\mathrm{d}t=\int_0^T \mathrm{e}^{-\mathrm{j}2\pi uat/T}\mathrm{d}t\\&=\frac{T}{\pi ua}\sin(\pi ua)\mathrm{e}^{-\mathrm{j}\pi ua}\end{aligned} \tag{5.2.12}$$

同样在二维方向上的匀速直线运动的退化函数也可以推出，设 $y_0(t)=bt/T$，则

$$H(u,v)=\frac{T}{\pi(ua+vb)}\sin[\pi(ua+vb)]\mathrm{e}^{-\mathrm{j}\pi(ua+vb)} \tag{5.2.13}$$

5.3 图像的无约束恢复——反向滤波法

图像恢复的最终结果是要获取未退化图像的最佳估计，而这种最佳估计是建立在某种客观准则下的。本节集中讨论在均方误差最小准则下的图像恢复，因为它是各种准则中最简单易行的，很多实用的恢复方法都是基于这一准则进行的。

5.3.1 无约束恢复

从式(5.1.13)所示的退化模型可以得到

$$\boldsymbol{\eta} = \boldsymbol{g} - \boldsymbol{Hf} \tag{5.3.1}$$

在对噪声项 $\boldsymbol{\eta}$ 没有先验知识的情况下，寻找1个 $\boldsymbol{f}$ 的估计 $\hat{\boldsymbol{f}}$，使得 $\hat{\boldsymbol{f}}$ 在最小均方误差准则下最接近于 $\boldsymbol{g}$，即需要使 $\boldsymbol{\eta}$ 的范数最小，也就是使

$$\| \boldsymbol{\eta} \|^2 = \| \boldsymbol{g} - \boldsymbol{H}\hat{\boldsymbol{f}} \|^2 \tag{5.3.2}$$

达到最小。此时这一问题可以等效地看作如下目标函数 $J(\hat{\boldsymbol{f}})$ 的求极值问题。即目标函数为

$$J(\hat{\boldsymbol{f}}) = \| \boldsymbol{g} - \boldsymbol{H}\hat{\boldsymbol{f}} \|^2 \tag{5.3.3}$$

由极值条件

$$\frac{\partial J(\hat{\boldsymbol{f}})}{\partial \hat{\boldsymbol{f}}} = 2\boldsymbol{H}^{\mathrm{T}}(\boldsymbol{g} - \boldsymbol{H}\hat{\boldsymbol{f}}) = 0 \tag{5.3.4}$$

求出

$$\hat{\boldsymbol{f}} = (\boldsymbol{H}^{\mathrm{T}}\boldsymbol{H})^{-1}\boldsymbol{H}^{\mathrm{T}}\boldsymbol{g} \tag{5.3.5}$$

在 $M=N$ 的情况下，假设 $\boldsymbol{H}^{-1}$存在，则上式变为

$$\hat{\boldsymbol{f}} = \boldsymbol{H}^{-1}(H^{\mathrm{T}})^{-1}\boldsymbol{H}^{\mathrm{T}}\boldsymbol{g} = \boldsymbol{H}^{-1}\boldsymbol{g} \tag{5.3.6}$$

这就是无约束情况下的图像恢复结果。

5.3.2 反向滤波法

将式(5.1.16)所示的循环矩阵 $\boldsymbol{H}$ 的对角化结果代入式(5.3.6)，可得

$$\hat{\boldsymbol{f}} = \boldsymbol{H}^{-1}\boldsymbol{g} = (\boldsymbol{WDW}^{-1})^{-1}\boldsymbol{g} = \boldsymbol{WD}^{-1}\boldsymbol{W}^{-1}\boldsymbol{g} \tag{5.3.7}$$

上式两边都乘以 $\boldsymbol{W}^{-1}$，得到

$$\boldsymbol{W}^{-1}\hat{\boldsymbol{f}} = \boldsymbol{D}^{-1}\boldsymbol{W}^{-1}\boldsymbol{g} \tag{5.3.8}$$

根据5.1.3节关于循环矩阵对角化的讨论，上式中的各元素可写成如下形式：

$$\hat{F}(u,v) = \frac{G(u,v)}{H(u,v)} = P(u,v)G(u,v), \qquad u,v = 0,1,\cdots,N-1 \tag{5.3.9}$$

上式表示，空域的无约束恢复方法就转化为频域的滤波方法。而该滤波器相对于 $G(u,v)=H(u,v)F(u,v)$ 的一般滤波器，其方向相反，故上式称为反向(或逆向)滤波法。其中的 $P(u,v)$ 称为恢复滤波器。

$$P(u,v) = \frac{1}{H(u,v)} \tag{5.3.10}$$

将式(5.3.9)的结果反变换，就得到恢复后的图像

$$\hat{f}(m,n) = \mathrm{IDFT}[\hat{F}(u,v)] = \mathrm{IDFT}\left[\frac{G(u,v)}{H(u,v)}\right], \qquad m,n = 0,1,\cdots,N-1 \tag{5.3.11}$$

从式(5.3.9)可见，如果 $H(u,v)$ 在 uv 平面上的某些区域等于 0 或变得非常小时，利用反向滤波法恢复就会出现病态现象，即 $\hat{F}(u,v)$ 在 $H(u,v)$ 的零点附近变化剧烈。如果还存在噪声，情况就会更加严重。

若将频域退化模型 $G(u,v)=H(u,v)F(u,v)+N(u,v)$ 代入式(5.3.9)，有

$$\hat{F}(u,v)=F(u,v)+\frac{N(u,v)}{H(u,v)},\qquad u,v=0,1,\cdots,N-1 \tag{5.3.12}$$

上式包含了我们希望得到的 $F(u,v)$，但同时也加入了由噪声带来的一项 $\frac{N(u,v)}{H(u,v)}$，这一项也是反向滤波法的恢复结果与未退化图像 $F(u,v)$ 的差值。当 $H(u,v)$ 为 0 或较小时，该项就具有噪声放大作用，有时会造成恢复出的图像面目全非。因此，在使用反向滤波法恢复图像时，应注意以下事项：

(1) 在 $H(u,v)=0$ 的点不做计算。即此时的反向滤波器为

$$P(u,v)=\begin{cases}\dfrac{1}{H(u,v)}, & |H(u,v)|\neq 0\\ 1, & |H(u,v)|=0\end{cases} \tag{5.3.13}$$

(2) 当 $H(u,v)$ 非常小时，$N(u,v)/H(u,v)$ 对恢复结果起主导作用，而多数图像系统中，$|H(u,v)|$ 离开原点衰减很快，故恢复应局限于离原点不太远的有限区域进行。即反向滤波器为

$$P(u,v)=\frac{H_1(u,v)}{H(u,v)} \tag{5.3.14}$$

式中，$H_1(u,v)$ 为理想低通滤波器

$$H_1(u,v)=\begin{cases}1, & u^2+v^2\leqslant w_0^2\\ 0, & u^2+v^2>w_0^2\end{cases} \tag{5.3.15}$$

这种方法的缺点是会出现振铃效应。

(3) 为避免振铃影响，一种改进的方法是取恢复的反向滤波器 $P(u,v)$ 为

$$P(u,v)=\begin{cases}k, & |H(u,v)|\leqslant d\\ \dfrac{1}{H(u,v)}, & \text{其他}\end{cases} \tag{5.3.16}$$

式中，k 和 d 均为小于 1 的常数，且 d 选得较小为好。

还可选择平滑的低通滤波器如 Butterworth 滤波器等来代替 $H_1(u,v)$。但事实上，即便采取这些措施，反向滤波法也经常是不实用的。如图 5.3.1 所示，对于加入运动模糊和噪声的退化图像直接应用逆滤波的结果显然不能令人满意，在此基础上利用前面所述的方法，我们对其分别使用半径为 30、50、70 的二阶 Butterworth 低通滤波器进行滤波。可以看出在半径为 50 的时候效果较好，但是依然不是令人满意的复原图像。

图 5.3.1　不同滤波半径下反向滤波的结果比较

(a) 直接由反向滤波恢复的图像　(b) 半径为 30 的 Butterworth 滤波器作用后的结果

(c) 半径为 50 的 Butterworth 滤波器作用后的结果　(d) 半径为 70 的 Butterworth 滤波器作用后的结果

5.4　图像的有约束最小二乘恢复——维纳和约束最小平方滤波法

为了克服无约束恢复(反向滤波法)的病态性,我们需要在恢复的过程中施加某种约束,由此便诞生了有约束恢复。

令 $\boldsymbol{Q}$ 为 $\hat{\boldsymbol{f}}$ 的线性算子,有约束最小二乘恢复就是要使得 $\|\boldsymbol{Q}\hat{\boldsymbol{f}}\|^2$ 最小。这个问题可用拉格朗日乘子法解决。设 α 为拉格朗日乘子,我们要寻找使下面的准则函数最小的 $\hat{\boldsymbol{f}}$

$$\boldsymbol{J}(\hat{\boldsymbol{f}}) = \|\boldsymbol{Q}\hat{\boldsymbol{f}}\|^2 + \alpha(\|\boldsymbol{g} - \boldsymbol{H}\hat{\boldsymbol{f}}\|^2 - \|\boldsymbol{\eta}\|^2) \tag{5.4.1}$$

与无约束恢复相似,通过极值条件$\frac{\partial J(\hat{f})}{\partial \hat{f}}==0$ 可得到

$$\hat{\boldsymbol{f}} = (\boldsymbol{H}^{\mathrm{T}}\boldsymbol{H} + \gamma\boldsymbol{Q}^{\mathrm{T}}\boldsymbol{Q})^{-1}\boldsymbol{H}^{\mathrm{T}}\boldsymbol{g} \tag{5.4.2}$$

其中 $\gamma=1/\alpha$,它必须使约束条件(5.3.2)得到满足。

上式就是求解有约束最小二乘恢复问题的通用方程式。通过指定不同的 $\boldsymbol{Q}$,

就可以得到不同的恢复方法。如用图像 $\boldsymbol{f}$ 和噪声 $\boldsymbol{\eta}$ 的相关矩阵 $\boldsymbol{R}_f$ 和 $\boldsymbol{R}_\eta$ 表示 $\boldsymbol{Q}$，就可得到维纳滤波恢复方法，而选用 Laplacian 算子就可得到约束最小平方恢复方法。下面我们就给出这两种具体的恢复方法。

5.4.1 维纳滤波法

设 $\boldsymbol{R}_f$ 和 $\boldsymbol{R}_\eta$ 分别为图像和噪声的自相关矩阵，其定义为 $\boldsymbol{R}_f = E(\boldsymbol{f}\boldsymbol{f}^{\mathrm{T}})$，$\boldsymbol{R}_\eta = E(\boldsymbol{\eta}\boldsymbol{\eta}^{\mathrm{T}})$，其中 $E(\cdot)$ 表示数学期望运算。

令

$$\boldsymbol{Q}^{\mathrm{T}}\boldsymbol{Q} = \boldsymbol{R}_f^{-1}\boldsymbol{R}_\eta \tag{5.4.3}$$

则此时原始图像 $\boldsymbol{f}$ 在最小均方误差准则下的最佳复原解[式(5.4.2)]即为

$$\hat{\boldsymbol{f}} = (\boldsymbol{H}^{\mathrm{T}}\boldsymbol{H} + \gamma\boldsymbol{R}_f^{-1}\boldsymbol{R}_\eta)^{-1}\boldsymbol{H}^{\mathrm{T}}\boldsymbol{g} \tag{5.4.4}$$

由于 $\boldsymbol{R}_f$ 为 $\boldsymbol{f}$ 的自相关矩阵，假设任意两像素的相关性只与像素间的距离有关，而与其所在的位置无关，与 5.1.3 节中退化矩阵 $\boldsymbol{H}$ 的推导相类似，$\boldsymbol{R}_f$ 可用循环块矩阵 $\boldsymbol{R}$ 表示为

$$\boldsymbol{R} = \begin{bmatrix} R_0 & R_{M-1} & \cdots & R_1 \\ R_1 & R_0 & \cdots & R_2 \\ R_2 & R_1 & \cdots & R_3 \\ \vdots & \vdots & & \vdots \\ R_{M-1} & R_{M-2} & \cdots & R_0 \end{bmatrix}_{M\times M} \tag{5.4.5}$$

其中

$$\boldsymbol{R}_i = \begin{bmatrix} r_{i,0} & r_{i,N-1} & \cdots & r_{i,1} \\ r_{i,1} & r_{i,0} & \cdots & r_{i,2} \\ r_{i,2} & r_{i,1} & \cdots & r_{i,3} \\ \vdots & \vdots & & \vdots \\ r_{i,N-1} & r_{i,N-2} & \cdots & r_{i,0} \end{bmatrix}_{N\times N} \tag{5.4.6}$$

于是我们可以利用 $\boldsymbol{R}$ 的特征向量组成一个 $\boldsymbol{W}$ 矩阵对其进行对角化，这样

$$\boldsymbol{R}_f = \boldsymbol{W}\boldsymbol{A}\boldsymbol{W}^{-1} \tag{5.4.7}$$

其中，对角矩阵 $\boldsymbol{A}$ 中的元素为相关矩阵 $\boldsymbol{R}_f$ 中各元素的傅里叶变换。

同理可得

$$\boldsymbol{R}_\eta = \boldsymbol{W}\boldsymbol{B}\boldsymbol{W}^{-1} \tag{5.4.8}$$

其中，$\boldsymbol{B}$ 中的元素为 $\boldsymbol{R}_\eta$ 中各元素的傅里叶变换。将式(5.1.16)、式(5.4.7)和式(5.4.8)代入式(5.4.4)，可得

$$\hat{\boldsymbol{f}} = (\boldsymbol{W}\boldsymbol{D}^*\boldsymbol{D}\boldsymbol{W}^{-1} + \gamma\boldsymbol{W}\boldsymbol{A}^{-1}\boldsymbol{B}\boldsymbol{W}^{-1})^{-1}\boldsymbol{W}\boldsymbol{D}^*\boldsymbol{W}^{-1}\boldsymbol{g} \tag{5.4.9}$$

上式两边同左乘 $\boldsymbol{W}^{-1}$，经整理得到

$$\boldsymbol{W}^{-1}\hat{\boldsymbol{f}} = (\boldsymbol{D}^*\boldsymbol{D} + \gamma\boldsymbol{A}^{-1}\boldsymbol{B})^{-1}\boldsymbol{D}^*\boldsymbol{W}^{-1}\boldsymbol{g} \tag{5.4.10}$$

我们用 $S_f(u,v)$ 和 $S_\eta(u,v)$ 来表示 $\boldsymbol{A}$ 和 $\boldsymbol{B}$ 矩阵中的元素，它们被分别称为 $f(m,n)$ 和 $\eta(m,n)$ 的功率谱密度，其值分别为

$$\begin{cases} A(k,i) = \begin{cases} S_f([k/N], k \bmod N), & i = k \\ 0, & i \neq k \end{cases} \\ B(k,i) = \begin{cases} S_\eta([k/N], k \bmod N), & i = k \\ 0, & i \neq k \end{cases} \end{cases} \tag{5.4.11}$$

从而此时 f 的频域最佳估计值表示为(设 $M=N$)

$$\begin{aligned} \hat{F}(u,v) &= \left\{ \frac{H^*(u,v)}{|H(u,v)|^2 + \gamma[S_\eta(u,v)/S_f(u,v)]} \right\} G(u,v) \\ &= \left\{ \frac{1}{H(u,v)} \cdot \frac{|H(u,v)|^2}{|H(u,v)|^2 + \gamma[S_\eta(u,v)/S_f(u,v)]} \right\} G(u,v) \end{aligned} \tag{5.4.12}$$

下面对式(5.4.12)所示的恢复结果进行分析：

(1) 当 $\gamma=1$ 时，该滤波器称为标准维纳滤波器，但此时不能说可以利用上式在约束条件下得到最佳估计。若 γ 可变时，则称为变参维纳滤波器。

(2) 在无噪声存在的情况下，$S_\eta(u,v)=0$，式(5.4.12)则变成

$$\hat{F}(u,v) = H^{-1}(u,v)G(u,v) \tag{5.4.13}$$

此时变为反向滤波器。因此，反向滤波器可看作是维纳滤波器的一种特殊情况。

(3) 在有噪声存在的情况下，相比于反向滤波器来说，维纳滤波器中由于存在 $S_\eta(u,v)/S_f(u,v)$ 项，会对噪声的放大具有自动抑制作用，同时也不会在 $H(u,v)$ 为 0 时出现被 0 除的情形。

(4) 在实际应用中，$S_f(u,v)$ 和 $S_\eta(u,v)$ 经常是未知的，因此我们可用一常数 k 来表示噪声和信号的功率谱密度比，则式(5.4.12)变为

$$\hat{F}(u,v) \approx \left[\frac{1}{H(u,v)} \cdot \frac{|H(u,v)|^2}{|H(u,v)|^2 + k} \right] G(u,v) \tag{5.4.14}$$

该式可以使退化图像得到一定程度的恢复，但不一定是最佳恢复。实际应用中，k 可通过已知的信噪比来获得。

图 5.4.1 将不同噪声水平下的反向滤波恢复图像与维纳滤波恢复图像进行比较。可以看出，在强噪声的情况下维纳滤波恢复图像效果明显优于反向滤波，即使在低噪声的情况下，反向滤波的结果也不能令人满意。

5.4.2 约束最小平方滤波法[20]

从 5.3.2 节我们知道，由于反向滤波器的病态性质，会导致在 $H(u,v)$ 的零值附近恢复滤波器 $P(u,v)=\dfrac{1}{H(u,v)}$ 的数值变化剧烈，使恢复后的图像产生多余的噪声和虚假边缘。而这些噪声的强弱和虚假边缘的多少可用图像的二阶导数来表示。通过选择合理的 $\boldsymbol{Q}$，并对 $\|\boldsymbol{Qf}\|^2$ 进行优化，可将这些噪声和虚假边缘降至最

图 5.4.1　维纳滤波法和反向滤波法恢复图像的效果比较

(a) 被高斯噪声污染的图像　(b) 反向滤波法恢复图像　(c) 维纳滤波法恢复图像

(d)～(f)为相应的由噪声方差比(a)小 1 个数量级的降质图像得到的结果

(g)～(i)为相应的噪声方差比(a)小 5 个数量级的图像得到的结果

小，也就是让该二阶导数降为最小，即使

$$\nabla^2 f = \frac{\partial^2 f(x,y)}{\partial x^2} + \frac{\partial^2 f(x,y)}{\partial y^2} \rightarrow \min \qquad (5.4.15)$$

这里的$\nabla^2 f = \frac{\partial^2 f}{\partial x^2} + \frac{\partial^2 f}{\partial y^2}$称为 Laplacian 算子。

在离散情况下，$\nabla^2 f$ 可用下面的差分运算来实现

$$\begin{aligned}\nabla^2 f(m,n) &= f(m+1,n) - 2f(m,n) + f(m-1,n) \\ &\quad + f(m,n+1) - 2f(m,n) + f(m,n-1) \\ &= f(m+1,n) + f(m,n-1) + f(m,n+1) \\ &\quad + f(m-1,n) - 4f(m,n)\end{aligned} \qquad (5.4.16)$$

上述运算可用 $f(m,n)$与下面的模板(掩模矩阵)进行卷积来求解。

$$p(m,n)=\begin{bmatrix}0 & 1 & 0\\ 1 & -4 & 1\\ 0 & 1 & 0\end{bmatrix} \tag{5.4.17}$$

在离散卷积的过程中，为避免交叠误差，可将 $p(m,n)$ 延拓为 $p_e(m,n)$ 再卷积。

$$p_e(m,n)=\begin{cases}p(m,n), & 0\leqslant m\leqslant 2 \text{ 且 } 0\leqslant n\leqslant 2\\ 0, & 3\leqslant m\leqslant M-1 \text{ 或 } 3\leqslant n\leqslant N-1\end{cases} \tag{5.4.18}$$

若 $f(m,n)$ 的大小为 $A\times B$，则延拓后的 M、N 应为

$$\begin{cases}M\geqslant A+3-1\\ N\geqslant B+3-1\end{cases} \tag{5.4.19}$$

这时，周期延拓后的卷积公式为

$$g_e(m,n)=\sum_{i=0}^{M-1}\sum_{j=0}^{N-1}f_e(i,j)p_e(m-i,n-j) \tag{5.4.20}$$

类似于 5.1.2 节的式(5.1.14)和式(5.1.15)，同样可以写成分块循环矩阵

$$\boldsymbol{C}=\begin{bmatrix}C_0 & C_{M-1} & C_{M-2} & \cdots & C_1\\ C_1 & C_0 & C_{M-1} & \cdots & C_2\\ C_2 & C_1 & C_0 & \cdots & C_3\\ \vdots & \vdots & \vdots & & \vdots\\ C_{M-1} & C_{M-2} & C_{M-3} & \cdots & C_0\end{bmatrix}_{M\times M} \tag{5.4.21}$$

$\boldsymbol{C}$ 中的任一元素 $\boldsymbol{C}_j$ 是由 $p_e(m,n)$ 的第 j 行组成的 $N\times N$ 循环矩阵，即

$$\boldsymbol{C}_j=\begin{bmatrix}p_e(j,0) & p_e(j,N-1) & \cdots & p_e(j,1)\\ p_e(j,1) & p_e(j,0) & \cdots & p_e(j,2)\\ \vdots & \vdots & & \vdots\\ p_e(j,N-1) & p_e(j,N-2) & \cdots & p_e(j,0)\end{bmatrix}_{N\times N} \tag{5.4.22}$$

令 $\boldsymbol{Q}=\boldsymbol{C}$，则有约束恢复的结果式(5.4.2)就变为

$$\hat{\boldsymbol{f}}=(\boldsymbol{H}^{\mathrm{T}}\boldsymbol{H}+\gamma\boldsymbol{Q}^{\mathrm{T}}\boldsymbol{Q})^{-1}\boldsymbol{H}^{\mathrm{T}}\boldsymbol{g}=(\boldsymbol{H}^{\mathrm{T}}\boldsymbol{H}+\gamma\boldsymbol{C}^{\mathrm{T}}\boldsymbol{C})^{-1}\boldsymbol{H}^{\mathrm{T}}\boldsymbol{g} \tag{5.4.23}$$

同样可用 $\boldsymbol{W}$ 矩阵使 $\boldsymbol{C}$ 对角化，即

$$\boldsymbol{C}=\boldsymbol{W}\boldsymbol{E}\boldsymbol{W}^{-1} \tag{5.4.24}$$

式中，$\boldsymbol{E}$ 为

$$\boldsymbol{E}(k,i)=\begin{cases}P\left(\left(\dfrac{k}{N}\right),k \bmod N\right), & i=k\\ 0, & i\neq k\end{cases} \tag{5.4.25}$$

式中，$P(u,v)$ 为 $p_e(m,n)$ 的傅里叶变换。从而式(5.4.23)就变为

$$\hat{\boldsymbol{f}}=(\boldsymbol{W}\boldsymbol{D}^*\boldsymbol{D}\boldsymbol{W}^{-1}+\gamma\boldsymbol{W}\boldsymbol{E}^*\boldsymbol{E}\boldsymbol{W}^{-1})^{-1}\boldsymbol{W}\boldsymbol{D}^*\boldsymbol{W}^{-1}\boldsymbol{g} \tag{5.4.26}$$

上式两边同乘 $\boldsymbol{W}^{-1}$，得到

$$\boldsymbol{W}^{-1}\hat{\boldsymbol{f}}=(\boldsymbol{D}^*\boldsymbol{D}+\gamma\boldsymbol{E}^*\boldsymbol{E})^{-1}\boldsymbol{D}^*\boldsymbol{W}^{-1}\boldsymbol{g} \tag{5.4.27}$$

上式中的各元素可写成如下形式(设 $M=N$)

$$\hat{F}(u,v)=\left[\frac{H^*(u,v)}{|H(u,v)|^2+\gamma|P(u,v)|^2}\right]G(u,v),\qquad u,v=0,1,\cdots,N-1$$

(5.4.28)

该滤波器就称为约束最小平方滤波器。它与维纳滤波法相同的是，两者都属于约束恢复，频域的恢复公式类似，但也有本质区别。用约束最小平方滤波器恢复图像时，不需要知道图像和噪声的自相关矩阵 $\boldsymbol{R}_f$ 和 $\boldsymbol{R}_\eta$。

约束最小平方滤波法的恢复效果如图 5.4.2 所示，将其与维纳滤波恢复法的结果相比较，可以看出，带有平滑约束的恢复法能得到更加符合人眼视觉效果的平滑图像，并且在噪声较大的情况下比维纳滤波法的效果明显要好。

(a) (b) (c)

图 5.4.2　约束最小平方滤波法恢复图像的效果

(a)、(b)和(c)是分别由图 5.4.1 中(a)、(d)和(g)得到的约束最小平方滤波结果，可以与图 5.4.1 中的(c)、(f)和(i)进行比较

5.5　几何畸变图像的恢复

由于成像系统本身的非线性，图像获取视角的变化，拍摄对象表面弯曲等原因，会使获得的图像比例失调，歪斜变形，甚至扭曲(图 5.5.1)。我们把这类图像失真现象称为几何畸变，解决这类失真问题的方法称为几何畸变图像的恢复，或称为几何畸变校正。

几何畸变图像的恢复方法一般分为两步：第一步是对畸变图像进行空间坐标变换，使像素点落在正确的位置上，即恢复图像的空间关系；第二步是重新确定空间坐标变换后像素的灰度值，即恢复图像的灰度值。

5.5.1　空间坐标变换

设 $f(x,y)$ 为原图像，$g(x',y')$ 是畸变图像，两图像的坐标之间存在如下关系

$$\begin{cases}x'=h_1(x,y)\\y'=h_2(x,y)\end{cases}\tag{5.5.1}$$

通常，$h_1(x,y)$ 和 $h_2(x,y)$ 是非线性的，可以用多项式来近似，即

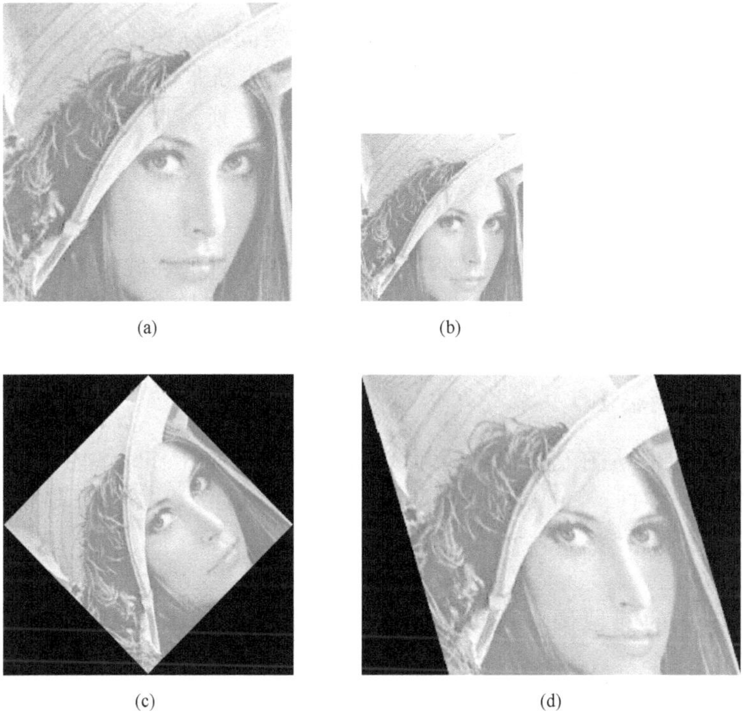

图 5.5.1　几何失真举例

(a) 原图像　(b) 比例变换(缩小)　(c) 旋转　(d) 扭曲

$$
\begin{cases}
x' = \sum_{i=0}^{n} \sum_{j=0}^{n-i} a_{ij} x^i y^j \\
y' = \sum_{i=0}^{n} \sum_{j=0}^{n-i} b_{ij} x^i y^j
\end{cases}
\tag{5.5.2}
$$

式中，n 为多项式的阶数；a_{ij} 和 b_{ij} 为待定系数。

当 $n=1$ 时，表示线性变换

$$
\begin{cases}
x' = a_{00} + a_{10}x + a_{01}y \\
y' = b_{00} + b_{10}x + b_{01}y
\end{cases}
\tag{5.5.3}
$$

通常用线性变换表示较小的几何畸变，更精确的时候使用二次的非线性变换

$$
\begin{cases}
x' = a_{00} + a_{10}x + a_{01}y + a_{20}x^2 + a_{11}xy + a_{02}y^2 \\
y' = b_{00} + b_{10}x + b_{01}y + b_{20}x^2 + b_{11}xy + b_{02}y^2
\end{cases}
\tag{5.5.4}
$$

一般情况下，几何畸变函数 h_1 和 h_2 是未知的，此时可通过原图像和几何畸变图像上的一些已知点(称为基准点)的对应关系，拟合出上述多项式的系数。拟合出的多项式可作为其他畸变点的变换基础。

5.5.2 灰度值的确定

由于灰度值是定义在整数坐标中的，而通过空间坐标变换有可能产生非整数值的坐标，此时就有必要根据整数坐标的灰度值去推断非整数值坐标的灰度值，即确定空间位置校正后像素的灰度值，称为灰度插值变换。常用的灰度插值变换有三种：最近邻域法、双线性内插法和三次内插法。

1. 最近邻域法

在待求像素的四邻域像素中，将距离待求像素最近的邻域像素值赋给待求像素。这种方法最为简单，但是效果最差，会产生直线边缘的扭曲，存在灰度不连续性。

2. 双线性内插法

双线性内插法是在待求像素四邻域像素的两个方向上作线性内插。显然我们已知非整数坐标对(x',y')的 4 个整数最近邻点的灰度级，在这些邻域像素灰度级$v(x',y')$上定义以下关系

$$v(x',y') = ax' + by' + cx'y' + d \tag{5.5.5}$$

通过 4 个已知的邻域像素可以列出含有 4 个未知数的 4 个方程，从而确定式(5.5.5)的 4 个系数。系数确定后，$v(x',y')$的值也就确定了。

可以看出与最近邻域法不同的是，双线性内插不是直接使用邻域像素值，而是在(x',y')点内插一个值，并将这个值赋予$f(x,y)$。所以双线性内插法的计算量较大，但是没有灰度不连续性的缺点，只是它具有低通滤波的性质，使图像轮廓有一定的模糊。

3. 三次内插法[13]

为了在任何希望的点都能得到较为平滑的灰度估计，三次内插法利用三次多项式$S(x)$来逼近理论上的最佳插值函数$\sin(x)/x$，其数学表达式为

$$S(x) = \begin{cases} 1-2|x|^2+|x|^3, & 0 \leqslant |x| < 1 \\ 4-8|x|+5|x|^2-|x|^3, & 1 \leqslant |x| < 2 \\ 0, & |x| \geqslant 2 \end{cases} \tag{5.5.6}$$

其中$|x|$表示像素点沿x方向离原点的距离。待求像素$f(x,y)$的灰度计算式如下

$$f(x,y) = f(i+u, j+v) = ABC \tag{5.5.7}$$

其中

$$A = \begin{bmatrix} S(1+v) \\ S(v) \\ S(1-v) \\ S(2-v) \end{bmatrix}^{\mathrm{T}}$$

$$B = \begin{bmatrix} f(i-1,j-1) & f(i-1,j) & f(i-1,j+1) & f(i-1,j+2) \\ f(i,j-1) & f(i,j) & f(i,j+1) & f(i,j+2) \\ f(i+1,j-1) & f(i+1,j) & f(i+1,j+1) & f(i+1,j+2) \\ f(i+2,j-1) & f(i+2,j) & f(i+2,j+1) & f(i+2,j+2) \end{bmatrix}$$

$$C = \begin{bmatrix} S(1+u) \\ S(u) \\ S(1-u) \\ S(2-u) \end{bmatrix}$$

u 和 v 分别表示点(x,y)偏离整数坐标的偏移量。可以看出三次内插法的计算量最大，但是由于采用了更大的邻域，利用了更多的信息，插值效果最好，精度最高。

如图 5.5.2(b)、(c)、(d)所示，为分别使用三种灰度插值方法得到的校正图像，失真图像是由原图仿射变换至原先 1/4 大小得到的。可以看出最近邻域法的校正结果最差，头发和帽檐处有清晰可见的块效应出现。而双线性插值法的结果就要平滑得多，但是与原图相比显得有些模糊。三次内插法的结果就要清楚一些，与原图已经比较接近了。

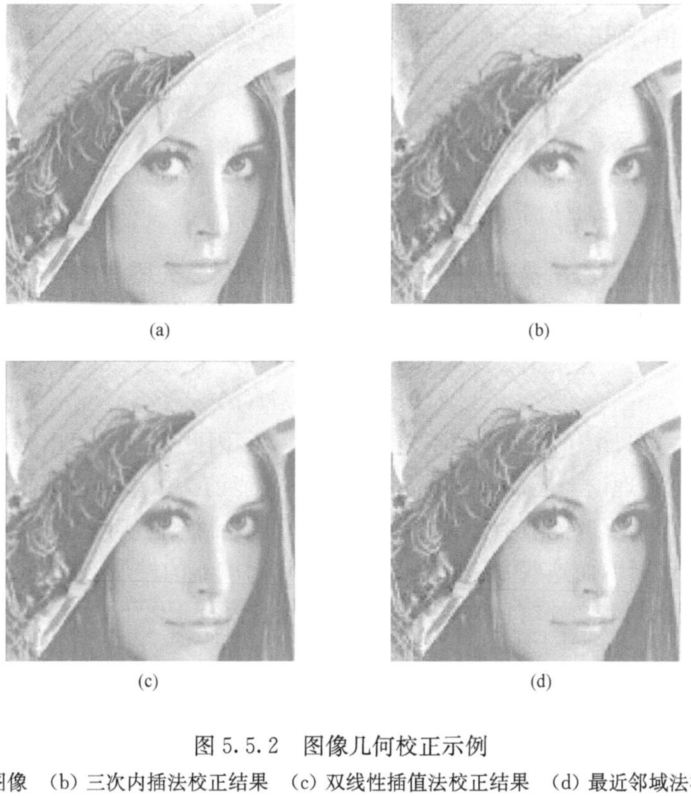

图 5.5.2　图像几何校正示例

(a) 原始图像　(b) 三次内插法校正结果　(c) 双线性插值法校正结果　(d) 最近邻域法校正结果

5.6 超分辨率图像复原

超分辨率图像复原的概念和方法最早是由 Harris 和 Goodman 于 20 世纪 60 年代提出的。它来源于这样一个事实：即在获取图像的过程中会有众多因素导致图像质量的下降。实际的光学成像系统可看作是一个频率有限的滤波器，由于光学衍射的影响，其传递函数在衍射的截止频率以上的部分均为零值。普通的图像恢复技术只能恢复到该截止频率处，而不能超越它，从而丢失了截止频率以外的信息。超分辨率图像复原技术就是试图恢复截止频率以外的信息，使图像获得更多的细节和信息。

超分辨率图像复原的思想提出后，有许多人对其进行了研究，但直到 20 世纪 80 年代才取得突破性的进展，不仅在理论上说明了其存在的可能性，更提出并发展了许多有实用价值的方法，如 Bayes 分析法和凸集投影法。并且由于图像序列中包含有不同但是相关的信息，利用这些信息基于序列和多幅图像进行的超分辨率图像复原也成为近来研究的热点[7,21~31]。

由于超分辨率图像复原技术在遥感、视频、医学和公共安全领域都具有十分重要的应用价值，所以在近几年已经成为国际上图像恢复领域最为活跃的研究课题之一。

5.6.1 超分辨率复原的理论基础

1. 超分辨率复原的数学物理基础

对于式(5.1.13)所描述的系统模型(以一维为例)，先不考虑噪声的影响，对其进行傅里叶变换得到

$$\begin{cases} G(u) = H(u)F(u) \\ F(u) = G(u)/H(u) \end{cases} \tag{5.6.1}$$

从上式可以看出，由于在截止频率之外 $H(u)=0$，因此要想复原出截止频率之外的信息，无论在理论上还是实际概念上都是不可能的。以上结论等价于把成像系统看作为一个傅里叶滤波器，对 $F(u)$的解进行了限制。但实际上存在着许多方法对 $F(u)$进行估计，而这些方法并不具备傅里叶滤波器的性质，采用这些方法可成功地实现截止频率之外信息的复原。这一思想主要基于以下几个方面的理论。

1) 解析延拓理论

如果一个函数 $f(x)$是空域有界的(即在某个有限范围之外全为 0)，则其谱函数 $F(u)$是一个解析函数。而解析函数具有一个众所周知的性质，若其在某一有限区间上为已知，就会处处已知。这就意味着，如果两个解析函数在任一给定区间上完全一致，则它们必须在整体上完全一致，即为同一函数。根据给定解析函数在某

区间上的取值对函数的整体进行重建叫做解析延拓。对于一幅图像，由于其空域有界，因此其谱函数必然解析。从式(5.6.1)可以看到，在截止频率以下的 $F(u)$ 可通过该式计算获得。那么根据解析延拓理论，截止频率以上的信息可采用截止频率以下的 $F(u)$ 得以重建，从而实现图像的超分辨率复原。

2) 信息叠加理论

对于非相干成像，实际的图像应具备以下约束条件和性质：非负性和有界性。即目标或图像的最小光强应大于0，且目标或图像具有一定的大小，可用下式进行表示

$$\begin{cases} f(x) > 0, & x \in X \\ f(x) = 0, & x \notin X \end{cases} \tag{5.6.2}$$

这里 X 表示目标的大小或范围。方程(5.6.2)还可以用以下形式进行表示

$$f(x)\mathrm{rect}(x/X) \tag{5.6.3}$$

$f(x)$ 的傅里叶谱可分成两部分，$F_a(u)$ 是截止频率以下部分，$F_b(u)$ 是截止频率以上部分。对式(5.6.3)取傅里叶变换有

$$F(u) = [F_a(u) + F_b(u)]\mathrm{sinc}(X_u) \tag{5.6.4}$$

从式(5.6.4)可以看到，由于 sinc 函数是无限的，则截止频率以上的信息通过卷积叠加到了截止频率以下的频率成分中。换句话说，对于有界受限目标，截止频率以下的频率成分中包含了目标的所有信息(包括低频和高频信息)。很显然，如果我们能找到一种方法将这些信息分离并获取出来，就可以实现图像的超分辨率复原。

3) 非线性操作

在噪声存在的情况下，图像的退化模型是一个非线性的表达式。由于噪声的影响，由此解得的目标估计 $\hat{f}(x)$ 一般会破坏式(5.6.2)中的非负性。同时，由于 $H(u)$ 的低通作用，解得的目标估计 $\hat{f}(x)$ 会破坏式(5.6.2)中的有界性。因此在图像复原计算中，必须施加以下的约束条件：目标解的空间截断和非负的数字截断。由此带来的运算是一个非线性操作运算，而信号的非线性操作具有附加高频成分的性质。因此，通过对约束操作引入的高频分量的逐步调整，即可实现图像的超分辨率复原。

综上所述，低频分量中含有高频信息和目标非负有界的约束条件是实现超分辨率复原的依据。

2. 超分辨率复原能力

超分辨率复原能力是指当噪声存在时，能被复原和重建的超分辨率信息的数量。当然，对于不同的复原算法，其超分辨率复原的能力不同。有研究者对此进行了分析，提出了以下超分辨率复原能力的估算表达式

$$f_p = \frac{3}{4\pi X}\left[\mathrm{sinc}^{-1}K - \mathrm{sinc}^{-1}\left(\frac{KT}{\sigma_n}\right)\right] \tag{5.6.5}$$

这里，f_p 表示截止频率以上能够复原的频率范围；T 是复原分量的允许误差；K 是常数，σ_n 是噪声标准差；逆 sinc 函数只有在主瓣范围内有意义。从式(5.6.5)可以看到，超分辨率复原能力 f_p 的大小主要取决于噪声的标准差 σ_n 和目标的大小 X。

5.6.2 超分辨率图像复原的数学模型

与 5.1 节提到的图像恢复(复原)所不同的是，超分辨率图像复原中经常会需要已知一组有微小运动的低分辨率(low resolution，LR)图像序列，通过利用序列中各图像间相关却又不完全相同的信息来得到一幅高分辨率(high resolution，HR)图像。所以超分辨率图像复原的数学模型需要包含的是若干幅图像。

到目前为止，针对超分辨率图像的复原已经提出了多种观测模型，这里将介绍应用最为广泛的由 Elad. M 和 Feuer. A 提出的矢量模型，其中假设所有图像的行列数相同。

假设已知 N 幅观测到的 LR 图像 g_k，且每幅图像的大小 $M_k \times M_k$，$k=1,2,\cdots,N$。将第 k 幅 LR 图像以字典式排序(lexicographical notation)表示为 $g_k=[g_{k,1}, g_{k,2},\cdots,g_{k,M}]^{\mathrm{T}}$，且 $M=M_k^2$。由这些图像将得到 1 幅 HR 图像 f，大小为 $L\times L$，显然 $L>M_k$，同样以字典序列写成向量 $f=[f_1,f_2,\cdots,f_P]^{\mathrm{T}}$，$P=L^2$。可见，每一幅观测到的图像就是这幅高分辨率图像经过扭曲、模糊以及下采样得到的结果。同时假设存在加性白噪声 η，这样对每幅观测到的 LR 图像可以给出如下的观测模型

$$g_k = D_k B_k F_k f + \eta_k, \qquad 1 \leqslant k \leqslant N \tag{5.6.6}$$

式中，F_k 为运动矩阵，大小为 $L^2\times L^2$；B_k 为线性移不变模糊矩阵，大小同样为 $L^2\times L^2$；D 为大小为 $M_k^2\times L^2$ 的下采样矩阵；η_k 为一个字典式排序的噪声矢量，具有大小为 $M_k^2\times M_k^2$ 的自相关矩阵 W_k^{-1}。

可见由已知条件可以得到 N 个这样的方程，将其合并得到

$$\begin{bmatrix} g_1 \\ \vdots \\ g_N \end{bmatrix} = \begin{bmatrix} C_1 \\ \vdots \\ C_N \end{bmatrix} \boldsymbol{f} + \begin{bmatrix} \eta_1 \\ \vdots \\ \eta_N \end{bmatrix} \tag{5.6.7}$$

其中 $C_k=D_kB_kF_k$。上式可以表示为

$$\boldsymbol{g} = \boldsymbol{Hf} + \boldsymbol{\eta} \tag{5.6.8}$$

图 5.6.1 给出了该观测模型的方框图。

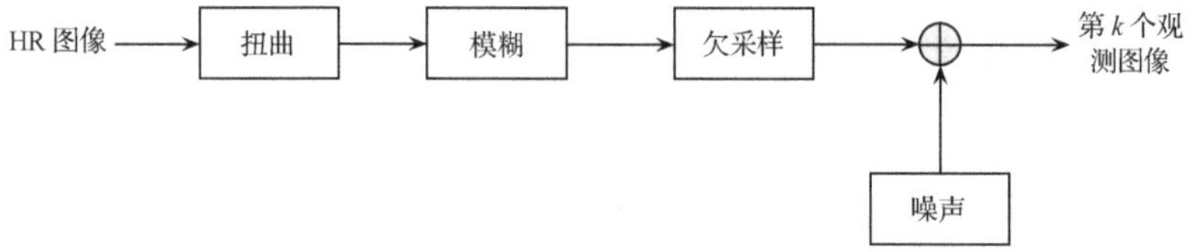

图 5.6.1　超分辨率图像复原的观测模型

运动包括全局或局部的平移和旋转等，而有关运动的信息往往是不可知的，需要以一幅图像作为参考，从而对其他各幅图像中的运动进行估计，最终要在 HR 栅格上进行配准。这其中还需要对 LR 图像进行插值，为了计算简便，通常采用双线性插值法。

造成模糊的原因是非常多的，如光学系统自身的散焦模糊和衍射极限，成像系统和原始场景之间的相对运动，以及 LR 传感器自身的点扩散函数(PSF)，都会造成图像的退化。通常情况下，模糊分为两种情况：线性移不变(LSI)的和线性移变(LSV)的。两者的不同在于后者还考虑了目标与成像系统的距离不同造成的模糊，但从数学的角度来说，针对后者的复原方法是可以从前者的方法中推导出来的。在使用超分辨率图像复原方法的时候，模糊的特征通常假设是已知的。

5.6.3 超分辨率图像复原算法

近十年来在超分辨率图像复原与重建领域诞生了大量的方法，按照其作用域大体可以分为两大类：频域法和空域法。早期的研究方法主要是基于频域的，看中的是频域的快速处理速度。但是由于在频域不能很好地包含先验知识，虽然能够得到令人印象深刻的试验仿真结果，在实际应用中却不能令人满意。所以近年来研究的重点大都集中在空域法上。由于篇幅的限制，这里我们只着重介绍空域法中最为重要也是最有发展前途的两种方法：Bayes 分析法和凸集投影法。

1. Bayes 分析法

图像在数学建模中可以被看作是一个平稳的随机场，表现的是图像的统计性质。那么将原图像 f 和退化图像 g 均看作是随机场。根据 Bayes 理论，在已知图像 g 的情况下，f 的概率分布可写为

$$P(f/g)=\frac{P(g/f)P(f)}{P(g)} \tag{5.6.9}$$

$P(f/g)$为已知图像 g 为目标 f 的后验概率；$P(g/f)$为已知目标 f 而图像为 g 的概率；$P(f)$和 $P(g)$分别表示目标以及图像的先验概率。于是通过适当地选择 f，使得式(5.6.9)达到最大，则此时的 f 称为复原的最佳估计，即

$$\max[P(f/g)]=\max\left[\frac{P(g/f)P(f)}{P(g)}\right] \tag{5.6.10}$$

上式等价于求

$$\max[\ln P(g/f)+\ln P(f)] \tag{5.6.11}$$

目前主要有两种方法来求解式(5.6.11)：

(1) 最大后验概率估计(Maximum a-posteriori estimation, MAPE)

$$\left[\frac{\partial \ln P(g/f)}{\partial f}+\frac{\partial \ln P(f)}{\partial f}\right]_{f=\hat{f}_{\mathrm{MAP}}}=0 \tag{5.6.12}$$

此时的 $f=\hat{f}_{\mathrm{MAP}}$ 为最大后验概率条件下的目标估值。

(2) 最大似然估计(Maximum likelihood estimation, MLE)

$$\left[\frac{\partial \ln P(g/f)}{\partial f}\right]_{f=\hat{f}_{\mathrm{ML}}}=0 \tag{5.6.13}$$

此时的 $f=\hat{f}_{\mathrm{ML}}$ 为最大似然条件下的目标估值。

很显然,要实现上述计算,我们需要确定 $P(g/f)$ 和 $P(f)$ 的分布,而 $P(g/f)$ 和 $P(f)$ 的分布取决于图像的统计模型。常用的图像统计模型有高斯(Gaussion),泊松(Poisson),马尔可夫(Markov)和吉布斯(Gibbs)模型。在计算过程中,通常采用迭代法进行寻优计算。

假设图像的统计模型为泊松模型,从而有

$$\begin{cases} P(f)=\prod_{k=1}^{N}(\bar{f}_k)^{f_k}(f_k!)^{-1}\exp(-\bar{f}_k) \\ P(g/f)=\prod_{k=1}^{N}(\bar{g}_k)^{g_k}(g_k!)^{-1}\exp(-\bar{g}_k) \end{cases} \tag{5.6.14}$$

式中,N 为图像 f 的像素数;f_k 为第 k 个像素的灰度值;$\bar{f}_k$ 为 f_k 的统计平均值。相应的 g 中的定义与之类似。这样根据式(5.6.9)与式(5.6.10)可以分别求出泊松模型下 MAP 和 ML 的迭代公式如下所示,$\oplus$代表相关运算。

$$f^{(n+1)}(x,y)=f^n(x,y)\exp\left[\left(\frac{g(x,y)}{h(x,y)*f^n(x,y)}-1\right)\oplus h(x,y)\right] \tag{5.6.15}$$

$$f^{(n+1)}(x,y)=f^n(x,y)\left[\left(\frac{g(x,y)}{h(x,y)*f^n(x,y)}\right)\oplus h(x,y)\right] \tag{5.6.16}$$

此时的 MAP 和 ML 算法被分别称为 PMAP 以及 PML 算法。其复原效果如图 5.6.2 所示,图(a)的退化图像是由原图像卷积 5×5 的高斯模糊模板,再附加方差为 0.0001 的高斯白噪声而构成的。图(b)和图(c)均为经过 100 次迭代的结果。

(a) (b) (c)

图 5.6.2 基于单幅图像的 Bayes 分析法复原示例

(a) 退化图像 (b) 由 PMAP 算法所得复原图像 (c) 由 PML 算法所得复原图像

2. 凸集投影法(projection onto convex set, POCS)

假设 $S(x)$是一未知信号,具有性质 $\pi_1,\pi_2\cdots\pi_m$。对于每一个 $\pi_i(1\leqslant i\leqslant m)$都有一个相关的集 C_i,C_i 中所有的信号都具有特性 π_i。通常 C_i 是闭凸集,即如果 S_1 和 S_2 属于 C_i,则 $\mu S_1+(1-\mu)S_2$ 也属于 $C_i(0\leqslant\mu\leqslant 1)$。设 P_i 表示一个矢量投影到 C_i 上的投影运算。假定 $C_0=\bigcap\limits_{i=1}^{m}C_i$ 为非空集,则 $f(x)$必属于解集 C_0。基于以上思想,如果 C_i 表示图像的先验信息,即 C_i 是一个约束集,物体的估计可根据下式迭代运算

$$f^{n+1}=P_1\cdots P_m[f^n],\qquad f^{(0)}=f_0 \tag{5.6.17}$$

这里 f_0 为一个任意的开始点,其弱收敛于 C_0 中的可行解。物体的估计可通过依次在各个独立集上的投影 P 得到。更一般地,引入松弛参数(relaxation parameter)λ_i,$i=1,2,\cdots,m$,定义算子

$$T_i=1+\lambda_i(P_i-1),\qquad i=1,2,\cdots,m \tag{5.6.18}$$

那么 $f(x)$就是 P_0 和所有 T_i 投影下的一个定点,也就是下面合成算子投影的一个定点

$$T=T_mT_{m-1}\cdots T_1 \tag{5.6.19}$$

我们称引入松弛参数的投影算子 T_i 为松弛投影算子,而 P_i 为纯投影算子。而使用松弛投影的目的就是为了提高收敛速度。这样 POCS 法表示为

$$f^{n+1}=T[f^n],\qquad f^{(0)}=f_0 \tag{5.6.20}$$

如图 5.6.3 所示向两个约束集做连续纯投影的情况。可以看到每次的投影方向都垂直于集合的边缘,说明投影点是集合中距被投影点最近的点。所以,所谓对凸集 C 的投影运算就是解下式的最小化问题,即

$$\min\|f_p-f\|^2,\qquad f_p\in C \tag{5.6.21}$$

其中 f 是需向 C_i 投影的信号(f^n);f_p 是 f 的投影(f^{n+1})。

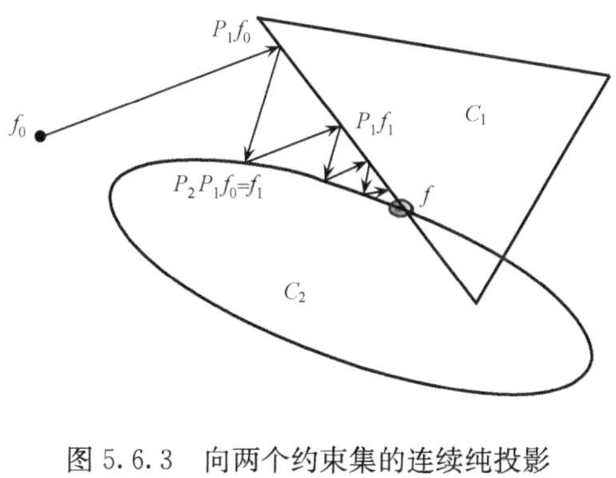

图 5.6.3 向两个约束集的连续纯投影

通常情况下,如果约束集的交集不是单元素的集合,POCS 法的收敛点依赖于

初始估计值 f_0。对于图像序列来说，f_0 通常是一幅基准图像的双线性差值放大图像。图 5.6.4 给出了取不同初始估计值向两个约束集作投影的例子，图中 f_{01} 和 f_{02} 分别是不同的初始估计值，最终的收敛点也不同。

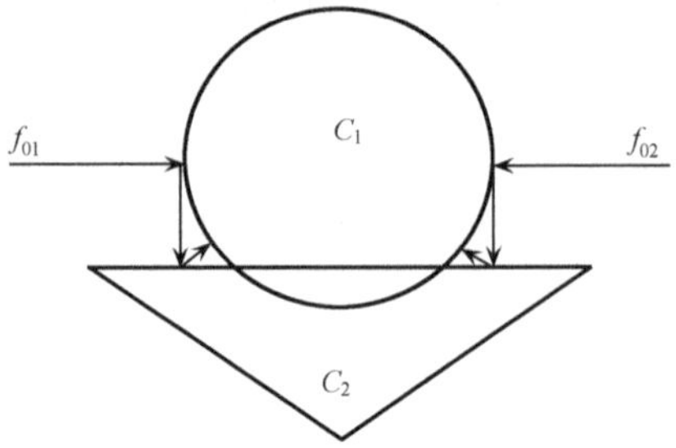

图 5.6.4　不同初始估计值向两个约束集作投影

那么在凸集投影过程中有哪些约束凸集可供利用呢？这里我们介绍几种常用的约束集。

(1) 幅度约束 C_A：

$$C_A = \{f:\alpha \leqslant f \leqslant \beta, \alpha < \beta\} \tag{5.6.22}$$

$f(x,y)$ 向 C_A 的投影为

$$g = P_A f = \begin{cases} \alpha, & f(x,y) < \alpha \\ f(x,y), & \alpha \leqslant f(x,y) \leqslant \beta \\ \beta, & f(x,y) > \beta \end{cases} \tag{5.6.23}$$

(2) 能量约束 C_E：

$$C_E = \{f: \| f \| \leqslant E\} \tag{5.6.24}$$

其中 E 表示复原图像所允许的最大能量。相应的投影为

$$g = P_E f = \begin{cases} f(x,y), & \| f \|^2 \leqslant E \\ (E/E_f)^{1/2} f(x,y), & \| f \|^2 \geqslant E \end{cases} \tag{5.6.25}$$

式中，$E_f = \| f \|^2$。

(3) 参考图像约束 C_R：

$$C_R = \{f: \| f - f_R \| \leqslant \varepsilon_R\} \tag{5.6.26}$$

式中，f_R 为一个已知的参考图像；ε_R 为事先设置好的阈值。相应的投影算子为

$$g = P_R f = \begin{cases} f, & \| f - f_R \| \leqslant \varepsilon_R \\ f_R + \varepsilon_R \dfrac{f - f_R}{\| f - f_R \|}, & \| f - f_R \| > \varepsilon_R \end{cases} \tag{5.6.27}$$

(4) 数据保持约束 C_c：

为了考虑观测噪声，对于第 i 个观察像素，需要有以下的约束

$$C_c = \{f: | r_i | < \delta_0\}, \quad i = 1,2,\cdots,N_1 N_2 \tag{5.6.28}$$

r_i 定义为第 i 个像素的信息差，定义为 $r = g\text{-}Hf$。由退化模型可以看出，r 表示的

是观察噪声 η，则 δ_0 表示在观察中的信任度，一般由观察噪声的统计特性来确定，当其取噪声方差的三倍时具有 99%的置信度。

相应的投影算子为

$$P_c[f(i,j)] = \hat{f}(i,j) + \begin{cases} \lambda \dfrac{r(m_1,m_2) - \delta_0}{\| H(m_1,m_2) \|^2} H(m_1,m_2;i,j), & r(m_1,m_2) > \delta_0 \\ 0, & -\delta_0 \leqslant r(m_1,m_2) \leqslant \delta_0 \\ \lambda \dfrac{r(m_1,m_2) + \delta_0}{\| H(m_1,m_2) \|^2} H(m_1,m_2;i,j), & r(m_1,m_2) < -\delta_0 \end{cases} \tag{5.6.29}$$

其中，λ 为松弛算子，用来控制收敛的速度。

综上所述，将 POCS 法应用于信号复原和重建时通常需要解决以下一些问题：

(1) 建立信号形成系统的数学模型。

(2) 把关于解的若干约束条件解释为包含解的凸集 C_i。如果不是凸集的话，式(5.6.17)就不能保证收敛为全局最优解。

(3) 确定每个凸集的投影算子 P_i。

(4) 对每个算子选取适当的松弛参数 λ_i。

基于单幅图像(在不存在欠采样的情况下)，POCS 法复原图像的效果示例如图 5.6.5 所示。图(a)是由 5×5 的散焦模糊卷积，信噪比为 30dB 情况下的退化图像。图(b)是直接由 POCS 算法经过 100 次迭代得到的复原图像，可见图像中存在较为严重的振铃(ringing artifacts)现象。这种振铃现象是由于边缘处的灰度突变以及噪声的影响所造成的。假如我们能够获得有关原图像的边缘信息(如文献[26]中引入线过程来获取边缘信息)，以此作为先验约束附加到 POCS 算法中，就可以使图像的复原效果得到进一步的改善，如图(c)所示。同样，如果能够得到更多的关于原图像的先验知识，必然会得到更为良好的复原效果。

图 5.6.5　基于单幅图像的 POCS 法复原示例

(a) 退化图像　(b) 直接 POCS 法复原图像　(c) 基于线过程的 POCS 法复原图像

对于有欠采样存在的情况，只通过单幅图像是不可能由原图像得到令人满意的恢复结果，因为能够利用的信息实在是太有限了。此时的超分辨率图像复原必须基于有微小运动的图像序列来进行，并且所能利用的图像数目对复原结果也有较大影响。例如，如果我们希望获得的是观测图像 2 倍大小的复原图像，那么显然至少需要有 4 幅针对该目标的观测图像可供利用。如果我们能得到多于 4 幅的观测图像，那将有更多的信息可供利用，这对于抑制振铃和噪声都是很有益处的。

下面我们利用一幅 HR 的 Lena 图像，人为让其产生相对运动，然后进行隔行隔列采样，加入 5×5 的散焦模糊和方差为 0.0005 的高斯白噪声(此时观测图像的信噪比为 18dB，按照文献[19]中给出的方法计算得到)。这样一共得到 8 幅观测图像，使用 POCS 方法分别利用 8 幅图像和其中 4 幅图像进行复原，得到 2 倍于观测图像大小的复原图像。

如图 5.6.6 所示，图(a)为 128×128 的原始 Lena 图像，图(b)为其欠采样后的一幅退化图像经过三次内插放大后所得图像，图(c)是由 8 幅 LR 图像得到的复原图像，图(d)是由 4 幅 LR 图像得到的复原图像。可以明显看出，图(c)中噪声情况明显低于图(d)，并且边缘的恢复情况也要好一些。所以可见如果我们有更多的图像信息可以利用的话，复原结果必将得到进一步的改善。

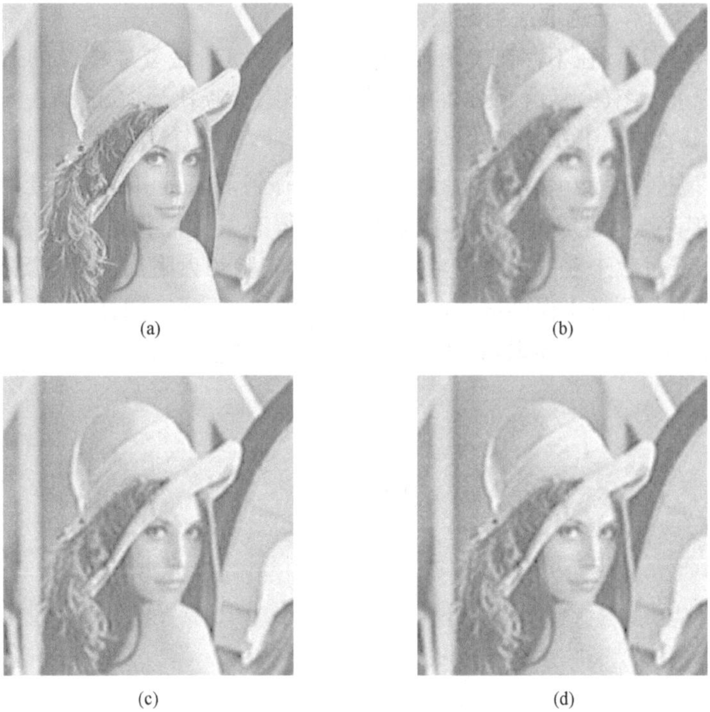

图 5.6.6　由不同数量退化图像所得复原图像对比

(a) 原始 HR 图像　(b) 三次内插放大图像

(c) 由 8 幅图像所得复原图像　(d) 由 4 幅图像所得复原图像

POCS 算法是一种需要初始估计并且迭代求解的算法。由于 POCS 能够很容易地包含先验知识，已经成功地应用于复杂的退化模型复原中，所以在研究中占有非常重要的地位。但是它的解不唯一，收敛慢并且运算量大，其解严重依赖于初始图像估计(如图 5.6.6 中使用了更为精确的三次内插而不是双线性插值)。这些都是在今后的研究中需要解决的问题。

5.6.4 超分辨率图像复原的研究现状与发展趋势

1. 超分辨率图像复原的研究现状

超分辨率图像复原技术自从诞生以来，许多人对其进行了研究并且提出了很多种方法，但是这些方法的实际应用效果都比较差。直到 20 世纪 80 年代，Tsai 和 Huang 首先提出了在频域中从互有位移的低分辨率图像序列中插值产生一帧高分辨率图像的概念，才从本质上解决了图像超分辨率复原无唯一解的问题。在此之后，又有很多有意义的算法相继提出，如我们之前所介绍的基于概率论和基于凸集投影理论的方法。这其中不得不提的是 Elad 等的卓越成果，经过多年的不懈研究，在 2004 年他们提出了一种快速并且鲁棒性较好的基于多幅图像的超分辨率图像复原算法，并且已经将其实现为应用软件[21]。

此外，随着小波与神经网络理论的逐步发展，这些新的理论也被应用到超分辨率图像复原技术中。例如文献[22]在 2003 年提出了在小波变换域实现图像超分辨率复原的方法，这种方法可以达到自适应保持边缘的目的。它对观测模型实施正交小波变换，获得超分辨率复原问题的空域描述，采用广义高斯概率模型来构建超分辨率图像的尺度系数和小波系数的先验描述，然后采用半二次正则化迭代法(一种具有边缘保持特性的约束算法)来完成小波域超分辨率复原的求解过程。

2. 超分辨率图像复原研究的发展趋势

目前虽然已经出现了很多种超分辨率图像复原算法，但是这些算法还是分别存在有不同的缺陷。如频域方法，其适用范围非常有限，所基于的理论前提过于理想化，因此不能有效地应用于多数应用场合。而还有些方法，如凸集投影方法、迭代反投影方法、统计复原方法等，虽然其适用范围较广，但其运算量很大，这就严重限制了这些方法的使用，尤其在一些运算速度要求较高的场合。并且对于基于序列和多幅图像的超分辨率复原来说，图像的精确运动估计是十分重要的问题，否则会导致复原结果的严重偏差。另外，目前为止的大多数方法，把运动估计与复原过程分离开了，而实际情况是图像的运动变形与模糊和噪声等退化因素具有密切的关系，把运动估计与复原过程分离开的做法是不合理的。

因此为了获得高质量的高分辨率图像，满足不同情况的实际应用要求，目前超分辨率图像复原的研究和未来的发展主要集中在以下三个方面：

(1) 完善现有算法，不断发展新的算法。其目的在于提高超分辨率图像复原的能力，减小计算量，加快运算的收敛速度，提高算法的鲁棒性。

(2) 发展和寻求新的成像退化模型，使成像模型更加精确和全面，实现对点扩散函数和噪声的精确估计。

(3) 在利用序列和多幅图像的复原中，发展和寻求新的运动模型，能够对运动进行精确估计。

5.7 小　　结

图像恢复中遇到的首要问题便是建立退化模型，这一模型的建立直接影响到所采用的恢复方法及恢复效果。一个与实际情况不相符的模型显然无法让我们得到正确的结果。因此本章一开始便从退化模型的讲解入手，介绍了连续退化模型和离散退化模型，以及相应的矩阵表示法，后者对于处理数字图像将是十分有用的。在此基础上，我们简要介绍了常见的退化函数模型及常用的辨识方法，由于篇幅所限我们无法对所有方法一一列举出来。

同时本章介绍了有关图像恢复的基础知识，以频域恢复法为例，分别介绍了基于有约束恢复和无约束恢复思想的最小平方恢复法与逆滤波恢复法。经过试验对比可以看出，逆滤波法的实际应用性能较差，对于噪声的存在过于敏感；而最小平方恢复法在这方面的表现就要优秀一些，对噪声有一定的抵抗力，但是在图像的平滑度上还是不如带有平滑约束的限制性最小平方恢复法。事实上，图像恢复的方法很多，除了频域恢复法之外还有空域恢复法，最大熵估计法，能同时完成退化函数辨识和图像恢复的 EM 法，由于牵扯到更多方面的知识我们不作为基础来讲解，更为详细的内容可以参见参考文献[19]。

图像的几何变换也可用来解决常见的一种图像退化问题，其中的灰度插值变换也是当今研究的一个热点，对于一般的要求来讲三次内插法已经可以基本满足，但是对于更精确的要求需要更为复杂的插值函数，如样条插值以及小波插值。

超分辨率图像复原利用空间有界和带限之间的不相容性来重建超出衍射极限之外的频率，而基于序列或多幅图像的复原技术的优点就在于它利用了多幅图像中的相关冗余信息，从而在复原的过程中做到了相互补充。在相应复原算法中，频域法虽然具有运算速度较快的优点，但是由于不能很好地包含先验知识，所以在实际应用中复原效果较差。而空域法则更为灵活多样，尤其是其中的凸集投影算法，由于能够较容易地包含先验知识，已成为超分辨率复原的主流算法之一。但是由于现存的各种算法都具有一定程度的缺陷，不具有普遍性，对于这方面的研究还在进行当中。

习　　题

5.1　什么叫做图像复原？图像复原与增强有何区别？

5.2　设图 5.1.4 中的模型是线性移不变的，证明其输出功率可表示为

$$|G(u,v)|^2=|H(u,v)|^2|F(u,v)|^2+|N(u,v)|^2$$

5.3　假设一台设备的卷积函数为 $h(r)=[(r^2-\sigma^2)/\sigma^4]\exp(-r^2/2\sigma^2)$，其中 $r^2=x^2+y^2$。为了恢复由该卷积函数造成的模糊，需要设计 1 个限制性最小平方恢复滤波器。请推导其传递函数。

5.4　在连续线性移不变系统组成的维纳滤波器中，假设噪声与信号的功率谱之比为 $S_n(u,v)/S_f(u,v)=|H(u,v)|^2$，试求最佳估计 $\hat{f}(x,y)$ 的表达式。

5.5　设点扩散函数

$$h(i,j)=\begin{cases}1, & |i|=0,1,2;\quad |j|=0,1,2\\ 0, & \text{其他}\end{cases}$$

若 $f(i,j)$ 定义在 $i,j=0,1,2,3$，试写出 $h_e(i,j)$ 和循环矩阵 $\boldsymbol{H}$。

5.6　图像的几何校正一般包括哪几步？灰度插值法主要有哪三种方法？各有何特点？

5.7　若 $f(1,1)=1, f(1,2)=5, f(2,1)=3, f(2,2)=4$，试分别用最近邻域法和双线性内插法确定点(1.2,1.6)的灰度值。

5.8　超分辨率图像复原的基本思想是什么？有哪些主要的算法？分别列出各算法的优缺点。

5.9　超分辨率图像复原中存在哪些急需解决的问题？

第 6 章　图像压缩编码

随着信息时代的到来和计算机网络技术的发展，人们需要存储、处理和传输的信息越来越多，而图像作为这些信息中的重要表现形式，其具有数据量大、带宽宽等特点，这就给图像的存储、处理和传输带来了很大的困难。尤其是图像信息的传输，一方面需要增加信道，但这很有限，因为信道的增加永远赶不上信息的爆炸式增长，况且还要受到环境的限制；另一方面，就必须减少表示图像的数据量，以达到压缩图像数据的目的。

6.1　概　　述

6.1.1　图像压缩的可能性

由于数字图像相邻像素或者图像序列相邻帧间有较大的相关性，根据信息论的原理，这就说明存在空间上的冗余；根据人的视觉特性，人眼的分辨率非常有限，而人眼只对敏感性数据进行识别，并不需要完全获取所有的信息。因此，不能完全识别的信息就成为冗余。这些冗余就为图像压缩带来了可能性。可以通过去除数字图像中的这些冗余，来减少表示图像信息的数据量。

6.1.2　图像压缩编码的概念

图像压缩编码就是图像数据的压缩和编码表示，是通过消除上面所提到的冗余来设法减少表达图像信息所需数据的比特数。从统计意义上来说，就是将图像数据转化为尽可能不相关的数据集合。图像压缩编码系统主要包括图像编码和图像解码两部分。前者就是对图像信息进行压缩和编码，在存储、处理和传输前进行，也称图像压缩。后者是对压缩图像进行解压以重建原图像或其近似图像。

6.1.3　图像压缩方法分类

根据不同的目的和不同的应用，图像压缩有不同的分类方法，比如可按压缩前及解压后的信息保持程度和图像压缩的方法原理来分类。

1. 按照压缩前及解压后的信息保持程度分成三类

1）信息保持（存）型

减少或去除冗余数据，同时保持信息不变，即压缩、解压中无信息损失，也称无失真/无损/可逆型编码。主要用于图像存档，其特点是信息无失真，但压缩比有限。

2）信息损失型

以牺牲部分信息为代价，来获取高压缩比，也称有损压缩。解压后得到原图像的近似。数字电视、图像传输和多媒体等应用场合常用这类压缩。其特点是通过忽略人的视觉不敏感的次要信息来提高压缩比。

3）特征抽取型

在图像分析、分类与识别中，仅对于实际需要的（提取）特征信息进行编码，而丢掉其他非特征信息，可大大压缩数据量。这实际属于信息损失型。

其中的第三类是针对特殊的应用场合。比如心向量图像中只关心其特征值，军事目标图像中只需要目标的轮廓信息等。因此，一般就将图像压缩编码分成无损和有损两大类。

2. 按照图像压缩的方法原理可分成四类[25]

1）像素编码

所谓像素编码就是无论像素之间的相关性如何，编码时只对每个像素单独处理。如脉冲编码调制（pulse code modulation，PCM），熵编码（entropy coding），行程编码（run length coding）等。

2）预测编码

像素的灰度是连续的，通常在一片图像区域中，相邻像素的灰度值之间具有很大的相关性，即相互之间差别可能很小。通过去除相邻像素之间的相关性和冗余性，而只对新的信息进行编码，这就是预测编码。常用的预测编码是差分脉冲编码调制（differential pulse code modulation，DPCM）。

3）变换编码

所谓变换编码是指，对给定图像采用某种变换，使得大量的信息能用较少的数据来表示，从而达到压缩的目的。变换编码中通常采用的变换包括：离散傅里叶变换（discrete fourier transform，DFT），离散余弦变换（discrete cosine transform，DCT）和离散小波变换（discrete wavelet transform，DWT）。

4）其他方法

其他方法包括早期的编码，如混合编码（hybrid coding）、矢量量化（vector quartzite，VQ）、LZW 算法。近些年来也出现了很多新的压缩编码方法，如使用人工神经元网络（artificial neural network，ANN）的压缩编码算法、分形（Fractal）、小波（Wavelet）、基于对象（Object Based）的压缩编码算法、基于模型（Model-Based）的压缩编码算法等。

6.2 图像编码的基本理论

6.2.1 数据冗余

1. 概念

数据是信息的载体，相同数量的信息可以用不同数量的数据来表示。代表无用信息或重复表示了其他数据已经表示过的信息的数据称为数据冗余。数据冗余是数字图像压缩中一个重要的衡量指标，常用压缩比和冗余度表示。

设 n_1 和 n_2 代表用来表示相同信息的两个数据的容量，那么压缩比可以定义为

$$C_R = \frac{n_1}{n_2} \tag{6.2.1}$$

这里的 n_1 是压缩前的数据量，n_2 是压缩后的数据量。

那么用 n_1 表示的相对冗余度（即 n_1 相对于 n_2）可以定义为

$$R_D = 1 - \frac{1}{C_R} = \frac{n_1 - n_2}{n_1} \tag{6.2.2}$$

其中，C_R 的取值范围为 $(0,\infty)$，R_D 的取值范围为 $(-\infty,1)$。

当 $n_2=n_1$ 时，$C_R=1$，$R_D=0$，表示信息的数据量从 n_1 到 n_2 既没压缩也没放大，n_1 相对于 n_2 不包含冗余。

当 $n_2 \ll n_1$ 时，$C_R \to \infty$，$R_D \to 1$，表示几乎 100%的压缩和几乎全部的冗余。

当 $n_2 \gg n_1$ 时，$C_R \to 0$，$R_D \to -\infty$，表示没有压缩，反而是几乎 100%的放大，当然相对冗余就不存在。这实际上不是数据量的压缩而是放大。

在数字图像中，数据冗余主要有三种：编码冗余、像素间冗余和心理视觉冗余，减少或消除了其中的一种或多种时，就实现了图像的压缩。

2. 编码冗余

式(6.2.1)给出了描述图像压缩编码性能的一个重要参数—压缩比。对于给定图像其数据量就已确定，即公式中的分子 n_1 就完全确定。因此，图像压缩后的数据量 n_2 就决定了压缩比。n_2 可用下式表示，即

$$n_2 = L_{\text{avg}} \times n \tag{6.2.3}$$

式中，n 为图像像素个数；L_{avg} 为平均码字长。由此引入了如下几个概念。

1) 码字

码字就是信息编码中每个符号的二进制编码值，具体到图像编码中就是每个灰度级的二进制编码值。

2) 码字长

码字长就是码字的长度，即其二进制编码值的位数，也就是比特数。

3）平均码字长 L_{avg}

平均码字长定义为每个像素所需的平均比特数。

若设图像的灰度级为 k，则由式(4.2.1)得到 k 出现的概率为 $P(k)$

$$P(k)=\frac{n_k}{n};\ k=0,1,\cdots,L-1 \tag{6.2.4}$$

式中，L 为灰度级数；n_k 为第 k 个灰度级在图像中出现的次数（像素个数）；n 为图像的总像素个数。

若每个灰度级 k 的编码长度（码字长）为 $l(k)$，则平均码字长 L_{avg} 为

$$L_{avg}=\sum_{k=0}^{L-1}l(k)P(k) \tag{6.2.5}$$

对于 $M\times N$ 大小的数字图像，其压缩编码后所需比特数（数据量）为 $L_{avg}\times n=MNL_{avg}$。

4）自然编码

自然编码也称等长编码，即每个灰度级（或每个像素）均用 m 位的二进制码表示，此时 $L_{avg}=l(k)=m$。

5）变长（不等长）编码

若对 $P(k)$ 大的灰度级 k 赋予短码字，对 $P(k)$ 小的灰度级赋予长码字，即对于图像中的不同灰度级采用不同长度的码字表示。此时必然有

$$L_{avg}\leqslant m \tag{6.2.6}$$

［例 6.1］ 变长编码与自然编码的对比。

表 6.2.1 给出了一幅具有 8 个灰度级的图像（同例 4.1）的两种编码方法示例。其中自然编码的平均码字长为 3，采用表中所示变长编码的平均码字长就减

表 6.2.1 变长编码与自然编码对比

灰度级 k	直方图 $P(k)$	码字		码字长	
		自然编码	变长编码	自然编码	变长编码
0	0.19	000	00	3	2
1	0.25	001	01	3	2
2	0.21	010	10	3	2
3	0.16	011	110	3	3
4	0.08	100	1110	3	4
5	0.06	101	11110	3	5
6	0.03	110	111110	3	6
7	0.02	111	111111	3	6

少为

$$
\begin{aligned}
L_{avg} &= \sum_{k=0}^{7} l(k)P(k) \\
&= 2\times 0.19 + 2\times 0.25 + 2\times 0.21 + 3\times 0.16 + 4\times 0.08 \\
&\quad + 5\times 0.06 + 6\times 0.03 + 6\times 0.02 \\
&= 2.7\ \text{比特 / 像素}
\end{aligned}
$$

这个例子说明变长编码是用尽量少的比特数来表达占用像素数尽可能多的灰度级以实现数据的压缩。

6) 编码冗余

例 6.1 也说明，不同的编码方法可能会有不同的 L_{avg}，由此引出两种编码冗余。

(1) 相对编码冗余：不同的编码方法会形成不同的 L_{avg}，L_{avg} 大的编码相对于 L_{avg} 小的编码就存在相对编码冗余。

(2) 绝对编码冗余：若 L_{avg} 的下限 L_{min} 存在，则使 $L_{avg}>L_{min}$ 的编码就存在绝对编码冗余。

3. 像素间的冗余

由于像素间存在相关性，那么对于任一给定的像素值，原理上都可以通过它的相邻像素值预测得到。因此像素间的相关性，就带来了像素间的冗余。通过某种变换来消除像素间的相关性就达到了消除像素间冗余的目的。其他像空间冗余、几何冗余和帧间冗余等都可归结到像素间的冗余中去。

4. 心理视觉冗余

由于人的心理视觉特点，即人观察图像是基于目标物特征而不是像素，这就使得某些信息显得不重要(不必要)，可以忽略，表示这些可忽略信息的数据就称为心理视觉冗余。

去掉视觉冗余的过程称为量化，它是信息损失型。第二代编码方法就是基于心理视觉冗余，电视广播中的隔行扫描就是常见的例子。

这样，由于存在数据冗余，通过改变信息的描述方法，可以压缩掉这些冗余，可进行所谓的无损压缩；因为视觉心理冗余，忽略一些视觉不太明显的微小差异，可进行所谓的有损压缩。

6.2.2 图像编解码模型

1. 信息传输系统模型

图 6.2.1 给出了一个信息传输系统的模型，它主要由三部分组成(图中的三个虚线框)。第一部分称为编码器，包括信源编码和信道编码。信源编码主要是减少

或消除信源中的数据冗余,也就是对信源进行压缩处理。而信道编码主要是解决信息在信道传输中的可靠性问题。因为信道中一般都不可避免地存在噪声和干扰,通过信道编码使信号在传输过程中不出错或少出错,既使出了错也要有能力检出错误或纠正错误。第二部分为信号传输,首先通过调制把数字信号(编码值)变成某种形式的模拟信号,以实现远距离高速传输,到了接收方(称为信宿)后再解调(还原)出数字信号。信号在传输过程中不可避免地要受到噪声或干扰的影响。解调出的数字信号被送入解码器(先信道解码,后信源解码),解码重建输出的信息。如果输出信息与输入信息(源信息)完全相同,则称系统是无失真的或信息保持型的。否则,输出信息会有一定失真,即输出是输入的近似,我们称系统是信息损失或限失真型的。

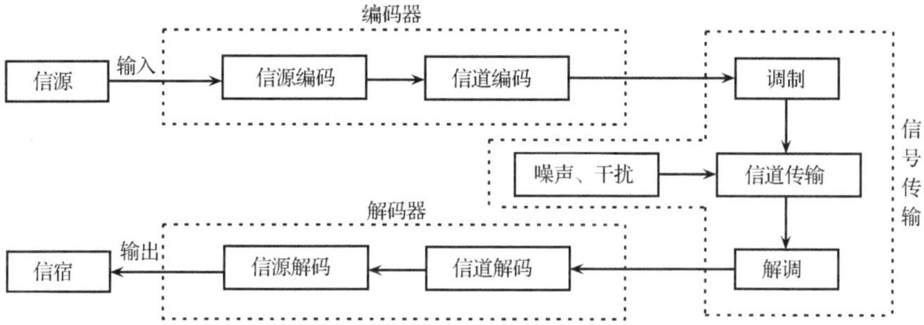

图 6.2.1　信息传输系统模型

2. 图像编解码模型

图像压缩编码主要是解决图 6.2.1 中的信源编码问题,目的是减少或消除图像中的数据冗余,实现图像数据的压缩。

在图 6.2.2 所示的信源编码器中,变换器对输入数据进行转换,以改变数据的描述形式,减少或消除像素间的冗余。这步操作通常是可逆转的,并且可能直接或通过与符号编码器结合来减少表示图像的数据。

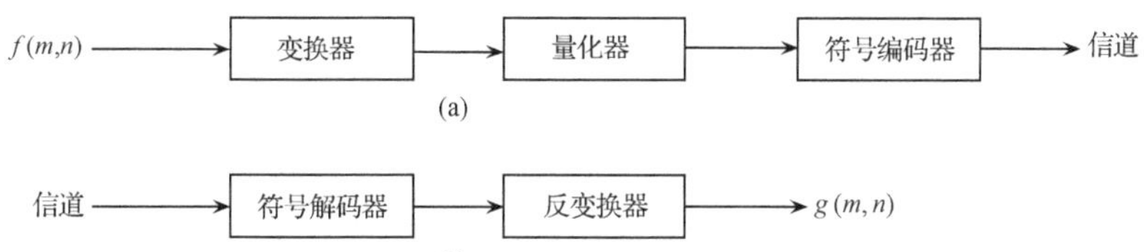

图 6.2.2　图像编解码模型

(a) 信源编码器　(b) 信源解码器

量化器根据给定的保真度准则降低变换器输出的精度,以进一步减少心理视觉冗余。这一步的操作有信息损失,因此是不可逆的,对应的压缩是有损或失真型的。对于无损(无失真)压缩,这一步必须略去。

符号编码器作为信源编码的最后阶段，一般采用变长码来表示经过变换和量化的数据集合，即用最短的码字表示出现频率（直方图）最高的数据，以减少编码冗余。这一步的操作也是可逆转的。

图 6.2.2(a)给出了信源编码的三步操作，但并不是所有图像压缩系统都必须包括这三种操作。比如无损压缩时，必须去掉量化器，另外有些压缩技术常把其中的二步或三步操作结合起来。

图 6.2.2(b)中给出的信源解码器仅包含符号解码器和反变换器两部分，它们分别作为符号编码器和变换器的逆操作。因为量化操作导致了不可逆的信息损失，所以信源解码器中不包含对量化的逆操作。

6.2.3 保真度准则

正如前面所提到的，减少或消除心理视觉冗余会导致一定数量的信息损失，有时也可能由此失去重要的信息。因此必须要有一个描述图像失真的准则，来对图像的失真程度或质量进行评价，以便将图像失真限制在限定的范围内。通常这种评价准则可分为客观保真度准则和主观保真度准则。

1. 客观保真度准则

将信息损失的多少，表示为原始图像与压缩后又解压缩得到的重建图像的函数，就称为客观保真度准则。客观保真度准则以解压后图像和压缩前原图像的差值为基础，通常以均方根误差、均方根信噪比和峰值信噪比三种形式来表示。

1) 均方根(RMS)误差

若原图像为 $f(m,n)(0\leqslant m\leqslant M-1,0\leqslant n\leqslant N-1)$，压缩又解压后的图像为 $g(m,n)$，则误差图像为

$$e(m,n)=g(m,n)-f(m,n) \tag{6.2.7}$$

均方根误差为

$$e_{\mathrm{rms}}=\left[\frac{1}{MN}\sum_{m=0}^{M-1}\sum_{n=0}^{N-1}e^2(m,n)\right]^{\frac{1}{2}}=\left\{\frac{1}{MN}\sum_{m=0}^{M-1}\sum_{n=0}^{N-1}[g(m,n)-f(m,n)]^2\right\}^{\frac{1}{2}} \tag{6.2.8}$$

2) 均方根信噪比($\mathrm{SNR_{rms}}$)

令 $g(m,n)=f(m,n)+\eta(m,n)=f(m,n)+e(m,n)$，即把重建图像 $g(m,n)$和输入图像 $f(m,n)$之间的误差看作是噪声，将重建图像信噪比 SNR 作为保真度准则，即

$$\mathrm{SNR_{rms}}=\left[\frac{\sum_{m=0}^{M-1}\sum_{n=0}^{N-1}f^2(m,n)}{\sum_{m=0}^{M-1}\sum_{n=0}^{N-1}e^2(m,n)}\right]^{\frac{1}{2}}=\left\{\frac{\sum_{m=0}^{M-1}\sum_{n=0}^{N-1}f^2(m,n)}{\sum_{m=0}^{M-1}\sum_{n=0}^{N-1}[g(m,n)-f(m,n)]^2}\right\}^{\frac{1}{2}} \tag{6.2.9}$$

实际中使用时常将 SNR 归一化并用分贝(dB)表示，即

$$\mathrm{SNR}=10\lg\left\{\frac{\sum_{m=0}^{M-1}\sum_{n=0}^{N-1}[f(m,n)-\bar{f}]^2}{\sum_{m=0}^{M-1}\sum_{n=0}^{N-1}[g(m,n)-f(m,n)]^2}\right\} \tag{6.2.10}$$

其中，$\bar{f}$ 为图像平均值

$$\bar{f}=\frac{1}{MN}\sum_{m=0}^{M-1}\sum_{n=0}^{N-1}f(m,n) \tag{6.2.11}$$

3) 峰值信噪比

如果令 $f_{\max}=\max\{f(m,n);m=0,1,\cdots,M-1;n=0,1,\cdots,N-1\}$，那么峰值信噪比为

$$\mathrm{PSNR}=10\lg\left[\frac{MNf_{\max}^2}{\sum_{m=0}^{M-1}\sum_{n=0}^{N-1}[g(m,n)-f(m,n)]^2}\right] \tag{6.2.12}$$

对于常见的 256 级灰度图像，$f_{\max}=255$。

2. 主观保真度准则

尽管客观保真度准则提供了一种简捷的信息损失表示方法，但客观误差的大小并不一定与人所感受的图像优劣相一致。因此，对于最终作为人的视觉感受使用的视觉图像，一般也采用主观保真度准则进行主观评价，包括综合评价法和成对比较打分法[4]。

1) 综合评价法

不同的观察者对给出的图像进行评价，然后将评价结果加以平均，作为综合评价的结果。如表 6.2.2 给出了电视图像质量的评价标准。

表 6.2.2　电视图像质量评价表

评分	评价	说明
1	优秀	图像质量非常好，如同人想象出的最好质量
2	良好	图像质量高，观看舒服，有干扰但不影响观看
3	可用	图像质量可接受，有干扰但不太影响观看
4	刚可用	图像质量差，干扰大到有些妨碍观看，希望改进
5	差	图像质量很差，妨碍观看的干扰始终存在，几乎无法观看
6	不能用	图像质量极差，不能使用

2) 成对比较打分法

可以按照某种相对的尺度对 $f(m,n)$ 和 $g(m,n)$ 进行比较打分，从而获得相对的质量分。比如，可以用$\{-3,-2,-1,0,1,2,3\}$来表示主观评价{很差，较差，稍差，相同、稍好、较好、很好}。

6.3 无损压缩编码

无损压缩在压缩后不丢失信息，即对图像的压缩、编码、解码后可以不失真地复原原图像。我们把这种压缩编码称为无损压缩编码，简称无损编码，或称无失真编码、信息保持编码或熵保持编码。

对于无损编码，对应的平均码长 L_{avg} 有无下限？如果有，它是多少？怎样编码，既能无失真，又能使 L_{avg} 尽量小？这些都是本节要讨论的问题。

6.3.1 信息量

使用图像、语言、文字都是为了传达信息，只是图像中包含很大的信息量而已。因此，信息的目的是传达。一个信息若能传达给我们许多原来未知的内容，我们就认为这个信息很有意义，信息量大；反之，一个信息传达给我们的是已经确知的东西，则这个传达就失去了意义，信息量就为零。所以，信息论中关于信息量是按该信息所传达的事件的随机性来度量的。

如果某随机事件 x 出现的概率为 $P(x)$，则此事件 x 包含的信息量为

$$I(x) = \log_a \frac{1}{P(x)} = -\log_a P(x) \tag{6.3.1}$$

若 $a=2$，则信息量单位为比特(binary unit, bit)，即

$$I(x) = -\log_2 P(x) \quad (\text{比特}) \tag{6.3.2}$$

若 $a=\mathrm{e}$，则为奈特(nature unit, nat)；若 $a=10$，则为哈特(hart，以纪念 hartley)。

一般以 2 为底取对数，由此定义的信息量等于描述该信息所用的最少二进制位数。

从式(6.3.2)可知，若 $P(x)=1$，则 $I(x)=0$，这说明确知事件的随机性为 0(不随机)，所以信息量就为 0。

6.3.2 信源的熵

图 6.3.1 给出了一个简单的信息系统模型。其中信息的来源称为信源，信源发出信息后通过信道传送到接收方，称为信宿。

图 6.3.1 一个简单的信息系统模型

若信源由 J 个符号组成信源集：$A=\{a_1, a_2, \cdots, a_J\}$，对应各符号出现的概率为 $P(A)=\{P(a_1), P(a_2), \cdots, P(a_J)\}$，且 a_i 与 $a_j(i\neq j)$ 不相关，则该信源的平均随机程度或平均信息量就称为信源的熵，表示为

$$H(A) = -\sum_{i=1}^{J} P(a_i)\log_2 P(a_i) \tag{6.3.3}$$

上式实际上就是信源中每个符号的信息量按其出现概率相加的结果。具体到数字图像中，a_i 相当于灰度级 i，$P(a_i)$相当于灰度级 i 出现的频数（概率），即直方图。信源的熵则表示图像各灰度级的平均比特数或图像信源的平均信息量。

6.3.3 基本编码定理

1. 无失真编码定理

在无干扰条件下，存在一种无失真的编码方法，使编码的 L_{avg} 与信源的熵 $H(A)$任意的接近。即

$$L_{\text{avg}} = H(A) + \varepsilon, \quad \forall\varepsilon > 0 \tag{6.3.4}$$

但以 $H(A)$为下限，即 $L_{\text{avg}} \geqslant H(A)$。这就是 Shannon 的无失真编码定理。该定理为我们指出了无失真编码所需要的平均码字长下限，我们要想方设法寻找最优编码方法，使编码 L_{avg} 等于或接近 $H(A)$。但如果 $L_{\text{avg}} < H(A)$，肯定会出现失真。

同时，该定理也为我们提供了一个评价无失真编码的标准。因此，我们可给出描述无失真编码性能的几个参数：

（1）编码效率

$$\eta = \frac{H(A)}{L_{\text{avg}}} \tag{6.3.5}$$

（2）冗余度

$$R_D = (1-\eta) \times 100\% \tag{6.3.6}$$

（3）压缩比

$$C_R = \frac{m}{L_{\text{avg}}} \tag{6.3.7}$$

其中，m 为采用自然编码时的码长。此时，式中分母 L_{avg} 有下限，则对应最大压缩比为

$$(C_R)_{\max} = \frac{m}{H(A)} \tag{6.3.8}$$

从上述关于信息量的概念我们知道，信源中的符号（简称信符）的出现概率越大，该信符包含的信息量就越少，则需要短码字就能表示，反之对出现概率小的信符，其信息量就大，也就需要长码字来描述，这样就引出了变字长编码定理。

2. 变字长编码定理

在变字长编码中，对出现概率 $P(a_i)$大的信符 a_i 赋予短码字，而对 $P(a_j)$小的 a_j 赋予长码字。如果码字长度严格按照所对应信符的出现概率大小逆序排列，则编码的平均码长不会大于任何其他排列方式。即

若 $P(a_i) \geqslant P(a_j) \geqslant P(a_k) \geqslant \cdots$，　则 $l(a_i) \leqslant l(a_j) \leqslant l(a_k) \leqslant \cdots$

下面将介绍利用变字长编码定理进行无失真编码的两种常用方法——霍夫曼编码法和算术编码法。

6.3.4 霍夫曼编码法

霍夫曼编码法是消除编码冗余最常用的方法，它实际上是变长编码定理的一种实现算法。其编码过程分为两步。

1. 缩减信源符号的数量

(1) 将输入符号(图像中的灰度级)a_i 按出现概率 $P(a_i)$由大到小排列，即

$$P(a_i) \geqslant P(a_j) \geqslant P(a_k) \geqslant \cdots$$

(2) 将最小的两个 $P(a_i)$相加，形成一个新的概率集合(此时就缩减了一个 $P(a_i)$)，再按(1)重复直到只剩下两个概率为止。

图 6.3.2 给出了一个实际信源符号的缩减过程。首先将信符按出现概率由大到小排列，然后将最小的两个概率 0.04 和 0.02 结合成一个概率值为 0.06 的“复合符号”，用该概率值 0.06 代替被加的 0.04 和 0.02，这样就完成了第一步缩减，再回到概率序列，仍旧由大到小排列(遇到相等的概率，前后排列可任意)，这个过程一直重复持续到只剩两个概率为止，这样就完成了信符数量的缩减。

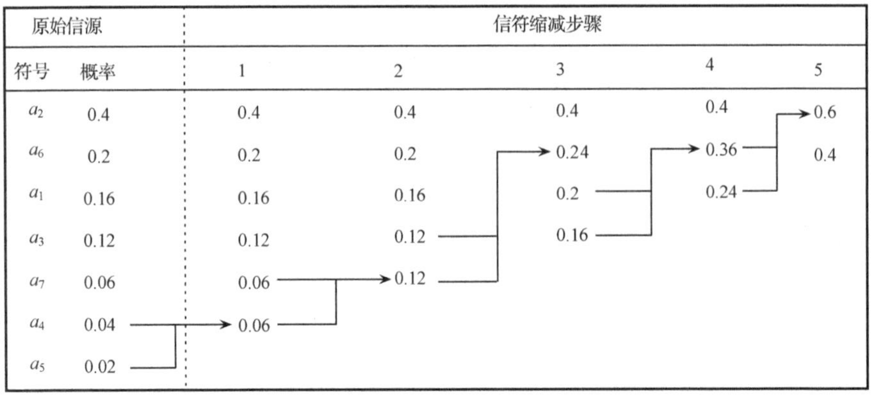

图 6.3.2　霍夫曼编码中的信符缩减过程

2. 分配码字

从缩减的最后一步开始反向进行，对最后两个概率代表的符号一个赋“0”，一个赋“1”(可随机给一个赋“0”另一个赋“1”)；再倒一步，对遇到复合符号就增加一个二进制位的码字，以区分两个符号，该过程一直持续到原始的信源为止。

图 6.3.3 给出了上述经缩减信符后的码字分配过程。

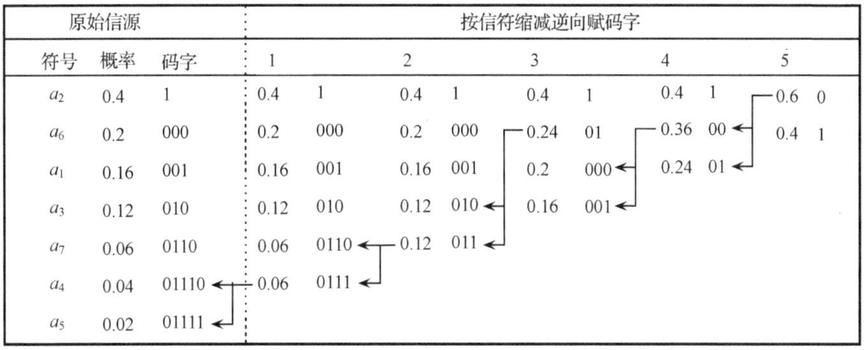

图 6.3.3 霍夫曼编码中的码字分配过程

到此，就得到了原始信源对应的码字，如表 6.3.1 所示。按照码字表将原图像中的各个像素灰度值用对应的码字表示，就可得到图像的霍夫曼编码结果。解码过程与编码过程相反，即将图像编码值变成原灰度图像。

表 6.3.1 霍夫曼编码的码字表

编码形式		解码形式	
符号(灰度级)	码字	码字	符号(灰度级)
a_1	001	1	a_2
a_2	1	000	a_6
a_3	010	001	a_1
a_4	01110	010	a_3
a_5	01111	0110	a_7
a_6	000	01110	a_4
a_7	0110	01111	a_5

同时也可以计算与编码性能相关的几个参数。

(1) 信源的熵

$$H(A) = -\sum_{i=1}^{7} P(a_i)\log_2 P(a_i) = 2.325$$

(2) 霍夫曼编码的平均码字长

$$\begin{aligned} L_{\text{avg}} &= \sum_{i=1}^{7} l(a_i)P(a_i) \\ &= 3\times 0.16 + 1\times 0.4 + 3\times 0.12 + 5\times 0.04 + 5 \\ &\quad \times 0.02 + 3\times 0.2 + 4\times 0.06 \\ &= 2.380 \end{aligned}$$

(3) 霍夫曼编码的效率

$$\eta = \frac{H(A)}{L_{\text{avg}}} = \frac{2.325}{2.380} = 0.977$$

(4) 冗余度

$$R_D = (1-\eta) \times 100\% = 2.3\%$$

(5) 压缩比

$$C_R = \frac{m}{L_{\mathrm{avg}}} = \frac{3}{2.380} = 1.26$$

从该例子可看出，L_{avg}非常接近于熵值。因此，霍夫曼编码是无失真编码中效率较高的一种编码方法。在分配码字过程中，随机赋“0”和“1”的不同，结果会使码字不同(不唯一)，而码字长和平均码字长不会改变，它也是唯一可解码的。但其缺点是信源缩减过程复杂，运算量大。为克服这个缺点，人们也相继提出了一些改进方法。

6.3.5 香农 费诺编码法

由于霍夫曼编码方法中的信源缩减过程很复杂，当信符个数较多时十分不便。为此 Shannon 和 Fano 提出了另一种类似的变长编码方法。相比于霍夫曼编码方法，该方法更方便、快捷，有时也能达到最优性能。具体编码方法是[36]：

(1) 将信符 x_i 按出现概率 p_i 由大到小排列

$$X = \begin{Bmatrix} x_1 & x_2 & \cdots & x_n \\ P_1 & P_2 & \cdots & P_n \end{Bmatrix}, \quad P_1 \geqslant P_2 \geqslant \cdots \geqslant P_n \tag{6.3.9}$$

(2) 将 X 分成两个子集

$$X_1 = \begin{Bmatrix} x_1 & x_2 & \cdots & x_k \\ P_1 & P_2 & \cdots & P_k \end{Bmatrix} \tag{6.3.10}$$

$$X_2 = \begin{Bmatrix} x_{k+1} & x_{k+2} & \cdots & x_n \\ P_{k+1} & P_{k+2} & \cdots & P_n \end{Bmatrix} \tag{6.3.11}$$

并且保证

$$\sum_{i=1}^{k} P_i \approx \sum_{j=k+1}^{n} P_j \tag{6.3.12}$$

成立或差不多成立。

(3) 给两个子集赋不同的码元值，如 X_1 中的符号赋“0”，则 X_2 中的符号就赋“1”，也可以反过来。

(4) 重复(2)、(3)，即对每个子集再一分为二，并分别赋予不同码元值，直到每个子集仅含一个信符为止。

下面通过霍夫曼编码中用过的同样例子，说明上述编码过程。

将信源 $A=\begin{Bmatrix} a_2 & a_6 & a_1 & a_3 & a_7 & a_4 & a_5 \\ 0.4 & 0.2 & 0.16 & 0.12 & 0.06 & 0.04 & 0.02 \end{Bmatrix}$记为

$$X=\begin{Bmatrix} x_1 & x_2 & x_3 & x_4 & x_5 & x_6 & x_7 \\ 0.4 & 0.2 & 0.16 & 0.12 & 0.06 & 0.04 & 0.02 \end{Bmatrix}$$

则其编码过程如图 6.3.4 所示。同样可得 $H(X)=2.325$，$L_{avg}=2.380$。

<table>
<tr><th>码字</th><th>符号</th><th>概率</th><th></th><th></th><th></th><th></th><th></th></tr>
<tr><td>0</td><td>x_1</td><td>0.4</td><td>0</td><td></td><td></td><td></td><td></td></tr>
<tr><td>100</td><td>x_2</td><td>0.2</td><td rowspan="6">1</td><td rowspan="2">0</td><td>0</td><td></td><td></td></tr>
<tr><td>101</td><td>x_3</td><td>0.16</td><td>1</td><td></td><td></td></tr>
<tr><td>110</td><td>x_4</td><td>0.12</td><td rowspan="4">1</td><td>0</td><td></td><td></td></tr>
<tr><td>1110</td><td>x_5</td><td>0.06</td><td rowspan="3">1</td><td>0</td><td></td></tr>
<tr><td>11110</td><td>x_6</td><td>0.04</td><td rowspan="2">1</td><td>0</td></tr>
<tr><td>11111</td><td>x_7</td><td>0.02</td><td>1</td></tr>
</table>

图 6.3.4 香农-费诺码编码过程

6.3.6 算术编码

算术编码是采用一种比特数目可变的方法来进行编码的，它和霍夫曼编码类似，都属于变长编码。但两者具有一个显著的不同，就是霍夫曼编码对于一个信源符号必须分配整数位码字，而算术编码可以分配带有小数的比特数目信符。例如，当概率为 0.3 的符号，它的理想码字应该为 $-\log_2 0.3 \approx 1.737$，那么霍夫曼编码只能给该信符分配 1 或 2 比特，算术编码则克服了这一问题。由于算术编码可以分配接近于 1.737 的码字给该信源符号，这样，算术编码就可以采用比霍夫曼编码更少比特的码字，故算术编码更接近于最优熵编码，压缩性能优于霍夫曼编码。算术编码的基本原理是将被编码的信息流（称为消息）表示成实数 0 和 1 之间的一个区间（Interval）。消息越长，编码表示它的区间就越小，表示这一小区间所需的二进制位数就越多。算术编码的过程就是根据信源符号的概率对码区间进行分割的过程。算术编码用到两个基本参数：符号的概率和它的编码区间。信源符号的概率决定压缩编码的效率，也决定编码过程中信源符号在 0 到 1 之间的区间，编码过程中的区间决定了符号压缩后的输出。算术编码步骤如下：

(1) “当前区间”初始化为[0,1)。

(2) 对于输入信息流中的每个信符，编码器执行如下两个步骤：①将“当前区间”分成子区间，该子区间的长度正比于符号的概率。②选择下一个信符对应的子区间，并使它成为新的“当前区间”。

(3) 将整个消息处理后，在“当前区间”中任取一个数，该数就是输入信息流的算术编码。

下面结合一个实例来说明算术编码的具体算法。设要编码的信息流（即信源）为“bcadc”，信源中各符号出现的概率分别为 $P(\mathrm{a})=0.2$，$P(\mathrm{b})=0.3$，$P(\mathrm{c})=0.4$，$P(\mathrm{d})=0.1$。

首先，将各符号在区间[0,1)内的初始区间[l,h)设定为表6.3.2所示。

表6.3.2　信源符号出现概率和初始编码区间分配表

信源符号	a	b	c	d
出现概率 P	0.2	0.3	0.4	0.1
初始区间[l,h)	[0,0.2)	[0.2,0.5)	[0.5,0.9)	[0.9,1.0)

定义“当前区间”为[$L(i),H(i)$)，当前编码符号的初始区间为[l,h)。则“当前区间”的起始值 $L(i)$ 和结束值 $H(i)$ 为

$$\begin{cases} L(i)=L(i-1)+R(i-1)\times l \\ H(i)=L(i-1)+R(i-1)\times h \end{cases} \tag{6.3.13}$$

式中，$L(i-1)$为前一个区间的起始位置；$R(i-1)=H(i-1)-L(i-1)$为前一个区间的长度。

第一个编码符号为“b”，其初始区间为[l,h)=[0.2,0.5)，则“当前区间”[$L(1),H(1)$)为

$$\begin{cases} L(1)=L(0)+R(0)\times l \\ H(1)=L(0)+R(0)\times h \end{cases}$$

其中“当前区间”的初始化值为[$L(0),H(0)$)=[0,1)，则 $R(0)=H(0)-L(0)=1-0=1$。代入后可得[$L(1),H(1)$)=[0.2,0.5)=[l,h)。

第二个编码符号为“c”，则其[l,h)=[0.5,0.9)，$R(1)=H(1)-L(1)=0.5-0.2=0.3$，同理“当前区间”为

$$\begin{cases} L(2)=L(1)+R(1)\times l=0.2+0.3\times 0.5=0.35 \\ H(2)=L(1)+R(1)\times h=0.2+0.3\times 0.9=0.47 \end{cases}$$

即“bc”的编码区间为[$L(2),H(2)$)=[0.35,0.47)

第三个被编码的符号为“a”，其初始区间为[l,h)=[0,0.2)，同理可得“当前区间”为

$$\begin{cases} L(3)=L(2)+R(2)\times l=0.35+(0.47-0.35)\times 0=0.35 \\ H(3)=L(2)+R(2)\times h=0.35+(0.47-0.35)\times 0.2=0.374 \end{cases}$$

即“bca”的编码区间为[0.35,0.374)。

第四个被编码的符号为“d”，其初始区间为[l,h)=[0.9,1.0)，则“当前区间”为

$$\begin{cases} L(4)=L(3)+R(3)\times l=0.35+(0.374-0.35)\times 0.9=0.3716 \\ H(4)=L(3)+R(3)\times h=0.35+(0.374-0.35)\times 1.0=0.374 \end{cases}$$

第五个被编码符号为“c”，同理可得

$$\begin{cases} L(5)=L(4)+R(4)\times l=0.3716+(0.374-0.3716)\times 0.5=0.3728 \\ H(5)=L(4)+R(4)\times h=0.3716+(0.374-0.3716)\times 0.9=0.37376 \end{cases}$$

至此，输入信息流被描述为一个实数区间[0.3728，0.37376)，或者说在此区间内的任一实数值都唯一对应该信息流。

将该区间[0.3728，0.37376)用二进制形式可表示为[0.01011111011，0.01011111101)，取这个区间位数最少的一个数 0.010111111 作为信息流“bcadc”的编码输出，同时“0.”也可忽略。因此，信息流“bcadc”的编码值为 010111111。图 6.3.5 描述了以上算术编码过程。

算术解码是编码的逆过程，根据编码时的符号出现概率的初始编码区间分配表和压缩后数据编码所在的范围，确定所对应信息流的每一个符号。

在整个编码过程中，我们只用到了加减法和乘法等算术运算，这就是其名称的由来。算术编码的实现方法要比霍夫曼编码复杂一些，但其编码效率一般高于霍夫曼编码。

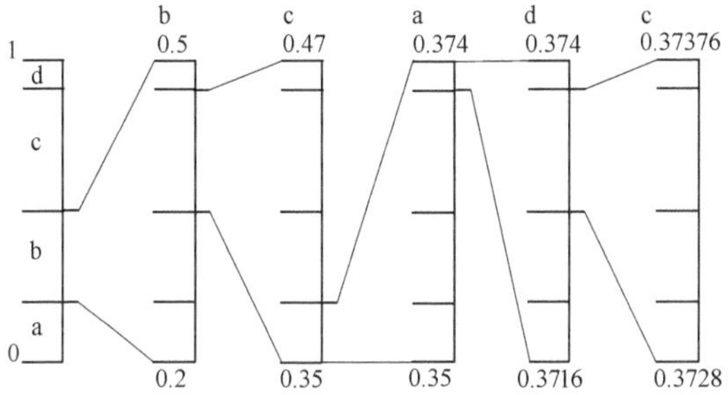

图 6.3.5　算术编码过程示意图

6.4　限失真编码

从无失真编码定理可知，只要在 $L_{avg} > H(A)$ 的条件下编码，就可以达到信息无失真解码，但其压缩比会比较低。为了提高压缩比，必然要使 L_{avg} 突破熵的限制，也必然产生失真。在实际生活和应用中，人们并不要求获得完全无失真的消息，通常只要求近似地再现原消息，也就是允许一定的失真存在。比如对于消息接受者为人的视觉信息，只要把失真限制在某一个容许限度内，使人的眼睛看不到有失真，或者虽然看得出来，但失真仍在能够接受的范围。这种把失真限制在某一允许限度以内，可以达到更高压缩比的压缩编码称为限失真编码。

6.4.1　信息率失真理论

既然允许一定的失真存在，那么对信息率(图像编码中一般可理解为平均码字长)的要求便可降低。换句话说，就是允许压缩信源输出的信息率。信息率与允许失真之间的关系，就是香农提出的信息率失真理论的内容。

根据信息率失真理论，有一个函数 $R(D)$ 存在，只要信息率大于 $R(D)$，必存在一种编码方法，其平均失真可无限逼近 D；反之，若信息率小于 $R(D)$，则任何编码的平均失真必须大于 D。这就是香农的限失真编码定理。

该定理指出了限失真条件下，即允许失真不超过某个值 D 时，压缩编码所必需的最小信息率（L_{avg} 下限）为 $R(D)$。

这里的 $R(D)$ 称为率失真函数，如图 6.4.1 所示，它是 D 的单调递减函数。

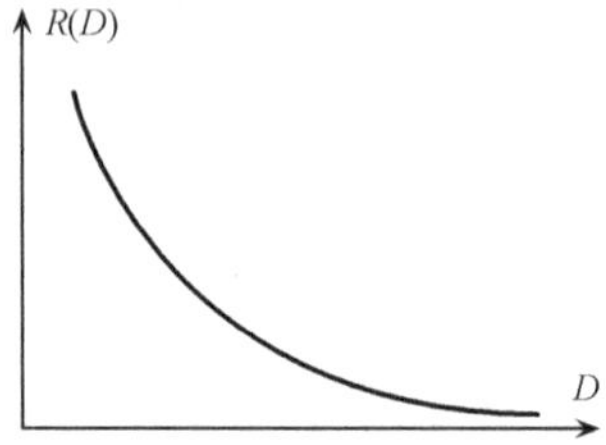

图 6.4.1　一个率失真函数的示意图

若以均方误差作为失真度量，对于正态分布的信源，其率失真函数为

$$R(D)=\begin{cases}\dfrac{1}{2}\log_2\dfrac{\sigma^2}{D}, & 0\leqslant D\leqslant\sigma^2\\ 0, & D>\sigma^2\end{cases} \tag{6.4.1}$$

上式表明，如果 $D>\sigma^2$，即允许失真比输入信号的方差还要大，传输信息已失去意义，所以对信源输出的信息率没有要求。需要传输信号的方差 σ^2 愈小，允许的失真 D 愈大，所需传输的信息率愈低。

率失真理论虽然没有指出如何达到信息率下限的具体方法，但从理论上指明了方向，提供了一个衡量限失真编码方法效率的标准。因此，人们把限失真编码也称为率失真编码。

下面介绍两种常用的限失真编码方法：预测编码和正交变换编码。

6.4.2　预测编码

图像像素之间存在高度的相关性。一般帧内像素相关系数在 0.85 左右，帧间相关系数在 0.95 左右。通过对图像进行某种变换，数值较大的方差会集中在少数系数中，这样可以给那些小幅值系数分配很少的比特数，从而达到压缩的目的。

1. 预测编码的概念

图 6.4.2 给出了摄像师（camera）图像及其相邻像素差值图像的直方图，从中可看出，行列相邻像素取差运算后的差值主要集中在 0 附近，相比于原图像直方图，差值直方图的分布也很集中。这说明，通过对原图像行列取差值，可以减少或消除原图像像素间的相关性，使差值的方差大大降低[34]。

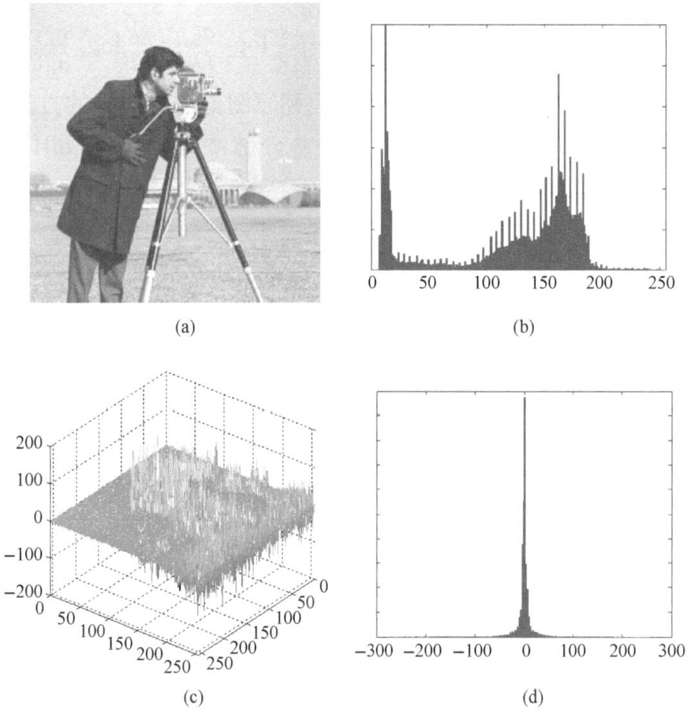

图 6.4.2　原图像及其像素差值直方图对比

(a) 原图像　(b) 原图像直方图　(c) 原图像行列取差值的三维图

(d) 行列取差值图像的直方图

利用像素间的相关性，图像中某一像素 $f(m,n)$ 的灰度值可以用其邻近的若干个像素来预测(估计)，则 $f(m,n)$ 与其预测值 $\hat{f}(m,n)$ 之差(称为预测误差)为

$$e(m,n) = f(m,n) - \hat{f}(m,n) \tag{6.4.2}$$

如果像素间相关性较强，灰度值预测较准确，则 $e(m,n)$ 的分布比上例中的差值要更集中于 0 附近，从而使预测误差方差

$$\sigma_e^2(m,n) = E\{[f(m,n) - \hat{f}(m,n)]^2\} \tag{6.4.3}$$

很小，即 $\sigma_e^2(m,n) \ll \sigma_f^2$。这里的 σ_f^2 为原图像方差。

如果对差值 $e(m,n)$ 进行量化编码，由 6.4.1 节的率失真理论可知，在相同的平均失真度 D 条件下，原图像信源和差值信源(假设都是正态分布)的率失真函数分布为

$$R_f(D) = \frac{1}{2}\log_2 \frac{\sigma_f^2}{D}$$

$$R_e(D) = \frac{1}{2}\log_2 \frac{\sigma_e^2}{D}$$

则直接对 $f(m,n)$ 进行量化编码而改为对差值 $e(m,n)$ 进行量化编码，可以使信息

率(平均码字长)平均减少

$$\Delta R = R_f(D) - R_e(D) = \frac{1}{2}\log_2 \frac{\sigma_f^2}{D} - \frac{1}{2}\log_2 \frac{\sigma_e^2}{D} = \frac{1}{2}\log_2 \frac{\sigma_f^2}{\sigma_e^2} \text{ (比特)}$$

这种利用原图像与其预测图像的差值代替原图像进行编码的方法就称为预测编码。预测编码中最有代表性的方法就是差分脉冲编码调制(differential pulse code modulation,DPCM)方法。

2. DPCM编码的基本原理

DPCM编码的基本原理如图6.4.3所示。其中的编码部分由量化器、预测器和编码器组成,解码部分由解码器和预测器组成。

为便于描述,将要编码图像像素按其传输次序表示为 $f=\{f_1,f_2,\cdots,f_{n-m},f_{n-(m-1)},\cdots,f_{n-1},f_n,\cdots\}$,其中 f_n 为当前要编码之像素灰度值,$f_{n-m},f_{n-(m-1)},\cdots,f_{n-1}$是与 f_n 相关的前 m 个像素灰度值,则 f_n 可由与之相关的前 m 个像素来预测,即 f_n 的预测值为

$$\hat{f}_n = F(f_{n-m},f_{n-m+1},\cdots,f_{n-2},f_{n-1}) \tag{6.4.4}$$

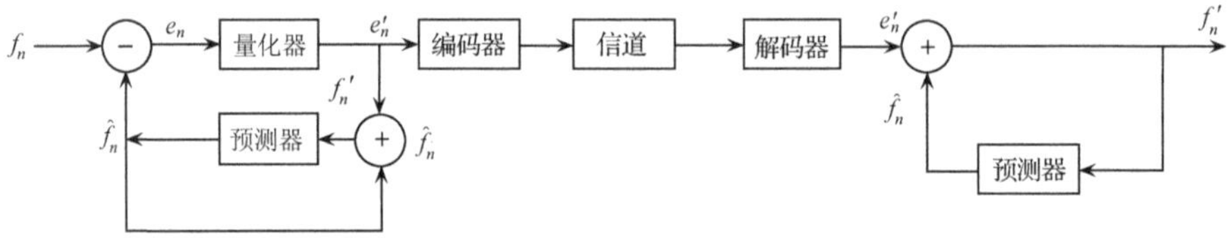

图6.4.3 DPCM编解码原理框图

图像像素灰度值 f_n 送入减法器,使 f_n 与其预测值 $\hat{f}_n$ 相减得出差值信号,即 $e_n=f_n-\hat{f}_n$。然后,将 e_n 送入量化器,量化后再送入编码器进行编码。另外一路是将e'_n 送入相加器,在这里 e'_n 与 $\hat{f}_n$ 相加后再送入预测器,以便预测下一个要编码的像素值。这里的预测器一般带有存储器,它能把 $f'_{n-1},f'_{n-2},\cdots,f'_{n-m}$存储起来,并据此按式(6.4.4)对 f_n 进行预测,得到预测值 $\hat{f}_n$。

收端对接收到的编码值进行解码,得到 e'_n 后再送入相加器与预测值 $\hat{f}_n$ 相加得到 f'_n,另外 f'_n 又送到预测器存储,以便预测下一个样本。收发两端所用的预测器相同,在收端即可恢复出 f'_n,它是输入像素灰度值 f_n 的近似值。f_n 和 f'_n 之间的差别是由发端量化器造成的。对 e_n 量化愈粗,压缩比就越高,所引起的失真也愈大。当量化器设定后,DPCM的关键问题就是设计预测器,预测器预测的 $\hat{f}_n$ 愈接近 f_n,e_n 的方差就愈小,则压缩比也就愈高。

3. 最优预测器的设计

图6.4.3所示的DPCM编码中,如果去掉量化器,则可形成无失真预测编码。

但实际应用中，为了提高压缩比，往往都包含量化器，也就是因为有了量化器才可大幅度提高压缩比，同时也产生一定失真。因此预测编码一般属于有失真编码。

预测编码的失真程度取决于量化器和预测器的设计方法以及它们之间的相互作用，但预测器和量化器在设计中通常是独立进行的。设计预测器时一般认为量化器没有误差，而量化器在设计中则需要最小化自身的误差。

为了便于应用尤其是硬件实现，预测器一般设计成与被预测像素最近的 m 个像素的线性组合，即式(6.4.4)就具体化为一个 m 阶的马尔可夫过程

$$\hat{f}_n = \sum_{i=1}^{m} a_i f_{n-i} \tag{6.4.5}$$

并有限制条件

$$f'_n = e'_n + \hat{f}_n \approx e_n + \hat{f}_n = f_n \tag{6.4.6}$$

最优预测器的条件为编码的均方预测误差降至最小

$$E\{e_n^2\} = E\{[f_n - \hat{f}_n]^2\} \to \min \tag{6.4.7}$$

这里设计最优预测器就是求式(6.4.5)中的预测系数 a_i，使 $E\{e_n^2\} \to \min$。将式(6.4.5)代入式(6.4.7)

$$E\{e^2(n)\} = E\left\{\left[f_n - \sum_{i=1}^{m} a_i f_{n-i}\right]^2\right\} \tag{6.4.8}$$

为求最小

$$\begin{aligned} \frac{\partial E\{e_n^2\}}{\partial a_i} &= \frac{\partial}{\partial a_i} E\left\{\left[f_n - \sum_{i=1}^{m} a_i f_{n-i}\right]^2\right\} \\ &= \frac{\partial}{\partial a_i} E\{[f_n - (a_1 f_{n-1} + a_2 f_{n-2} + \cdots + a_m f_{n-m})]^2\} \\ &= -2E\{[f_n - (a_1 f_{n-1} + a_2 f_{n-2} + \cdots + a_m f_{n-m}) f_{n-i}]\} \end{aligned} \tag{6.4.9}$$

式中，$i=0,1,2,\cdots,m$。

为求极值，令

$$\frac{\partial E\{e_n^2\}}{\partial a_i} = 0$$

得到如下方程组

$$\begin{cases} E\{[f_n - (a_1 f_{n-1} + a_2 f_{n-2} + \cdots + a_m f_{n-m})] f_{n-1}\} = 0 \\ E\{[f_n - (a_1 f_{n-1} + a_2 f_{n-2} + \cdots + a_m f_{n-m})] f_{n-2}\} = 0 \\ \qquad \vdots \\ E\{[f_n - (a_1 f_{n-1} + a_2 f_{n-2} + \cdots + a_m f_{n-m})] f_{n-m}\} = 0 \end{cases} \tag{6.4.10}$$

通过求解如上方程组，就可求得最优预测系数 $a_i(i=1,2,\cdots,m)$。

或者将式(6.4.10)写成

$$
\begin{cases}
E\{f_n f_{n-1}\} = E\left\{f_{n-1}\left[\sum_{i=1}^{m} a_i f_{n-i}\right]\right\} \\
E\{f_n f_{n-2}\} = E\left\{f_{n-2}\left[\sum_{i=1}^{m} a_i f_{n-i}\right]\right\} \\
\vdots \\
E\{f_n f_{n-m}\} = E\left\{f_{n-m}\left[\sum_{i=1}^{m} a_i f_{n-i}\right]\right\}
\end{cases}
\tag{6.4.11}
$$

写成矩阵形式，即为

$$
\boldsymbol{Ra} = \boldsymbol{r} \tag{6.4.12}
$$

在假定 f_n 具有零均值和方差 σ^2 的条件下，求出联立方程的解集，得到

$$
\boldsymbol{a} = \boldsymbol{R}^{-1}\boldsymbol{r} \tag{6.4.13}
$$

这里 $\boldsymbol{R}^{-1}$ 是下列 $m\times m$ 自相关矩阵的逆矩阵

$$
\boldsymbol{R} = \begin{bmatrix}
E\{f_{n-1}f_{n-1}\} & E\{f_{n-1}f_{n-2}\} & \cdots & E\{f_{n-1}f_{n-m}\} \\
E\{f_{n-2}f_{n-1}\} & E\{f_{n-2}f_{n-2}\} & \cdots & E\{f_{n-2}f_{n-m}\} \\
\vdots & \vdots & & \vdots \\
E\{f_{n-m}f_{n-1}\} & E\{f_{n-m}f_{n-2}\} & \cdots & E\{f_{n-m}f_{n-m}\}
\end{bmatrix} \tag{6.4.14}
$$

$\boldsymbol{r}$ 和 $\boldsymbol{a}$ 是 m 元向量

$$
\boldsymbol{r} = \begin{bmatrix}
E\{f_n f_{n-1}\} \\
E\{f_n f_{n-2}\} \\
\vdots \\
E\{f_n f_{n-m}\}
\end{bmatrix}, \quad \boldsymbol{a} = \begin{bmatrix} a_1 \\ a_2 \\ \vdots \\ a_m \end{bmatrix} \tag{6.4.15}
$$

此时在最优预测条件下，预测误差的方差为

$$
\sigma_e^2 = E\{e_n^2\} = E\{[f_n - \hat{f}_n]^2\} = \sigma^2 - \boldsymbol{a}^{\mathrm{T}}\boldsymbol{r} = \sigma^2 - \sum_{i=1}^{m}\{a_i E[f_n f_{n-i}]\} \tag{6.4.16}
$$

显然 $\sigma_e^2 < \sigma^2$，而实际上 $\sigma_e^2 \ll \sigma^2$。

实际应用中要获得自相关计算（$\boldsymbol{R}$ 矩阵和 $\boldsymbol{r}$ 向量）很困难，但一般可将图像看作是一个二维的 m 阶马尔可夫序列，且为平稳随机分布过程，则自相关函数为

$$
R_{ij} = E\{[f(m,n)f(m\pm i, n\pm j)]\} = \sigma^2 \rho_v^{|i|}\rho_h^{|j|} \tag{6.4.17}
$$

式中，ρ_h 和 ρ_v 分别为图像水平和垂直方向的相关系数，且有 $0\leqslant \rho_h, \rho_v \leqslant 1$。

对于二维平面图像，预测采用从左至右，从上到下的因果形式进行。这里的因果形式是指接收方用已经接收到的像素值去预测 f_n。上述描述及公式中 f_n 和 f_{n-i} 与图像像素关系如图 6.4.4 所示。

…			⋮			
	$f_{n-6}=$ $f(m-1,n-2)$	$f_{n-3}=$ $f(m-1,n-1)$	$f_{n-2}=$ $f(m-1,n)$	$f_{n-4}=$ $f(m-1,n+1)$	$f_{n-7}=$ $f(m-1,n+2)$	…
当前行→	$f_{n-5}=$ $f(m,n-2)$	$f_{n-1}=$ $f(m,n-1)$	$f_n=$ $f(m,n)$			
			当前列↑			

图 6.4.4　因果形式图像预测的示意图

这里预测 f_n 所用像素个数称为预测器的阶。若某一平稳图像,其像素间的相关系数如式(6.4.17)所示,则其三阶线性预测器为

$$\hat{f}_n = a_1 f_{n-1} + a_2 f_{n-2} + a_3 f_{n-3}$$

由图 6.4.4 可知,该式也可写为

$$\hat{f}(m,n) = a_1 f(m,n-1) + a_2 f(m-1,n) + a_3 f(m-1,n-1)$$

可求得最优预测系数为

$$a_1 = \rho_h, a_2 = \rho_v, a_3 = -\rho_v\rho_h$$

由此可得到线性预测器为

$$\hat{f}(m,n) = \rho_h f(m,n-1) + \rho_v f(m-1,n) - \rho_v\rho_h f(m-1,n-1)$$

其预测方差为

$$\sigma_e^2 = \sigma^2(1-\rho_v^2)(1-\rho_h^2)。$$

6.4.3　正交变换编码

另一种限失真编码方法为变换编码。它利用某种变换把空域中的图像变换到频域,结果会使频域中的相关性明显下降,更有利于压缩编码。

变换编码在目前的图像压缩中得到了最广泛的应用,成为除二值图像外几乎所有图像和视频压缩的标准(如 JPEG、JPEG2000 和 MPEG)中采用的方法。由于正交变换的去相关和能量集中作用,它能把空域中强相关的像素灰度值变换成能量保持但集中于少数弱相关或不相关的变换域系数,因此变换编码中通常采用正交变换,故称为正交变换编码。

1. 正交变换编码的基本原理

正交变换编码的原理框图见图 6.4.5 所示。编码部分包括 4 个模块:子图像划分、正交变换、量化和符号编码。在输入端,把原始图像分成若干个大小相同的子图像,然后对每一个子图像进行正交变换,该变换是可逆的,变换本身并不进行数据压缩,它只把子图像映射到另一个域,使子图像在变换域里容易进行压缩。正交变换消除了子图像内部像素之间的相关性,同时通过能量的集中形成了稀疏的

系数。图像经过正交变换，数值大的系数的数量是比较少的，但是它们携带了主要信息。量化可以使得一部分小系数变为零，保留携带主要信息的大系数，这样获得更为稀疏的数据表示，但量化会产生数据的失真。最后再对量化的系数进行编码，实现压缩。解码包括符号解码、反变换和子图像合并。即首先进行符号解码，然后以零补足所有没有被传输的系数，最后对每一个数据矩阵进行反变换后合并成一个完整图像。

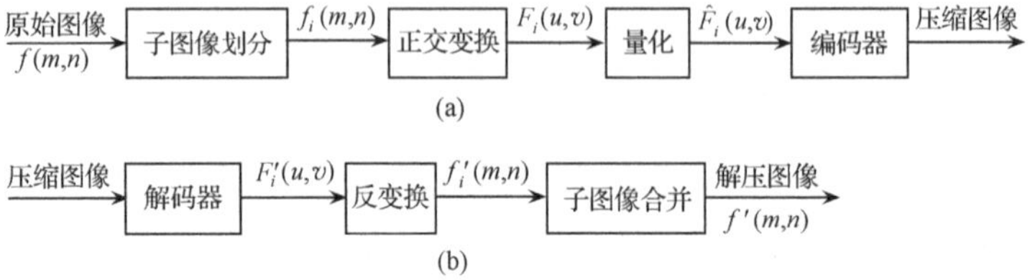

图 6.4.5　正交变换编码原理框图

(a) 编码部分　(b) 译码部分

2. 方法步骤

1) 子图像划分

在图像正交变换编码中，通常先将 $N\times N$ 的原始图像 $f(m,n)$ 分割成 $d\times d$ 的图像子块(可称为子图像)，再对每个子图像进行正交变换。这样做的好处是：一方面可增加子图像块内的均匀性，使正交变换后能量更集中；另一方面也会大大减少变换所需运算量。在分块时，若子图像块取小一些，则便于处理，计算速度快，实现简单，但同时分块造成的边界效应(原图像分块边界处的渐变或连续，解压后可能变成突变或不连续)会更加严重；若子图像块分大一些，那么由于 DCT 和 DFT 等(WHT 除外)具有渐进最佳性，当变换点数趋于无穷大时，其去相关性接近 KLT，去相关效果更好，但同时要大大增加运算的复杂度。故图像分块大小的选择应该使得相邻子图像之间的相关性保持到某个可接受的程度，并且将分块的长和宽设定为 2 的整次幂。目前通常采用的子图像大小为 8×8 或 16×16。即

$$f(m,n)=\left\{f_i(m,n)\,\middle|\, i=1,2,\cdots,\frac{N^2}{d^2}\right\} \qquad (6.4.18)$$

2) 正交变换

采用正交变换对图像进行处理，可将空域高度相关的像素灰度值变为弱相关或不相关的系数。显然这样能去掉存在于相关中的冗余。同时经正交变换后，并没有丢失图像所包含的信息，总的能量保持不变，但是能量重新分配。对于大多数图像来说，较多的区域是灰度缓变的，只是在较小区域上系数的方差较大。正交变换后，能量集中于低频区，而高频系数能量小。可利用变长编码来按能量大小分配码字，以达到压缩之目的，同时也可令能量小的系数为零。

正交变换编码能够获得高压缩比的原因在于图像通过正交变换后发生了能量的集中,使得大多数系数为零或是很小的数值。这样,在允许的图像失真范围内,可以舍弃数值小的系数,或者分配很少的比特。比如二维傅里叶变换,频谱幅值大的变换系数均集中在低频部分,这几乎占了图像信息的 90%,而高频部分的幅值都很小或趋于零。因而,完全可以仅对低频的变换系数进行量化、编码、传输,而高频部分既不编码,也不传输,这样就达到图像数据压缩的目的。不同的变换,能量集中的能力也是不同的。理想的去相关是让最少的变换系数包含最多的能量。若采用均方差最小准则,K-L 变换是具有最佳能量集中能力的变换,但是 K-L 变换需要估计图像的相关矩阵,然后进行特征值分解,求得特征矢量,继而得到变换矩阵,故 K-L 变换的变换矩阵依赖于具体图像,而不能得到固定的变换矩阵,并且,特征值和特征向量的计算具有很高复杂度。迄今为止,还没有出现 K-L 变换的快速算法,这些都限制了 K-L 变换在实际工程中的应用。另外常用的正交变换包括离散 DCT 变换、沃尔什-哈达玛变换,它们的去相关和能量集中特性都低于 K-L 变换,但是都存在快速算法,并且具有固定的变换矩阵,因而比 K-L 应用更加广泛。早期的图像变换编码常采用傅里叶变换,由于它有快速算法容易用硬件实现,所以获得了一定范围内的应用。但是由于离散傅里叶变换是一种复数变换,运算量较大,因而在实际应用中比较困难,而沃尔什-哈达玛变换具有 DFT 的快速算法结构,运算量却明显减少,但是能量集中能力比离散傅里叶变换差一些。而离散余弦变换是 K-L 变换的非常近似的逼近,它有快速算法,运算简单,具有固定的变换矩阵,并且变换可分离,因而被应用到许多压缩系统的变换中,如 JPEG 就采用 DCT 变换,而到 JPEG2000,就采用性能更优越的小波变换。

这一步的计算公式为

$$F_i(u,v) = \sum_{m=0}^{N-1}\sum_{n=0}^{N-1} f_i(m,n)g(m,n,u,v) \tag{6.4.19}$$

其中,$f_i(m,n)$和 $F_i(u,v)$分别表示原图像的第 i 分块和其正交变换后的系数,$g(m,n,u,v)$为正变换核。

3) 量化和编码

正交变换后对其系数的量化和编码一般结合起来分成两步进行,第一步是系数选择,第二步是选择系数的量化和编码。

(1) 系数选择。子图像经正交变换后,选择哪些系数进行量化和编码,丢掉哪些系数(不予传输),对变换压缩的性能有很大影响。原则上应保留能量集中的、方差大的系数。系数选择的过程相当于滤波,即选择上的系数保留,未选择上的令其为零,即

$$\hat{F}_i(u,v) = F_i(u,v)P(u,v) \tag{6.4.20}$$

系数选择通常有两种方法:区域法和阈值法。

① 区域法。

区域法是选取特定区域中的变换系数进行量化编码，区域外的系数被舍弃。这是因为根据信息论中的不确定原理，具有最大方差的变换系数包含有最多的图像信息，故这些系数应该保留下来。一般变换后的最大方差的系数都会集中到区域的左上部，该部分变换系数数值较大，对应频域中的低频部分。故通常保留这一部分，其他部分的系数舍去，恢复图像时，再对舍去的系数补零。即选择滤波器为

$$P(u,v)=\begin{cases}1, & (u,v)\in \text{选定区域}\\ 0, & \text{其他}\end{cases} \tag{6.4.21}$$

这样，就保留了大部分的图像能量，但是由于舍去了高频分量，使得恢复图像出现轮廓以及细节的模糊。

区域选择越大，图像失真就越小，但压缩比会降低。反之，区域越小，则失真越大，但压缩比会提高。区域大小的选定应根据子图像变换后频域能量的集中程度，能量越集中，区域应越小，反之能量越分散，区域应越大。但对于给定图像，经分块后各子图像的均匀性会很不一致，这就造成变换后频域能量的集中程度会完全不同。因此，一般可选几种大小不同的区域，以对应各个不同均匀性的子图像。当然区域种类也要加入到编码中，故区域种类也不宜过多，一般可选大、中偏大、中偏小和小四种，编码时用 2 比特表示 4 种区域。这样每个子图像编码时要增加 2 比特，而整个图像编码值要增加$\frac{2N^2}{d^2}$比特。图 6.4.6(a)给出了一种区域选择滤波器。

② 阈值法。

对于任意子图像，值最大的变换系数对重建子图像的贡献是最大的。阈值法就是采用最大幅值原则，根据实际情况设定适当幅度的阈值，若变换系数超过该阈值，则保留系数进行编码，否则补零。即阈值法仍可采用式(6.4.20)，此时的选择滤波器为

$$P(u,v)=\begin{cases}1, & |F_i(u,v)|>T_h\\ 0, & \text{其他}\end{cases} \tag{6.4.22}$$

这样，由于每个图像子块保留的系数的位置随子图像的不同而不同，故阈值法实际上是一种自适应的选取方法。同时，在选取过程中，不仅大部分的低频成分被保留下来，某些超过阈值的高频成分也被保留下来，这样在一定程度上保留了恢复图像的轮廓以及细节。阈值法一般比区域法得到的图像质量好，但其缺点是需要对选择系数的位置进行编码，编码占用比特数较多，这样就会大大降低有效压缩比。因此，系数选择中常用区域法。图 6.4.6(c)给出了一种阈值选择滤波器。

(2) 选择系数的量化和编码。对选择后保留的系数再进行量化，将带小数的系数变成整数，并使大数值变换成小数值。此时占用的空间减少，同时所含的信息

量也减少。因此,量化处理导致了有损压缩。量化后的数值就可分配码字,分配的原则是:方差大的系数分配长码字,方差小的系数分配短码字。

为了将所有的变换系数按照幅值从大到小的顺序排列,通常采用图 6.4.6(d)所示从低频到高频(从 0→1→2→…→62→63)的 Z 字形扫描,并且一般只保留 $\left(\frac{1}{4}\sim\frac{1}{2}\right)d^2$ 个系数,然后对保留的系数进行量化。

1	1	1	1	1	1	1	0
1	1	1	1	1	1	0	0
1	1	1	1	1	0	0	0
1	1	1	1	0	0	0	0
1	1	1	0	0	0	0	0
1	1	0	0	0	0	0	0
1	0	0	0	0	0	0	0
0	0	0	0	0	0	0	0

(a)

8	7	6	4	3	2	1	0
7	6	5	4	3	2	0	0
6	5	4	3	2	0	0	0
4	4	3	3	0	0	0	0
3	3	2	0	0	0	0	0
2	2	0	0	0	0	0	0
1	0	0	0	0	0	0	0
0	0	0	0	0	0	0	0

(b)

1	1	1	1	0	1	0	0
1	1	1	1	1	0	0	0
1	1	0	1	0	0	0	0
1	0	1	1	0	0	0	0
0	0	0	0	0	0	0	0
0	1	0	1	0	0	0	0
0	0	0	0	0	0	0	0
0	0	0	0	0	0	0	0

(c)

0	1	5	6	14	15	27	28
2	4	7	13	16	26	29	42
3	8	12	17	25	30	41	43
9	11	18	24	31	40	44	53
10	19	23	32	39	45	52	54
20	22	33	38	46	51	55	60
21	34	37	47	50	56	59	61
35	36	48	49	57	58	62	63

(d)

图 6.4.6 量化和编码的示意图

(a) 区域选择滤波器 (b) 区域量化和码字分配 (c) 阈值选择滤波器 (d) Z 形扫描编码顺序

在区域选择量化编码中,一般采用均匀量化方法。均匀量化方法有两种[34,36]。

第一种方法是:首先假设数据是由 8 位无符号数组成,那么这些数据在范围[0,255]。选择一个间隔参数 Δ,并且计算均匀量化的值 $0,\Delta,2\Delta,3\Delta,\cdots,k\Delta,255$。$k$ 满足:$k\Delta\leqslant 255$,而$(k+1)\Delta>255$。这样每一个数据就可以转换成该序列中与其最接近的一个数,从而实现量化。

另一种方法是:选择系数门限 T,输入数据可以做如下变换

$$D_T(m,n)=\begin{cases}D(m,n)-T, & D(m,n)>T \\ 0, & -T\leqslant D(m,n)\leqslant T \\ D(m,n)+T, & D(m,n)<-T\end{cases} \tag{6.4.23}$$

这样,最终的量化值为

$$\hat{D}_T(m,n)=\mathrm{INT}[D_T(m,n)/t+0.5] \tag{6.4.24}$$

其中,INT[·]表示取整,t 为取定的量化间隔。

6.5 二值图像编码

二值图像是指只有黑白两个亮度值的图像,是灰度图像的一个特例。如传真图文、报表、工程图、指纹卡片、文字、非彩色扫描仪等得到的气象图、线路图等都属于二值图像。即使是灰度图像也可以进行位平面分割而形成一系列的二值图像。由于二值图像的白块和黑块分别比较集中,因此有必要进行压缩。下面介绍三种二值图像的压缩方法。

6.5.1 常数块编码与空白块编码

常数块编码就是采用专门的码字来表达全 0 或者全 1 的连通区域,该编码方法常用于二值图像压缩和位平面压缩。编码过程中,图像首先被分成 $a\times b$ 的图像子块。然后将其分为全白块、全黑块和混合块,将出现频率最高的块分配一个比特码字"0",其余两类子块分配两个比特码字"10"和"11"。这样就减少了编码子块的表示所需的比特数。

当图像白块区域较多时,通常采用空白块编码,该编码方法将全白的图像子块分配一个比特码字"0",而将全黑和混合图像子块用$(a\times b+1)$个比特码来表示。并且将"1"作为编码的前缀,编码的其余部分利用"0"(或"1")来表示子块各个像素为"黑"(或"白")。该编码方法主要针对白色区域多的二值图像编码,也可以实现压缩。

6.5.2 游程编码 RLC)

游程编码分为定长游程编码和变长游程编码两类。其中定长游程编码是指编码的游程所使用的位数是固定的,一旦灰度相同且连续的个数超过了固定位数所能表示的最大值,则转入下一轮游程编码。变长游程编码则是指不同范围的游程使用不同位数来进行编码。

游程编码适合于二值图像编码,原因是由于二值图像的每一行(列)都是由若干个黑白像素段交替出现的,对应着"0"和"1"两种符号,"0"符号对应"黑"游长,"1"符号对应"白"游长。这些符号连续出现,形成了"0"游程和"1"游程。"0"游程和"1"游程是交替出现的。若规定是"0"游程开始,那么接着就是"1"游程,然后是

“0”游程，以此类推。这样，就可以将二元序列转换为游程长度的序列，该变换是可逆的[33,34]。

例如，对于一个二元序列 0000001111100011001，对应的游程序列为 653221，由于设定为从“0”开始，故可以容易的恢复出原始的二元序列。

然后根据不同长度段发生的概率来分配不同长度的码字，通常采用 Huffman 编码。RLC 编码过程可以对“黑”游程和“白”游程分布概率进行估计，以优化“黑”游程和“白”游程的编码。它得到比二阶熵更低的码率下限，RLC 中每个像素的平均码长满足下式

$$H_{WB} \leqslant L_{WB} < H_{WB} + \frac{P_W}{L_W} + \frac{P_B}{L_B} \quad (\text{bit/ 像素}) \tag{6.5.1}$$

式中，L_{WB} 为 RLC 像素的平均码长；H_{WB} 为每个像素的熵值；P_W、P_B 分别为白、黑像素出现的概率；L_W、L_B 分别为白、黑像素所需的码长。

扫描方式见图 6.5.1 所示。

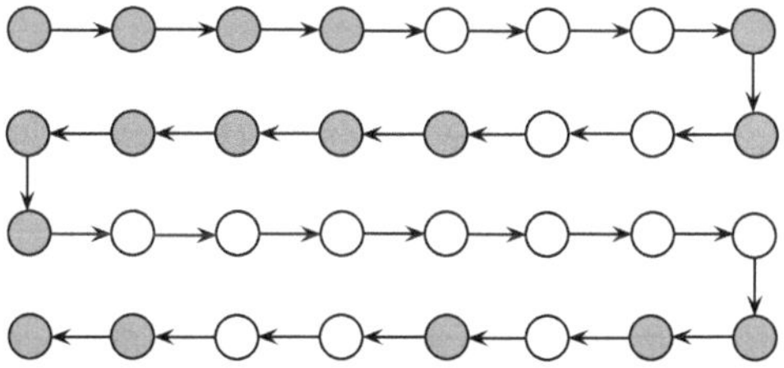

图 6.5.1　一维游程编码用于图像数据的扫描模式

6.5.3　四叉树编码

四叉树方法是逐个区域扫描位图，查找像素取值相同的区域。输入是位图像素，而输出是一棵树(四叉树，每个节点不是叶子就是恰好有 4 个子节点)。四叉树的大小与图像复杂度有关，复杂图像的树可能比原始位图还大。这种方法从建立孤立节点开始，它是四叉树的根。首先把位图分为 4 个象限，每个成为根的子节点。如果对应区域为相同像素值，则它成为根的叶子节点，否则成为根的一个子节点。把任何不具有相同像素值的区域递归地划分为 4 个更小的子象限，它是四叉树的 4 个兄弟节点，如图 6.5.2 所示。

二值图像区域 S_i，大小记为 $M_i \times N_i$，区域内像素值求和得到 T_i。

编码算法的步骤为：

(1) 分割一幅位图为 4 个象限 $S_1 \sim S_4$(从左到右，从上到下)。

(2) 对于 $i=1,2,3,4$，依次

　如果 $M_i=2$ 且 $N_i=2$

　　依次输出其四个叶子的像素比特值

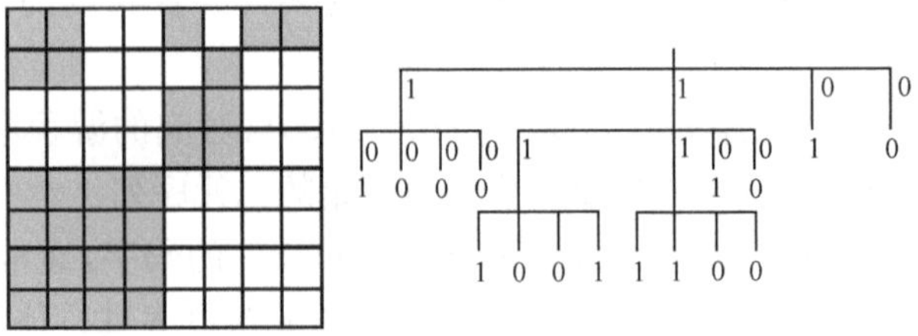

图 6.5.2　一颗四叉树

否则

如果 $0<T_i<M_iN_i$，输出比特 1

继续四叉树分割 S_i，回到(1)(递归编码过程)

否则，输出比特 0

如果 $T_i=0$，输出比特 0

否则，输出比特 1

解码算法是编码算法的逆过程，这里不再赘述。

在图 6.5.2 中，右边的 0，1 表示输出的比特值，共计输出 28bits，实际的输出顺序为 1010000001110011110001000100。

6.6　小波变换及在图像压缩编码中的应用

小波变换是由法国科学家 Morlet 于 1980 年提出的，后来其他学者又相继发展了这一理论。小波变换作为继傅里叶变换后又一里程碑式的信号处理方法，已广泛应用于信号分析、图像处理、数据压缩、量子物理及非线性科学等许多领域。

小波变换压缩编码的基本思想是利用小波变换将原图像转换为小波域上的系数，由于小波变换的能量集中作用，会使原图像的绝大部分能量集中在少量小波系数上，通过量化处理，忽略一些能量很小的系数，只保留那些能量较大的系数进行编码，就可达到图像压缩的目的。

小波变换编码的基本思想虽然与传统的正交变换编码类同，但与以前常用的 DCT 变换编码相比有着本质的不同，因而具备如下的特点：

(1) 小波变换能将一信号分解成同时包含时域和频域局部特性的变换系数，但传统变换(如 DFT 和 DCT 等)会失去信号在时域的局部特性。

(2) 小波变换能兼顾不同应用中对时、频不同分辨率的要求，具有“数学显微镜”的美称，但传统变换(DFT 和 DCT 等)虽然在频域具有较高分辨率，但在时域无分辨率而言。

(3) 小波变换和传统正交变换都有能量守恒和能量集中的作用，但小波变换能有效消除传统变换的分块效应的存在以及分块效应对图像编码的影响。

(4) 小波变换能根据图像特点自适应地选择小波基，从而既能保证解压后图像的质量，又能提高压缩比。而 DCT 则不具备自适应性。

(5) 通过小波变换可以充分利用变换系数之间的空间相关性对系数建模，进一步提高压缩比。

鉴于小波变换编码的上述优点，小波变换已成为图像压缩领域的研究和应用热点，并取代 DCT 而成为 JPEG2000、MPEG4 和 MPEG7 等新的图像编码标准中的变换方法。

6.6.1 从傅里叶分析到小波变换

时域和频域作为信号分析中的两个表示域，会使信号的不同特性得到不同程度的体现。傅里叶变换将两个域进行联系，据此既可在时域对信号进行分析，也可在频域进行分析。因此，傅里叶变换作为一个里程碑式的信号分析的有力工具，在许多领域都得到了广泛应用。

1. 经典傅里叶变换

对于一个确定性信号 $f(x)$，$x\in(0,2\pi)$，在整个区间是连续或分段连续，只要满足平方可积条件，即

$$\int_0^{2\pi} |f(x)|^2 \mathrm{d}x < \infty$$

就称 $f(x)$ 在空间 $L^2(0,2\pi)$ 上可测，且 $f(x)\in L^2(0,2\pi)$ 可以表示为一标准函数族 $\{\mathrm{e}^{\mathrm{j}\omega x}|_{\omega\in R}\}$ 的加权和

$$f(x) = \frac{1}{2\pi}\int_{-\infty}^{\infty} F(\omega)\mathrm{e}^{\mathrm{j}\omega x}\mathrm{d}\omega \tag{6.6.1}$$

或

$$f(x) = \frac{1}{2\pi}\sum_{-\infty}^{\infty} F(\omega)\mathrm{e}^{\mathrm{j}\omega x}$$

其中权函数

$$F(\omega) = \int_{-\infty}^{\infty} f(x)\mathrm{e}^{-\mathrm{j}\omega x}\mathrm{d}x \tag{6.6.2}$$

式(6.6.2)就称为原函数 $f(x)$ 的傅里叶正变换，记作 $F(\omega)=F[f(x)]$；而式(6.6.1)称为傅里叶反变换，记作 $f(x)=F^{-1}[F(\omega)]$。

同样，对于随机信号，其自相关函数 $R_f(x)$ 与功率谱 $S_f(\omega)$ 也构成一傅里叶变换对

$$\begin{cases} S_f(\omega) = \int_{-\infty}^{\infty} R_f(x)\mathrm{e}^{-\mathrm{j}\omega x}\mathrm{d}x \\ R_f(x) = \frac{1}{2\pi}\int_{-\infty}^{\infty} S_f(\omega)\mathrm{e}^{\mathrm{j}\omega x}\mathrm{d}\omega \end{cases} \tag{6.6.3}$$

2. 加窗傅里叶变换

上述傅里叶变换对成立的前提条件是信号的频域特性时不变或统计特性平稳。实际上大多数信号，特别是生物医学信号、地震波信号等，常呈现非平稳状态，此时傅里叶变换便无能为力。即傅里叶变换不能表述信号的时变特性，而时域突变的这些时变特性正是这些应用领域所关心的。为此，Gabor 于 1946 年提出了加窗傅里叶变换的概念。

用一个有限区间(称为窗口)外恒等于零的光滑函数去乘原函数 $f(x)$，然后对乘积进行傅里叶变换，就称为加窗傅里叶变换，也称短时傅里叶变换。即

$$F(\omega,t)=\int_{-\infty}^{\infty}g(x-t)f(x)\mathrm{e}^{-\mathrm{j}\omega x}\,\mathrm{d}x \tag{6.6.4}$$

其中 $g(x)$称为窗函数。

上式对应的反变换为

$$f(x)=\frac{1}{2\pi}\int_{-\infty}^{\infty}\int_{-\infty}^{\infty}F(\omega,t)g(x-t)\mathrm{e}^{\mathrm{j}\omega x}\,\mathrm{d}\omega\mathrm{d}t \tag{6.6.5}$$

加窗傅里叶变换是一种局部化的时频分析方法，只要适当选择窗函数 $g(x)$，就可以通过信号 $f(x)$的加窗傅里叶变换 $F(\omega,t)$获得它在局部时间区间内的时变特性。

但加窗傅里叶变换仍存在一定的不足：其一，因为窗函数一旦选定，其大小和形状就是固定不变的，这样就不能自适应地反映信号的突变，而信号的突变在很大程度上就反映了目标的特征信息。其二，在信号分析时，对于高频特性，时窗宽度应相对窄些，而对于低频特性，时窗宽度应相对宽些。即应给出一可调时频窗，而加窗傅里叶变换是固定窗，不能很好地刻画出信号的时域特性。因此，这种自适应改变窗口大小的思想，加窗傅里叶变换是无法实现的，而利用小波变换可迎刃而解。

6.6.2 连续小波变换

小波变换发展了加窗傅里叶变换的局部化思想，其窗宽是自适应可变的，在高频时使用窄窗口，在低频时则使用宽窗口。

1. 连续小波变换基函数

所谓小波(wavelet)就是存在于一个较小(有限)区域的波，图 6.6.1(a)所示就是一例。

设 $\psi(t)\in L^2(R)$，其傅里叶变换为 $\psi(\omega)$，满足条件

$$\int_R\frac{|\psi(\omega)|^2}{|\omega|}\mathrm{d}\omega<+\infty \tag{6.6.6}$$

则称 $\psi(t)$为一个基本小波或小波母函数(简称母波)，并称上式为小波函数的可允许条件。

将母波 $\psi(t)$进行平移和伸缩，有

$$\psi_{a,b}(t) = |a|^{-1/2}\psi\left(\frac{t-b}{a}\right), \qquad a,b \in R, \qquad a \neq 0 \tag{6.6.7}$$

则称 $\psi_{a,b}(t)$为小波基函数，简称小波或子波。其中 a 称为伸缩因子(也称尺度因子)，它决定一个特定基函数的伸缩性质，b 称为平移因子。

由于 a 和 b 均取连续变化的值，因此上式又称连续小波基函数，它们是由同一母函数(母波)$\psi(t)$经平移和伸缩后得到的一组函数簇，也称为子波基函数。

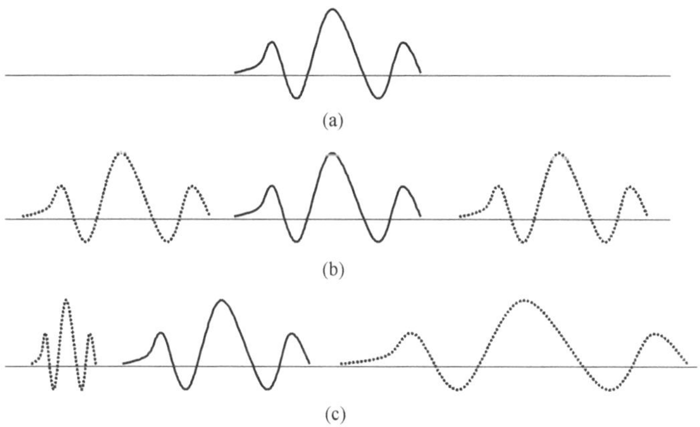

图 6.6.1 母波及其平移、伸缩后得到的小波基示例

(a) 一个母波 (b) 平移得到的小波基 (c) 再伸缩得到的小波基

2. 小波函数的时频特性

定义母波 $\psi(t)$的时域窗口中心为 t_0，窗口宽度为 Δt，则可求得连续小波 $\psi_{a,b}(t)$的时窗中心及窗口宽度分别为

$$\begin{cases} t(a,b) = at_0 + b \\ \Delta t(a,b) = a \cdot \Delta t \end{cases} \tag{6.6.8}$$

同样，$\psi(t)$的傅里叶变换 $\psi(\omega)$的频域窗口中心为 ω_0，窗口宽度为 $\Delta\omega$，则 $\psi_{a,b}(t)$的傅里叶变换为 $\psi_{a,b}(\omega)$为

$$\psi_{a,b}(\omega) = \sqrt{a}\mathrm{e}^{-\mathrm{j}b\omega}\psi(a\omega) \tag{6.6.9}$$

可求得频域窗口中心和宽度分别为

$$\begin{cases} \omega(a,b) = \dfrac{1}{a}\omega_0 \\ \Delta\omega(a,b) = \dfrac{1}{a}\Delta\omega \end{cases} \tag{6.6.10}$$

从式(6.6.8)和式(6.6.10)可看出，连续小波的时、频窗口中心和宽度均随尺度 a 的变化而伸缩。尤其是时、频窗宽，一个伸展时另一个就缩小，反之亦然，但时

窗宽和频窗宽的乘积，即连续小波的窗口面积并不随 a 和 b 而变。也就是说，小波的时、频窗宽在自适应地调整的同时，仍满足 Herisenberg 的测不准原理。

图 6.6.2 给出了小波的时、频窗的对应关系图。其中，$a=2,1,1/2;b=b_1,b_2$。

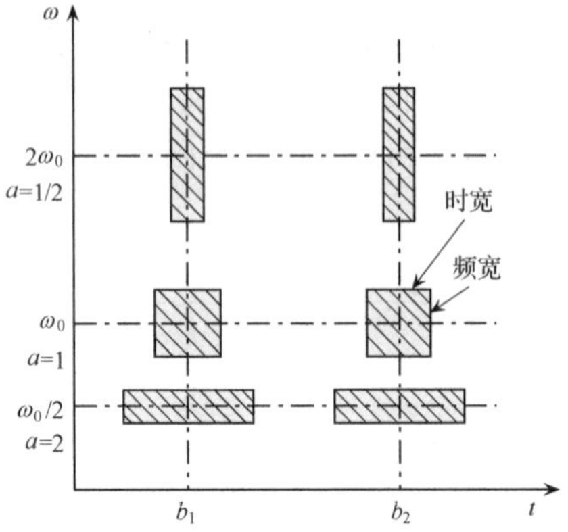

图 6.6.2　小波时频窗的示意图

3. 连续小波变换

对于任意函数 $f(t)\in L^2(R)$，若 $\psi(t)\in L^2(R)$，则

$$\mathrm{CWT}f(a,b)=\langle f(t),\psi_{a,b}(t)\rangle=\frac{1}{\sqrt{a}}\int_R f(t)\,\overline{\psi\left(\frac{t-b}{a}\right)}\mathrm{d}t \tag{6.6.11}$$

就称为函数 $f(t)$ 的连续小波变换 CWT，其中〈 • 〉表示内积运算。

其相应的反变换为

$$f(t)=\frac{1}{\sqrt{C_\psi}}\iint_{R^2}\mathrm{CWT}f(a,b)\psi_{a,b}(t)\,\frac{\mathrm{d}a\mathrm{d}b}{a^2} \tag{6.6.12}$$

其中 $C_\psi=\int_R \frac{|\psi(\omega)|^2}{|\omega|}\mathrm{d}\omega<\infty$，即为 $\psi(w)$ 的容许性条件。

与傅里叶变换不同的是，由于小波基具有尺度和位移两个参数，将函数 $f(t)$ 用小波基展开就意味着将其投影到二维的时间－尺度平面上，使变换结果同时具有时频局部特性。

6.6.3　二进小波变换

尺度 a 和位移 b 的连续性，使小波基函数间具有很大的相关性，这样，信号通过连续小波变换后就产生信息量的冗余。为了减少小波变换系数的冗余度，需要将小波基函数离散化。

对连续小波中的尺度 a 和位移 b 离散化就可得到离散小波。通常将尺度因子用幂级数进行离散化，当在尺度上采用二进制离散，位移也离散化，即 $a=2^m$，$b=2^m n$，则得到的

$$\psi_{m,n}(t) = 2^{-\frac{m}{2}}\psi(2^{-m}t - n), \qquad m,n \in Z \tag{6.6.13}$$

就称为二进小波。

利用二进小波基对函数 $f(t)$ 的小波变换就称为二进小波变换，即

$$\mathrm{DWT}f(m,n) = \int_R f(t)\,\overline{\psi_{m,n}(t)}\,\mathrm{d}t \tag{6.6.14}$$

6.6.4 多分辨率分析

1. 多分辨分析的原理

定义函数 $\phi(t) \in L^2(R)$ 为尺度函数(scale function)，假设其平移时又进行了尺度的伸缩，故可得到一个尺度和位移均变化的函数集合

$$\phi_{j,k}(t) = 2^{-\frac{j}{2}}\phi(2^{-j}t - k) = \phi_k(2^{-j}t)$$

那么，称每一个固定尺度 j 上的平移系列 $\phi_k(2^{-j}t)$ 所张成的空间 V_j 为尺度为 j 的尺度空间

$$V_j = \overline{\mathrm{span}\{\phi_k(2^{-j}t)\}}, \qquad k \in Z$$

多分辨率分析是指满足下述性质的一系列闭子空间 $\{V_j\}$，$j \in Z$。

(1) 一致单调性

$$\cdots \subset V_2 \subset V_1 \subset V_0 \subset V_{-1} \subset V_{-2} \subset \cdots$$

(2) 渐进完全性

$$\bigcap_{j \in Z} V_j = \{0\}, \quad \bigcup_{j \in Z} V_j = L^2(R)$$

(3) 伸缩规则性

$$f(t) \in V_j \Leftrightarrow f(2^j t) \in V_0 \tag{6.6.15}$$

(4) 平移不变性

$$f(t) \in V_j \Rightarrow f(t - n) \in V_j$$

(5) Riesz 基存在性

存在 $\phi(t) \in V_0$，使得 $\{\phi(t-n)\}_{n \in Z}$ 是 V_0 的 Riesz 基，即

$$V_0 = \overline{\mathrm{span}\{\phi(t-n)\}}, \quad \int_R \phi(t-n)\phi(t-m)\,\mathrm{d}t = \delta_{m,n}$$

根据多分辨分析的定义，所有尺度空间是由同一尺度函数在不同尺度下张成的。虽然有 $\bigcup_{j \in Z} V_j = L^2(R)$，但由于 $\{V_j\}_{j \in Z}$ 空间相互包含，它们的 $\phi_{j,k}(t)$ 在不同尺度间不具有正交性，故 $\{\phi_{j,k}(t)\}_{j \in Z, k \in Z}$ 不能作为 $L^2(R)$ 空间的正交基。

为了寻找一组 $L^2(R)$ 空间的正交基，定义尺度空间 $\{V_j\}_{j \in Z}$ 的补空间为 W_m，它是 V_m 在 V_{m-1} 中的补空间，即

$$V_{m-1} = V_m \oplus W_m, \; W_m \perp V_m$$

显然，子空间 W_m 与 W_n 空间是相互正交的，即 $W_m \perp W_n$，其中 $m \neq n$，$m, n \in Z$，且

$$L^2(R) = \bigoplus_{j\in Z} W_j$$

因此,$\{W_j\}_{j\in Z}$就构成了$L^2(R)$的一系列正交子空间。并且有

$$W_0 = V_{-1} - V_0,\ W_j = V_{j-1} - V_j$$

若$\psi(t)\in W_0$,则$\psi(t)\in V_{-1}-V_0$那么根据公式(6.6.15),$\psi(2^{-j}t)\in V_{j-1}-V_j$,即

$$\psi(t)\in W_0 \Leftrightarrow \psi(2^{-j}t)\in W_j \tag{6.6.16}$$

设W_0的一组正交基为$\{\psi_{0,k}(t),k\in Z\}$,由式(6.6.16),对于所有尺度$j\in Z$,

$$\{\psi_{j,k}(t)=2^{-\frac{j}{2}}\psi(2^{-j}t-k);j,k\in Z\}$$

为空间W_j的一组正交基。那么$\psi_{j,k}(t)$的整个集合$\{\psi_{j,k}(t);j,k\in Z\}$构成了$L^2(R)$空间的一组正交基。此时,$\psi_{j,k}(t)$是由同一个母函数伸缩平移得到的正交小波基,因此称$\psi_{j,k}(t)$为小波函数,相应地称$W_j$是尺度$j$的小波空间(图6.6.3)。

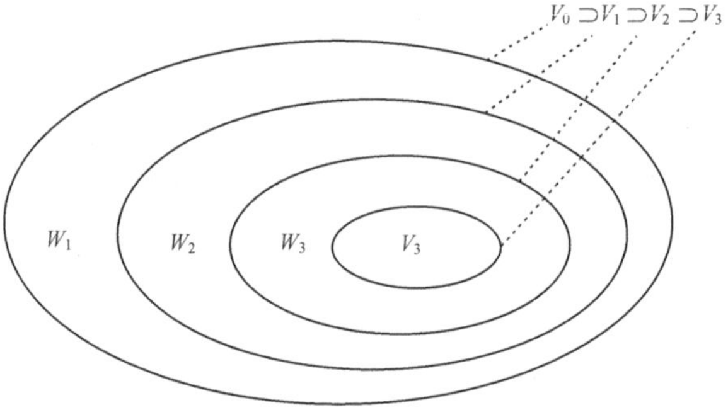

图6.6.3 小波空间示意图

2. Mallat 算法

设$\phi_{j,0}(t)$和$\psi_{j,0}(t)$分别为尺度空间V_j以及小波空间W_j的一个标准正交基,并且由于$V_j\subset V_{j-1}$,$W_j\subset V_{j-1}$,故$\phi_{j,0}(t)$和$\psi_{j,0}(t)$都属于空间V_{j-1},那么$\phi_j(t)$和$\psi_j(t)$可以用V_{j-1}的正交基$\phi_{j-1,n}(t)$线性展开:

$$\begin{cases}\phi_{j,0}(t) = \sum\limits_n h_0(n)\phi_{j-1,n}(t) = \sqrt{2}\sum\limits_n h_0(n)\phi_j(2t-n)\\ \psi_{j,0}(t) = \sum\limits_n h_1(n)\phi_{j-1,n}(t) = \sqrt{2}\sum\limits_n h_1(n)\phi_j(2t-n)\end{cases}$$

上式称为二尺度方程。其中

$$h_0(n) = \langle \phi_{j,0},\phi_{j-1,n}\rangle,\quad h_1(n) = \langle \psi_{j,0},\psi_{j-1,n}\rangle$$

h_0和h_1由尺度函数和小波函数决定,而与具体的尺度无关,我们称它们为滤波器系数。并且h_0相当于低通滤波器,而h_1相当于高通滤波器。且满足互相正交的关系。

由二尺度方程得到

$$\phi(t)=\sum_n h_0(n)\cdot\sqrt{2}\phi(2t-n)$$

将上式对时间进行伸缩和平移得到

$$\begin{aligned}\phi(2^{-j}t-k)&=\sum_n h_0(n)\cdot\sqrt{2}\phi[2(2^{-j}t-k)-n]\\&=\sum_n h_0(n)\sqrt{2}\phi(2^{-j+1}t-2k-n)\end{aligned}$$

令 $m=2k+n$,则

$$\phi(2^{-j}t-k)=\sum_m h_0(m-2k)\sqrt{2}\phi(2^{-j+1}t-m) \tag{6.6.17}$$

根据多分辨率分析,定义空间

$$V_{j-1}=\overline{\operatorname{span}\{2^{(-j+1)/2}\phi(2^{-j+1}t-k)\}}$$

那么,对于任意函数 $f(t)\in V_{j-1}$,在 V_{j-1} 空间的展开式为

$$f(t)=\sum_k c_{j-1,k}2^{(-j+1)/2}\phi(2^{-j+1}t-k)$$

将 $f(t)$ 分别投影到空间 V_j 和空间 W_j 上得到分解式为

$$f(t)=\sum_k c_{j,k}2^{-j/2}\phi(2^{-j}t-k)+\sum_k d_{j,k}2^{-j/2}\psi(2^{-j}t-k)$$

其中,$c_{j,k}$ 和 $d_{j,k}$ 为尺度 j 上的展开系数

$$\begin{cases}c_{j,k}=\langle f(t),\phi_{j,k}(t)\rangle=\int_R f(t)2^{-j/2}\phi(2^{-j/2}t-k)\mathrm{d}t\\d_{j,k}=\langle f(t),\psi_{j,k}(t)\rangle=\int_R f(t)2^{-j/2}\psi(2^{-j/2}t-k)\mathrm{d}t\end{cases} \tag{6.6.18}$$

将式(6.6.17)代入式(6.6.18)得

$$c_{j,k}=\sum_m h_0(m-2k)\int_R f(t)2^{(-j+1)/2}\phi(2^{-j+1}t-m)\mathrm{d}t=\sum_m h_0(m-2k)c_{j-1,m} \tag{6.6.19}$$

其中

$$c_{j-1,m}=\int f(t)2^{(-j+1)/2}\phi(2^{-j+1}t-m)\mathrm{d}t=\langle f(t),\phi_{j-1,m}\rangle$$

同理可以得到

$$d_{j,k}=\sum_m h_1(m-2k)c_{j-1,m} \tag{6.6.20}$$

式(6.6.19)和式(6.6.20)说明,j 尺度空间的尺度系数 $c_{j,k}$ 和小波系数 $d_{j,k}$ 可以通过 $j-1$ 尺度空间的尺度系数 $c_{j-1,k}$ 及滤波器系数 $h_0(n)$ 和 $h_1(n)$ 得到。并且空间 V_j 的尺度系数 $c_{j,k}$ 可以进一步分解下去,从而可以得到任意尺度空间的尺度系数和小波系数,这就是著名的 Mallat 算法。如图 6.6.4 所示。

用类似的方式递推可以得到小波变换系数的重构公式

$$c_{j-1,m}=\sum_k c_{j,k}h_0(m-2k)+\sum_k d_{j,k}h_1(m-2k)$$

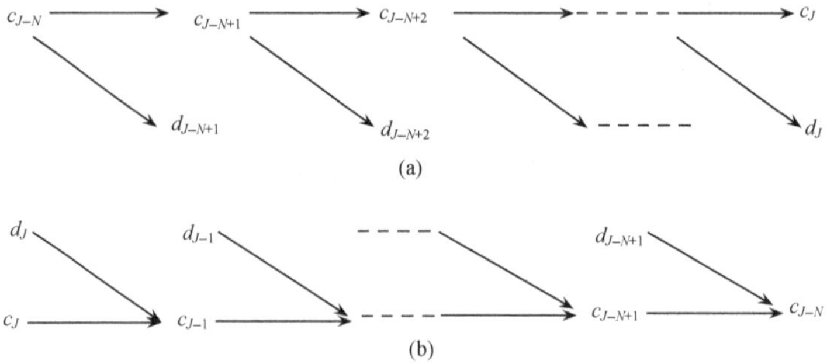

图 6.6.4　Mallat 算法分解和重构算法图

(a) 分解快速算法示意图　(b) 重构快速算法示意图

3. 离散序列的小波分解

由于实际中要处理的信号是经过采样后的离散序列。故根据 Mallat 算法，可以得到离散序列的小波分解和重构(图 6.6.5)。

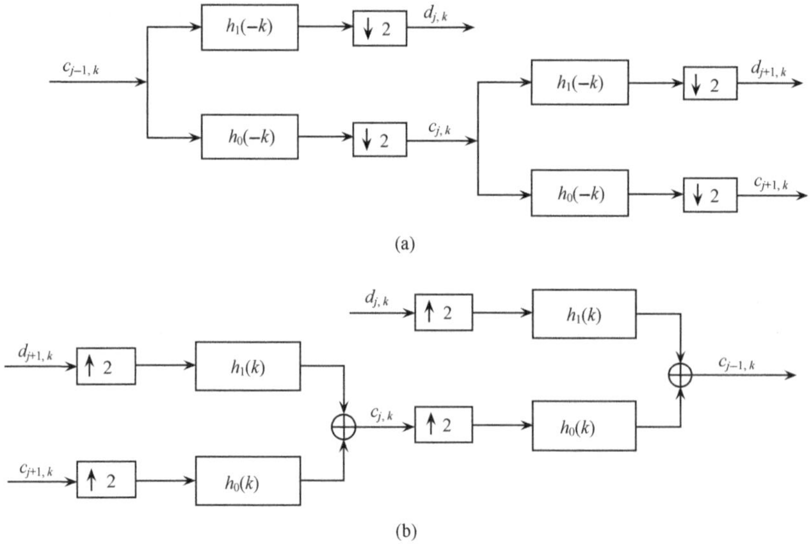

图 6.6.5　小波滤波器的二级分解重构示意图

(a) 二级分解图　(b) 二级重构图

对于离散序列 $c_{j-1,k}$，分解过程相当于通过由 h_0 和 h_1 组成的双通道滤波器组进行低通和高通滤波，输出信号为与输入信号长度相同的低频概貌和高频细节。相应的，输入信号的频带被等分为低通和高通两部分。输出信号的带宽为输入信号的一半，通过下采样后，采样率降低一半，由采样定理知，不会丢失信息，并且输出信号序列的总长度保持不变。然后对低频概貌部分进一步分解，得到该信号序列的低频概貌和高频部分，然后下采样，使得总的输出系数长度不变，信息也没有丢失。从而实现了信号的多分辨率分析。

6.6.5 图像的小波变换编码

图像经小波变换后生成的小波系数(称为小波子图像)的能量与原图像的能量相等,即小波变换本身并不具有压缩功能。当图像经小波变换后,能量进行了重新分配,绝大多数能量集中在低频,这样就可根据人的视觉生理和心理特点,对不同的小波图像采取不同的量化和编码处理,以达到压缩的目的。

1. 利用小波变换进行图像压缩的步骤

一般来说,利用小波变换进行图像压缩需要经过以下步骤:

(1) 利用离散小波变换分解原图像,即将原图像分解为亮度(低频)、水平边缘(行高频)、垂直边缘(列高频)和对角边缘(对角高频)等小波子图像。

(2) 对所得到的四个小波子图像,根据人的视觉生理和心理特点分别作不同策略的量化和编码处理。如对包含绝大多数能量的亮度子图像可采用 Huffman 等方法进行精确编码,而对三个边缘子图像可采用去高频或阈值量化等方法并结合 Huffman 压缩编码策略。这一步的核心是去除系数间的相关性。

(3) 在接收方对不同的编码采用不同的解码方法。

(4) 通过小波反变换还原原图像,整个过程如图 6.6.6 所示。由于量化的不可逆,解码得到的图像只能是原图像的近似,即小波变换编码是属于有损压缩编码。

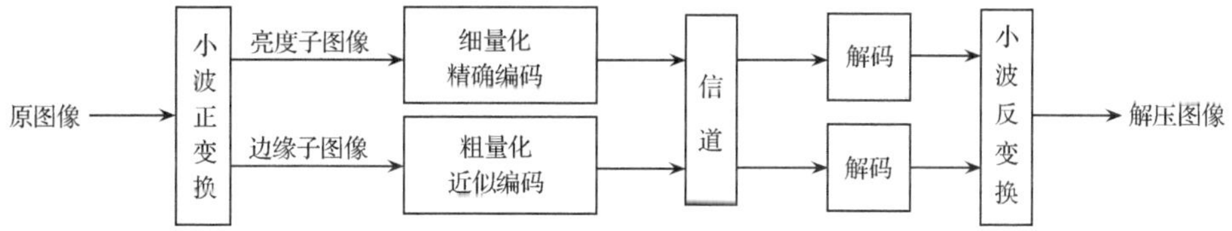

图 6.6.6 图像的小波变换编码过程

2. 图像的二维小波变换

前述一维小波变换可推广到二维,用于图像的小波分解与重建。

对于二维图像信号,可以分别在水平和垂直方向进行滤波,来实现二维小波多分辨率分解。即将二维小波变换简化成一维来处理,用一维小波基来构成二维小波基函数。

设二维尺度函数 $\phi(x,y)\in L^2(R^2)$,它可分解为两个一维尺度函数的乘积。

$$\phi(x,y)=\phi(x)\phi(y) \tag{6.6.21}$$

令 $\psi(x)$为与 $\phi(x)$对应的一维小波,在某一分辨层,二维的二进小波可表示为以下三个可分离的正交小波基函数

$$\begin{cases}\psi^1(x,y)=\psi(x)\phi(y)\\ \psi^2(x,y)=\phi(x)\psi(y)\\ \psi^3(x,y)=\psi(x)\psi(y)\end{cases} \tag{6.6.22}$$

由多分辨分析知道，$V_{j-1}=V_j\oplus W_j$，其中 $W_j=W_j^1\oplus W_j^2\oplus W_j^3$。

对于函数 $f(x,y)\in L^2(R^2)$，设 $f_i(x,y)$ 是 f 在 V_j 中的投影，即 $f_j(x,y)\in V_j$，$g_j^i(x,y)\in W_j^i(i=1,2,3)$，则有

$$f_{j-1}(x,y)=f_j(x,y)+\sum_{i=1}^{3}g_j^i(x,y) \tag{6.6.23}$$

结合式(6.6.21)、式(6.6.22)和式(6.6.23)，并利用一维分解思想，有

$$\begin{cases}f_{j-1}(x,y)=\sum\limits_{k,l\in Z}c_j(k,l)\phi_{j,k}(x)\phi_{j,l}(y)\\ g_{j-1}^1(x,y)=\sum\limits_{k,l\in Z}d_j^1(k,l)\psi_{j,k}(x)\phi_{j,l}(y)\\ g_{j-1}^2(x,y)=\sum\limits_{k,l\in Z}d_j^2(k,l)\phi_{j,k}(x)\psi_{j,l}(y)\\ g_{j-1}^3(x,y)=\sum\limits_{k,l\in Z}d_j^3(k,l)\psi_{j,k}(x)\psi_{j,l}(y)\end{cases} \tag{6.6.24}$$

设$\{a_{k,l}\}$、$\{b_{k,l}^i\}(i=1,2,3)$是由两个一元分解序列生成的二维分解序列

$$a_{k,l}=a_k^1a_l^2,\quad b_{k,l}^1=a_k^1b_l^2,\quad b_{k,l}^2=b_k^1a_l^2,\quad b_{k,l}^3=b_k^1b_l^2$$

则相应的小波系数分解算法为

$$\begin{cases}c_{j;m,n}=\sum\limits_{k,l}a_{k-2m,l-2n}c_{j-1;k,l}\\ d_{j;m,n}=\sum\limits_{k,l}b_{k-2m,l-2n}^i c_{j-1;k,l}\end{cases}\quad i=1,2,3 \tag{6.6.25}$$

对于 $N\times N$ 图像，首先按行进行一维小波变换，生成大小都为 $N\times\frac{N}{2}$ 的低频子图像和高频子图像，然后再按列进行一维小波变换，将每个子图像又分解成低频部分和高频部分。或者先对列进行变换，再对行进行变换，如图 6.6.7 及图 6.6.8 所示。

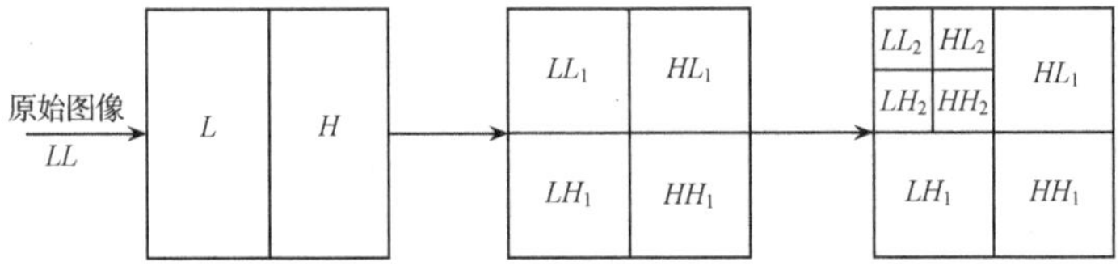

图 6.6.7　图像的小波分解示意图

图 6.6.9 给出了 camera 图像采用 Haar 小波每层行列变换得到的结果。

对一个图像进行小波分解后，不同分辨率的子图像对应着不同的频率成分，图像能量主要集中在低频部分，该部分包含图像最主要的信息，压缩过程中需要尽量保留，高频部分包含图像中的少量信息，可以通过量化进行一定量的去除，以达到提高压缩比的目的。

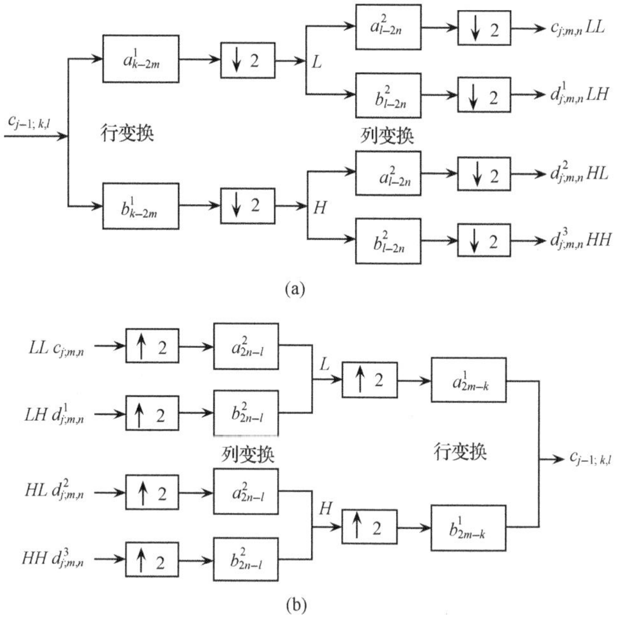

图 6.6.8　二维小波变换分解重构示意图

（a）分解图　（b）重构图

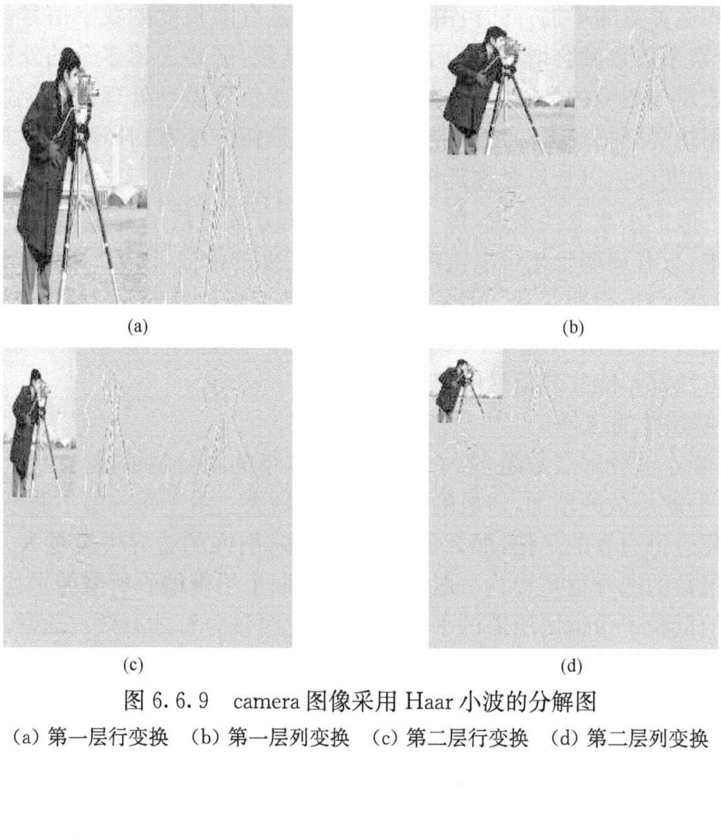

图 6.6.9　camera 图像采用 Haar 小波的分解图

（a）第一层行变换　（b）第一层列变换　（c）第二层行变换　（d）第二层列变换

3. 小波变换编码中需要解决的几个问题[38]

1）小波基的选取

选取合适的小波基是图像编码中一个重要因素，虽然任何实小波对应的滤波器组都能够实现图像的分解与重建，但是对于同一幅图像来说，采用不同的小波基进行分解获得的图像压缩效果是不同的。一般可以根据一些设计准则来选择小波基，如正则性、逼近精度、支撑集大小以及滤波器频率响应等。

小波基函数可由对应的离散滤波器迭代卷积得到，因此小波变换中小波基的选择就可转换为对应的小波滤波器系数的选择。正则性是对函数光滑程度的一种描述，是函数频域能量集中的一种度量。正则性越高，说明函数越平滑。若是平滑的输入信号通过正则性很低的小波滤波器，那么，随着分解层数的增加，在小波系数中就会出现明显的奇异点，这些奇异点并不是信号本身具有的。而且在量化处理后，这些奇异性会更加显著，给重建图像带来很大的失真。并且，压缩比越高，造成的失真就越大。因此，在实际应用中，一般选择正则性高的小波基，同时，为了减少计算量，需要选择支撑长度较小的小波滤波器。另外，小波基函数的波形与图像结构的匹配程度也会对图像压缩产生影响，两者越匹配，压缩效果越好。

2）边界问题

实际应用中，小波变换通常用信号和滤波器卷积来实现。滤波器的长度增加导致了卷积运算量的增加；同时，由于图像数据是有限长度的数字信号，经过卷积运算后，变换系数数量会增加。为了不增加数据量，需要去掉多余的外延数据，但这样会造成重建图像的失真。因此有必要对原始信号做预处理来避免这种失真，一般可采用边界延拓的方法。通常采用的边界延拓方法有：补零、边界重复、周期延拓、对称周期延拓以及双对称延拓。

对于一般的小波变换来说，每一种边界延拓方式对信号重构都将产生不同的影响。其中，只有周期延拓可以重构任何小波变换的信号，因为周期延拓后的信号与滤波器卷积仍是周期信号。但是，周期延拓将带来边界的不连续。当滤波器具有对称结构时，即采用双正交小波时，可采用对称周期延拓，此时能够完全重构信号。其他方法都不能实现信号的完全重构。

3）分解层数的选择

显然，当小波分解层数越多，子带越多，对频带的划分越细，越有利于编码。但同时，随着分解层数的增加，造成的信号位移也增大。由于每一层小波系数的分解和重构都要进行边界的延拓，那么分解层数越多，引入的边界失真越大。因此，小波的分解层数的选择很重要。一般来说分解后四个子带编码所需的平均比特数小于分解前的低频子带编码所需的平均比特数，此时该分解才有效。通常，小波分解的层数选择为 5 层。

4）小波系数的量化和熵编码

小波编码器中通常采用标量量化小波系数。当每个子带小波系数分布已知时，可以用优化的方法求得最优量化器；当每个子带的小波系数分布未知时，可以对小波系数的先验分布进行预先设定。在实际应用中，通常采用均匀量化器。因为均匀量化器可以降低编码复杂度，并且可以随小波系数分布和压缩码率作相应的改变。量化后的小波系数通常采用 Huffman 编码和算术编码。

4. 小波变换域的树型结构[35]

小波变换的多分辨性质使得不同尺度上对应位置的小波系数之间存在着空间相似性，也就是任何图像特征如边缘、轮廓，在所有层的对应位置都能看到。在同一方向的高频子带之间存在四叉树关系，这样就可以利用这种树形结构来构造小波变换编码器。

图 6.6.10 是一个三层小波分解的空间方向树，每一个子带中的每一个方格表示一个小波系数。定义一个方向树，其各层子带内系数都是表示相同的空间位置。最低频子带作为树的根，从此开始，第 k 层子带的一个系数的 4 个子系数都在第 $k-1$ 层，位置为(i,j)处的系数在其低一层中的 4 个子系数在$(2i,2j)$、$(2i+1,2j)$、$(2i,2j+1)$、$(2i+1,2j+1)$的位置上。

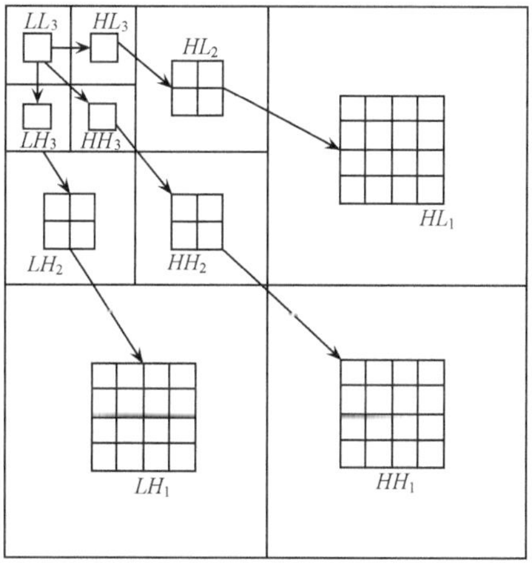

图 6.6.10　小波变换域的树形结构

5. 小波变换编码方法简介

1）嵌入式零树编码(EZW)

J. M. Shapiro 在基于图像小波变换的基础上提出了一种小波图像压缩编码算法，即用小波系数的零树进行嵌入式编码，简称为 EZW(the embedded zerotree wavelet algorithm)，下面介绍一下该算法的原理。

所谓嵌入式编码指的是对重要的图像/视频信息进行优先编码，即按照系数的重要程度依次编码和传输，而且截取开始到中间的任意位置的码流都可以用来解码并获得重建图像，但是，该重建图像的分辨率与截取码流的长度有关，截取的码流越多，获得的重建图像越清晰。

EZW 算法实际上是通过零树形结构来实现嵌入式编码，由于图像经过小波变换后产生了大量的零系数，且变换系数的分布一般符合高斯或者拉普拉斯分布。从信息论的角度来看，概率小的大幅度系数携带了大多数的信息，因此为了实现嵌入式编码需要先对大幅度系数编码，然后是小幅度系数。由小波的多分辨特点可知，小波变换的系数幅度通常是由低频向高频逐次降低的。同时在如图 6.6.10 所示的分解树中，同一方向上的分解层间具有相似性，也就是说，假如图像中的一个平坦区域，其低分辨层的系数为零值，那么根据线性预测估计理论，则高分辨层上的系数也将是零值。于是可以得到零树的定义：给定一个门限 T，如果树的某个根节点及其所有的子孙节点的系数幅值都不超过 T，也就称这些系数是非显著的，那么这个根节点就称为零树根，而反之，当系数幅值超过门限 T，则称系数是显著的。零树指由零树根节点起始的树，并且零树根节点的父节点系数幅值超过门限 T。在下面的叙述中，零树根用符号 ZTR 来表示，孤立零点(IZ)表示当前系数幅值不超过门限 T，但它的子孙系数中至少有一个是非显著的；正重要值(POS)和负重要值(NEG)，表示当前系数的幅值大于门限 T，但前者是正值后者是负值。图 6.6.11 给出了编码的流程图[35]。

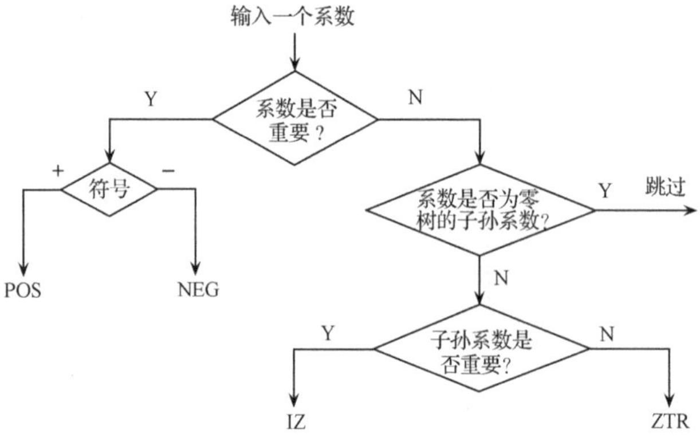

图 6.6.11　符号映射流程图

2) 多级树集合分裂算法(SPIHT)

EZW 编码算法充分应用了小波变换的时频局部化特征，具有编码效率高、嵌入式码流结构和运算复杂性较低等特点，对小波图像压缩的研究起到了巨大推动作用。在小波变换系数中，虽然零树是一个比较有效的表示不重要系数的数据结构，但是，还存在这样的树结构(如图 6.6.10)，即它的树根是重要的，除树根以外的其他结点是不重要的。对这样的系数结构零树就不是一种很有效的表示方法。Said A 根据 EZW 编码的基本思想，提出了一种新的且性能更优的实现方法，即基于分层树集合分割排序(set partitioning in hierarchical trees,SPIHT)的编码算法。它采用空间方向树以及定义的不同集合更有效地表示这样的系数结构,从而提高了编码效率。

(1) SPIHT 算法中用到的符号及概念。SPIHT 算法中的用到的一些符号和概念说明如下。

H:空间方向树所有根结点的坐标集合,即最低频率子带 LL_l、HL_l、LH_l、HH_l 中所有元素坐标。

$Z(i,j)$:点(i,j)及其所有的后代的坐标集合,即指空间方向树。

$D(i,j)$:点(i,j)的所有后代(子孙)的坐标集合,不包括(i,j)点本身。

$O(i,j)$:点(i,j)的直接后代(儿子)的坐标集合。H 集合中,LL_l 中点(i,j)的 $O(i,j)$是 HL_l、LH_l、HH_l 中对应位置的三个坐标,除此之外其他点(i,j)的 $O(i,j)$是$\{(2i,2j),(2i,2j+1),(2i+1,2j),(2i+1,2j+1)\}$。

$L(i,j)$:点(i,j)除直接后代外所有其他后代坐标的集合,$L(i,j)=D(i,j)-O(i,j)$。

(2) SPIHT 编码算法。SPIHT 编码中使用了三个表:不重要系数表 LIP、重要系数表 LSP 和不重要集合表 LIS。通过以上的预备知识和集合定义,下面给出 SPIHT 算法描述。

第一步:初始化

LSP 初始化为空表,LIP 用最低频子带系数(如三级分解中的 LL_3、LH_3、HL_3、HH_3 中的系数)初始化,LIS 放入每一个空间方向树的根结点(如三级分解中的LH_3、HL_3、HH_3 中的系数位置),并都记为 A 类型。扫描层数 $n=[\log_2(\max|X|)]$,X 为所有的小波变换系数。

第二步:分类扫描过程

(2.1) 对 LIP 的每个分量(i,j)

(2.1.1) 输出 $S_n[(i,j)]$

(2.1.2) 如果 $S_n[(i,j)]=1$,将(i,j)转移到 LSP 尾部,并且输出(i,j)处系数的符号位

(2.2)对于 LIS 的每个分量(i,j)

(2.2.1)如果它是属于 A 类型,则

a) 输出 $S_n[D(i,j)]$

b) 如果 $S_n[D(i,j)]=1$,则

b.1)对于每个$(k,l)\in O(i,j)$

▽输出 $S_n[(k,l)]$

▽如果 $S_n[(k,l)]=1$,则将(k,l)加到 LSP 尾部,并且输出(k,l)处系数的符号位

▽如果 $S_n[(k,l)]=0$,则将(k,l)加到 LIP 尾部

b. 2) 如果 $L(i,j)$不为空集合，则将(i,j)转移到 LIS 尾部，并记为 B 类型，转到(2. 2. 2)，如果 $L(i,j)$是空集合，则将(i,j)从 LIS 移出

(2. 2. 2) 如果它是属于 B 类型，则

a) 输出 $S_n[L(i,j)]$

b) 如果 $S_n[L(i,j)]=1$，则

b. 1)将每个$(k,l)\in O(i,j)$加入到 LIS 尾部，并标记为 A 类型

b. 2)从 LIS 中移去(i,j)

第三步：细化扫描过程

对于 LSP 中每一项(i,j)(除去当前位平面扫描产生的新分量之外)，输出(i,j)处元素的第 n 个位平面的有效比特值。

第四步：降低位平面

$n=n-1$，返回第二步，直到 $n=-1$ 为止。

(3) 与 EZW 算法的比较。SPIHT 算法继承了 EZW 算法中小波系数的零树结构。该算法划分出了更多的集合，不但把零树作为一个集合，而且把剩余树(即除去根结点的零树)也作为一个集合。更多的集合可以提高分类能力。SPIHT 算法初始化过程、细化过程与 EZW 算法类似，它改进了 EZW 重要系数的排序方法，使得更多的重要信息排在前面编码，从而提高了编码效率。在不同的压缩码率下 SPIHT 算法比 EZW 算法的峰值信噪比都有所提高。

3) 小波变换编码方法的应用及发展

基于小波变换的静止图像编码标准—JPEG2000 的诞生，标志着小波变换编码方法的实用化。它改变了传统 JPEG 标准以 DCT 变换为核心的变换方法，采用了具有能量特性更为集中的小波变换方法和以 EBCOT 为核心的内嵌编码算法。但是，嵌入式性能的引入，一定程度上增加了编解码的复杂度；并且由于仅根据系数幅值来确定其在编码中的重要性，在高压缩比(64∶1 以上)图像的边缘部分比较模糊。因此，充分利用小波变换系数的能量聚集特性和子带间、子带内的非线性相关性，并结合人的视觉系统(HSV)有效分类和组织小波系数，对不同统计特性的小波系数采用不同的编码策略，设计适于硬件实现、进一步增强视觉效果的快速编解码算法仍是此类算法发展的重要方向。

另外，小波编码技术也应用到视频图像中，其要解决的主要问题仍然是如何有效的去除时间和空间上的相关性，利用尽可能少的码流来表示图像序列。基于小波变换的视频图像编码算法包括利用小波变换域的多分辨分析进行运动估计和补偿编码以及三维小波变换编码等。

图 6. 6. 12 和图 6. 6. 13 给出了 EZW、SPIHT 和 JPEG2000 三种方法的压缩结果示例。其中选用 Barbara 和 lena 图像作为压缩对象，它们都是 512×512 大小，每像素 8 比特。采用 9/7 小波变换，进行了 7 层分解。在 JPEG2000 算法中独

立编码块大小选择 64×64。图 6.6.12 给出了三种方法的压缩码率(单位 bpp)-PSNR(峰值信噪比,单位 dB)曲线。

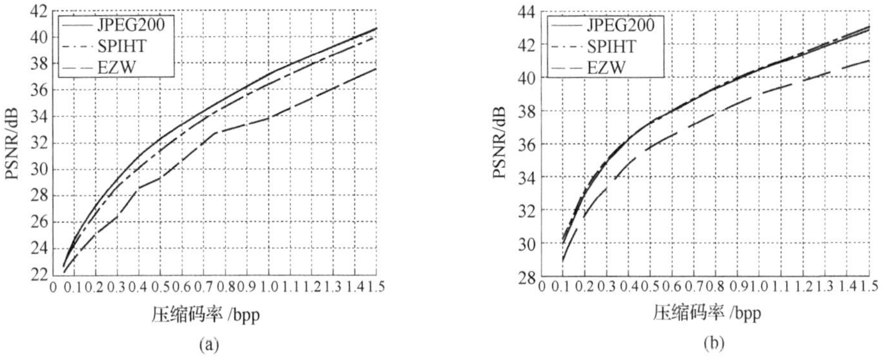

图 6.6.12　三种算法的压缩码率-PSNR 曲线

(a) Barbara 图像　(b) lena 图像

从图 6.6.12 可见,SPIHT 和 JPEG2000 算法有相当的压缩能力,而 EZW 算法压缩性能稍差一些。图 6.6.13 给出了两幅图像在 0.2bpp 压缩码率下,三种算法的恢复图像。

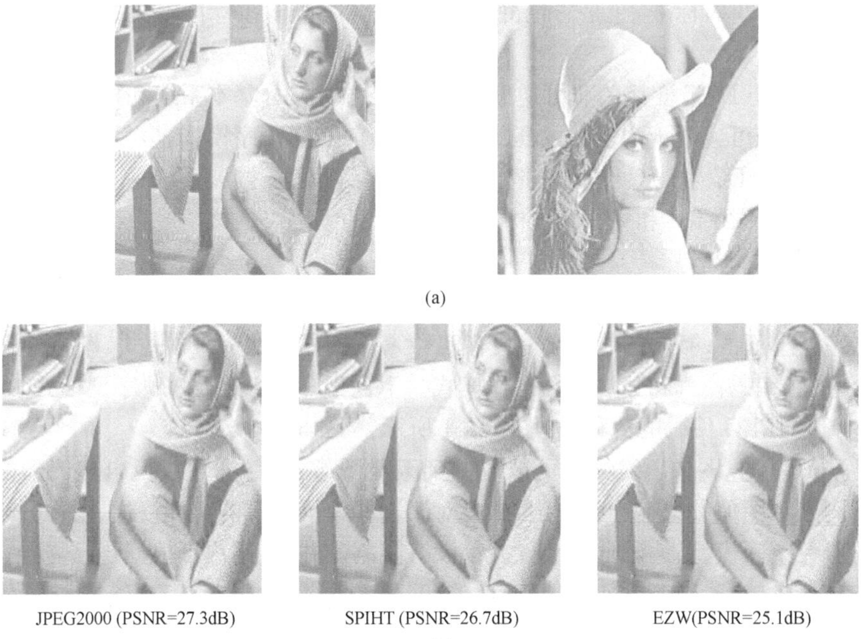

图 6.6.13　三种算法压缩解压后的恢复图像

(c)

图 6.6.13 三种算法压缩解压后的恢复图像(续)

(a) Barbara 和 lena 原图像 (b) Barbara 图像三种方法压缩解压后的恢复图像

(c) lena 图像三种方法压缩解压后的恢复图像

6.7 图像压缩国际标准简介

6.7.1 JPEG 标准

JPEG 联合专家小组于 1991 年 3 月提出了连续色调静止图像的数字压缩编码标准，即 JPEG 标准，它是彩色静止图像压缩的标准，该标准定义了两种方式的编码。

(1) 基于 DCT 变换的非可逆编码方式，该方式又分基本系统和扩展系统。其中，基本系统可应用于大多数的压缩应用中。它采用顺序模式，以及 Huffman 编码，并且针对 DC 和 AC 分别构造两种不同的编码表；扩展系统采用渐近模式，Huffman 编码的 DC 和 AC 分别构造 4 种不同的编码表。该扩展系统具有高压缩比、高精确度的优势。

(2)可逆编码的空间方式，是应用在无失真编码中的无损系统[5]。

综合上面的两种方式，JPEG 共有四种工作模式：顺序编码模式、渐进编码模式、无失真编码模式和分层编码工作模式。下面以 DCT 变换的顺序型模式为例，介绍一下 JPEG 编码的流程，见图 6.7.1 所示。

JPEG 静止图像压缩编码可以应用到卫星图像、医疗图像以及自然图形等多种不同来源图像的保存和传输中，并且对于这些编码图像的文件格式、图像分辨率以及彩色空间模型、编码方式等性质都没有限制。并且，用户可根据自己需要自主地定义量化表和码表。因此，JPEG 静止图像压缩编码适用于众多不同的应用场合[36]。

6.7.2 JPEG2000

JPEG2000 的编码变换采用小波变换为主的多分辨编码方式，是具有更高压

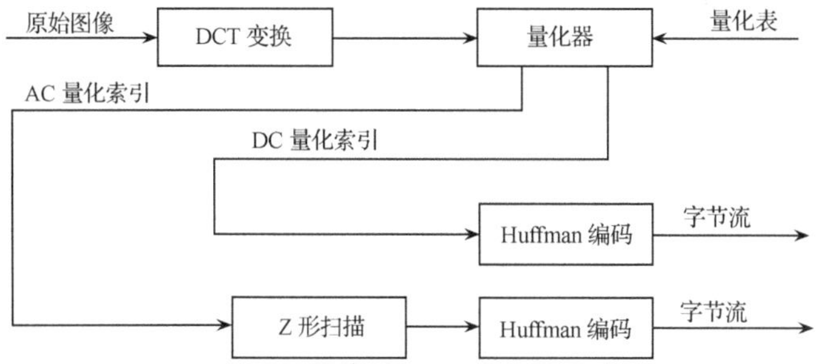

图 6.7.1 JPEG 编码器流程

缩率和很多新功能的新型静态图像压缩标准。JPEG2000 正式名称为 ISO/IEC15444，由 JPEG 组织制定[36]。

JPEG2000 具有很多 JPEG 所没有的优势。它将 JPEG 的四种模式(顺序模式、渐进模式、无损模式和分层模式)集成到一个标准中。在 JPEG2000 压缩的恢复过程中，任何图像质量或尺寸都可以从结果码流中解压出来。即只需要压缩一次，但是却有多种解码方式来得到恢复图像，同时该压缩方法中任何能被解压缩的图像都可以被再次压缩并进行存储。如果要在当前压缩图像基础上再形成一个分辨率或质量更低的压缩图像，可以直接生成，而不需要将原来图像解压缩再重新压缩实现。JPEG2000 支持多种类型的渐进传输，当接收的码流增多时，图像解压缩生成的图像质量会逐渐提高。JPEG2000 的编码块是相互独立的，因此可以允许编码器任意选择不同的形状和尺寸进行优先处理。现在，JPEG2000 已经被广泛应用到互联网、电子商务、数字摄影、遥感、医疗图像等方面。

6.7.3 H.261/H.263

H.261 是 1990 年由 CCITT 制定的序列灰度图像压缩标准，该标准主要应用到电视图像信号的编码中，其视频编码信号的传输速度为 $p\times 64$kb/s($p=1\sim 30$)，故该标准也称为 $p\times 64$ 标准。该标准的输入输出信号格式根据 p 取值的不同而不同，在 $p=1$ 或 2 时只支持 QCIF 格式，而当 $p\geqslant 6$ 时可支持 CIF 格式。编码算法分为帧内与帧间两种情况。对于图像序列中的第一帧图像采用帧内变换编码，类似于 JEPG 中的 DCT 压缩；帧间编码采用混合编码方法，通过运动补偿预测，当预测误差超过设定的阈值，对误差进行压缩。

H.263 称为低码率图像编码国际标准，在 H.261 的基础上，以混合编码为核心，并且比 H.261 支持更多的原始图像分辨率。由于其运动补偿精度为半像素，以及在编码算法和矢量预测算法等方面进行了改进，使得它的性能优于 H.261[36]。

6.7.4 MPEG

MPEG-1 是由活动图像专家组(moving picture expert group)于 1992 制定的

运动图像及其伴音的编码。MPEG 标准包括 3 个子标准，即 MPEG 系统标准、MPEG 视频标准和 MPEG 音频标准。MPEG 系统是用来解决视频流和音频流的多路复用和同步等问题，MPEG 视频和音频主要研究视频信号和音频信号的压缩和解压缩技术。

MPEG-2 标题为“活动图像及相关声音信息的通用编码”，它是声音和图像信号数字化的基础标准。主要特点是各种数字视频和音频之间的相互作用和可交换性，与 MPEG-1 相比，MPEG-2 是适合“真正”的视频应用的编码方式。

为了进行甚低速率音频、视频的压缩，以适应窄带宽(一般指小于 64kb/s)通信网络中对图像进行传输的要求，活动图像专家组又进一步在 MPEG-2 功能和应用领域上进行扩展，并指定用于甚低码率应用的音频编码，即 MPEG-4 标准。

该标准不仅适用于移动通信和个人通信，还适用于公用信息网，并且实现了内容的压缩编码，具有良好的兼容性、伸缩性和可靠性。

6.8 小　　结

图像压缩就是对给定量信息，通过消除数据冗余来设法减少表达这些信息所需的比特数。图像数据中通常存在的冗余有：编码冗余、像素间冗余、心理视觉冗余。

本章首先介绍了图像压缩的基本知识以及相关的信息论内容，然后介绍了统计编码的基本知识，具体介绍了霍夫曼编码和算术编码的流程以及相关性质。霍夫曼编码是一种无损的统计编码，采用变长码来减少冗余量。算术编码是将编码信息表示成实数 0 和 1 之间的一个间隔，信息越长，编码表示所需要的间隔越短。

随后介绍了预测编码，重点介绍了差分脉冲编码调制(DPCM)的流程。预测编码是建立在图像像素相关性的基础上，利用已有数据采用一定的数学模型对新的数据进行预测的一种编码技术。差分脉冲编码调制(简称 DPCM)是预测编码中最有代表性的编码方法。其原理是：将输入序列与预测值相减，得到预测误差值，将预测误差值进行量化后，经过信道传送。然后将误差值作为预测器的下一个输出。最优线性预测是选择预测器的系数，使得预测的偏差为最小。

接着介绍了正交变换编码的基本原理，给出了正交变换的特点，变换矩阵大小的选择，以及子图像系数的截取。变换编码在目前的图像压缩中得到了最广泛的应用，成为除 2 值图像外几乎所有图像和视频压缩标准(如 JPEG 压缩，JPEG2000 压缩)的主要工具，由于压缩过程中要对原始图像做正交变换，使得能量集中于低频区，低频区系数能量大，而高频系数能量小。然后再对变换系数进行截取和量化编码。

最后介绍了小波变换及其在图像压缩编码中的应用。通过傅里叶分析的不足引出了小波变换，从小波及小波变换的基本概念出发，介绍了连续小波变换、二进小波变换和多分辨率分析，给出了图像的小波变换编码的基本思想和需要注意的问题。介绍了嵌入零树编码(EZW)和基于分层树集合分割排序(SPIHT)的编码算法的基本原理，并对二者性能进行了比较。

习　题

6.1　什么是数据冗余？数字图像中存在哪几种冗余？各有何特点？如何减少或消除？

6.2　某视频图像为每秒 30 帧，每帧大小为 512×512，32 位真彩色。现有 40 GB 的可用硬盘空间，可以存储多少秒的该视频图像？若采用隔行扫描且压缩比为 10 的压缩方法，又能存储多少秒的该视频图像？

6.3　客观保真度准则和主观保真度准则各有什么特点？

6.4　简述图像压缩系统的组成，并且简要说明编码器的功能。

6.5　一个具有三个符号的信源有多少个唯一的哈夫曼码？构造这些码。

6.6　已知符号 A、B、C 出现的概率分别为 0.4、0.2 和 0.4，请对符号串 BACCA 进行算术编码，写出编码过程，求出信息的熵、平均码长和编码效率。

6.7　简述无损预测编码与有损预测编码的异同。

6.8　设图像 $f(m,n)$ 为一阶马尔可夫过程，其归一化自相关系数为

$$r(i,j)=\frac{R(i,j)}{R(0,0)}=\rho_1^{|i|}\rho_2^{|j|},\quad 0<\rho_1,\ \rho_2<1$$

若采用三阶预测，求其最优线性预测器。

[提示：三阶线性预测器为 $\hat{f}_3(m,n)=a_1f(m,n-1)+a_2f(m-1,n)+a_3f(m-1,n-1)$]

6.9　设 1 幅图像的自相关函数为 $E\{f(m,n)f(m-i,n-j)\}=\sigma^2\rho_v^i\rho_h^j$，请设计列方向上的二阶预测器。

(1) 组成自相关矩阵 $\boldsymbol{R}$ 和矢量 $\boldsymbol{r}$；

(2) 找出最优的预测系数；

(3) 计算利用上述最优预测系数时的预测误差的方差。

[提示：列方向上的二阶预测器为 $\hat{f}(m,n)=a_1f(m-1,n)+a_2f(m-2,n)$]

6.10　正交变换编码有哪些特点？

6.11　传统正交变换编码中，为何要对图像分块？

6.12　传统正交变换编码与小波变换编码有何异同？

6.13　说明影响小波变换编码的主要因素。

第 7 章　图 像 分 割

数字图像处理主要有两个目的：一是对图像进行加工和处理，得到满足人的视觉和心理需要的改进形式。如前面几章介绍的图像增强和图像复原。二是对图像中的目标物(或称景物)进行分析和理解，包括：

(1) 把图像分割成不同目标物和背景的不同区域(本章)。

(2) 提取正确代表不同目标物特点的特征参数，并进行描述(第 8 章)。

(3) 对图像中目标物进行识别和分类(第 9 章)。

(4) 理解不同目标物，分析其相互关系，从而指导和规划进一步的行动(计算机视觉)。

在图像分析中，人们往往只是对其中的目标物感兴趣，而这些目标物常常位于图像中的不同区域，要对图像中的目标物进行检测和特征参数测量，首先必须把图像按一定要求分成一些"有意义"的区域，这就是图像分割所要完成的工作。这里的"有意义"是指分割后的这些区域能分别和图像中的各目标物(或背景)相对应，即把不同的目标物区域、背景区域分开。例如要确定航拍照片中的森林、耕地、城镇区域等，首先需要将这些区域从图像中分割出来；要识别图像文件中的某些文字，也需要将这些文字分选出来；要识别和标定细胞的显微照片中的染色体，需要用到图像分割技术。因此，图像分割作为图像分析和理解的一个关键步骤，其结果将直接影响到目标物特征提取和描述，以及进一步的目标物识别、分类和图像理解。

7.1　图像分割的定义和依据

7.1.1　图像分割的定义

令集合 R 代表整个图像区域，对 R 的分割可看作将 R 分成若干个满足如下五个条件的非空子集(子区域) $R_1, R_2, \cdots, R_n$。

(1) $\bigcup_{i=1}^{n} R_i = R$。完备性：分割所得全部子区域的总和(并集)应能包括图像中所有像素或将图像中每个像素都划分进一个子区中。

(2) $\forall i, j, i \neq j$，有 $R_i \cap R_j = \varnothing$。独立性：一个像素不能同时属于两个子区域，即各子集互不重叠。

(3) $P(R_i) = \text{true}, i = 1, 2, \cdots, n$。相似性：即属于同一子区域的像素应具有某些相同或相近的特性。

(4) $P(R_i \cup R_j) = \text{false}, i \neq j$。互斥性：即属于不同子区域的像素应具有某些

不同的特性。

(5) R_i 是一个连通的区域，$\forall i$。连通性：同一子区域中的像素点是连通的。

其中$\varnothing$表示空集，$P(R_i)$是对子区域 R_i 中所有元素的逻辑谓词，即特性的相似性准则。

实际应用中，总是将图像划分成背景子区域(用 R_1 表示)和不同的目标物子区域(用 R_i 表示，$i=2,3,\cdots,n$)，其中的划分满足以上定义，则 $R_i(i=1,2,3,\cdots,n)$ 就称为 R 的分割。

7.1.2 灰度图像分割的依据

根据图像的某些局部特征(如灰度级、纹理、彩色或统计特征、频谱特征等)的相似性和互斥性，将图像分割成若干子区域，在每个子区域内部具有相似(相同或相近)特性，而相邻子区域的特性不相同(互斥性)。因此，图像局部特征的相似性和互斥性可作为图像分割的依据。具体到灰度图像，其分割的依据就是像素灰度值的两个基本特性：区域内部的灰度相似性和区域之间的灰度突变性。

7.1.3 图像分割方法分类

利用不同区域的交界(边缘)处像素灰度值的突变(不连续)性，先找到区域边界处的点、线，称为边缘线，边缘线围成的区域就是分割的子区；也可以利用同一区域内的像素一般具有灰度相似性(相同或相近)，找到灰度值相似的区域，该区域就是分割的子区，其外轮廓(或内轮廓)就是边缘线。所以，无论是利用像素灰度取值的突变性还是连续性，都可以达到图像分割的目的。据此，可将图像分割的方法分成两大类，一类是利用区域间灰度的突变性，确定区域的边界或边缘的位置，称为边缘检测法；另一种是利用区域内灰度的相似性，将图像像素点分成若干相似的区域，称为区域生长法。这两种方法互为对偶，相辅相成。前者相当于用边缘点定义线(边缘线)，而后者可由两个面的交界形成一条曲线(边缘线)。图像分割的两种方法示例见图 7.1.1 所示。

(a) (b)

图 7.1.1 图像分割的两种方法示例

(a) 边缘检测法 (b) 区域生成法

边缘检测法和区域生成法作为图像分割的经典方法，都有各自的优点和缺点。针对不同环境的实际应用，人们也提出了许多新的方法，而一些新的方法恰恰是从这两种经典方法衍生出来的。因此，本章仍重点介绍图像分割的经典方法。

7.2 边缘点检测

边缘定义为图像局部特性的不连续性,具体到灰度图像中就是图像差别较大的两个区域的交界线。边缘作为图像的最基本特征广泛存在于目标物与背景之间、目标物与目标物之间,在图像处理中有着重要的作用和广泛的应用。

边缘能反映图像中目标物的主要特征,因而可作为图像识别、分类和理解的直接依据,比如由线条勾画的简笔画就是一个很好的例子。同时,边缘作为图像轮廓,通过将检测出的边缘加重,再加到原图像中,就可实现图像锐化。边缘也是图像分割所依据的重要特征,通过边缘点检测,然后将边缘点连接成边缘线,而边缘线围成的区域就是图像分割的结果。本节将介绍边缘点检测的基本方法,下一节介绍由边缘点连成边缘线的边缘跟踪方法。

7.2.1 边缘点检测的基本原理

边缘点检测就是要确定图像中有无边缘点,若有还要进一步确定其位置。具体实施时,可分成两步。

首先对图像中每一个像素施以检测算子,然后根据事先确定的准则对检测算子的输出进行判定,确定该像素点是否为边缘点。采用的具体检测算子和判定准则取决于实际应用环境及被检测的边缘类型。

在一幅图像中,边缘有方向和幅度两个特性。一般沿着边缘走向的灰度值缓变或不变,而垂直于边缘走向的灰度则突变。这种变化形式的不同就形成了不同类型的边缘。通常边缘类型表现为阶跃式(包括灰度突变和渐变式、斜升和斜降式)、脉冲式和屋顶式,如图 7.2.1 所示。

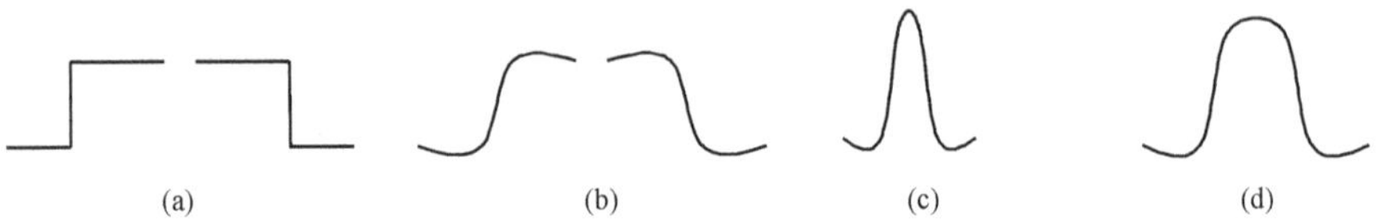

图 7.2.1 几种类型边缘的截面图

(a) 理想阶跃式 (b) 斜升和斜降式 (c) 脉冲式 (d) 屋顶式

图 7.2.2 给出了阶跃式边缘与其一、二阶导数的关系示意图。从图中我们看到:边缘的一阶导数在图像由暗变亮的突变位置有一个正的峰值,而在图像由亮变暗的位置有一负的峰值,而在其他位置都为 0。这表明可用一阶导数的幅度值来检测边缘的存在,幅度峰值对应的一般就是边缘的位置,峰值的正或负就表示边缘处是由暗变亮还是由亮变暗。同理,在图像由暗变亮的突变位置,边缘的二阶导数出现一个由正脉冲到负脉冲的过 0 点,在图像由亮变暗的突变位置,边缘的二阶导

数也出现一个由负脉冲到正脉冲的过 0 点，这表明可用二阶导数的过 0 点检测图像中边缘的存在，而用二阶导数在过 0 点附近的符号（正或负）来确定边缘像素在图像的暗区或亮区。这样，边缘点的检测问题就转换为边缘截面的一阶导数峰值和二阶导数过 0 点的问题。当然，在数字图像中，导数要用差分来代替。

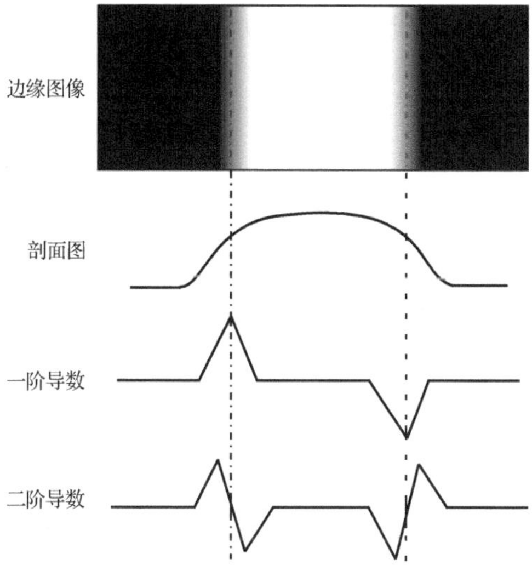

图 7.2.2　边缘和导数的关系示意图

7.2.2　正交梯度算子法

在图像处理中，一阶导数是通过梯度来实现的，因此，利用一阶导数检测边缘点的方法就称为梯度算子法。

在求解梯度时，既可以利用两个垂直方向的一阶导数，也可以利用不同方向的一阶导数集，前者可称作正交梯度，由此生成的边缘点检测模板称为正交模板，后者称为方向梯度，用它在检测边缘点的同时，还可以确定其方向，由此生成的边缘点检测模板就称为方向匹配模板。本小节先介绍几种正交梯度法。

1. 正交梯度法（正交模板法）

函数 $f(x,y)$ 在 (x,y) 处的梯度是通过一个二维列向量来定义的

$$\nabla f(x,y) = \begin{bmatrix} G_x \\ G_y \end{bmatrix} = \begin{bmatrix} \dfrac{\partial f}{\partial x} \\ \dfrac{\partial f}{\partial y} \end{bmatrix} \tag{7.2.1}$$

这个向量的幅度（模值）和方向角分别为

$$G(x,y) = (G_x^2 + G_y^2)^{\frac{1}{2}} \tag{7.2.2}$$

$$\phi(x,y)=\arctan\left(\frac{G_x}{G_y}\right) \tag{7.2.3}$$

其中，梯度的幅度代表边缘的强度，梯度的方向 $\phi(x,y)$与边缘的走向垂直。

实际应用中，由于噪声、干扰等影响，梯度方向并不能正确表示边缘的方向，边缘的方向一般通过方向匹配模板法等其他方法来获得，因而梯度的幅度一般就简称为梯度。同时，为避免平方和开方运算，减少计算量，常用如下近似方法求梯度的幅度

$$G(x,y)\approx|G_x|+|G_y| \tag{7.2.4}$$

或

$$G(x,y)\approx\max\{|G_x|,|G_y|\} \tag{7.2.5}$$

相对于式(7.2.2)，上面两个近似式子的计算简单，并且能保持灰度取值的相对变化。这三种幅度表示方式之间有如下关系

$$\max\{|G_x|,|G_y|\}\leqslant(G_x^2+G_y^2)^{\frac{1}{2}}\leqslant|G_x|+|G_y| \tag{7.2.6}$$

在数字图像处理中，常用差分来近似导数。连续函数 $f(x,y)$的梯度在 x 和 y 方向的分量就对应于数字图像 $f(m,n)$的水平和垂直方向的差分。比如，水平和垂直方向的梯度可定义为

$$\begin{cases}G_h(m,n)=f(m,n)-f(m,n-1)\\G_v(m,n)=f(m,n)-f(m-1,n)\end{cases} \tag{7.2.7}$$

对应水平及垂直方向的梯度模板可表示为

$$\boldsymbol{W}_h=\begin{bmatrix}0&0&0\\-1&1&0\\0&0&0\end{bmatrix},\quad \boldsymbol{W}_v=\begin{bmatrix}0&-1&0\\0&1&0\\0&0&0\end{bmatrix} \tag{7.2.8}$$

这里为了使检测点(m,n)位于模板中心，该梯度模板就表示成 3×3 的形状。

利用模板的图像处理相当于模板与图像的卷积，因此，水平和垂直方向梯度为

$$\begin{cases}G_h(m,n)=F(m,n)*\boldsymbol{W}_h\\G_v(m,n)=F(m,n)*\boldsymbol{W}_v\end{cases} \tag{7.2.9}$$

这里的卷积计算公式同式(4.3.14)。

梯度幅度为

$$G(m,n)=[G_h^2(m,n)+G_v^2(m,n)]^{\frac{1}{2}} \tag{7.2.10}$$

或

$$G(m,n)=|G_h(m,n)|+|G_v(m,n)| \tag{7.2.11}$$

或

$$G(m,n)=\max\{|G_h(m,n)|,|G_v(m,n)|\} \tag{7.2.12}$$

实际应用中，可根据不同图像需要来选用上述三种梯度幅度公式，所得结果称为梯度图像。

为检测边缘点,可选取适当的阈值 T,对梯度图像进行二值化,即

$$B(m,n)=\begin{cases}1, & G(m,n)\geqslant T\\ 0, & \text{其他}\end{cases}$$

这样就形成了一幅边缘二值化图像 $B(m,n)$,其中为 1 的像素点就是阶跃状边缘点。据此可得到正交梯度法检测边缘点的过程如图 7.2.3 所示

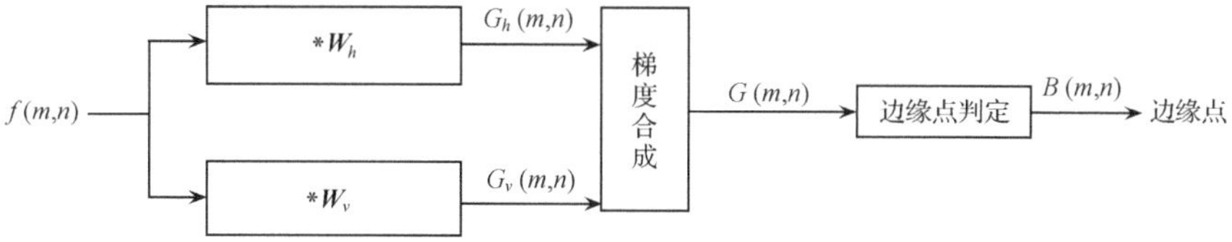

图 7.2.3　正交梯度法检测边缘点过程

图 7.2.4 给出了一个通过正交梯度进行边缘点检测的实例。图(a)为一幅原始图像,它包含有各个方向的边缘和噪声。图(b)为用水平模板 $W_h(m,n)$处理得到的水平梯度图像,它对水平突变(垂直走向边缘)较为敏感。图(c)为用垂直模板 $W_v(m,n)$处理得到的垂直梯度图像,它对垂直突变(水平走向边缘)较为敏感。图(d)、图(e)和图(f)分别为根据式(7.2.10)、式(7.2.11)和式(7.2.12)得到的合成

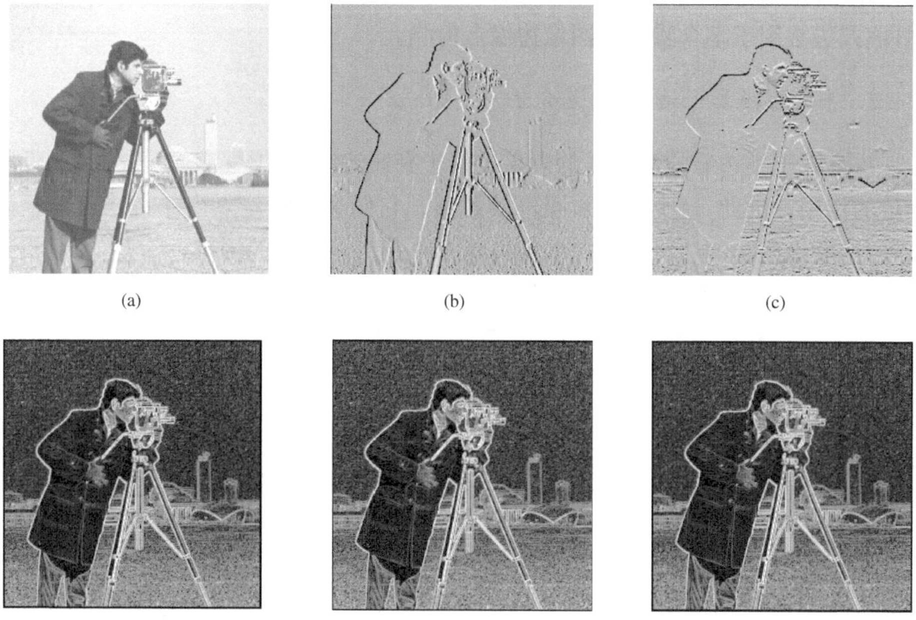

图 7.2.4　正交梯度法检测边缘点示例

(a) 原图像　(b) 水平梯度图　(c) 垂直梯度图

(d)、(e)、(f)为分别用式(7.2.10)、式(7.2.11)和式(7.2.12)的合成梯度图

梯度图像，虽然它们大体上很类似，但相比而言，还是利用式(7.2.10)的梯度合成方法的检测要灵敏一些。同时也看到，该梯度算子也将噪声点当作边缘点检测出来，说明它对噪声敏感。

2. Roberts 梯度算子法(四点差分法)

事实上，任意一对相互垂直方向上的差分都可用来估计梯度。Roberts 梯度就是采用对角方向相邻两像素之差，故也称为四点差分法。其水平和垂直方向梯度定义为

$$\begin{cases} G_h(m,n) = f(m,n) - f(m-1,n-1) \\ G_v(m,n) = f(m,n-1) - f(m-1,n) \end{cases} \tag{7.2.13}$$

对应的水平和垂直方向的模板为

$$\boldsymbol{W}_h = \begin{bmatrix} -1 & 0 & 0 \\ 0 & 1 & 0 \\ 0 & 0 & 0 \end{bmatrix},\quad \boldsymbol{W}_v = \begin{bmatrix} 0 & -1 & 0 \\ 1 & 0 & 0 \\ 0 & 0 & 0 \end{bmatrix} \tag{7.2.14}$$

根据式(7.2.10)、式(7.2.11)或式(7.2.12)就可以计算 Roberts 梯度。

Roberts 算子利用 4 个像素点求差分，方法简单，检测结果优于式(7.2.7)所示的梯度算子，其缺点是对噪声敏感。图 7.2.5(c)是 Roberts 算子的一个应用实例，该方法常用于不含噪声的图像边缘点检测。

3. 平滑梯度算子法(平均差分法)

梯度算子类边缘检测方法的效果类似于高通滤波，有增强高频分量，抑制低频分量的作用。因此，这类算子对噪声较敏感。它们会把噪声点当作边缘点而检测出来，这就给后续的边缘特征提取和边缘线跟踪带来很大的困难。为此，在对实际含噪声图像进行边缘点检测时，人们希望检测算法同时具有噪声抑制作用。下面就给出几种具有噪声抑制作用的平滑梯度算子法。

1) Prewitt 梯度算子法(平均差分法)

我们知道，平均能减少或消除噪声，为此我们可以先求平均，再求差分，即利用所谓的平均差分来求梯度。这就是 Prewitt 梯度算子法。水平和垂直梯度模板分别为

$$\boldsymbol{W}_h = \frac{1}{3}\begin{bmatrix} -1 & 0 & 1 \\ -1 & 0 & 1 \\ -1 & 0 & 1 \end{bmatrix},\quad \boldsymbol{W}_v = \frac{1}{3}\begin{bmatrix} -1 & -1 & -1 \\ 0 & 0 & 0 \\ 1 & 1 & 1 \end{bmatrix} \tag{7.2.15}$$

有了检测模板，就可利用式(7.2.9)求得水平和垂直方向的梯度，再通过梯度合成和边缘点判定，就可得到平均差分法的检测结果。按照同样的原理，可以进一步扩大窗口，则抑制噪声会更明显，但同时也会损失一些边缘信息。

2）Sobel 算子法（加权平均差分法）

将 Prewitt 算子中的平均差分改为加权平均差分，即对当前行或列对应的值加权后，再进行平均差分，就形成 Sobel 算子，也称为加权平均差分。其水平和垂直梯度模板分别为

$$\boldsymbol{W}_h = \frac{1}{4}\begin{bmatrix} -1 & 0 & 1 \\ -2 & 0 & 2 \\ -1 & 0 & 1 \end{bmatrix}, \quad \boldsymbol{W}_v = \frac{1}{4}\begin{bmatrix} -1 & -2 & -1 \\ 0 & 0 & 0 \\ 1 & 2 & 1 \end{bmatrix} \qquad (7.2.16)$$

Sobel 算子和 Prewitt 算子一样，都在检测边缘点的同时具有抑制噪声的能力，检测出的边缘宽度至少为二像素。由于它们都是先平均后差分，平均时会丢失一些细节信息，使边缘有一定的模糊。但由于 Sobel 算子的加权作用，其使边缘的模糊程度要稍低于 Prewitt 算子。

3）各向同性 Sobel 算子

上面所述 Sobel 算子的水平和垂直梯度分别对水平及垂直方向的突变敏感，即只有用其检测水平及垂直走向的边缘时，梯度的幅度才一样，Frei 和 Chen 曾提出上、下、左、右权值由 2 改为$\sqrt{2}$，以使水平、垂直和对角边缘的梯度相同。各向同性的 Sobel 算子，其水平和垂直梯度的模板为

$$\boldsymbol{W}_h = \frac{1}{2+\sqrt{2}}\begin{bmatrix} -1 & 0 & 1 \\ -\sqrt{2} & 0 & \sqrt{2} \\ -1 & 0 & 1 \end{bmatrix}, \quad \boldsymbol{W}_v = \frac{1}{2+\sqrt{2}}\begin{bmatrix} -1 & \sqrt{2} & -1 \\ 0 & 0 & 0 \\ 1 & \sqrt{2} & 1 \end{bmatrix} \qquad (7.2.17)$$

图 7.2.5 给出了上述五种梯度算子的边缘点检测实例。

7.2.3 方向梯度法（方向匹配模板法）

前面介绍的正交梯度算子是在两个正交的方向上计算梯度，通常沿水平和垂直方向进行，对应的水平和垂直梯度模板分别仅对水平突变和垂直突变的边缘敏感，实际应用中的边缘还会有水平和垂直以外的其他方向走向。如果我们事先并不知道哪个方向有边缘，但需要检测边缘，并确定边缘的方向。为此，我们可设计一系列对应不同方向边缘的方向梯度模板集，使其中每一个方向的梯度模板仅对该模板方向的突变敏感。形成的方向梯度模板集就称为方向匹配检测模板，或方向梯度响应数组。用其中每一个方向的模板分别与图像卷积，其最大模值就是边缘点的强度，最大模值对应的模板方向就是边缘点的方向，这种检测边缘点并确定其方向的方法就称为方向梯度法或方向匹配模板法。边缘梯度的定义式为

$$G(m,n) = \max_{i=0}^{N-1}\{|G_i(m,n)|\} \qquad (7.2.18)$$

式中

$$G_i(m,n) = F(m,n) * \boldsymbol{W}_i \qquad (7.2.19)$$

图 7.2.5　几种梯度算子检测边缘点的示例

(a) 原图像　(b)、(c)、(d)、(e)和(f)分别是采用梯度算子、Roberts 和 Prewitt、Sobel、各向同性 Sobel 算子检测出的边缘点

其中的下标 i 代表方向模板的序号，$\boldsymbol{W}_i$ 表示第 i 方向的模板，$|G_i(m,n)|$ 表示第 i 方向的梯度模值，N 代表模板的个数。

对求得的 $G(m,n)$ 进行取阈值判定，就可得到边缘点及其方向，其中边缘点的方向一般用方向模板的序号编码表示。据此可得到方向梯度法检测边缘点的过程如图 7.2.6 所示，其中的 $*$ 表示卷积。

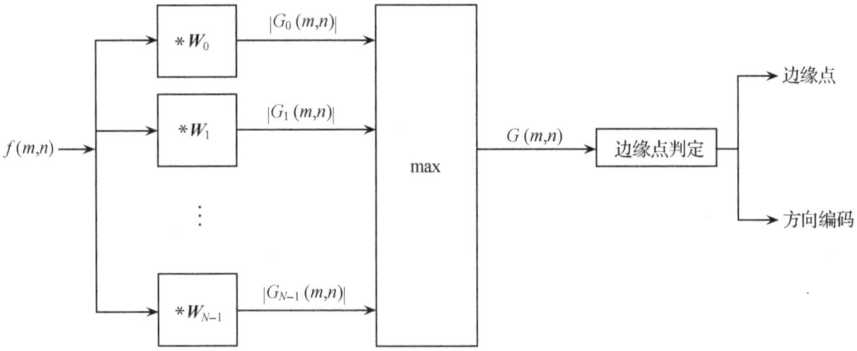

图 7.2.6　方向梯度法检测边缘点的过程

1. 平均差分方向梯度

将 Prewitt 的平均差分梯度模板按 45°旋转，就可得到如图 7.2.7(a)所示的 8 方向模板梯度。其中的模板方向表示灰度由小变大的突变方向，比如“东”就表示灰度由西向东突变。

有了方向梯度模板，就可利用式(7.2.19)求得各方向的梯度值，然后利用式(7.2.18)求得最大梯度，再进行取阈值判定，就可得到边缘点及其方向。

图 7.2.8 给出了用 8 方向梯度模板对一个实际图像处理后的梯度模值。从图中看出，原图像中包含各向同性的圆形目标物(显微细胞图像)，但每一方向梯度模板处理后，仅保留了与梯度模板方向一致的灰度突变边缘，即每一个方向模板仅与其方向一致的灰度突变最敏感。

梯度方向	平均差分梯度	加权平均差分梯度	Kirsch 梯度
东 $\boldsymbol{W}_0$	$\begin{bmatrix}-1&0&1\\-1&0&1\\-1&0&1\end{bmatrix}$	$\begin{bmatrix}-1&0&1\\-2&0&2\\-1&0&1\end{bmatrix}$	$\begin{bmatrix}-3&-3&5\\-3&0&5\\-3&-3&5\end{bmatrix}$
东北 $\boldsymbol{W}_1$	$\begin{bmatrix}0&1&1\\-1&0&1\\-1&-1&0\end{bmatrix}$	$\begin{bmatrix}0&1&2\\-1&0&1\\-2&-1&0\end{bmatrix}$	$\begin{bmatrix}-3&5&5\\-3&0&5\\-3&-3&-3\end{bmatrix}$
北 $\boldsymbol{W}_2$	$\begin{bmatrix}1&1&1\\0&0&0\\-1&-1&-1\end{bmatrix}$	$\begin{bmatrix}1&2&1\\0&0&0\\-1&-2&-1\end{bmatrix}$	$\begin{bmatrix}5&5&5\\-3&0&-3\\-3&-3&-3\end{bmatrix}$
西北 $\boldsymbol{W}_3$	$\begin{bmatrix}1&1&0\\1&0&-1\\0&-1&-1\end{bmatrix}$	$\begin{bmatrix}2&1&0\\1&0&-1\\0&-1&-2\end{bmatrix}$	$\begin{bmatrix}5&5&-3\\5&0&-3\\-3&-3&-3\end{bmatrix}$
西 $\boldsymbol{W}_4$	$\begin{bmatrix}1&0&-1\\1&0&-1\\1&0&-1\end{bmatrix}$	$\begin{bmatrix}1&0&-1\\2&0&-2\\1&0&-1\end{bmatrix}$	$\begin{bmatrix}5&-3&-3\\5&0&-3\\5&-3&-3\end{bmatrix}$
西南 $\boldsymbol{W}_5$	$\begin{bmatrix}0&-1&-1\\1&0&-1\\1&1&0\end{bmatrix}$	$\begin{bmatrix}0&-1&-2\\1&0&-1\\2&1&0\end{bmatrix}$	$\begin{bmatrix}-3&-3&-3\\5&0&-3\\5&5&-3\end{bmatrix}$
南 $\boldsymbol{W}_6$	$\begin{bmatrix}-1&-1&-1\\0&0&0\\1&1&1\end{bmatrix}$	$\begin{bmatrix}-1&-2&-1\\0&0&0\\1&2&1\end{bmatrix}$	$\begin{bmatrix}-3&-3&-3\\-3&0&-3\\5&5&5\end{bmatrix}$
东南 $\boldsymbol{W}_7$	$\begin{bmatrix}-1&-1&0\\-1&0&1\\0&1&1\end{bmatrix}$	$\begin{bmatrix}-2&-1&0\\-1&0&1\\0&1&2\end{bmatrix}$	$\begin{bmatrix}-3&-3&-3\\-3&0&5\\-3&5&5\end{bmatrix}$
比例因子 C	$\frac{1}{3}$	$\frac{1}{4}$	$\frac{1}{15}$
	(a)	(b)	(c)

图 7.2.7　三种 3×3 的 8 方向梯度模板

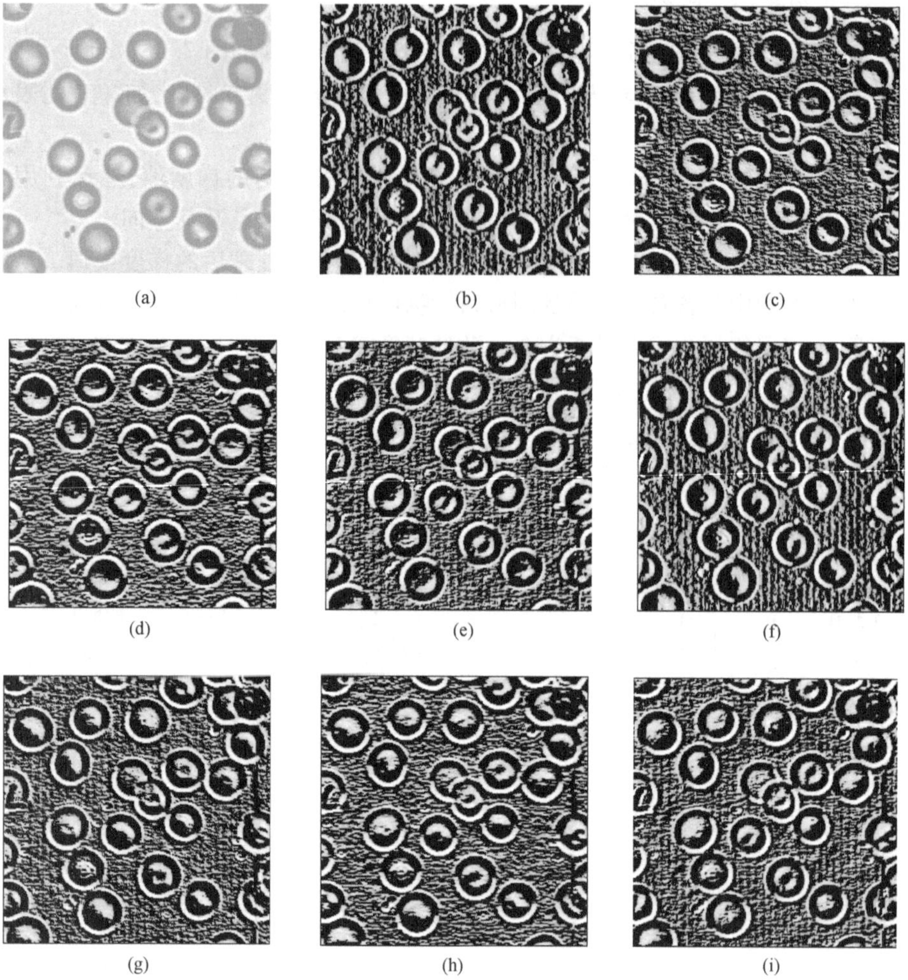

图 7.2.8　8 方向梯度模板的处理结果

(a) 原图像　(b)～(i)分别为对原图像用方向模板 $\boldsymbol{W}_i$ 处理后的梯度模值图像($i=0,1,2,\cdots,7$)

2. 加权平均差分方向梯度

同理,可将 Sobel 加权平均差分模板按 45°旋转就得到如图 7.2.7(b)所示的 8 方向梯度模板,其用法同平均差分方向梯度模板,处理结果也类同。

3. Kirsch 方向梯度

为了使边缘点检测算法既能抑制噪声,又能很好地保持边缘细节,Kirsch 提出了一个 3×3 的非线性算子。其基本思想是改进取平均值的过程,即尽量用边缘两侧的像素各自与自己同类的像素取平均值,再去求差分,从而减少由于直接取平均而造成的边缘细节丢失。针对检测点(m,n)，求出其不同方向的差分并取模，其最大值就作为该点的梯度，再通过取阈值判定，就可得到边缘点及其方向。

设像素点(m,n)的邻域用图 7.2.9 来表示，则 Kirsch 方向梯度定义为

$$G(m,n)=\max_{i=0}^{7}\{|G_i(m,n)|\} \tag{7.2.20}$$

式中，$G_i(m,n)$为第 i 方向的梯度，且有

$$G_i(m,n)=5S_i-3T_i \tag{7.2.21}$$

$$S_i=A_i+A_{(i+1)'}+A_{(i+2)'} \tag{7.2.22}$$

$$T_i=A_{(i+3)'}+A_{(i+4)'}+A_{(i+5)'}+A_{(i+6)'}+A_{(i+7)'} \tag{7.2.23}$$

式中，$A_{(i+j)'}$的下标值$(i+j)'$是$(i+j)$对 8 的取模值，即

$$(i+j)'=(i+j)\mathrm{MOD}\ 8 \tag{7.2.24}$$

A_0	A_1	A_2
A_7	$f(m,n)$	A_3
A_6	A_5	A_4

图 7.2.9　像素点(m,n)的 8 邻域

由式(7.2.21)可以看到，该算子将(m,n)的 8 邻域（不包括本点的 8 个邻点）分成 3 个点的 S 区和 5 个点的 T 区，对这两个区分别取平均后再取差分，即 $5S_i-3T_i=15\left(\frac{1}{3}S_i-\frac{1}{5}T_i\right)$。若第 i 方向边缘存在，则$|5S_i-3T_i|$的值就必然较大，同时由于对各个方向均用式(7.2.21)计算，并用式(7.2.20)求最大值，因此边缘的方向也就确定了。图 7.2.7(c)给出了利用 Kirsch 梯度算子生成的 8 方向梯度模板，利用它们可获得性能优于平均差分和加权平均差分的边缘点检测结果。图 7.2.10 给出了摄影师图像经正交梯度和方向梯度 5 种算子处理后的结果示例。从中看到，方向梯度的检测效果要好于正交梯度的检测效果，而 Kirsch 方向梯度的检测结果是最好的，例如在图 7.2.10(f)中可清楚看到检测出的塔形建筑物轮廓。

4. 十二方向梯度

图 7.2.7 所示 3×3 的 8 方向梯度模板可用于检测 45°增量下的边缘点，若要减小增量角度，一般就要扩大模板尺寸，并合理构造模板内的系数。其中一个有名的方向梯度是由 Nevatia 和 Babu 提出的，它共有 12 个 5×5 的模板，用于检测 30°增量的边缘点和方向。与 3×3 的 8 方向模板相比，它在水平、垂直 4 个方向和其他 8 个方向的模板内系数构成也不相同。图 7.2.11 给出 Nevatia-Babu 的 12 方向梯度模板[6]，用其检测边缘点的方法与 3×3 的 8 方向模板是一样的。

图 7.2.10 几种梯度算子的边缘点检测结果

(a) 原图像 (b)、(c)、(d)、(e)和(f)分别是采用 Prewitt 梯度、Sobel 梯度、平均差分方向梯度、加权平均方向梯度和 Kirsch 方向梯度检测出的边缘点图像

$$\boldsymbol{W}_0=\frac{1}{1000}\begin{bmatrix}-100 & -100 & 0 & 100 & 100\\ -100 & -100 & 0 & 100 & 100\\ -100 & -100 & 0 & 100 & 100\\ -100 & -100 & 0 & 100 & 100\\ -100 & -100 & 0 & 100 & 100\end{bmatrix}$$

0°

$$\boldsymbol{W}_1=\frac{1}{1102}\begin{bmatrix}-100 & 32 & 100 & 100 & 100\\ -100 & -78 & 92 & 100 & 100\\ -100 & -100 & 0 & 100 & 100\\ -100 & -100 & -92 & 78 & 100\\ -100 & -100 & -100 & -32 & 100\end{bmatrix}$$

30°

$$\boldsymbol{W}_2=\frac{1}{1102}\begin{bmatrix}100 & 100 & 100 & 100 & 100\\ -32 & 78 & 100 & 100 & 100\\ -100 & -92 & 0 & 92 & 100\\ -100 & -100 & -100 & -78 & 32\\ -100 & -100 & -100 & -100 & -100\end{bmatrix}$$

60°

$$\boldsymbol{W}_3=\frac{1}{1000}\begin{bmatrix}100 & 100 & 100 & 100 & 100\\ 100 & 100 & 100 & 100 & 100\\ 0 & 0 & 0 & 0 & 0\\ -100 & -100 & -100 & -100 & -100\\ -100 & -100 & -100 & -100 & -100\end{bmatrix}$$

90°

$$\boldsymbol{W}_4=\frac{1}{1102}\begin{bmatrix}100 & 100 & 100 & 100 & 100\\ 100 & 100 & 100 & 78 & -32\\ 100 & 92 & 0 & -92 & -100\\ 32 & -78 & -100 & -100 & -100\\ -100 & -100 & -100 & -100 & -100\end{bmatrix}$$

120°

$$\boldsymbol{W}_5=\frac{1}{1102}\begin{bmatrix}100 & 100 & 100 & 32 & -100\\ 100 & 100 & 92 & -78 & -100\\ 100 & 100 & 0 & -100 & -100\\ 100 & 78 & -92 & -100 & -100\\ 100 & -32 & -100 & -100 & -100\end{bmatrix}$$

150°

图 7.2.11 Nevatia-Babu 12 方向梯度模板

$$W_6 = \frac{1}{1000}\begin{bmatrix} 100 & 100 & 0 & -100 & -100 \\ 100 & 100 & 0 & -100 & -100 \\ 100 & 100 & 0 & -100 & -100 \\ 100 & 100 & 0 & -100 & -100 \\ 100 & 100 & 0 & -100 & -100 \end{bmatrix}$$

180°

$$W_7 = \frac{1}{1102}\begin{bmatrix} 100 & -32 & -100 & -100 & -100 \\ 100 & 78 & -92 & -100 & -100 \\ 100 & 100 & 0 & -100 & -100 \\ 100 & 100 & 92 & -78 & -100 \\ 100 & 100 & 100 & 32 & -100 \end{bmatrix}$$

210°

$$W_8 = \frac{1}{1102}\begin{bmatrix} -100 & -100 & -100 & -100 & -100 \\ 32 & -78 & -100 & -100 & -100 \\ 100 & 92 & 0 & -92 & -100 \\ 100 & 100 & 100 & 78 & -32 \\ 100 & 100 & 100 & 100 & 100 \end{bmatrix}$$

240°

$$W_9 = \frac{1}{1000}\begin{bmatrix} -100 & -100 & -100 & -100 & -100 \\ -100 & -100 & -100 & -100 & -100 \\ 0 & 0 & 0 & 0 & 0 \\ 100 & 100 & 100 & 100 & 100 \\ 100 & 100 & 100 & 100 & 100 \end{bmatrix}$$

270°

$$W_{10} = \frac{1}{1102}\begin{bmatrix} -100 & -100 & -100 & -100 & -100 \\ -100 & -100 & -100 & -78 & 32 \\ -100 & -92 & 0 & 92 & 100 \\ -32 & 78 & 100 & 100 & 100 \\ 100 & 100 & 100 & 100 & 100 \end{bmatrix}$$

300°

$$W_{11} = \frac{1}{1102}\begin{bmatrix} -100 & -100 & -100 & -32 & -100 \\ -100 & -100 & -92 & 78 & 100 \\ -100 & -100 & 0 & 100 & 100 \\ -100 & -78 & 92 & 100 & 100 \\ -100 & 32 & 100 & 100 & 100 \end{bmatrix}$$

330°

图 7.2.11　Nevatia-Babu 12 方向梯度模板(续)

7.2.4　线检测模板

利用方向梯度模板的基本思想,可以设计检测不同方向线的方向模板。对于单像素宽度线,可通过阈值检测其梯度来完成其检测,并确定其走向。线的梯度定义为

$$G(m,n) = \max_{i=0}^{3}\{\,|\,G_i(m,n)\,|\,\} \tag{7.2.25}$$

式中,$G_i(m,n)$为被检测线第 i 方向的梯度。即

$$G_i(m,n) = F(m,n) * \boldsymbol{W}_i \tag{7.2.26}$$

式中,$\boldsymbol{W}_i$ 是第 i 方向的线检测模板,见图 7.2.12 所示;i=0,1,2,3,表示 0°、45°、90°、−45°等 4 个方向。

$$W_0 = \frac{1}{6}\begin{bmatrix} -1 & -1 & -1 \\ 2 & 2 & 2 \\ -1 & -1 & -1 \end{bmatrix}$$

0°

$$W_1 = \frac{1}{6}\begin{bmatrix} -1 & -1 & 2 \\ -1 & 2 & -1 \\ 2 & -1 & -1 \end{bmatrix}$$

45°

$$W_2 = \frac{1}{6}\begin{bmatrix} -1 & 2 & -1 \\ -1 & 2 & -1 \\ -1 & 2 & -1 \end{bmatrix}$$

90°

$$W_3 = \frac{1}{6}\begin{bmatrix} 2 & -1 & -1 \\ -1 & 2 & -1 \\ -1 & -1 & 2 \end{bmatrix}$$

−45°

图 7.2.12　不同方向的线检测模板

图 7.2.13 给出了包含 0°、45°、90°和 −45°等不同走向直线的图像用上述 4 个方向模板处理后的结果，从中看出模板 $\boldsymbol{W}_0$ 对水平走向的线（一个像素宽度）有很强的响应，模板 $\boldsymbol{W}_1$ 对 45°方向的线具有最好响应，模板 $\boldsymbol{W}_2$ 对垂直线有最大响应，模板 $\boldsymbol{W}_3$ 对 −45°方向的线有最好的响应。

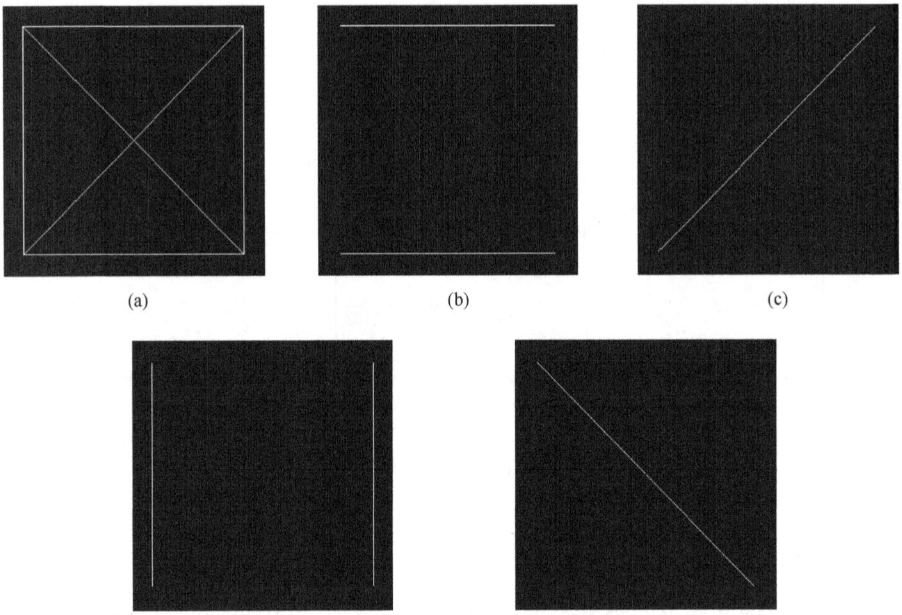

图 7.2.13　基于线检测模板的检测示例

(a) 原图像　(b)、(c)、(d)和(e)分别为用模板 $\boldsymbol{W}_0$、$\boldsymbol{W}_1$、$\boldsymbol{W}_2$ 和 $\boldsymbol{W}_3$ 检测后的结果图

7.2.5　二阶导数算子法

从 7.2.1 小节的介绍我们知道，对于阶跃状边缘，其二阶导数在边缘点出现过零交叉，即边缘点两旁的二阶导数取异号，据此可以通过二阶导数来检测边缘点。

1. Laplacian 算子法

连续图像 $f(x,y)$ 的 Laplacian 边缘检测算子可定义为

$$G(x,y) = -\nabla^2 f(x,y) \tag{7.2.27}$$

式中，Laplacian 算子为

$$\nabla^2 = \frac{\partial^2}{\partial x^2} + \frac{\partial^2}{\partial y^2} \tag{7.2.28}$$

对于数字图像 $f(m,n)$，用差分代替二阶偏导，则边缘检测算子[式(7.2.27)]

变为

$$G(m,n)=4F(m,n)-[F(m-1,n)+F(m,n-1)+F(m,n+1)+F(m+1,n)] \tag{7.2.29}$$

写成检测模板为

$$\boldsymbol{W}=\begin{bmatrix}0 & -1 & 0\\ -1 & 4 & -1\\ 0 & -1 & 0\end{bmatrix} \tag{7.2.30}$$

该模板也称为四邻 Laplacian 检测模板，同理也可给出八邻检测模板如下

$$\boldsymbol{W}=\begin{bmatrix}-1 & -1 & -1\\ -1 & 8 & -1\\ -1 & -1 & -1\end{bmatrix} \tag{7.2.31}$$

Laplacian 检测模板的特点是各向同性，对孤立点及线端的检测效果好，但边缘方向信息丢失，对噪声敏感，整体检测效果不如梯度算子。

2. LoG 算子法

实际应用中，由于噪声的影响，对噪声敏感的边缘点检测算法（如 Laplacian 算子法）可能会把噪声当边缘点检测出来，而真正的边缘点会被噪声淹没而未检测出。为此，Marr 和 Hildreth 提出了高斯-拉普拉斯（Laplacian of a Gaussian，LoG）边缘检测算子，简称 LoG 算子法。该方法是先采用高斯算子对原图像进行平滑，然后再施以 Laplacian 算子，这就克服了 Laplacian 算子对噪声敏感的缺点，减少了噪声的影响。

二维高斯函数为

$$h(x,y)=\exp\left(-\frac{x^2+y^2}{2\sigma^2}\right) \tag{7.2.32}$$

则连续函数 $f(x,y)$ 的 LoG 边缘检测算子定义为

$$G(x,y)=-\nabla^2[h(x,y)*f(x,y)]=[-\nabla^2 h(x,y)]*f(x,y)=H(x,y)*f(x,y) \tag{7.2.33}$$

$$H(x,y)=-\nabla^2 h(x,y)=\frac{\sigma^2-r^2}{\sigma^4}\exp\left(-\frac{r^2}{2\sigma^2}\right) \tag{7.2.34}$$

其中 $r^2=x^2+y^2$，σ 是标准差。算子 $H(x,y)$ 是一个轴对称函数，其横截面如图 7.2.14 所示。由于它相当平滑，能减少噪声的影响，所以当边缘模糊或噪声较大时，利用 $H(x,y)$ 检测过零点能提供较可靠的边缘位置。

图 7.2.15 给出了摄影师图像经 Laplacian 算子和 LoG 算子处理后的结果对比。

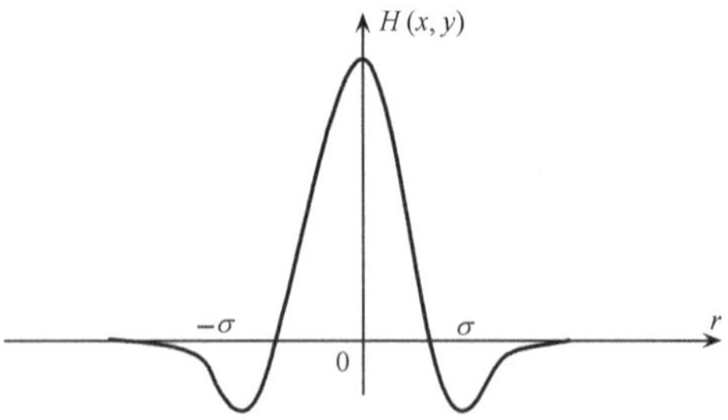

图 7.2.14　$H(x,y)$的截面图

图 7.2.15　Laplacian 算子和 LoG 算子边缘检测对比

(a) 原图像　(b)、(c)分别是 4 邻域和 8 邻域的 Laplacian 检测结果　(d) LoG 检测结果

7.3　边缘线跟踪

7.2 节之所以称为边缘点检测，是因为无论是通过梯度算子、方向梯度算子、线检测模板，还是二阶导数算子，检测结果都是满足算子条件的离散点，包括真正的边缘点，也有噪声点和其他干扰点。由于噪声、干扰及成像时不均匀光照的影响，很少能真正得到一组完整描述一条边缘线的边缘点集，由于检测到的边缘点可

能是不同边缘线上的像素点，也可能是噪声点或干扰点，同时在边缘点组成边缘线时还会发现中间存在断裂或有间断。因此本节介绍的边缘线跟踪就是要把检测到的边缘点连接成边缘线，因为边缘线是描述目标物特性的最基本特征，也是基于边缘检测的图像分割中分割区域的边界表示。边缘线跟踪也称边缘连接或边界检测，目前虽有许多方法，但都不完善。下面将介绍几种常用的方法。

7.3.1 局部边缘连接法

将边缘点连成边缘线的最简单的方法是依据事先确定的准则，把相似的边缘点连成线。该方法以局部梯度算子处理后的梯度图像作为输入，连接过程分为两步[4]。

第一步是选择可能位于边缘线上的边缘点。在边缘点(m,n)的一个小邻域(如 3×3、4×4 或 5×5)内，若其中梯度值超过某一预定阈值，则具有最大梯度值的点被称为候选边缘点。对每一个候选点，利用方向梯度或模板匹配的方法确定其边缘方向。

第二步是对相邻的候选边缘点，根据事先确定的相似准则判定是否连接。如果在相邻的小邻域内的两个候选点的梯度和方向差值都在某阈值之内，则这两点被认为属于同一边缘线，可以连接起来。连接条件即相似准则定义为

$$\begin{cases} |G_1(m,n)-G_2(i,j)|\leqslant E \\ |\phi_1(m,n)-\phi_2(i,j)|<A \end{cases} \tag{7.3.1}$$

其中，$G_1(m,n)$和$G_2(i,j)$分别为边缘点(m,n)和(i,j)的梯度模值，$\phi_1(m,n)$和$\phi_2(i,j)$分别为两边缘点的方向(角度)值。

若将第二步对相邻的候选边缘点的判定改成对相隔几个像素的候选边缘点的判定，则该方法还可以实现对有间隔(断裂)边缘的连接。

由于该方法是基于边缘的局部特性进行边缘连接，它就容易受噪声或干扰的影响。

7.3.2 光栅扫描跟踪法

这是一种按照电视光栅行的扫描顺序，对遇到的像素进行阈值判定而实现的边缘跟踪方法，也称作顺序扫描跟踪法。下面结合一个实例来介绍这种方法。

图 7.3.1(a)是一幅含有三条曲线的模糊图像，各条曲线与水平方向夹角近似于 90°，现在要检测出这些曲线。

光栅扫描跟踪法的实施步骤如下[17]：

(1) 首先设立两种门限：检测门限 d 和跟踪门限 t，且 $d>t$。在本例中 $d=7, t=4$。

(2) 将每一行中达到检测门限 d 的点记为 1，作为下一步的跟踪起点，这就是检测准则。本例检测结果如图 7.3.1(b)所示。

(3) 对第 m 行上被记为 1 的点(m,n)，就在下一行的$(m+1,n-1)$、$(m+1,n)$和$(m+1,n+1)$点上进行跟踪判决，只要这些点的灰度值达到跟踪门限 t，这些点也被记为 1，这就是跟踪准则。本例中的跟踪结果如图 7.3.1(d)所示。

当整幅图像扫描完成时，跟踪过程便告结束。

图 7.3.1(b)和(c)也给出了分别用 $d=7$ 和 $t=4$ 作简单二值化的结果，可看到图(b)的漏检多，图(c)的虚警大，而只有光栅扫描跟踪法的检测跟踪结果[图 7.3.1(d)]较好，可清楚地看到三条曲线。

9		5		8		4	5		3
	5				6		4	2	
		9		1	5			5	
6			5			7		2	
	3		6	2		9			7
4		6			5		3		5
		5		2	6			6	
6	4		3		7			4	2

(a)

1				1					
		1							
						1			
						1			1
					1				

(b)

1		1		1		1	1		
	1				1		1		
		1			1			1	
1			1			1			
			1			1			1
1		1			1				1
		1			1			1	
1	1				1			1	

(c)

1				1					
	1				1				
		1			1				
			1			1			
			1			1			1
		1			1				1
		1			1			1	
	1				1			1	

(d)

图 7.3.1 光栅扫描跟踪法示例

(a) 原图像 (b) $f(m,n)\geqslant d=7$ 的二值图像 (c) $f(m,n)\geqslant t=4$ 的二值图像

(d) $d=7$,$t=4$ 的扫描跟踪结果

这种光栅扫描跟踪法实现简单，但也有缺点。若线条灰度值自上而下由小变大，则开始阶段就检测不到线条。此外，若跟踪线的方向接近水平，用自上而下的扫描方式也可能漏跟。一种解决方法是按行自上而下、自下而上扫描，并按列自左向右、自右向左扫描，这样综合四种扫描方式可以得到更好的结果，当然也要增加计算量。

7.3.3 Hough 变换法

边缘(线)的检测要经过两个过程，首先进行边缘点的检测，再将边缘点连接成边缘线。由于噪声、干扰及成像时不均匀光照的影响，通过边缘点检测就很少能真正得到一组完整描述一条边缘线的点集，那么通过局部边缘连接也就很难得到准确的边缘线。而 Hough 变换能根据待检测曲线对应像素间的整体关系，检测出已知形状的曲线并用参数方程描述出来。其主要优点是可以抗噪声、干扰点及断点的影响。因此，Hough 变换是将边缘点连成边缘线的全局最优方法。

1. Hough 变换的基本原理

已知图像中检测出的 n 个边缘点，希望找到位于同一条直线上的点组成的子集。一种可行的方法是根据数学上 2 点成一条直线的原理，对这 n 个点组成的直线(最多有 $n(n-1)/2$ 条)中的每一条求其共线点(位于该直线上的点)个数，则共线点最多的那条直线就是要找的直线。这种方法从原理上看似简单，但要完成最多$n(n-1)/2$条直线的判定，其运算量之大，实际应用中根本没法满足。对此，Hough 巧妙利用坐标变换使图像变换到另一坐标系后在其特定位置上出现峰值，则检出曲线(包括直线)就变成了找峰值位置的问题，这样就能大大减少运算量。

下面以检测直线为例，来说明 Hough 变换的基本原理。

如图 7.3.2(a)所示，在图像空间(直角坐标系)中有一条直线，该直线的方程可表示为

$$y = kx + b \tag{7.3.2}$$

式中，k 为直线斜率；b 为 y 截距。当直线接近垂直时，其斜率 k 可能趋于无穷大。为避免这种情况的出现，一般用直线的极坐标形式(法线式)表示。

设坐标原点到直线的(垂直)距离为 ρ，直线法线(垂直)与 x 轴夹角为 θ，则这条直线可唯一地表示为

$$\rho = x\cos\theta + y\sin\theta \tag{7.3.3}$$

式中，(x,y)为该直线上点的坐标；(ρ,θ)为直线的参数。

若(x_i,y_i)为图像空间的一个边缘点，则通过该点的直线均满足

$$\rho = x_i\cos\theta + y_i\sin\theta = (x_i^2 + y_i^2)^{1/2}\sin(\theta + \varphi) \tag{7.3.4}$$

式中，$\varphi=\arctan(y_i/x_i)$；ρ 和 θ 为变量，对应于各条直线的参数。

现在观察以 x 和 y 为坐标的图像空间[图 7.3.2(a)]和以 ρ 和 θ 为坐标的参数空间[图 7.3.2(b)]，得到如下对应关系：

(1) 图像空间中的一条直线[式(7.3.2)]，在参数空间映射为一个点(ρ,θ)[参看图 7.3.2(a)和(b)]。

(2) 图像空间的一个点[式(7.3.3)]映射为参数空间的一条正弦曲线[参看图 7.3.2(c)和(d)]。

(3) 图像空间的一条直线上的多个共线点映射为参数空间相交于一点的多条正弦曲线[参看图 7.3.2(e)和(f)]。

这种图像空间和参数空间点和线之间的映射关系就称为 Hough 变换。

据此，要检测的图像空间共线点最多的直线，就变成了参数空间相交于一点正弦曲线最多的这个峰值点。这就是 Hough 变换检测直线的原理。

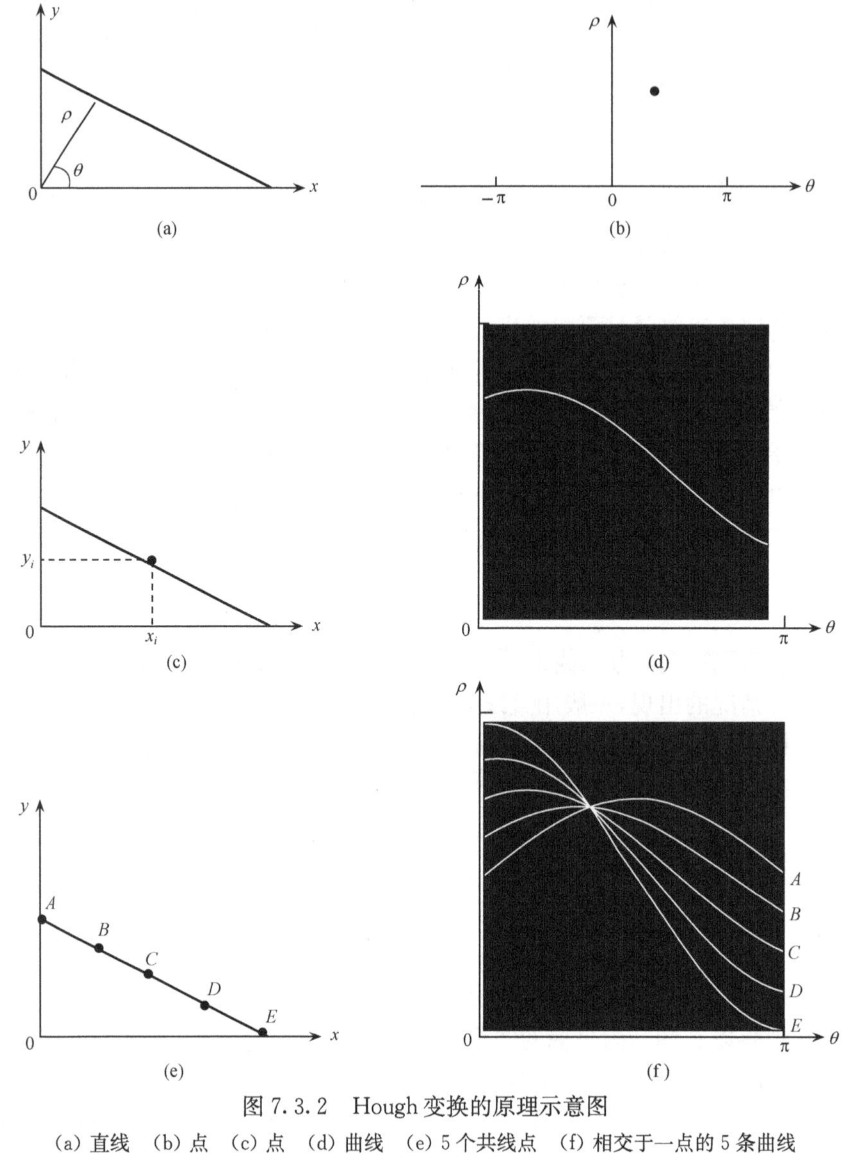

图 7.3.2　Hough 变换的原理示意图

(a) 直线　(b) 点　(c) 点　(d) 曲线　(e) 5 个共线点　(f) 相交于一点的 5 条曲线

为了找出这个峰值点，我们可以将参数空间按 ρ 和 θ 量化成许多小格(称为计数单元)。根据每一个边缘点(x_i, y_i)代入 θ 的量化值，按式(7.3.3)计算出 ρ，所得值经量化落在某个小格内，便使该小格的计数单元加1。当全部边缘点(x,y)变换完后，对计数单元进行检验，若只检测一条直线，则最大计数值的计数单元对应于共线点，其(ρ,θ)就是该直线的参数。若要检测N条直线，则计数值较大的前N个计数单元的(ρ,θ)就分别是这N条直线的参数。求得的(ρ,θ)代入式(7.3.2)就可得到要检测(连接)直线的方程。

可以看出，如果ρ和θ量化过粗，则参数空间的凝聚效果就差，求得的直线参数就不精确。反过来，如果ρ和θ量化过细，则计算量会大增。因此，对ρ和θ的量化要兼顾参数量化精度和计算量。

Hough变换不仅可以检测直线，也可以检测圆、椭圆、抛物线等形状的曲线。现以检测位置和半径都未知的圆为例来说明。在图像空间，圆的方程为

$$(x-a)^2+(y-b)^2=r^2 \tag{7.3.5}$$

这里的圆方程含有表示圆的圆心和半径的三个参数a、b和r，即有三个未知参数。如果仍像检测直线那样直接计算，当然也能求出a、b和r，但计算量和计数单元将显著增大。而在实际应用中，要么已知圆半径，则未知参数就减少为a和b两个，要么边缘方向已知，把式(7.3.5)取导数，有

$$2(x-a)+2(y-b)\mathrm{d}y/\mathrm{d}x=0 \tag{7.3.6}$$

则可减少一维处理，未知参数也只剩下a和b。图7.3.3给出了利用Hough变换检测图像中的直线和圆的示例。

2. 广义Hough变换

Hough变换除了能检测可以用解析形式表示的曲线及形状外，也可以推广到任意形状的检测，一般称之为广义Hough变换。这里以给定形状、大小及方向而位置未知，且形状不能用解析式表示的目标物检测为例，来说明广义Hough变换的检测过程。

在图7.3.4所示的任意形状目标物内任意确定一点(x_c,y_c)作为参考点，并通过它向边界上的点(x,y)作直线，连线的长度为r，连线与x轴夹角为α，r和α都是ϕ的函数。ϕ是边界点(x,y)的梯度方向，即边界点(x,y)的切线的法线与x轴的夹角[64]。这时，计算参考点位置(x_c,y_c)的式子为

$$\begin{cases} x_c=x+r(\phi)\cos[\alpha(\phi)] \\ y_c=y+r(\phi)\sin[\alpha(\phi)] \end{cases} \tag{7.3.7}$$

若已知任意形状目标物的边界R，则可按ϕ的取值由小到大生成一个二维表格，即$\phi_i \sim (r(\phi_i),\alpha(\phi_i))$表，再通过式(7.3.7)计算参考点位置$(x_c,y_c)$。若未知图像边界点计算出的$(x_c,y_c)$很集中，才能形成峰值点，就表示已找到该形状的边界。因而，下一步就是沿用Hough变换的上述步骤，把计数单元中相应元素$A[x_c,y_c]$的内容加1。最后寻找计数单元的峰值点，它对应于待检测的给定形状目标物所在的位置。

图 7.3.3　Hough 变换检测直线和圆的示例

(a) 含有高斯噪声的原图像　(b) 原图像的 Sobel 边缘检测结果　(c) 通过 Hough 变换用边界曲线将不连续的点连接所得的结果　(d) Hough 变换检测直线的参数空间曲线　(e) Hough 变换检测直线的结果　(f) Hough 变换检测圆的参数空间曲线　(g) Hough 变换检测圆的结果

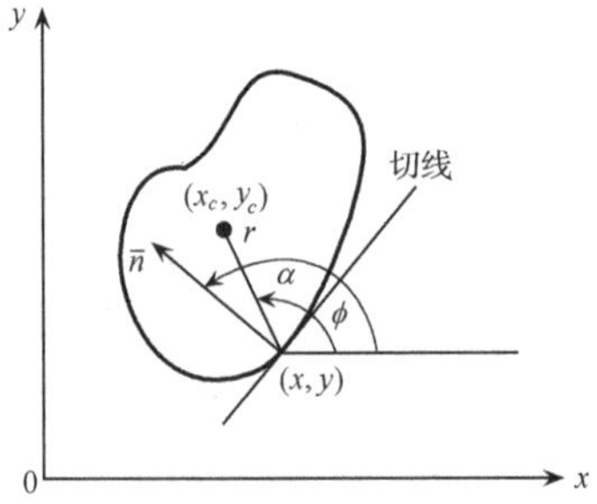

图 7.3.4　广义 Hough 变换

7.4 门限化分割

根据图像分割的定义，同一个分割区的图像灰度值具有相似(相近)性，不同的分割区具有较大差别。尤其对于图像中的目标物与背景、不同目标物之间的灰度值具有明显的差别，其灰度直方图呈双峰或多峰形状，此时可通过取门限的方法将图像分割成不同的目标物和背景区域。

7.4.1 灰度门限法

1. 单阈值分割

当图像的灰度直方图呈双峰形状时，如图 7.4.1(a)所示，可通过取单门限，将图像分割成目标物和背景两类。即

$$g(m,n)=\begin{cases}1, & f(m,n)>T\\ 0, & \text{其他}\end{cases} \tag{7.4.1}$$

式中，T 是灰度门限，一般取直方图双峰间波谷的灰度值，此时就将图像分成了标记为“1”的区域和标记为“0”的另一区域，至于哪个区是目标物，哪个是背景，要看目标物和背景灰度取值的相对大小。这种方法也称为门限化二值分割。

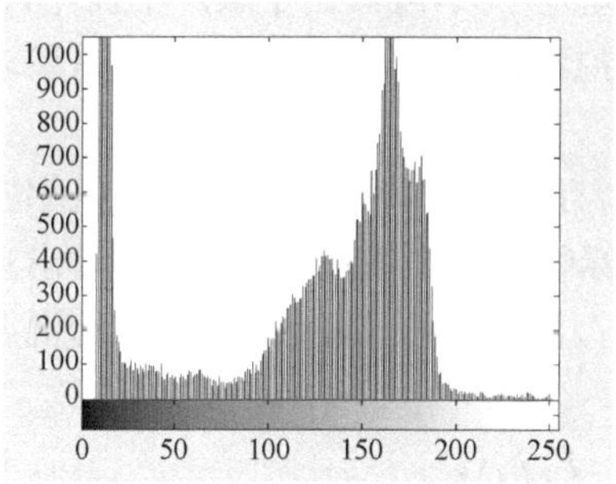

(a)

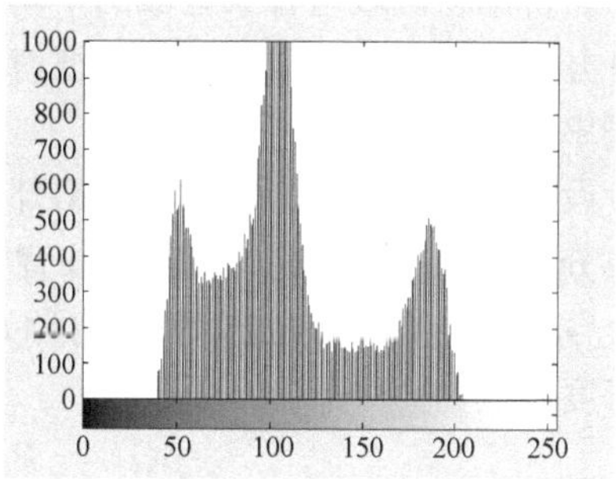

(b)

图 7.4.1　具有双峰和多峰的灰度直方图

2. 多阈值分割

当图像的灰度直方图呈多峰形状时，可通过取多个门限的方法，将图像分割成不同目标物和背景区域。即

$$g(m,n)=\begin{cases}k, & T_{k-1}<f(m,n)\leqslant T_k\\ 0, & f(m,n)\leqslant T_0\end{cases} \tag{7.4.2}$$

式中，$T_0,T_1,\cdots,T_k$ 为一系列门限值；k 为分割后各区域的标记。$k=1,2,\cdots,M$。这样就将图像分割成了 $M+1$ 个区域。

可见，灰度门限法的关键在于选取门限 T，由此形成如下分类。当 T 的选取取决于 $f(m,n)$ 的时候，该门限就称为全局门限。如果 T 取决于 $f(m,n)$ 以及像素的局部性质，该门限称为局部门限。此外，如果 T 取决于空间坐标，则门限称为是动态的或自适应的。

7.4.2 灰度门限的确定

图像的灰度直方图可作为灰度门限的选取依据。对于图 7.4.1(a)所示的双峰直方图，可选择两峰之间的谷值作为门限，便可以将目标与背景分开。谷值的选取方法有很多种，这里我们介绍 3 种方法。

1. 极小值点阈值

如果将灰度直方图的包络看作是 1 条曲线，那么选取直方图的谷值可以看作是求该曲线的极小值点。设 $h(t)$ 代表直方图，则极小值点应满足[46]：

$$\frac{\partial h(t)}{\partial t} = 0 \quad 或 \quad \frac{\partial^2 h(t)}{\partial t^2} > 0 \tag{7.4.3}$$

该极小值点对应的灰度值便可以作为分割的阈值。

2. 最优阈值[44]

当目标物区域与背景区域的平均灰度值差别不大，或者由于噪声干扰，图像灰度直方图没有明显的双峰一谷特征时，需要寻找最优阈值。这里的最优是要求错分概率达到最小。

设一幅图像由目标物和背景两部分构成，目标物和背景的灰度分布概率密度函数分别为 $p_1(t)$ 和 $p_2(t)$，若已知背景和目标物像素出现的先验概率(其出现像素个数占图像像素个数比例)分别为 P_1 和 P_2，且有 $P_1+P_2=1$，则图像的混合概率密度函数为

$$p(t) = P_1 p_1(t) + P_2 p_2(t) \tag{7.4.4}$$

如果设置灰度门限 T 将目标物和背景区分开，即

如果 $f(m,n)>T$，则 $(m,n)\in$ 目标物。

如果 $f(m,n)\leqslant T$，则 $(m,n)\in$ 背景。

由于目标物和背景的灰度分布是有交叠的，如图 7.4.2 所示，无论如何选择 T，总会造成错误分类。通过先验知识，可估计出错分概率的大小。

将 1 个目标物像素错分为 1 个背景像素的概率为

$$E_1(T) = \int_{-\infty}^{T} p_2(t)\,\mathrm{d}t \tag{7.4.5}$$

将 1 个背景像素错分为 1 个目标物像素的概率为

$$E_2(T) = \int_{T}^{+\infty} p_1(t)\,\mathrm{d}t \tag{7.4.6}$$

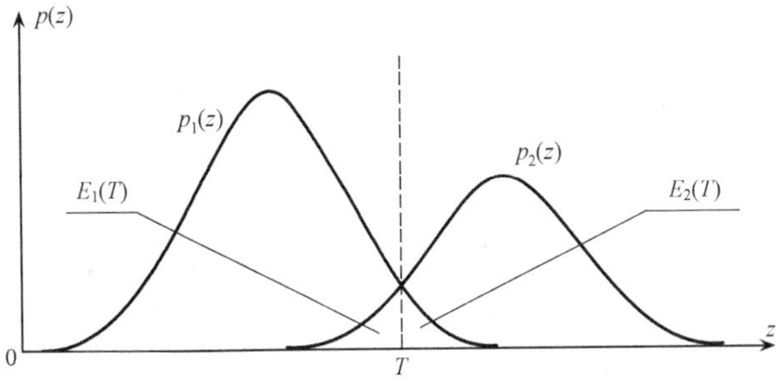

图 7.4.2　最优阈值选取示例

所以，选取阈值 T 的总的错分概率为

$$E(T)=P_1\cdot E_1(T)+P_2\cdot E_2(T) \tag{7.4.7}$$

门限 T 的选择应使上式最小，即有$\frac{\partial E(T)}{\partial T}=0$，得

$$P_1p_1(T)=P_2p_2(T) \tag{7.4.8}$$

显然，已知 P_1、$p_1(t)$和 $p_2(t)$在理论上就可以求出最优门限。若已知图像的目标物和背景的灰度为高斯型分布，则其概率密度函数为

$$\begin{cases} p_1(t)=\dfrac{1}{\sqrt{2\pi}\sigma_1}\exp\left[-\dfrac{(t-\mu_1)^2}{2\sigma_1^2}\right] \\ p_2(t)=\dfrac{1}{\sqrt{2\pi}\sigma_2}\exp\left[-\dfrac{(t-\mu_2)^2}{2\sigma_2^2}\right] \end{cases} \tag{7.4.9}$$

式中，μ_1 和 μ_2 分别为背景区域和目标物区域的平均灰度值；σ_1^2 和 σ_2^2 分别为相应的方差。于是将式(7.4.9)代入式(7.4.8)并取对数得到

$$\sigma_1^2(t-\mu_2)^2-\sigma_2^2(t-\mu_1)^2=2\sigma_1^2\sigma_2^2\ln\frac{P_2\sigma_1}{P_1\sigma_2} \tag{7.4.10}$$

求解这个关于 t 的二次方程便可以得解 t_1 和 t_2，选择其中合理的一个即为最优门限值。当两个区域的方差相等的时候，即 $\sigma_1=\sigma_2=\sigma$，只存在 1 个最优阈值

$$T_{\text{opt}}=\frac{\mu_1+\mu_2}{2}+\frac{\sigma^2}{\mu_1-\mu_2}\ln\left(\frac{P_2}{P_1}\right) \tag{7.4.11}$$

可以看出当 2 个区域的先验概率相等时，即 $P_1=P_2$，则最优阈值就是 2 个区域灰度均值的平均值，即

$$T_{\text{opt}}=\frac{1}{2}(\mu_1+\mu_2) \tag{7.4.12}$$

图 7.4.3 所示为最优阈值分割的示例。从中可以看出，对于图(a)这种对比比较强烈的图像，最优阈值法可以对其进行很好的分割。但是对于图(c)这种部分目标与背景较接近的图像，最优阈值法分割时往往产生误差，而且单纯使用一个阈值进行分割，还是无法达到清晰分割的目的。从图(d)中就可以明显看出，原图中与门的颜色对比鲜明的两根门柱没有分割出来，无法找出其边界所在位置。

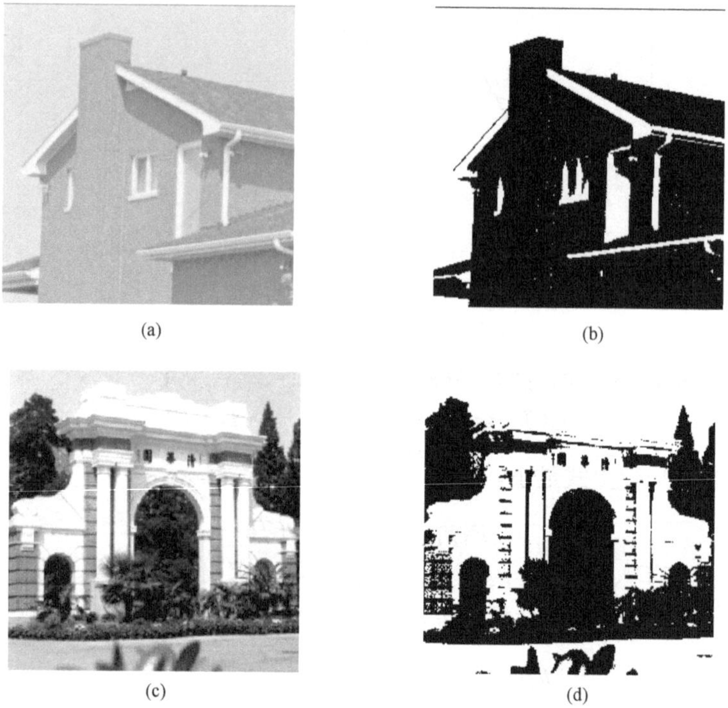

图 7.4.3　最优阈值分割示例

(a)、(c) 为原图像　(b)、(d) 为分割后的二值图像

3. 迭代阈值

迭代阈值法是阈值法图像分割中比较优秀的方法，通过迭代的方法求出分割的最佳阈值，具有一定的自适应性。迭代阈值法的实现步骤如下：

(1) 求出图像中的最大和最小灰度值 t_1 和 t_k，并令初始阈值为 $T^0=\frac{t_1+t_k}{2}$。

(2) 根据阈值 T^k 将图像分割成目标物和背景(像素灰度值小于 T^k、大于 T^k)两部分，分别计算出这两部分的像素数 N_1^k 和 N_2^k，再求出这两部分的平均灰度值 t_O 和 t_B。

$$\begin{cases} t_O = \dfrac{\sum\limits_{t(i,j)<T^k} t(i,j)\times N(i,j)}{N_1^k} \\ t_B = \dfrac{\sum\limits_{t(i,j)>T^k} t(i,j)\times N(i,j)}{N_2^k} \end{cases} \tag{7.4.13}$$

式中，$t(i,j)$为图像中(i,j)点的灰度值；$N(i,j)$为(i,j)的加权系数，一般为 1。

(3) 求出新的阈值 $T^{k+1}=\frac{t_O+t_B}{2}$。

(4) 如果 $T^k=T^{k+1}$ 或 $k>m$，则迭代结束，否则 $k\leftarrow k+1$，转到第(2)步继续迭代。其中，m 表示设定的最多迭代次数。

图 7.4.4(a)和(b)是对一类目标物和背景灰度级有明显差别的图像的分割。可见，目标物被较好地分割出来。图 7.4.4 (c)和(d)是对一类目标物和背景灰度一致性或均匀性较差的图像的分割，可见，目标物的黑色区域与背景被分割成同一部分，分割结果较差。图 7.4.4(e)和(f)是对一类目标物种类较多的图像的分割，可见，叶子和背景被分为同一部分，花瓣间的边界也不明显，分割结果较差。

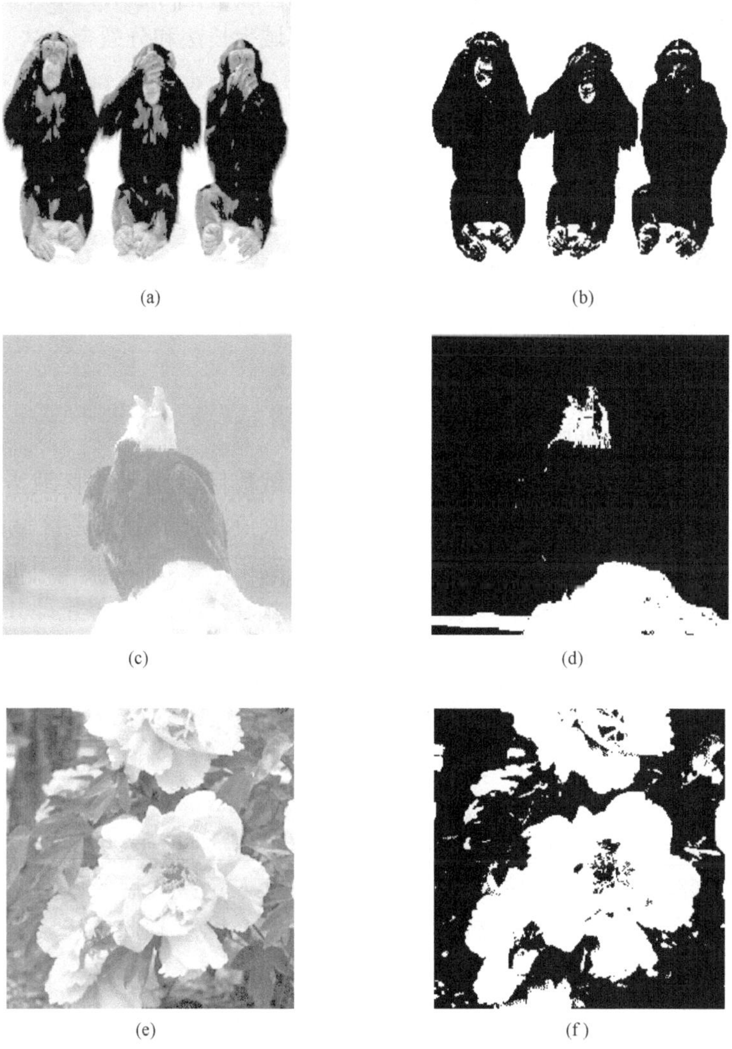

图 7.4.4　迭代阈值法图像分割示例

(a)、(c)和(e)为原图像　(b)、(d)和(f)为相应分割后的二值图像综上可知，门限化分割方法具有简单、高效的特点，但是其局限性也大。对目标和背景灰度级有明显差别的图像分割效果较好，但对于目标物和背景灰度一致性或均匀性较差(如目标的部分区域与背景灰度相近或者低于背景灰度)的图像分割效果不好，且此分割方法只能将图像分割成两个区域，对于含有多种目标的图像的分割几乎难以奏效。

7.5 区域分割法

区域分割法就是利用同一区域内灰度值的相似性，将相似的区域合并，把不相似区域分开，最终形成不同的分割区域。常用的区域分割方法有区域生长法、分裂合并法及空间聚类法等几种方法，本节将介绍区域生长法和分裂合并法。

7.5.1 区域生长法

区域生长是把图像分割成特征相似的若干小区域，比较相邻小区域的特征，若相似则合并为同一区域，如此进行直到不能合并为止，最后生成特征不同的各区域。这种分割方法也称为区域扩张法。

进行区域生长时，首先要解决三个问题：

(1) 确定要分割的区域数目，并在每个区域选择或确定一个能正确代表该区域灰度取值的像素点，称为种子点。

(2) 选择有意义的特征和邻域方式。

(3) 确定相似性准则。

其中，第一个问题是指分割前先粗略确定区域数目，并在每个区域指定一个初始生长点，对于灰度图像，其基本特征就是灰度取值。邻域方式是区域的生长方式，一般是指像素方式和区域方式。像素方式一般用 4 邻，区域方式用相邻。相似性准则是区域生长(或相邻小区域合并)的条件。最后要有生长停止即分割结束的条件。

根据所用邻域方式和相似性准则的不同，区域生长法可以分为简单生长(像素+像素)、质心生长(区域+像素)和混合生长(区域+区域)等。

1. 简单生长法

按事先确定的相似性准则[见式(7.5.1)]，生长点(种子点为第一个生长点)接收(合并)其邻域(比如 4 邻域)的像素点，该区域生长。接收后的像素点称为生长点，其值取种子点的值。重复该过程，直到不能生长为止，到此该区域生成。简单生长法的相似性准则为

$$|f(m,n)-f(s,t)|<T_1 \tag{7.5.1}$$

式中，$f(s,t)$为生长点(s,t)的灰度值；$f(m,n)$为(s,t)的邻域点(m,n)的灰度值，T_1 为相似门限。$f(s,t)$始终取种子点的值。因此这种方法对种子点的依赖性强。

2. 质心生长法

修改简单生长法的相似性准则，即相似性准则变为

$$|f(m,n)-\overline{f(s,t)}|<T_2 \tag{7.5.2}$$

这里的$\overline{f(s,t)}$是已生长区域内所有像素（所有生长点）的灰度平均值。即用已生成区域的像素灰度均值（类似质心）作为基准，这样就可以克服简单生长法中过分依赖种子点的缺陷。

3. 混合生长法

混合生长法是按相似性准则进行相邻区域的合并，即相似性准则是相邻两区域的灰度均值相近，即

$$|\overline{f}_i-\overline{f}_j|<T_3 \tag{7.5.3}$$

式中，$\overline{f}_i$ 和 $\overline{f}_j$ 分别为相邻的第 i 区域和第 j 区域的灰度平均值。这样，就用某像素点周围区域的灰度均值来表示该点的特性，增加了抗干扰性。

图 7.5.1 给出了一个区域生长法分割图像的示例。其中图(a)为原图像块，在其中标定了两个种子点（灰度低值区的灰度 1 和灰度高值区的灰度 6），用阴影标出，图(b)和(c)分别为门限 $T_1=T_2=3$ 时简单生长法和质心生长法的分割结果，图像块被分成两个区域。虽然两种方法的分割结果恰巧相同，但生长过程中所用相似性准则是不同的。简单生长法中，是用生长点和其邻域点直接比较，而质心生长法则用生长区域内所有生长点的均值与其邻域点比较。比如在高灰度区的质心生长过程中，第一次从种子点 6 开始生长得到其上下左右 4 个邻域点，此时这 5 个已接受点的平均灰度为(6+7+7+5+6)/5=6.2，故第二次生长就用这 4 个邻点（生长点）的邻点与门限 6.2 比较，按相似性准则［式(7.5.2)］再接受生长点的邻点。如此进行，直到不能再生长或到图像块的边界为止。对于图(b)或图(c)中的两个区域分别标记为 f_1 和 f_2，则其均值分别为 $\overline{f}_1=1.1$，$\overline{f}_2=5.7$。若取 $T_3=5$，则 $|\overline{f}_1-\overline{f}_2|=|1.1-5.7|=4.6<T_3=5$，由混合生长法可将图(b)中的两个区域合并为同一个区域［见图(d)］；若门限 $T_3<4.6$，则图(b)中的两个区域不能合并。

1	1	0	4	6	5
0	2	1	5	7	6
1	1	0	5	6	4
2	1	2	7	6	5
1	0	1	5	7	6
1	2	2	6	5	7

(a)

1	1	1	6	6	6
1	1	1	6	6	6
1	1	1	6	6	6
1	1	1	6	6	6
1	1	1	6	6	6
1	1	1	6	6	6

(b)

1	1	0	4	6	5
0	2	1	5	7	6
1	1	0	5	6	4
2	1	2	7	6	5
1	0	1	5	7	6
1	2	2	6	5	7

(c)

1	1	0	4	6	5
0	2	1	5	7	6
1	1	0	5	6	4
2	1	2	7	6	5
1	0	1	5	7	6
1	2	2	6	5	7

(d)

图 7.5.1　区域生长法分割图像

(a) 原图像块　(b) 简单生长法($T_1=3$)　(c) 质点生长法($T_2=3$)　(d) 混合生长法($T_3=5$)

7.5.2 分裂合并法

当事先完全不了解区域形状和区域数目时，可采用分裂合并法。这种方法首先将图像分解成互不重叠的区域，再按相似准则进行合并。若用 R 表示整幅图像，则四叉树分裂合并法的步骤是[3,4]：

(1) 给定一相似准则 P，如果对图像中的任一区域 R_i，有 $P(R_i)=\text{false}$，即不满足相似性准则，则把 R_i 区域等分为四个子区 R_{i1}、R_{i2}、R_{i3} 和 R_{i4}。

(2) 对相邻的区域 R_i，R_j，若 $P(R_i \cup R_j)=\text{true}$，则合并这两个区域。

(3) 当进一步分裂和合并都不能进行时，则分割结束。

此时，就可得到分割结果的四叉树表示。图 7.5.2 所示为利用四叉树分裂合

0	0	0	0	0	0	1	1
0	0	0	0	0	0	1	1
0	0	0	0	1	1	1	1
0	0	0	0	1	1	1	1
0	0	1	1	1	1	1	1
0	0	1	1	1	1	1	1
1	1	1	1	1	1	1	1
1	1	1	1	1	1	1	1

(a)

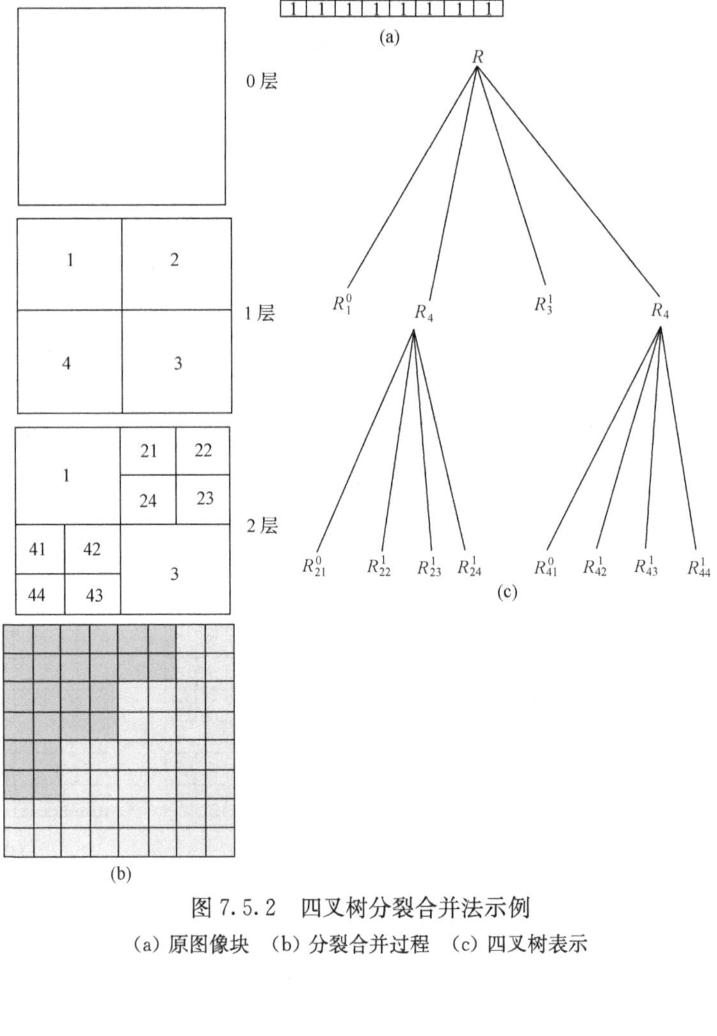

图 7.5.2 四叉树分裂合并法示例

(a) 原图像块 (b) 分裂合并过程 (c) 四叉树表示

并法进行二值图像分割的示例,其中 R_i^j 表示第 i 个区域,其取值为 j(本例中 $j=0$ 或 1)。分裂合并过程及结果如图 7.5.2 所示。

7.6 小　　结

图像分割是指把图像分成各具一定特性的区域并提取出感兴趣目标区域的技术和过程,它是图像处理和分析中的关键技术,目前已提出了上千种各类型的分割算法。本章介绍了其中一些较为简单并常用的分割算法:边缘点检测算法利用了像素间的不连续性;Hough 变换利用了点-线对偶原理;灰度门限法利用了图像的直方图分布特性,是一种应用非常广泛的分割算法,也是最常见的并行区域分割算法;基于区域生长和分裂合并的分割算法都是利用了像素间的相似性。

习　　题

7.1　设 1 幅 7×7 大小的二值图像中心处有 1 个值为 0 的 3×3 大小的正方形区域,其余区域的值为 1,如题图 7.1 所示。

1	1	1	1	1	1	1
1	1	1	1	1	1	1
1	1	0	0	0	1	1
1	1	0	0	0	1	1
1	1	0	0	0	1	1
1	1	1	1	1	1	1
1	1	1	1	1	1	1

题图 7.1

(1) 使用 Sobel 算子来计算这幅图的梯度,并画出梯度幅度图(需给出梯度幅度图中所有像素的值);

(2) 使用 Laplacian 算子计算拉普拉斯图,并给出图中所有像素的值。

7.2　设有 1 幅二值图像,其中包含了水平的、垂直的、45°和−45°的直线。请设计一组模板,用于检测这些直线中 1 个像素长度的间断。假设直线的灰度值是 1 并且背景的灰度值为 0。

7.3　有一种梯度算子可以用来检测 8 个方向上的梯度 E,NE,N,NW,W,SW,S 和 SE。该算子被称为罗盘梯度算子,其大小为 3×3。写出系数值为 0,1 或−1 时这 8 个算子的形式。

7.4　假设图像的灰度级概率密度如题图 7.4 所示。其中 $P_1(z)$对应于目标,$P_2(z)$对应于背景。如果 $P_1=P_2$,试求分割目标与背景的最佳门限。

7.5　图像中背景像素的均值与标准差分别为 110 和 20,目标像素的均值和标准差分别为 200 和 45。试提出 1 种基于区域生长的方法将目标分割出来。

7.6　试用 Sobel 算子检测题图 7.6 所示图像的边缘点(图像的第一行、最后一行、第一列和最后一列不处理,结果四舍五入取整)。

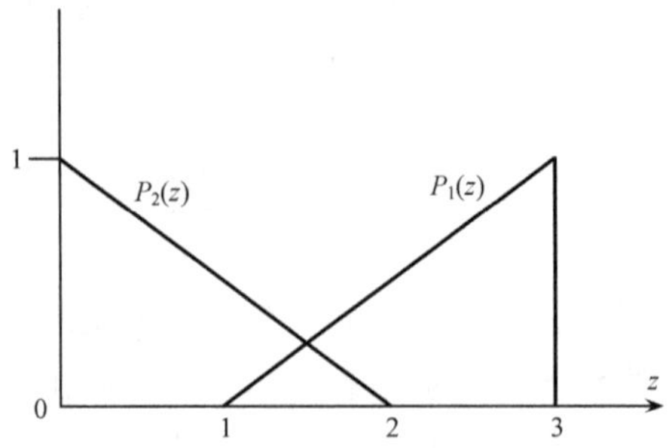

题图 7.4

4	4	4	4	4	4	4	4	0	0
4	4	4	4	4	4	4	4	0	0
4	4	5	5	5	5	5	4	0	0
4	4	5	5	6	6	5	4	0	0
4	4	5	6	7	6	5	4	0	0
4	4	5	6	6	6	5	4	0	0
4	4	5	5	5	5	5	4	0	0
4	4	4	4	4	4	4	4	0	0
4	4	4	4	4	4	4	4	0	0
4	4	4	4	4	4	4	4	0	0

题图 7.6

第8章　图像描述

图像经过分割后就得到了若干区域和边界。通常把感兴趣部分称作目标(物),其余的部分称作背景。为了让计算机有效地识别这些目标,必须对各区域、边界的属性和相互关系用更加简洁明确的数值和符号进行表示,这样在保留原图像或图像区域重要信息的同时,也减少了描述区域的数据量。这些从原始图像中产生的数值、符号或者图形称为图像特征,它们反映了原图像的最重要信息和主要特性。我们把这些表征图像特征的一系列符号称为描绘子,对这些描绘子的基本要求就是它们应具有如下特点:

(1) 唯一性:每个目标必须有唯一的表示,否则无法区分。

(2) 完整性:描述是明确的,没有歧义的。

(3) 几何变换不变性:描述应具有平移、旋转、尺度等几何变换不变性。

(4) 敏感性:描述结果应该具有对相似目标加以区别的能力。

(5) 抽象性:从分割区域、边界中抽取反映目标特性的本质特征,不容易因噪声等原因而发生变化。

本章主要介绍图像的几何特征和几种常用的图像描述方法,包括对边界的描述、对区域的描述、矩描述、纹理描述以及形态学描述等,在分析具体图像时,要分别针对不同的图像特征各自选择适当的描述方法,然后利用关系描述的方法把各个子区域及其特征有机组合起来,对图像进行相对的总体的描述。

8.1　像素间的基本关系

图像描述就是对图像中目标物特征的表示,而目标物是由一些位置和灰度值具有一定关系的像素点构成。因此,像素点的关系是描述图像的基础,通过研究目标物像素点的基本关系,进而定义图像中的距离测度,这些都将是图像特征表示的基础。

8.1.1　像素的相邻与邻域

1. 4邻域和4相邻

对于图像中的某个像素 p,其坐标为(m,n),则与之在水平方向(左和右)和垂直方向(上和下)相邻的4个像素点坐标分别为$(m-1,n)$,$(m+1,n)$,$(m,n-1)$,$(m,n+1)$,则这4个像素点组成了像素 p 的4邻域,表示为$N_4(p)$。而这4个像素点在位置上就与像素 p 相邻。如图8.1.1所示。

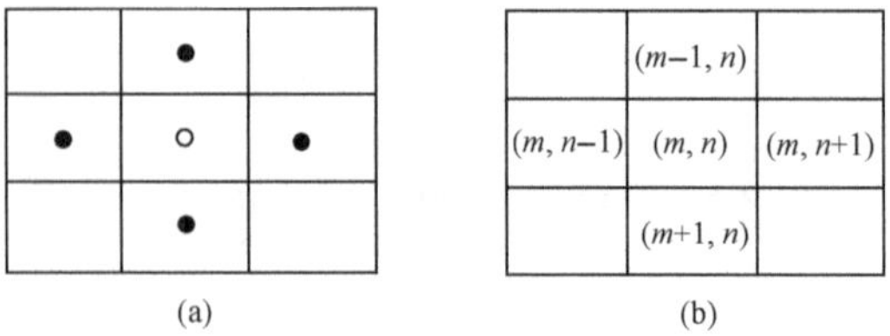

图 8.1.1　4 邻域和 4 相邻点
(a) 4 邻示意图　(b) 坐标关系

2. 8 邻域和 8 相邻

同理若取像素 p 四周的 8 个像素点作为相邻点，则像素点 p 的这 8 个相邻点就构成了 8 邻域，用 $N_8(p)$表示。如图 8.1.2 所示。

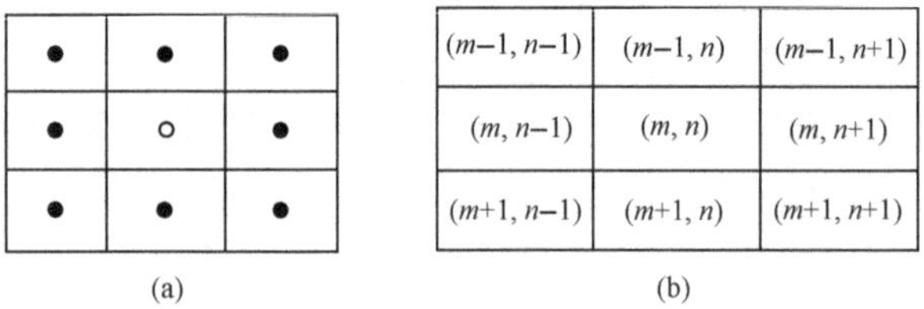

图 8.1.2　8 邻域和 8 相邻点
(a) 8 邻示意图　(b) 坐标关系

8.1.2　像素的邻接和连通

像素的相邻仅说明了两个像素在位置上的关系，若再加上取值相同或相近，则称两个像素邻接。邻接是构成目标物细节(特征)的基本单位，按照 4 邻域和 8 邻域，邻接也分为两种情况。

1. 两个像素 p 和 q 邻接的条件

(1) 相邻。
$p(m,n)$和 $q(s,t)$位置上满足相邻，即
4 相邻：$(m,n)\in N_4(q)$ 或者 $(s,t)\in N_4(p)$。
8 相邻：$(m,n)\in N_8(q)$ 或者 $(s,t)\in N_8(p)$。
(2) 灰度值相近，即 $p\in V$ 和 $q\in V$，其中 $V=\{v_1,v_2,\cdots\}$称为灰度值相近(似)准则。

2. 邻接的类别

根据相邻的类别，邻接也分为两类：

(1) 4 邻接。$p,q\in V$ 且$(s,t)\in N_4(p)$，则称 p 和 q 4 邻接，记为 $p \xrightarrow{4} q$。

(2) 8 邻接。$p,q\in V$ 且$(s,t)\in N_8(p)$，则称 p 和 q 8 邻接，记为 $p \xrightarrow{8} q$。

两种邻接的关系：4 邻接必是 8 邻接，反之不一定成立。

两种邻接及其关系见图 8.1.3 所示，相似性准则为 $V=\{1\}$，其中 p 与 q 4 邻接，也 8 邻接；q 与 r 8 邻接但非 4 邻接。

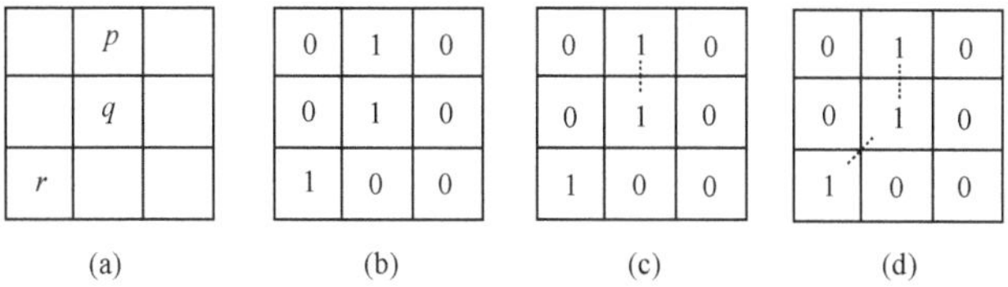

图 8.1.3　像素的邻接举例

(a) 像素标记　(b) 像素取值　(c) 4 邻接　(d) 8 邻接

3. 通路

设 $p(m,n)$与 $q(s,t)$之间的各像素点形成的连线 L 为

$$L(p,q)=\{(m,n)=(m_0,n_0),(m_1,n_1),\cdots,(m_{i-1},n_{i-1}),(m_i,n_i),\cdots,(m_N,n_N)=(s,t)\} \tag{8.1.1}$$

若(m_{i-1},n_{i-1})与(m_i,n_i)邻接$(1\leqslant i\leqslant N)$，则称 $L(p,q)$为 p 与 q 之间的一条通路，N 为通路长度。与连接一样，通路也分为 4 通路和 8 通路。

4. 连通性

若 S 是图像中的一个子集，$p,q\in S$，且存在一条由 S 中像素组成的从 p 到 q 的通路，则称 p 在图像集 S 中与 q 连通。连通也分为 4 连通和 8 连通，见图 8.1.4 所示。

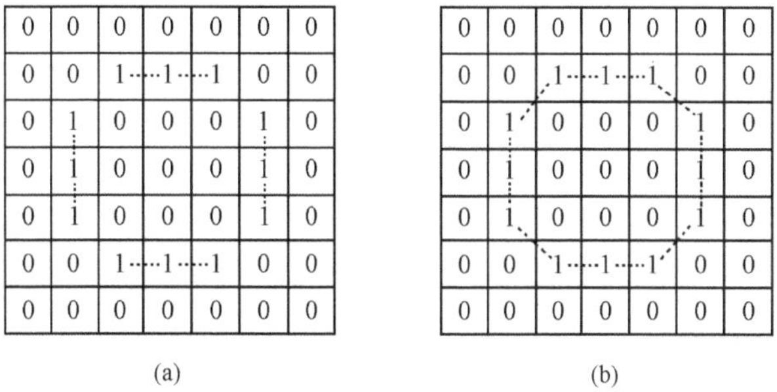

图 8.1.4　连通举例$(v=\{1\})$

(a) 4 连通(4 个 4 连通线段间不连通)　(b) 8 连通(一个 8 连通组成的闭合环)

连通性具有如下性质：

(1) p 与 p 是连通的。实际上邻接也是连通的一个特例。

(2) p 与 q 连通，则 q 与 p 也连通。

(3) 若 p 与 q 连通，q 与 r 连通，则 p 与 r 连通。

由此可知，图像中的两个像素点，当且仅当它们属于同一连通分量时，它们才是相互连通的。

连通性的概念可推广到几个图像子集。设 S 和 T 为图像子集，若 S 中的某些像素点和 T 中的某些像素点是 4 连通(或 8 连通)，则 S 和 T 彼此 4 连通(或 8 连通)。

8.1.3 区域和边界

1. 区域

连通性作为像素间关系中一个基本概念，由此可得到区域、边界等许多重要概念。对于 S 中的任一像素点 p，S 中所有的与 p 连通的点的集合称为 S 的连通分量，即一个连通的区域。

2. 边界

设图像中目标点(如图 8.1.4 中以 1 表示)的集合为 S，其余点(如图 8.1.4 以 0 表示)的集合为 S^C，则 S^C 称为 S 的补集。如果目标 S 中的点 p 有相邻点在 S^C 中，那么 p 就称为 S 的边界点，其集合称为 S 的边界，记为 S'。S 中除去 S' 的点，即 $S-S'$ 称为 S 的内部。

若 S 包含在 S^C 中，则称包含 S 的 S^C 的连通分量为背景[如图 8.1.4(b)中包围 1 组成连通环的 0 点集]，而 S^C 的其他连通分量，如果存在的话，则一定处于 S 的某个连通分量之内，称之为孔(如图 8.1.4 中被 1 组成的连通环包围的 9 个 0 点集)。S 中有孔的连通分量称为复连通，没有孔的称为单连通。

其中，S 和 S^C 应采用不同的连通性定义，否则会产生矛盾。如图 8.1.4(b)中，若 S 和 S^C 都采用 8 连通，则会出现 S 组成的闭合环外的 0(背景)和环内的 0(孔)是连通的，这与 S 环闭合，其内与其外的 0 不连通相矛盾。若 S 采用 8 连通，而 S^C 采用 4 连通，则就不会出现矛盾。

综上，利用相邻、连通性和边界点可以定义如下一些图像的特征点和线[51]：

(1) 孤点。没有邻接点的孤立点。图 8.1.5(b)中标记为 a 的 2 个像素点。

(2) S 的内部和内点。目标点集 S 和边界点集 S' 之差集称为 S 的内部，处于 S 内部的点称为 S 的内点。图 8.1.5(b)中标记为 a,b,c,d,e 的点迹集为 S，标记为 a,c,d,e 的像素点为边界点，标记为 b 的点为内点，内点集组成 S 的内部。

(3) 弧(曲线)及弧点。如果连通域中除两端点只有一个邻接点外，其余的点都有两个邻接点，则称此连通域为弧或者曲线，相应的点为弧点。如图 8.1.5(b)

中标记为 c 的连通线就是一条曲线(或弧),c 为弧点。

(4) 封闭曲线。如果连通域中所有点都有两个邻接点,则称此连通域为封闭曲线。如图 8.1.5(b)中标记为 d 的连通域就是一条封闭曲线。

	1		1		1	1			1	1	1	
						1			1		1	
	1	1	1	1		1			1		1	
	1	1	1	1		1			1		1	
	1	1	1	1		1			1		1	
	1	1	1	1		1	1		1	1	1	

(a)

	a		a		c	c			d	d	d	
						c			d		d	
	e	e	e	e		c			d		d	
	e	b	b	e		c			d		d	
	e	b	b	e		c			d		d	
	e	e	e	e		c	c		d	d	d	

(b)

图 8.1.5　几种特征点、线的示例（4 连通,$V=\{1\}$）

(a) 像素取值(未标出的为 0)　(b) 不同特征点、线的标记

8.1.4　距离测量

距离是描述像素间关系的基本参数,也是目标物几何特征和相似性的重要测度。

1. 距离的定义

给定三个像素 $p(m_1,n_1)$,$q(m_2,n_2)$,$r(m_3,n_3)$,若 $D(p,q)$满足

(1) 非负性:$D(p,q)\geqslant 0$,当且仅当 $p=q$ 时,$D(p,q)=0$;

(2) 对称性:$D(p,q)=D(q,p)$;

(3) 三角不等式:$D(p,q)\leqslant D(p,r)+D(r,q)$;

则称 $D(p,q)$为距离的度量函数。

2. 常用的三种距离

数字图像处理中,常用的距离度量有三种:

(1) 欧几里得距离

$$D_e(p,q)=\sqrt{(m_1-m_2)^2+(n_1-n_2)^2} \tag{8.1.2}$$

(2) 街区距离

$$D_4(p,q)=|m_1-m_2|+|n_1-n_2| \tag{8.1.3}$$

(3) 棋盘距离

$$D_8(p,q)=\max\{|m_1-m_2|,|n_1-n_2|\} \tag{8.1.4}$$

以上三种距离都是 MinkowsKy 的特例,其表达式为

$$D(p,q)=\{|m_1-m_2|^i+|n_1-n_2|^i\}^{\frac{1}{i}} \tag{8.1.5}$$

当 $i=2$ 时，就是欧几里得距离；当 $i=1$ 时，则成为街区距离；当 $i\to\infty$ 时，则变成了棋盘距离。三种距离的关系为

$$D_8(p,q) \leqslant D_e(p,q) \leqslant D_4(p,q) \tag{8.1.6}$$

其中，街区距离和棋盘距离是欧几里得距离的两种近似。由于图像分析和识别中，距离作为目标物特征的基本参数，关心的是其相对值而非绝对大小，通过 D_4 和 D_8 的计算，可以大大减少运算量，以适应数字图像数据量很大的特点。

若设不同方向的 4 邻接或 8 邻接的距离为 1，则与 p 点[图 8.1.6(a)或(b)中的中心点]的 $D_4(p,q)\leqslant R$ 的点 q 组成的区域是菱形，而与 p 的 $D_8(p,q)\leqslant R$ 的点 q 组成的区域是正方形，如图 8.1.6 所示，其中 $R=2$。而 $D_4(p,q)$ 为 p 到 q 的最短的 4 通路的长度，$D_8(p,q)$ 为 p 到 q 的最短的 8 通路的长度。

		2		
	2	1	2	
2	1	0	1	2
	2	1	2	
		2		

(a)

2	2	2	2	2
2	1	1	1	2
2	1	0	1	2
2	1	1	1	2
2	2	2	2	2

(b)

图 8.1.6　两种距离的对比

(a) $D_4\leqslant 2$　(b) $D_8\leqslant 2$

8.2　目标物边界的描述

图像中对于目标物形状的分析是图像检测和识别的关键技术。所谓边界描述是将图像中目标物的边界作为图像的重要信息用简洁的数值序列表示出来。

8.2.1　目标物边界的链码表示

1. 链码的定义

在数字图像中，目标物的边界是由一串离散的像素点表示而成的。图像描述首先涉及图像像素间的几何关系，它们是图像描述的基础。

按照水平、垂直和两条对角线方向，可以为相邻的两个像素点定义 4 个方向符：0、1、2、3，分别表示 0°、90°、180°和 270°四个方向。同样，也可以定义 8 个方向符：0、1、2、3、4、5、6、7，它们分别表示 0°、45°、90°、135°、180°、225°、270°和 315°八个方向。链码就是用线段的起点加上由这几个方向符所构成的一组数列，通常称之为 Freeman 链码。用 Freeman 链码表示曲线时需要曲线的起点，如图 8.2.1 所示的是 4 方向链码的方向符以及 8 方向链码的方向符。对 8 链码而言，奇数码和偶数码的对应线段长度不等，规定偶数码单位长度为 1，奇数码的单位长度为 $\sqrt{2}$。

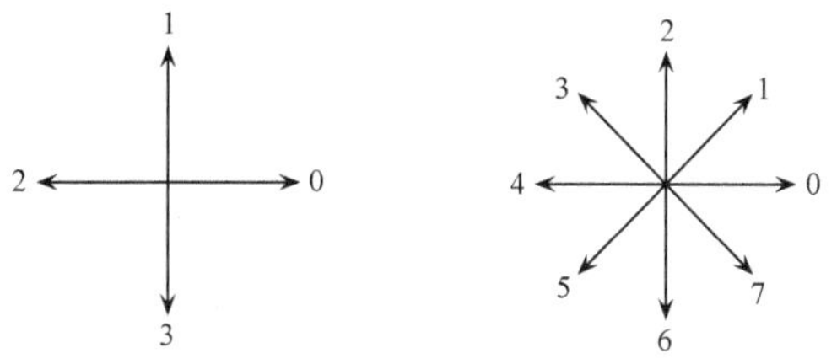

(a) (b)

图 8.2.1 链码的定义

(a) 四方向链码的方向符 (b) 八方向链码的方向符

2. 曲线的链码表示

任一条由边界点连成的曲线点列，可由起点和代表各点方向的方向符构成的数码序列(链码)表示。

1) 原链码 M_N

从边界(曲线)起点 S 开始，按顺时针方向观察每一线段走向，并用相应的指向符表示，结果就形成表示该边界(曲线)的数码序列，称为原链码，表示为

$$M_N = S\mathop{C}_{i=1}^{n} a_i = Sa_1a_2\cdots a_n, \quad a_i = 0,1,2,\cdots,N-1 \tag{8.2.1}$$

式中，S 表示边界(曲线)的起点坐标；N=4 或 8 时分别表示四链码和八链码。当边界(曲线)闭合时，会回到起点，S 可省略。

以八链码为例，如图 8.2.2(a)所示的封闭边界(曲线)的原链码为

$$M_8 = 2120606454$$

2) 归一化链码 $\overline{M}_N$

原链码具有平移不变性(平移时不改变指向符)，但当改变起点 S 时，会得到不同的链码表示，即不具备唯一性。如图 8.2.2(a)所示的边界起点选为 S' 时，原链码就变为 M_8=1206064542。但实际中，我们往往希望对同一个目标物的边界应得到同一个(唯一的)链码。为此可引入归一化链码，其方法是：

对于闭合边界，任选一起点 S 得到原链码，将链码看作由各方向符构成的 n 位自然数，将该码按一个方向循环，使其构成的 n 位自然数最小，此时就形成起点唯一的链码，称为归一化链码，也称为规格化链码。

图 8.2.2(a)所示闭合边界的归一化链码为

$$\overline{M}_8 = 0606454212$$

3) 差分码

归一化链码既具有平移不变性，也具备唯一性，但不具备旋转不变性。对于四链码(或八链码)，当目标物逆时针旋转 90°(或 45°)的 m 倍时，其原链码变为

$$M_N = \mathop{C}_{i=1}^{n} a_i^m \tag{8.2.2}$$

其中，$a_i^m=(a_i+m) \bmod N$，表示未旋转前的指向符 a_i 加上 m 后对 4(四链码)或 8(八链码)取模。一般 $a_i \neq a_i^m$。举例见图 8.2.2 所示，旋转前后的原链码确实不同。

为了适应目标物的旋转，而得到具有旋转不变性的链码，我们可定义所谓的差分码。链码 $M_N=\overset{n}{\underset{i=1}{C}}a_i$ 对应的差分码定义为

$$M'_N=\overset{n}{\underset{i=1}{C}}a'_i \tag{8.2.3}$$

其中，$a'_1=(a_1-a_n) \bmod N$，$a'_i=(a_i-a_{i-1}) \bmod N$，$i=2,3,\cdots,n$。

由图 8.2.2 看到，目标物旋转前后的原链码不同，但差分码是相同的，即差分码具有旋转不变性。

4) 归一化的差分码

对差分码进行(起点)归一化，就可得到归一化(唯一)的差分码，它具有平移和旋转不变性，也具有唯一性。如图 8.2.2 所示的目标物边界的归一化差分码为 $\overline{M}'_8=1662661767$。

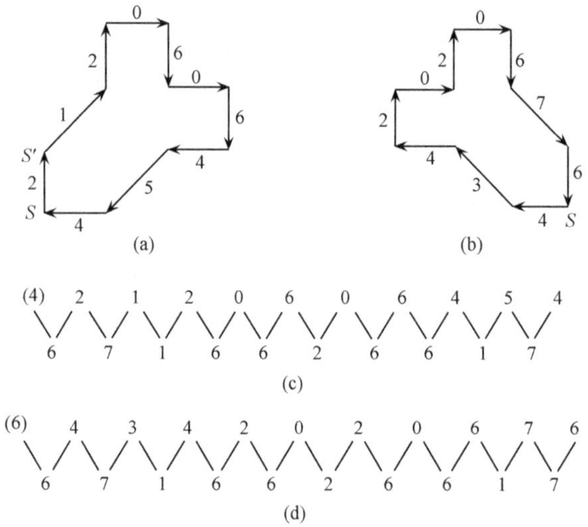

图 8.2.2 旋转前后的原链码及差分码

(a) 原始目标的区域 (b) 逆时针旋转 90°(2 个 45°)后的区域 (c) 原链码及差分码

(d) 旋转后的链码及差分码

3. 边界的形状数表示

由于归一化的差分码既具有唯一性，也具有目标物平移和旋转不变性，因此可用来表示边界，称为形状数。形状数序列的长度称为形状数的阶，它可作为闭合边界的周长。

如图 8.2.2 所示的目标边界，其原链码为 $M_8=2120606454$，差分码为 $M'_8=6716626617$，形状数为 $\overline{M}'_8=1662661767$，形状数的阶为 $n=10$。

8.2.2 曲线拟合

曲线拟合以某种误差为标准，它是一种对曲线的近似表达形式，最后用拟合曲线的参数来简洁描述原始曲线。这里介绍两种常用的拟合方法，即迭代拟合和最小均方误差拟合。

迭代拟合是利用迭代的方法把曲线用分段线段近似表示出来。我们现在通过举例的方法来直观说明迭代拟合的步骤，具体如图 8.2.3 所示。首先用直线连接端点 A 和 B，然后选取到直线 AB 距离最远的点 C，如果点 C 偏离 AB 超过了某种限度，则消去线段 AB，然后分别连接 AC 和 BC。根据迭代的方法，对每段线段重复上述的步骤，直到偏离值小于原先设定的限度为止，此时得到的折线就是对各边界点的迭代拟合[1]。

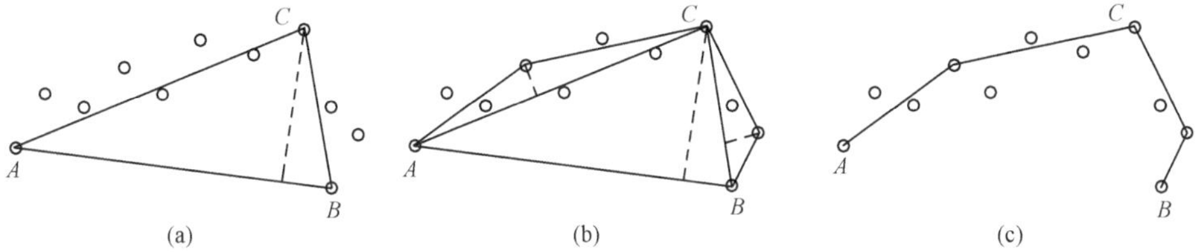

图 8.2.3 迭代拟合举例

接着介绍最小均方误差拟合方法。设由某图形的边界点组成的边界点集为$\{(x_i, y_i), i=1,2,\cdots,N\}$，我们试着用一条曲线近似拟合这个点集。根据最小均方误差的原则，要求该曲线 $y=f(x)$ 上各点和边界点集的“距离”最小，使拟合的均方误差

$$\varepsilon = \frac{1}{N}\sum_{i=1}^{N}[y_i - f(x_i)]^2 \tag{8.2.4}$$

最小。

由于曲线 $y=f(x)$ 经过边界点集上的所有点，其形式为

$$y = f(x) = c_0 + c_1 x + c_2 x^2 + \cdots + c_M x^M \tag{8.2.5}$$

可得到矩阵的表达形式如下

$$\begin{bmatrix} y_1 \\ y_2 \\ y_3 \\ \vdots \\ y_N \end{bmatrix} = \begin{bmatrix} 1 & x_1 & x_1^2 & \cdots & x_1^M \\ 1 & x_2 & x_2^2 & \cdots & x_2^M \\ 1 & x_3 & x_3^2 & \cdots & x_3^M \\ \vdots & \vdots & \vdots & & \vdots \\ 1 & x_N & x_N^2 & \cdots & x_N^M \end{bmatrix} \begin{bmatrix} c_0 \\ c_1 \\ c_2 \\ \vdots \\ c_M \end{bmatrix} \tag{8.2.6}$$

将上式表示为

$$\boldsymbol{y} = \boldsymbol{X}\boldsymbol{c} \tag{8.2.7}$$

则每个点的误差列向量表示为

$$\boldsymbol{e} = \boldsymbol{y} - \boldsymbol{Xc} \tag{8.2.8}$$

这里 $\boldsymbol{Xc}$ 是由式(8.2.5)算出的 $y=f(x)$值的列向量，由此得出均方误差为

$$\boldsymbol{\varepsilon} = \left(\frac{1}{N}\right)\boldsymbol{e}^{\mathrm{T}}\boldsymbol{e} \tag{8.2.9}$$

把式(8.2.8)代入式(8.2.9)中后，对 $\boldsymbol{c}$ 分量进行微分，使其为零，可以得到最小均方误差时的系数向量

$$\boldsymbol{c} = [\boldsymbol{X}^{\mathrm{T}}\boldsymbol{X}]^{-1}[\boldsymbol{X}^{\mathrm{T}}\boldsymbol{y}] \tag{8.2.10}$$

如果 $\boldsymbol{X}$ 是非奇异的方阵，则上式可简化为

$$\boldsymbol{c} = \boldsymbol{X}^{-1}\boldsymbol{y} \tag{8.2.11}$$

然后通过对矩阵求逆及对包含多个未知数的线性方程组求解，得到系数矩阵，就可确定拟合曲线的曲线方程。

8.2.3 闭合曲线的傅里叶描述子

图 8.2.4 显示了一个 xy 平面内的数字边界，设该边界点集为$\{(x_i, y_i), i=0, 1, \cdots, N-1\}$。以点$(x_0, y_0)$为起点，点集的顺序按照逆时针方向排列。这些坐标按照以下形式排列，即 $x_n=x(n)$和 $y_n=y(n)$，则根据这个定义，把边界表示成序列 $s(n)=[x(n), y(n)], n=0,1,2,\cdots,N-1$。然后，把每对坐标看作一个复数

$$s(n) = x(n) + \mathrm{j}y(n), \quad n = 0,1,2,\cdots,N-1 \tag{8.2.12}$$

这样一来，关于点集的边界描述就可以由二维化简为一维问题。

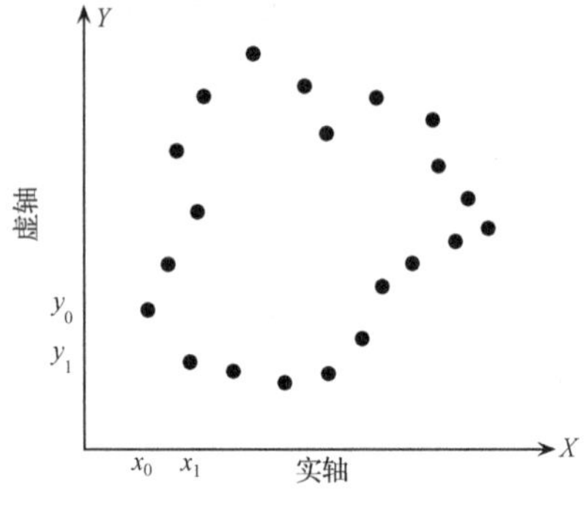

图 8.2.4　数字化边界的复数表示

对于闭合曲线，函数 $s(n)$是周期为 N 的周期函数的采样，其傅里叶级数为

$$s(n) = \frac{1}{N}\sum_{k=0}^{N-1} a(k)\exp\left(\frac{\mathrm{j}2\pi kn}{N}\right), \quad 0 \leqslant n \leqslant N-1 \tag{8.2.13}$$

而傅里叶级数的系数为

$$a(k)=\sum_{n=0}^{N-1}s(n)\exp\left(\frac{-\mathrm{j}2\pi kn}{N}\right),\quad 0\leqslant k\leqslant N-1 \tag{8.2.14}$$

式中，$a(k)$为复系数，我们把它称为该边界曲线的傅里叶描述子。

由于 DFT 是可逆的线性变换，因此在整个变换过程中没有信息的增加或损失。对于任意形状的频域表示，只需要作一些简单处理就可以避免对位置、大小和方向的依赖性。

几何变换对傅里叶描述子的影响如下：

(1) 起点位置的改变。设 n_0 为起始点的移动量，则 $\tilde{s}(n)=s(n-n_0)$，代入式(8.2.14)后，得到 $\tilde{a}(k)=a(k)\mathrm{e}^{-\mathrm{j}2\pi n_0 k/N}$，可以看出起点的改变只引起傅里叶描绘子的相位的调制变化，但不影响幅值。

(2) 边界曲线的平移。设整个曲线的平移量为 $s_0(n)=x_0(n)+\mathrm{j}y_0(n)$，则改变后的边界函数为 $\tilde{s}(n)=s(n)+s_0$，并求得 $\tilde{a}(k)=a(k)+s_0\delta(k)$，可以看出只有在 $k=0$ 时 $\tilde{a}(0)=a(0)+s_0$，其余的傅里叶系数均未发生变化。

(3) 边界曲线的比例变化。设曲线放大或缩小的比例为 α，则改变后的边界曲线为 $\tilde{s}(n)=\alpha s(n)$，可以求出 $\tilde{s}(k)=\alpha a(k)$。可以看出傅里叶描绘子也按同样的比例改变。

(4) 边界曲线的旋转。设边界曲线的重心在原点上，该曲线绕原点逆时针旋转角度为 θ，则新的曲线函数为 $\tilde{s}(n)=s(n)\mathrm{e}^{\mathrm{j}\theta}$，此时傅里叶描述子变为 $\tilde{a}(k)=a(k)\mathrm{e}^{\mathrm{j}\theta}$，可以看出旋转作用只会引起描绘子产生常数相移 θ。

从上面的分析，我们可以把它们共同的影响用下式表示出来

$$a(n)=\begin{cases}\alpha a(n)\mathrm{e}^{\mathrm{j}(\theta-2\pi n_0 k/N)}, & n\neq 0\\ \alpha a(n)\mathrm{e}^{\mathrm{j}(\theta-2\pi n_0 k/N)}+z_0, & n=0\end{cases} \tag{8.2.15}$$

如果我们用 p 表示闭合曲线的形心，则对于其他点来讲，平移对它们并无影响，缩放改变的只是它们的幅值，而旋转和初始位置变化只引起相位的改变。基于这种性质，我们在此假设各点中幅值最大的点为 $a(1)$，则将其归一化为 1，并分别用各点除以 $a(1)$，从而对整个点集进行归一化处理，这样一来，无论是初始点的选取还是平移和旋转等操作，都不会影响傅里叶描述$\left\{\frac{|a(n)|}{|a(1)|}\right\}$，即对于给定任意轮廓的傅里叶描述子之后，通过进行一系列归一化步骤，将得到一个具有标准大小、方向和起点的曲线边界。在归一化过程中，为了克服噪声和量化误差所带来的扰动，应选择具有最大幅度的系数作为归一化系数。

一般来说，在根据傅里叶描绘子描述闭合曲线时，我们可以只选择其中的前 M 个点，并根据它们进行曲线描述，而在重建原曲线时也只能根据这 M 个点，并将后面的 $N-M$ 个系数全置为零，重建公式如下所示[2]：

$$\hat{a}(k)=\sum_{n=0}^{M-1} s(n)\mathrm{e}^{\mathrm{j}2\pi kn/N}, \qquad k=0,1,2,\cdots,N-1 \tag{8.2.16}$$

如果 $M \ll N$，那么在重建曲线时只能得到原曲线的大体形状，因为其细节部分被略去了，而当 M 越接近 N，重建的曲线就越逼近原曲线，当 $M=N$ 时，我们可以还原出和原始曲线相同的结果。这里我们举出一个曲线重建的例子，如图 8.2.5 所示。图(a)为 $N=64$ 的正方形边界，我们可以看到，当 M 的值远远小于 N 时，重建曲线丢失了大部分的细节分量，直到 $M=62$ 时，如图(h)，正方形的四个直角才比较明显地显现出来，而此时，我们已经得到了非常接近原始曲线的重建结果。

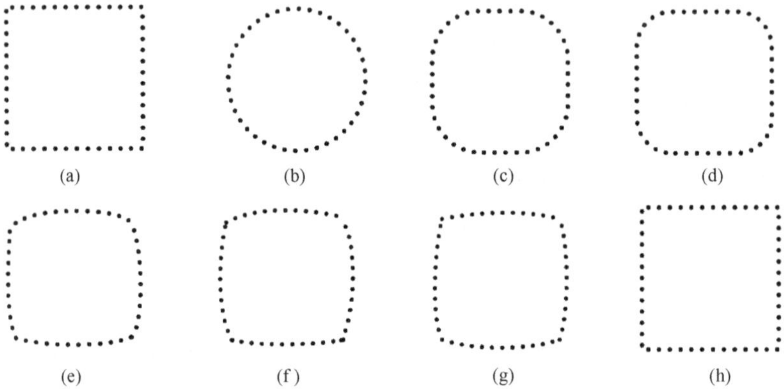

图 8.2.5 用傅里叶描绘子进行曲线重建举例

(a) $N=64$ (b) $M=2$ (c) $M=8$ (d) $M=24$

(e) $M=32$ (f) $M=48$ (g) $M=56$ (h) $M=62$

8.3 目标物的区域描述

8.3.1 区域的四叉树描述

通常利用物体所占的区域来描述该物体的形状，四叉树方法是一种非常简单实用的区域描述方法。

首先将给定区域包含在一个矩形的范围内，并将该矩形等分为四份，然后检查每个四分之一的子区域是否为全黑(置“1”)或全白(置“0”)。如果某个子区域同时包含了黑色和白色部分，则称之为灰区，那么再继续将灰区四等分，同样进行判断。这样进行下去，最终就形成一个树形结构，其各个叶子结点就是全黑和全白的块，而非叶子结点则必然是灰色区域，如图 8.3.1 所示。在形成四叉树结构之后，我们可以用符号 b(黑)、w(白)和 g(灰)组成唯一的编码串。初始的分区是由 b、g、w 组成的，而其中 g 的后面则是代表它的四分区的四个符号，最后每个结点处都是由 b 和 w 表示[2]。

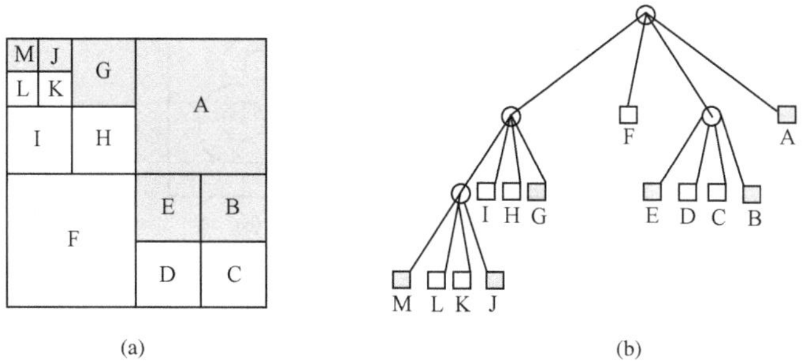

图 8.3.1 目标物的四叉树表示

(a) 区域的分区 (b) 四叉树表示

8.3.2 区域的拓扑描述

拓扑一般用于描述物体平面区域结构形状的整体特性。简而言之，就是图像在没有撕裂和连接的情况下不受任何变形影响的性质。如图 8.3.2(a)所示，这里显示的是一个具有 2 个孔的区域。如果我们用区域内孔的个数来定义一个拓扑描绘子，那么很明显地看到其拓扑特性不会受旋转和拉伸作用的影响。但是，在区域发生断裂或者连接的时候，由于其连通性会发生变化，因而区域内孔的个数也有可能发生变化。要注意的是，由于拉伸会影响距离量度，因此拓扑特性也具有不依赖于距离的概念和任何隐含基于距离概念的性质。区域描述中另一个重要的描述因子就是连通分量的数目。图 8.3.2(b)所示的是一个具有 3 个连通分量的物体区域。

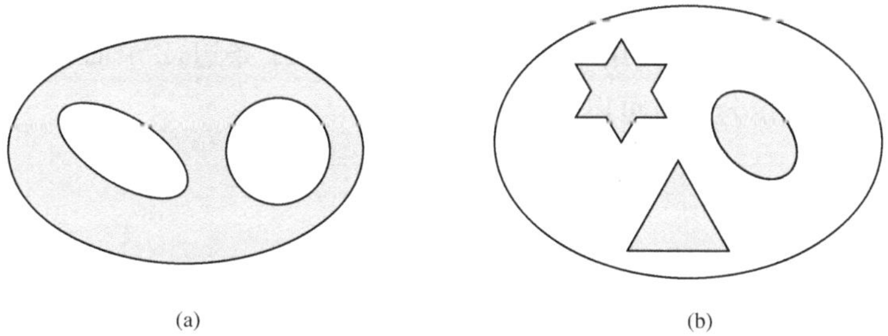

图 8.3.2 区域举例

(a) 具有两个孔的区域 (b) 具有三个连接分量的区域

通过区域内孔的个数和连通分量数，我们引出欧拉数 E 的定义公式

$$E = C - H \tag{8.3.1}$$

欧拉数也是一个拓扑特性分量，其中 H 是区域内孔的个数，而 C 是该区域的连通分量数。如图 8.3.3 所示的区域中有欧拉数分别为 0 和 -1 的两个区域，因为图(a)中有一个连通分量和一个孔，而图(b)中有一个连通分量和两个孔。

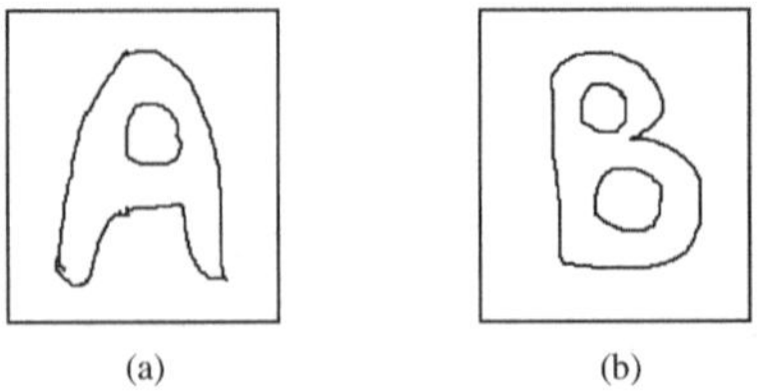

图 8.3.3　具有欧拉数为 0 和 −1 的图形

在实际分析中我们常用欧拉数来解释拓扑网络，这是一种由直线线段表示的区域。例如图 8.3.4 所示的拓扑网络。其中阴影部分代表表面，空白部分表示孔。

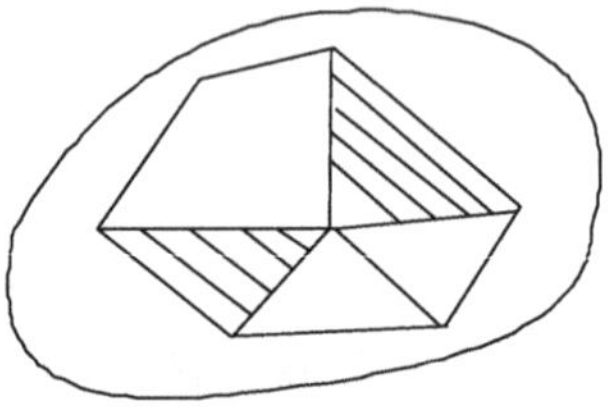

图 8.3.4　拓扑网络

我们首先进行网络内部的区域分类，如果用 V 表示顶点的个数，用 F 表示边的个数，用 Q 表示面的个数，则可以得到以下的欧拉公式[2]

$$V - F + Q = C - H \tag{8.3.2}$$

再结合式(8.3.1)，可以看出它就等于欧拉数

$$V - F + Q = C - H = E \tag{8.3.3}$$

在图 8.3.4 中的多角网络中，看到有 7 个顶点，11 条边，2 个面，1 个连通区域和 3 个孔，利用欧拉公式就可以得到欧拉数

$$7 - 11 + 2 = 1 - 3 = -2$$

8.3.3　骨架描述

骨架是物体结构的一种精练表示方法，它把一个简单的平面区域简化成具有某种性质的线。设区域 R 的边缘为 B，那么对于 R 内的任意点 P，我们在区域 R 的边界 R' 内搜索距离它最近的点，如果对于这个点 P 可以找到多于 1 个这样的点例如 P_1 和 P_2，那么就可以认定该点 P 是一个骨架点，也可以认为每个骨架点都是与边界点的距离最小。基于骨架的这种特性，我们可以给出骨架的定义公式

$$d(P, P_1) = d(P, P_2) = d(P, R') \tag{8.3.4}$$

这里距离量度并不确定，可以是欧氏、城区或者棋盘距离，由于最近的距离取决于距离量度，因此得到的骨架结果也和距离量度有关。如图 8.3.5 所示的是用欧氏距离计算出的一些骨架举例。

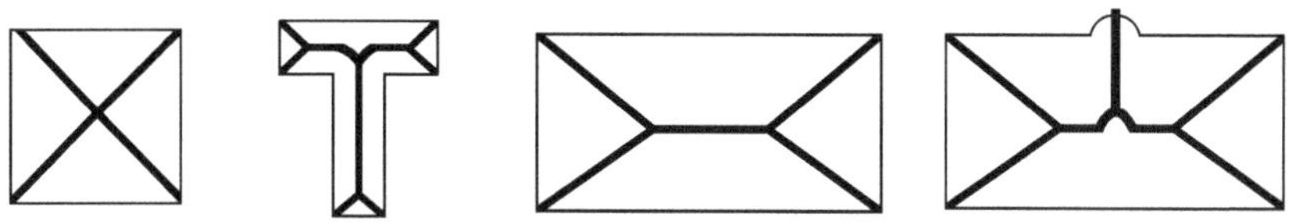

图 8.3.5 用欧氏距离计算出的骨架示例

从图 8.3.5 可以看到，骨架能够提供的信息和目标物体的形状有很大关系，对于图(b)中细长的物体，骨架提供的信息较多，反之对于图(a)中粗短的物体信息则较少。而图(c)和(d)中的物体形状只有很小的差异，但骨架却明显不同，可见物体的形状是影响骨架的一个重要因素。

中轴变换 MAT(medial axis transform)是最常用的骨架求解算法之一，它的核心是距离变换。通过将区域中每个像素点到边界的最近距离定义为该像素的值，从而将骨架定义为具有区域内最大距离的像素的点集合。

下面以二值图像距离变换为例，未说明基于中轴变换的骨架求解算法原理[1]。

(1) 首先将灰度图像进行二值化处理，得到二值区域图像 $u_0(m,n)$，其中目标区域的像素值为 1，背景区域的像素值为 0。用 $u_k(m,n)$，$k=0,1,2,\cdots$，表示区域第 k 次迭代计算的结果。

(2) 对区域中各像素点(i,j)，找出其四邻域中具有最小值的点，即

$$\min(i,j) = \min[u_k(i-1,j),u_k(i+1,j),u_k(i,j-1),u_k(i,j+1)] \tag{8.3.5}$$

(3) 用该最小值加 1 代替原像素点的值，对整个区域进行变换后得到的是新区域图像，即

$$\begin{cases} u_{k+1}(i,j) = \min(i,j)+1 \\ u_k(m,n) = \{u_k(i,j)\} \end{cases} \tag{8.3.6}$$

如此迭代进行这一步骤，直到第 $k+1$ 次和第 k 次的区域图像完全相等，即 $u_k(m,n)=u_{k+1}(m,n)$。

(4) 最后，取 $u_k(m,n)$的局部最大值的点的集合，即为骨架。

图 8.3.6 所示就是中轴变换计算骨架的例子。

除了中轴变换之外，我们还可以通过扩展和收缩，以及细化算法确定区域基本形状并去除冗余信息量。在实际应用中，我们经常把扩展算法和收缩算法联系在一起交替使用。

扩展算法的目的是把区域向四周扩大，填补区域中的空白。设原始区域为 S，其相邻区域为 S^c，通过将 S 中的各点归入 S^c，记结果区域为 $S^{(1)}$，然后依次进行 k 次迭代扩展，得到的区域为 $S^{(k)}$。

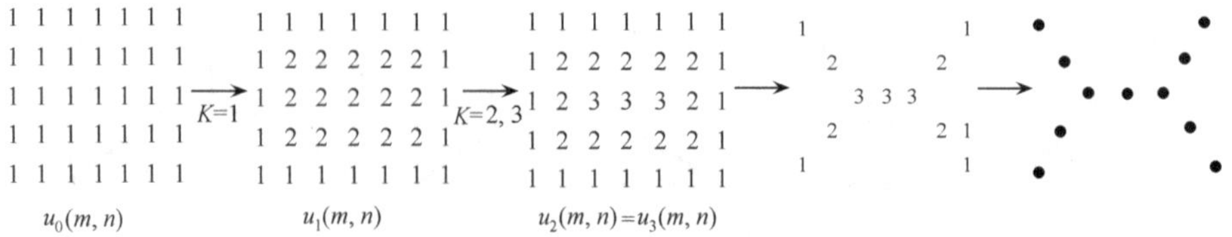

图 8.3.6　中轴变换计算骨架的示例

区域收缩与扩展算法正好相反，它的目的是消除孤立点和小分支。收缩算法设原始区域为 S，其相邻区域为 S^c，将 S 中和 S^c 相邻的点归入 S 中，得到的区域记为 $S^{(-1)}$，通过收缩 k 次后，得到区域为 $S^{(-k)}$。

收缩和扩展这两种过程是不可交换的，也不可逆，即有

$$[S^{(m)}]^{(-n)} \neq [S^{(-n)}]^{(m)} \tag{8.3.7}$$

$$[S^{(m)}]^{-(m)} \neq S \tag{8.3.8}$$

$$[S^{-(m)}]^{(m)} \neq S \tag{8.3.9}$$

但下式却是成立的，即

$$(S^{(-n)})^{(m)} \subseteq S^{(m-n)} \subseteq (S^{(m)})^{(-n)} \tag{8.3.10}$$

收缩和扩展算法举例如图 8.3.7 所示。

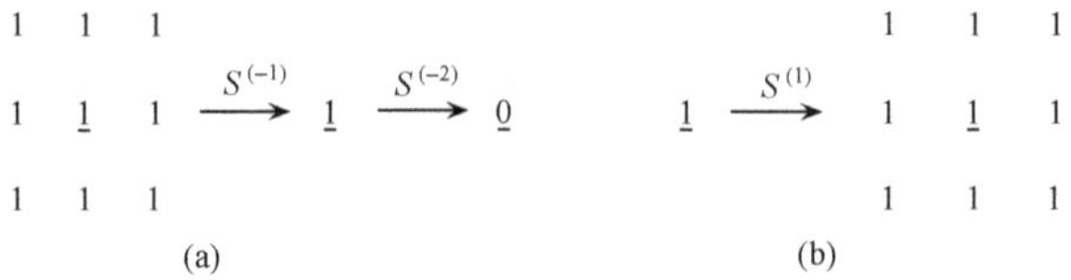

图 8.3.7　收缩和扩展算法举例

(a) 收缩举例　(b) 扩展举例

细化变换可以将连通区域转化成一条连通曲线，该曲线位于区域中轴位置，因此可以近似反映原始区域的基本形状。

细化算法是一种特殊的多次收缩的过程，由于它在收缩过程中不会消去只有一个邻接点的边界点，因此可以保证收缩过程中的连通性，细化后的曲线位于区域中央，一般我们采取由左至右，由上至下的细化过程，反复多次地消去具有两个以上邻接点的边界点，细化算法举例如图 8.3.8 所示。

细化算法、收缩算法和中轴变换很相似，其作用都是将原始区域缩小为曲线骨架，但是它们也有区别：

(1) 收缩算法和细化算法的效果不同。收缩算法使物体区域缩小，但是无法保持其形状特征，而细化算法在缩小区域的同时也能保持区域的基本形状。

(2) 中轴变换和细化算法的结果不同。通过图 8.3.9 可以看出，中轴变换的骨架在拐角处延伸到边界，而细化骨架则没有。

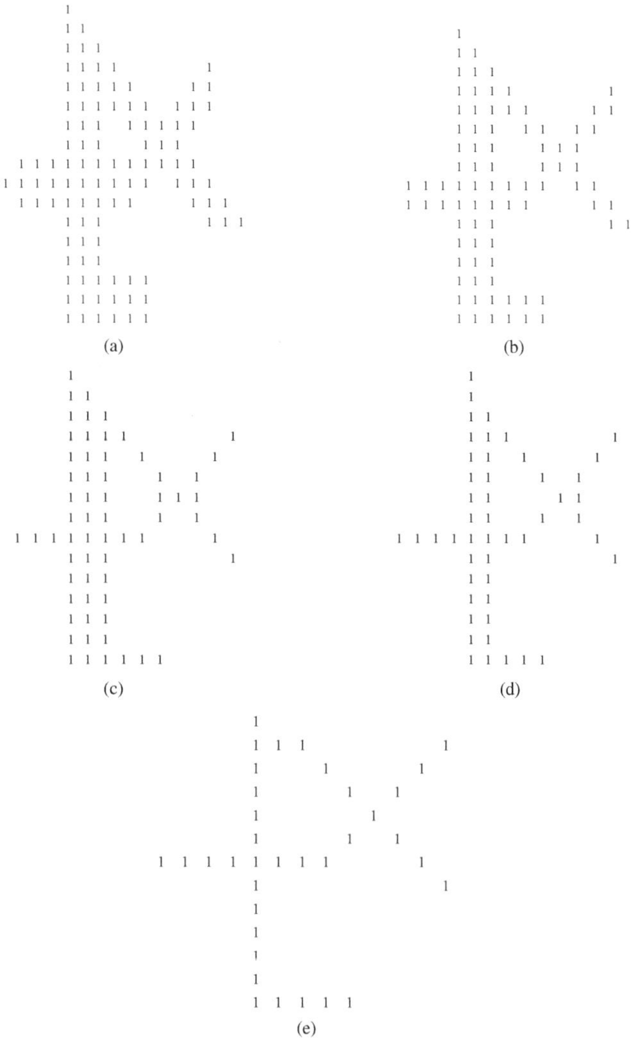

图 8.3.8　细化过程举例

（a）原始区域图像　（b）消去上边界点后的区域图像

（c）消去下边界点后的区域图像　（d）消去左边界点后的区域图像　（e）消去右边界点后的区域图像

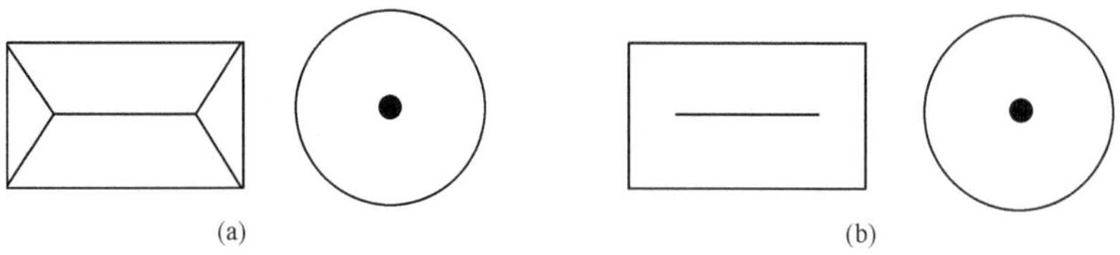

图 8.3.9　细化与中轴变换的比较

（a）中轴变换　（b）细化算法

8.4 图像的几何特征

图像的描述不仅包含了前面所讲到的边缘及目标区域的识别，对目标物几何特征的识别与分析也显得尤为重要。本节着重介绍的就是区域宏观形态分析中不可缺少的图像几何特征。

几何特征作为目标物特征中的重要参数，对于图像识别分类与理解有重要作用。以下是几种最典型的几何特征：

(1) 区域面积。

(2) 曲线长度和区域的周长。

(3) 区域圆形度。

(4) 区域的外接矩形。

(5) 区域偏心率。

(6) 区域的紧凑性。

下面就几种几何特征的概念与公式进行介绍。

8.4.1 区域面积

设区域边界曲线被分为上下两部分，如图 8.4.1 所示，其参数方程分别为

$$\begin{cases} x = \varphi_1(t) \\ y = \psi_1(t) \end{cases}, \qquad \begin{cases} x = \varphi_2(t) \\ y = \psi_2(t) \end{cases} \tag{8.4.1}$$

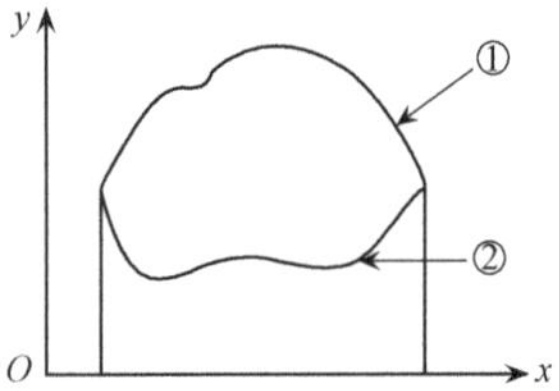

图 8.4.1 区域边界曲线可分为上下两部分来求面积

则该区域的面积 A 为[1]

$$A = \int_{R_1} \psi_1(t)\varphi'_1(t)\mathrm{d}t - \int_{R_2} \psi_2(t)\varphi'_2(t)\mathrm{d}t \tag{8.4.2}$$

式中，R_1、R_2 分别为边界曲线的上半部分①和下半部分②与 x 轴所围成的面积。

在数字图像中，区域面积可定义为区域内所包含的像素个数，即可将区域内像素标记为 $f(m,n)=1$，区域外标记为 $f(m,n)=0$，则面积为

$$A = \sum_{m=0}^{M-1}\sum_{n=0}^{N-1} f(m,n) \tag{8.4.3}$$

当图像已表示成某种描述形态的数据结构时，就有可能由它们直接获得。例如，设图像尺寸为 $2^k \times 2^k$，当图像按照四叉树数据结构表示时，某区域面积为 $\sum_i 4^{k-h_i}$，其中 h_i 为表示某区域的节点的层数。

8.4.2 曲线长度和区域周长

规则曲线的弧长计算有通用公式[1]，即

$$L=\int_{\alpha}^{\beta}\sqrt{\varphi'^{2}(t)+\psi'^{2}(t)\mathrm{d}t} \tag{8.4.4}$$

式中，$[\alpha,\beta]$为参数 t 的变化区间。

在数字图像中，水平和垂直方向上相邻的两像点间的距离可看为 1，对角方向上相邻的两像点的距离为$\sqrt{2}$，那么曲线长度就等于按上述定义的两点距离逐点累加。另一种计算曲线长度的方法是由 8 链码换算，即曲线长度为

$$L=\sum_{i=1}^{M}l_i \tag{8.4.5}$$

式中，$l_i=\begin{cases}1, & \varepsilon_i=0,2,4,6\\ \sqrt{2}, & \varepsilon_i=1,3,5,7\end{cases}$，这里的 $\varepsilon_i(i=0,1,\cdots,7)$代表 8 键码中 8 个方向的码元。当区域边界曲线闭合时，长度 L 即为区域边界周长 P。

8.4.3 区域圆形度

圆形度用来描述区域形状接近圆形的程度，即

$$C=4\pi\frac{A}{P^2} \tag{8.4.6}$$

式中，P 为区域周长；A 为区域的面积。当区域是圆形时；C 取最大值 1，当区域是细长条形或者形状较为复杂时，C 值将比较小。

8.4.4 区域的外接矩形

区域边界上任意两点的连线称为弦，对于给定区域，我们定义区域的外接矩形为四边与区域相切的面积最小的外接矩形，如图 8.4.2 所示，给出的是多个区域外接矩形的举例。一般来说我们把外接矩形的长宽作为区域的基本尺寸参数，除了使外接矩形相切面积最小之外，还可以要求矩形周长最小，或者使矩形的长边与区域主轴平行，或者是要求外接矩形与原始区域的边界重叠部分最长等。

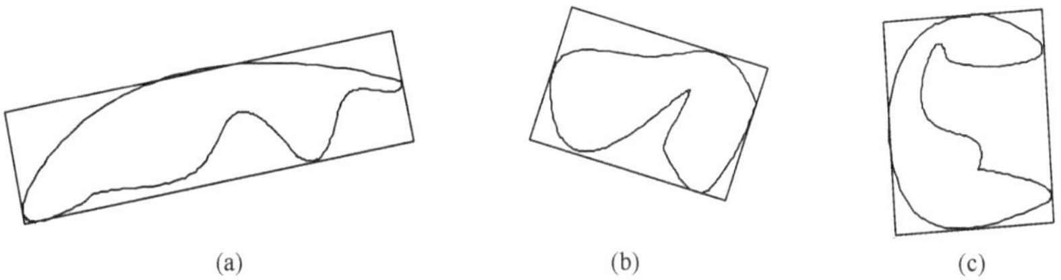

图 8.4.2　区域的外接矩形举例

8.4.5 区域的偏心率

区域的偏心率可以用其最长弦与垂直方向上的最长弦之比来度量，也可以用 $R_{\min}/R_{\max}$来度量，其中 $R_{\min}$和 $R_{\max}$分别为质心到边界的最小和最大距离。如果将

一个区域和一个等效椭圆对应起来，并用区域矩把该等效椭圆的长轴和短轴表示起来，该椭圆的长半轴和短半轴长度之比描述的是区域图像的复杂度，它考虑了区域各像素的灰度，并且更加具体地反映了灰度分布特性。若等效椭圆的长半轴和短半轴分别为 a 和 b，则偏心率为

$$e = \frac{a}{b} \tag{8.4.7}$$

对于灰度均匀的区域图像，如图 8.4.3 所示，偏心率越接近 1，则说明区域形状越逼近圆形(越紧凑)，否则有 $e>1$。

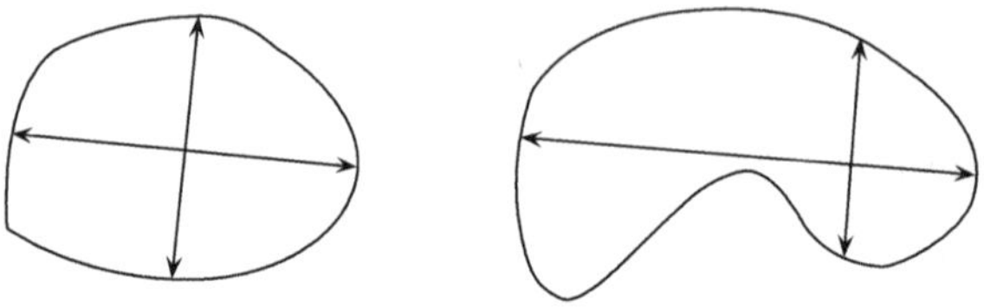

(a)　　(b)

图 8.4.3　偏心率图例

(a) 低偏心率的区域图像　(b) 高偏心率的区域图像

8.4.6　区域的紧凑性

区域的紧凑性是描述图像边界光滑度和区域形状的几何参数，设区域面积为 A，边界周长为 P，则区域紧凑性参数定义如下

$$F = \frac{4\pi A}{P^2} \tag{8.4.8}$$

式中，有 $F \leqslant 1$；当区域边界为圆形时，$F=1$。这里圆形区域边界是形状标准，当区域形状越偏离标准，F 的值也偏离 1 越远，如当区域为正三角形时，当区域为正方形时。对于数字图像，由于 F 的取值和边界周长的取值有关，而计算周长的方法并不唯一，因此区域紧凑性不能作为唯一的描述区域的参数单独使用。如图 8.4.4 所示，

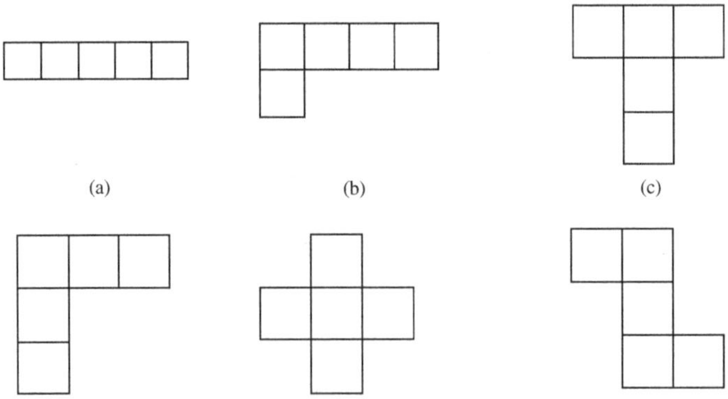

(a)　(b)　(c)

(d)　(e)　(f)

图 8.4.4　图像紧凑性举例

对于图中的数字图像，区域面积为 5，边界周长为 12，根据式(8.4.10)求得的 F 值相等，但是我们可以从图中直观看出各例的紧凑度并不相同。

这里，将圆作为形状紧凑性的标准时，计算公式同圆形度。当然，区域的紧凑性还可用其他的形状作标准。

8.5 图像的矩描述

在某些情况下，图像中目标物所在区域是以其内部点的形式给出，此时就可以用矩描述子来描述图像特性。矩描述是根据图像中以灰度分布的各阶矩参量来描述灰度分布的特性。如果目标区域中的灰度分布是已知的，在用矩描述来表示目标特征时，它具有平移、旋转和缩放不变性。

8.5.1 矩描述子的定义

设 $f(x,y)$ 为定义在有限区域 R 上的实函数，它的 $(p+q)$ 阶混合原点矩定义为

$$m_{pq}=\iint_R x^p y^q f(x,y)\mathrm{d}x\mathrm{d}y,\qquad p,q=0,1,2,\cdots \tag{8.5.1}$$

相应的 $(p+q)$ 阶混合中心矩定义为

$$\mu_{pq}=\iint_R (x-\bar{x})^p(y-\bar{y})^q f(x,y)\mathrm{d}x\mathrm{d}y,\qquad p,q=0,1,2,\cdots \tag{8.5.2}$$

式中，$\bar{x}=\frac{m_{10}}{m_{00}}$；$\bar{y}=\frac{m_{01}}{m_{00}}$。由式(8.5.1)可得

$$m_{00}=\int_{-\infty}^{+\infty}\int_{-\infty}^{+\infty} f(x,y)\mathrm{d}x\mathrm{d}y \tag{8.5.3}$$

$$m_{10}=\int_{-\infty}^{+\infty}\int_{-\infty}^{+\infty} xf(x,y)\mathrm{d}x\mathrm{d}y \tag{8.5.4}$$

$$m_{01}=\int_{-\infty}^{+\infty}\int_{-\infty}^{+\infty} yf(x,y)\mathrm{d}x\mathrm{d}y \tag{8.5.5}$$

8.5.2 矩的不变性

矩的不变性是指矩的某些函数不依赖于形状的几何变换，例如平移、旋转和缩放。因此，我们可以利用矩不变性来识别某些具有独特形状的物体，而与它的形状、尺寸和位置无关。

如果用某图像 $f(x,y)$ 在每一点 (x,y) 处的灰度值作为该点的质量，则可以确定整幅图像的重心 $(\bar{x},\bar{y})$ 如下

$$\bar{x}=\frac{\int_{-\infty}^{+\infty}\int_{-\infty}^{+\infty}xf(x,y)\mathrm{d}x\mathrm{d}y}{\int_{-\infty}^{+\infty}\int_{-\infty}^{+\infty}f(x,y)\mathrm{d}x\mathrm{d}y} \tag{8.5.6}$$

$$\bar{y}=\frac{\int_{-\infty}^{+\infty}\int_{-\infty}^{+\infty}yf(x,y)\mathrm{d}x\mathrm{d}y}{\int_{-\infty}^{+\infty}\int_{-\infty}^{+\infty}f(x,y)\mathrm{d}x\mathrm{d}y} \tag{8.5.7}$$

并且有

$$\bar{x}=\frac{m_{10}}{m_{00}},\quad \bar{y}=\frac{m_{01}}{m_{00}} \tag{8.5.8}$$

由此可得到三阶以内的中心矩和原点矩关系为

$$\begin{cases}\mu_{00}=m_{00}\\ \mu_{01}=0\\ \mu_{10}=0\\ \mu_{02}=m_{02}-\bar{y}m_{01}\\ \mu_{20}=m_{20}-\bar{x}m_{10}\\ \mu_{11}=m_{11}-\bar{y}m_{10}\\ \mu_{30}=m_{30}-3\bar{x}m_{20}+2m_{10}\bar{x}^2\\ \mu_{03}=m_{03}-3\bar{y}m_{02}+2\bar{y}^2m_{01}\\ \mu_{12}=m_{12}-2\bar{y}m_{11}-\bar{x}m_{02}+2\bar{y}^2m_{10}\\ \mu_{21}=m_{21}-2\bar{x}m_{11}-\bar{y}m_{20}+2\bar{x}^2m_{01}\end{cases} \tag{8.5.9}$$

定义归一化中心矩为

$$\eta_{pq}=\frac{\mu_{pq}}{\mu_{00}^{\gamma}} \tag{8.5.10}$$

式中

$$\gamma=\frac{p+q}{2} \tag{8.5.11}$$

1) 平移

设 $\bar{x}'=x+\alpha,\bar{y}'=y+\beta$,则中心矩为

$$\begin{aligned}\mu'_{pq}&=\iint(x'-\bar{x}')^p(y'-\bar{y}')^q f(x',y')\mathrm{d}x'\mathrm{d}y'\\&=\iint(x-\bar{x})^p(y-\bar{y})^q f(x,y)\mathrm{d}x\mathrm{d}y=\mu_{pq}\end{aligned} \tag{8.5.12}$$

可以看出,平移情况下的中心矩不发生变化。

2) 缩放

设缩放时 $\bar{x}'=\alpha x,\bar{y}'=\beta y$,则中心矩变为 $\mu'_{pq}=\frac{\mu_{pq}}{\alpha^{p+q+2}}$,归一化中心矩变为

$$\eta'_{pq} = \frac{\mu'_{pq}}{(\mu'_{00})^{\gamma}} = \frac{\mu_{pq}}{(\mu_{00})^{\gamma}} = \eta_{pq} \tag{8.5.13}$$

此时归一化中心矩不改变。

3）旋转和反射

旋转和反射的线性坐标变换可以表示为

$$\begin{bmatrix} x' \\ y' \end{bmatrix} = \begin{bmatrix} \alpha & \beta \\ \gamma & \delta \end{bmatrix} \begin{bmatrix} x \\ y \end{bmatrix} \tag{8.5.14}$$

此时矩生成函数会发生改变。但是根据代数不变性理论，可以找到关于 μ_{pq} 的多项式，其具有对旋转和反射的不变性。旋转或反射时，三阶以内的不变矩为：

（1）对一阶矩，有

$$\eta_{01} = \eta_{10} = 0 \tag{8.5.15}$$

（2）对二阶矩 $p+q=2$，不变矩为

$$\begin{cases} \phi_1 = \eta_{20} + \eta_{02} \\ \phi_2 = (\eta_{20} - \eta_{02})^2 + 4\eta_{11}^2 \end{cases} \tag{8.5.16}$$

（3）对三阶矩 $p+q=3$，不变矩为

$$\begin{cases} \phi_3 = (\eta_{30} - 3\eta_{12})^2 + (\eta_{03} + 3\eta_{21})^2 \\ \phi_4 = (\eta_{30} + \eta_{12})^2 + (\eta_{03} + \eta_{21})^2 \\ \phi_5 = (\eta_{30} - 3\eta_{12})(\eta_{30} + \eta_{12})[(\eta_{30} + \eta_{12})^2 - 3(\eta_{03} + \eta_{21})^2] \\ \qquad + (3\eta_{21} - \eta_{03})(\eta_{03} + \eta_{21})[3(\eta_{30} + \eta_{12})^2 - (\eta_{03} + \eta_{21})^2] \\ \phi_6 = (\eta_{20} - \eta_{02})[(\eta_{30} + \eta_{12})^2 - (\eta_{03} + \eta_{21})^2] + 4\eta_{11}(\eta_{30} + \eta_{12})(\eta_{03} + \eta_{21}) \\ \phi_7 = (3\eta_{12} - \eta_{30})(\eta_{30} + \eta_{12})[(\eta_{30} + \eta_{12})^2 - 3(\eta_{03} + \eta_{21})^2] \\ \qquad + (3\eta_{21} - \eta_{03})(\eta_{03} + \eta_{21})[3(\eta_{03} + \eta_{12})^2 - (\eta_{03} + \eta_{12})^2] \end{cases} \tag{8.5.17}$$

对于数字图像，可以将 $(p+q)$ 阶原点矩和中心矩定义为

$$\begin{cases} m_{pq} = \sum_i \sum_j i^p j^q f(i,j) \\ \mu_{pq} = \sum_i \sum_j (i - i_0)^p (j - j_0)^q f(i,j) \end{cases} \tag{8.5.18}$$

式中，$i_0 = \frac{m_{10}}{m_{00}}$；$j_0 = \frac{m_{01}}{m_{00}}$。

对于二值图像，有 $f(x,y)=0$，或者 $f(x,y)=1$，则将矩计算降为可分离算法

$$m_{pq} = \sum_i i^p \sum_j j^q \tag{8.5.19}$$

8.6 图像的纹理描述

人们通常在图像某个特定区域中会看到某种局部模式重复出现，我们把这种灰度分布宏观上的规律性结构称为纹理。虽然目前人们对纹理还没有正式的定

义，不过在直觉上这种描绘子可以提供平滑度、粗糙度和规律性等特征的度量。通常纹理特征和物体的位置、走向、尺寸大小和形状有关，但与像素的平均灰度值无关。

如图 8.6.1 所示是几种常见纹理。对纹理的描述有许多方法，大体上分为统计方法、结构化方法和频谱方法。这里只介绍其中的几种。

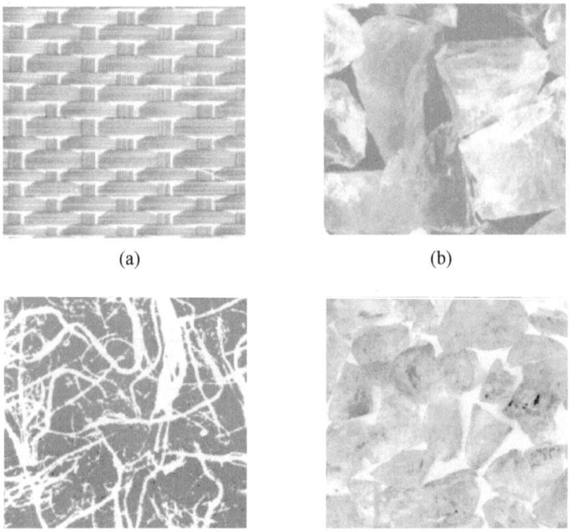

(a) (b) (c) (d)

图 8.6.1 几种常见纹理

8.6.1 基于粗糙度的纹理描述

粗糙度是最常用的纹理分析量度之一。粗糙的程度与局部结构的空间重复周期有关，例如周期越大，纹理就越粗，反之周期越小，则纹理就越细。这种简单的描述似乎还不足以作为一种定性的分析和测度，但是可以用它来说明纹理变化的倾向[1]。

纹理测度可以利用空间的自相关函数描述。

设图像为 $f(m,n)$，它的自相关函数可以定义如下

$$C(\varepsilon,\eta,j,k)=\frac{\sum_{m=j-w}^{j+w}\sum_{n=k-w}^{k+w} f(m,n)f(m-\varepsilon,n-\eta)}{\sum_{m=j-w}^{j+w}\sum_{n=k-w}^{k+w}[f(m,n)]^2} \tag{8.6.1}$$

可以看出，它针对 $(2\omega+1)\times(2\omega+1)$ 窗口内的每一个像素点 (j,k)，设偏离值为 ε，在 $\eta=0,\pm1,\pm2,\cdots,\pm T$ 的像素之间作相关运算。一般来说，对某个给定的偏离 (ε,η)，粗纹理区域所呈现的相关性比细纹理区域的相关性要高，而纹理粗糙度与自相关函数的变化方向成正比。自相关函数的变化可以用二阶矩来描述，即

$$T(j,k) = \sum_{\varepsilon=-T}^{j} \sum_{\eta=-T}^{k} \varepsilon^2 \eta^2 C(\varepsilon,\eta,j,k) \quad (8.6.2)$$

由于纹理粗糙度和 T 成正比，因此我们可以把 T 作为描述粗糙程度的一种参数。

8.6.2 灰度差分统计的纹理分析[2]

灰度差分统计法是纹理分析最常见的方法。首先设图像中某点为(x,y)，则它与距它的距离较短的点$(x+\Delta x,y+\Delta y)$的灰度差值为

$$g_{\Delta}(x,y) = g(x,y) - g(x+\Delta x,y+\Delta y) \quad (8.6.3)$$

其中 $g_{\Delta}(x,y)$称为灰度差分。通过将点(x,y)在整幅图像上遍历，得到各点的 $g_{\Delta}(x,y)$，设灰度差分值可取 m 级，则计算出取各个数值的次数，这样就可以绘出直方图，最后根据直方图来确定取各值时对应的概率 $P_{\Delta}(i)$。

当 i 的值较小，而对应的概率 $P_{\Delta}(i)$较大时，说明纹理粗糙；反之，如果概率分布平稳，说明纹理细密。

由此可得到几种在进行纹理描述时常见的统计量：

(1) 对比度。$P_{\Delta}(i)$关于原点的二阶矩，是它对于原点的惯性矩或反差，将它定义为对比度如下

$$\mathrm{CON} = \sum_{i} i^2 P_{\Delta}(i) \quad (8.6.4)$$

(2) 能量或角二阶矩

$$\mathrm{ASM} = \sum_{i} [P_{\Delta}(i)]^2 \quad (8.6.5)$$

当概率分布趋向于均匀分布时，在 i 取各值时对应的概率 $P_{\Delta}(i)$几乎相等，能量或角度方向二阶矩取最小值。

(3) 平均值

$$\mathrm{MEAN} = \frac{1}{m} \sum_{i} i P_{\Delta}(i) \quad (8.6.6)$$

当概率分布中 $P_{\Delta}(i)$越接近原点，平均值越小，反之 $P_{\Delta}(i)$越远离原点，平均值越大。

(4) 熵

$$\mathrm{Entropy} = -\sum_{i} P_{\Delta}(i) \log P_{\Delta}(i) \quad (8.6.7)$$

当 $P_{\Delta}(i)$为等概率分布时，熵取最大值。

8.6.3 等灰度游程长度的纹理描述

灰度游程长度是指在某方向 θ 上连续、共线并有相同灰度级的像素个数。据此，在粗纹理区域的灰度游程长度较长，而在细纹理区域，短游程长度的情况比较多。因此我们一般将等灰度游程长度的分析方法用在线性结构的纹理上。

对于某个可以计算灰度的游程矩阵 $\boldsymbol{M}^{(\theta)}$，设其第 g 行，第 l 列的元素 m_{gl} 表示

图像中在 θ 方向上灰度为 g，游程长度为 l 的灰度串所出现的总次数(包括灰度点本身)。例如：假设有一个 4×4 的子图像，其灰度分布如图 8.6.2 所示，由于其灰度值从 0 到 3，具有 4 个等级，如图 8.6.3 所示。

0	1	2	3
0	2	3	3
2	1	1	1
3	0	3	0

图 8.6.2 子图像灰度分布

1	2	3	4
1	3	4	4
3	2	2	2
4	1	4	1

图 8.6.3 子图像灰度级别

而灰度游程长度也有四种：1，2，3，4。这样我们就可以构造出在 θ 方向上的 4×4 灰度游程矩阵 $\boldsymbol{M}^{(\theta)}$ 如下，从而由灰度游程矩阵得到图像的纹理特征的量度。

$$\boldsymbol{M}^{(0^\circ)}=\begin{bmatrix}4&0&0&0\\1&0&1&0\\3&0&0&0\\3&1&0&0\end{bmatrix}\qquad \boldsymbol{M}^{(45^\circ)}=\begin{bmatrix}4&0&0&0\\4&0&0&0\\0&0&1&0\\3&1&0&0\end{bmatrix}$$

$$\boldsymbol{M}^{(90^\circ)}=\begin{bmatrix}2&1&0&0\\4&0&0&0\\3&0&0&0\\3&1&0&0\end{bmatrix}\qquad \boldsymbol{M}^{(135^\circ)}-\begin{bmatrix}4&0&0&0\\4&0&0&0\\3&0&0&0\\5&0&0&0\end{bmatrix}$$

设 N_g 为图像的灰度级数，N_l 为图像的灰度游程数，则纹理描述可用的矩阵的统计量有：

(1) 短游程因子

$$\mathrm{RF1}=\left[\sum_{g=1}^{N_g}\sum_{l=1}^{N_l}(m_{gl}/l^2)\right]\Big/\left[\sum_{g=1}^{N_g}\sum_{l=1}^{N_l}m_{gl}\right] \tag{8.6.8}$$

式中，m_{gl}/l^2 说明对短游程赋予大的加权值，短游程的数目越多，则 RF1 值越大，分母是进行归一化处理。

(2) 长游程因子

$$\mathrm{RF2}=\left[\sum_{g=1}^{N_g}\sum_{l=1}^{N_l}(l^2 m_{gl})\right]\Big/\left[\sum_{g=1}^{N_g}\sum_{l=1}^{N_l}m_{gl}\right] \tag{8.6.9}$$

式中，$l^2 m_{gl}$ 说明对长游程赋予大的加权值，长游程的数目越多，则 RF2 值越大。

(3) 灰度的不均匀因子

$$\mathrm{RF3}=\left[\sum_{g=1}^{N_g}\left(\sum_{l=1}^{N_l}m_{gl}\right)^2\right]\Big/\left[\sum_{g=1}^{N_g}\sum_{l=1}^{N_l}m_{gl}\right] \tag{8.6.10}$$

如果图像中各灰度的游程长度接近均匀分布，则 RF3 取最小值，这也就说明整个图像的灰度分布并不均匀。如果图像中某种灰度出现越多，即灰度都比较均匀，则

RF3 的值就越大。

(4) 游程长度的不均匀因子

$$\mathrm{RF4} = \left[\sum_{l=1}^{N_l}\left(\sum_{g=1}^{N_g} m_{gl}\right)^2\right] \Big/ \left[\sum_{g=1}^{N_g}\sum_{l=1}^{N_l} m_{gl}\right] \tag{8.6.11}$$

如果图像中各灰度的游程长度接近均匀分布,说明灰度游程长度的长短并不均匀,此时 RF4 具有最小值。如果图中某种游程长度出现越多,也就是各游程长度比较一致,此时 RF4 的值也越大。

(5) 游程总数的百分比

$$\mathrm{RF5} = \left(\sum_{g=1}^{N_g}\sum_{l=1}^{N_l} m_{gl}\right) \Big/ P \tag{8.6.12}$$

式中,P 是图像中像素的总个数,代表的是游程长度为 1 的总游程数;RF5 是直接反映线性结构纹理的一个量度,因为图中具有长线性结果纹理,则具有长游程的灰度会增加,短游程长度也相对减少,对应 RF5 的值也较小。

8.6.4 灰度共生矩阵纹理描述

灰度共生矩阵是以条件概率提取纹理的特征,它反映的是灰度图像中关于方向、间隔和变化幅度等方面的灰度信息,因此可以用于分析图像的局部特征以及纹理的分布规律。

灰度共生矩阵有两种定义形式。第一种定义为:设灰度图像矩阵为 $\boldsymbol{G}$,位置相距为$(\Delta x,\Delta y)$、灰度值为 i 和 j 的两个像素点对同时出现的联合概率分布称为灰度共生矩阵。即矩阵中各像素点(i,j)的取值就等于符合相应条件的像素对个数。若将图像中灰度等级分为 n 档,那么联合概率分布可以用 $n\times n$ 阶的灰度共生矩阵$\boldsymbol{M}^{(\Delta x,\Delta y)}$表示。如图 8.6.4 所示,一个大小为 3×3 的灰度矩阵,将原有的灰度级分为 2 档,1 和 2 为第 1 档,3 和 4 为第 2 档,则当$(\Delta x,\Delta y)=(1,0)$时,灰度组合数为:(1,2),(2,1),(3,4),(4,4),(2,3),(3,1)。相对地,它们属于的灰度档为(1,1),(1,1),(2,2),(2,2),(1,2),(2,1),因此(1,1)出现了 2 次,(2,2)出现了 2 次,(1,2)和(2,1)各出现了 1 次,此时构成的共生矩阵为

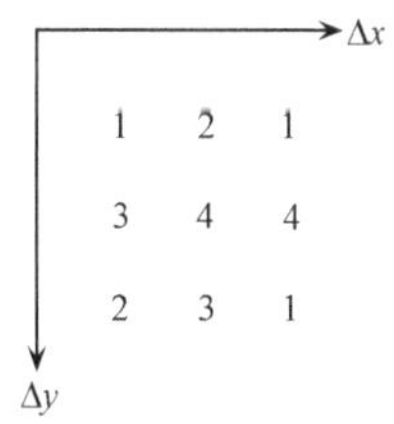

图 8.6.4 3×3 的灰度矩阵图例

$$\boldsymbol{M}^{(1,0)} = \begin{bmatrix} 2 & 1 \\ 1 & 2 \end{bmatrix}$$

类似地,还可以计算出其他共生矩阵如下

$$\boldsymbol{M}^{(0,1)} = \begin{bmatrix} 0 & 3 \\ 2 & 1 \end{bmatrix},\ \boldsymbol{M}^{(\pm1,0)} = \begin{bmatrix} 4 & 2 \\ 2 & 4 \end{bmatrix},\ \boldsymbol{M}^{(0,\pm1)} = \begin{bmatrix} 0 & 5 \\ 5 & 2 \end{bmatrix}$$

下面介绍灰度共生矩阵的另一种定义形式:设某个点对的间隔为 d,两点之间

连线与轴的方向角为 θ，两点灰度级分别为 i 和 j，则其共生矩阵可以表示为[$P(i,j,d,\theta)$]，点(i,j)处的值代表的是满足对应条件的数目值。其中 d 不宜取得过大，一般来说取窗口大小为 $2^2\times2^2\sim2^5\times2^5$，以 Ox 轴为起始，通常 $\theta=0°$、$45°$、$90°$、$135°$，逆时针方向计算。以图 8.6.5 中的矩阵为例，得到各方向的共生矩阵如下：

$$\begin{bmatrix} 0 & 0 & 1 & 1 \\ 0 & 0 & 1 & 1 \\ 0 & 2 & 2 & 2 \\ 2 & 2 & 3 & 3 \end{bmatrix}$$

图 8.6.5　矩阵举例

$$\boldsymbol{P}_{0°}=\begin{bmatrix} 4 & 2 & 1 & 0 \\ 2 & 4 & 0 & 0 \\ 1 & 0 & 6 & 1 \\ 0 & 0 & 1 & 2 \end{bmatrix},\qquad \boldsymbol{P}_{45°}=\begin{bmatrix} 4 & 1 & 0 & 0 \\ 1 & 2 & 2 & 0 \\ 0 & 2 & 4 & 1 \\ 0 & 0 & 1 & 0 \end{bmatrix}$$

$$\boldsymbol{P}_{90°}=\begin{bmatrix} 6 & 0 & 2 & 0 \\ 0 & 4 & 2 & 0 \\ 2 & 2 & 2 & 2 \\ 0 & 0 & 2 & 0 \end{bmatrix},\qquad \boldsymbol{P}_{135°}=\begin{bmatrix} 2 & 1 & 3 & 0 \\ 1 & 2 & 1 & 0 \\ 3 & 1 & 0 & 2 \\ 0 & 0 & 2 & 0 \end{bmatrix}$$

$\theta=0°(\leftrightarrow)$，　　$\theta=45°(\swarrow\!\!\nearrow)$，　　$\theta=90°(\updownarrow)$，　　$\theta=135°(\nwarrow\!\!\searrow)$

从上面的例子可以看出，当 d 取值较小时，对于平坦区域及粗纹理区域，由于相邻或相近的像素具有相近灰度值，因此灰度共生矩阵中的元素数值主要集中于对角线附近，而对于细纹理区域，各元素值是远离对角线并且相对均匀的。对于具有方向性的纹理，其共生矩阵中各元素的取值离对角线的程度和角度有关。

共生矩阵反映的是整幅图像灰度分布的综合信息，由此出发，设给定 d 值和 θ 值，将共生矩阵内各个元素进行归一化处理并记为 $P(i,j)$，可以进一步提取出描述纹理特征的一系列特征值如下：

(1) 角二阶矩或能量

$$N_1=\sum_i\sum_j P^2(i,j) \tag{8.6.13}$$

能量描述的是图像灰度均匀分布的特性，粗纹理的值较大，细纹理的值较小。如果 $P(i,j)$的值分布均匀，则 N_1 值较小；当 $P(i,j)$的值分布并不均匀时，呈现出部分值大而部分值小时，N_1 的值较大。

(2) 惯性矩

$$N_2=\sum_i\sum_j (i-j)^2P(i,j) \tag{8.6.14}$$

该参数反映的是矩阵中取值较大的元素远离主对角线的程度，N_2 值越大则说明大值元素到对角线的距离越远，因此粗纹理的 N_2 值较小，而细纹理的 N_2 值较大。

(3) 熵

$$N_3=-\sum_i\sum_j P(i,j)\lg P(i,j) \tag{8.6.15}$$

它表示了图像中纹理的非均匀程度或复杂程度。粗纹理 N_3 值较小，细纹理 N_3 值较大。当各 $P(i,j)$ 都相等时，N_3 取最大值。

(4) 相关

$$N_4=\frac{\sum_i\sum_j ijP(i,j)-\bar{x}\,\bar{y}}{\sigma_x\sigma_y} \tag{8.6.16}$$

其中有

$$\bar{x}=\sum_i i\sum_j P(i,j)$$

$$\bar{y}=\sum_j j\sum_i P(i,j)$$

$$\sigma_x^2=\sum_i(i-\bar{x})^2\sum_j P(i,j)$$

$$\sigma_y^2=\sum_j(j-\bar{y})^2\sum_i P(i,j)$$

(5) 逆差矩

$$N_5=\sum_i\sum_j\frac{P(i,j)}{1+(i-j)^2} \tag{8.6.17}$$

逆差矩反映的是矩阵中大值元素到主对角线的集中程度，N_5 值越大，说明大值元素越集中。

8.6.5 傅里叶功率谱纹理描述

图像傅里叶变换的功率谱能在一定程度上反映某些纹理特征，因此可以从其频率成分的分布求得纹理特征。设纹理图像为 $f(x,y)$，则其二维傅里叶变换为

$$F(u,v)=\frac{1}{N}\sum_{x=0}^{N-1}\sum_{y=0}^{N-1}f(x,y)\exp[-2\pi\mathrm{j}(ux+vy)/N] \tag{8.6.18}$$

其功率谱定义如下

$$|F(u,v)|^2=F(u,v)F^*(u,v) \tag{8.6.19}$$

功率谱反映了整幅图像的性质，它的分布规律与 $f(x,y)$ 的纹理特征有密切关系，这种关系主要反映在两个方面：第一，$|F(u,v)|^2$ 的径向分布与空域中 $f(x,y)$ 的纹理粗细有关，纹理越密集，功率谱沿径向分布就越分散，逐渐远离原点，反之纹理越粗、越稀疏，功率谱则逐渐向原点集中。第二，$|F(u,v)|^2$ 的分布方向和空域中的纹理方向有关，两者相互垂直，例如空域中垂直条纹的纹理在功率谱上是水平的条状分布。

功率谱纹理特性的提取一般使用极坐标系，即 $f(x,y)$ 的傅里叶变换 $F(u,v)$ 就变为 $F(r,\varphi)$。在平面 $r\text{-}\varphi$ 上，我们可以对 r 和 φ 分别求 $|F|^2$ 的积分[2]，得到

$$P_1(r) = \int_0^{2\pi} |F(r,\varphi)|^2 \mathrm{d}\varphi \tag{8.6.20}$$

$$P_2(\varphi) = \int_0^{+\infty} |F(r,\varphi)|^2 \mathrm{d}r \tag{8.6.21}$$

对于离散的情况就用求和代替积分。以采样间隔 $r_i^2 \leqslant u^2 + v^2 \leqslant r_{i+1}^2$，在以原点为圆心的一个环面上对 φ 求和[图 8.6.6(a)]

$$P_1(r_i) = 2\sum_{\varphi=0}^{\pi} |F(r_i,\varphi_i)|^2, \quad i = 1,2,\cdots,n \tag{8.6.22}$$

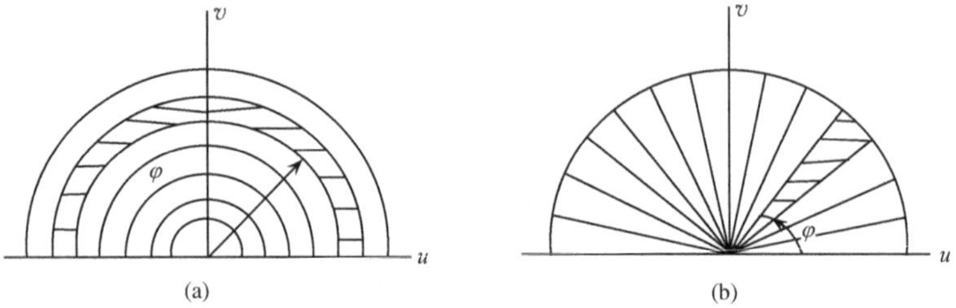

图 8.6.6　功率谱的环、楔特征

(a) 环特征　(b) 楔特征

我们称 $P_1(r)$为环特征，它反映出纹理的粗糙性。

以采样间隔 $\varphi_i \leqslant \arctan \dfrac{u}{v} \leqslant \varphi_{i+1}$，在以原点为出发点的扇面上对 r 求和[图 8.6.6(b)]

$$P_2(\varphi_i) = 2\sum_{r=0}^{\frac{W}{2}} |F(r_i,\varphi_i)|^2, \qquad i = 1,2,\cdots,n \tag{8.6.23}$$

我们称 $P_2(\varphi_i)$为楔特征，它反映了纹理的方向性。其中，W 为处理窗口的宽度。

8.7　形态学在图像描述中的应用

数学形态学(Mathematical Morphology)是一种用于图像处理的新理论和新方法。它通过物体和结构元素相互作用的某些运算，得到物体更本质的形态，即获得物体的拓扑和结构信息。因此，它也适合于描述图像的几何参数和特征。

8.7.1　形态学在区域描述中的应用[2]

1. 形态学的 4 种基本运算

1) 腐蚀

结构元 B 平移 x 后得到 Bx，若 Bx 包含于 A，则记下这个 x 点，所有满足上述条件的点 x 的全体构成结构元 B 与目标图像 A 的最大相关点集，这个点集称为 B

对 A 的腐蚀，记为

$$A \ominus B = \{x \mid B_x \subseteq A\} \tag{8.7.1}$$

2）膨胀

对于给定的目标图像 A 和结构元 B，将 A 中每一个点 x 扩大为 B_x 的操作称为膨胀运算，记为

$$A \oplus B = \bigcup_{x \in A} B_x \tag{8.7.2}$$

3）开运算

对目标图像 A 及结构元 B，A 对 B 的开运算记为

$$A \circ B = (A \ominus B) \oplus B \tag{8.7.3}$$

目标图像 A 与结构元 B 的闭运算可以记为

$$A \bullet B = (A \oplus B) \ominus B \tag{8.7.4}$$

2. 骨架化（skeletonization）

抽骨架也称为中轴变换或焚烧草地技术。中轴是所有与对象在两个或更多非邻接点处相切的圆心的轨迹。但抽骨架很少通过在物体内拟合圆来实现。在概念上，中轴可设想成按如下方式形成：想象一片与物体形状相同的草，沿其外围各点同时点火。当火势向内蔓延，向前推进的火线相遇处各点的轨迹就是中轴。

若集合 A 的骨架记为 $S(A)$，则形态学的骨架化操作可以表示为

$$S(A) = \bigcup_{k=0}^{K} S_k(A) \tag{8.7.5}$$

或

$$S(A) = \bigcup_{k=0}^{K} \{(A \ominus kB) - [(A \ominus kB) \circ B]\} \tag{8.7.6}$$

式中，B 为结构元；$A \ominus kB$ 表示用 B 对 A 及其腐蚀结果连续腐蚀 k 次，例如，$A \ominus 2B = (A \ominus B) \ominus B$，$K$ 是至 A 被腐蚀成空集前的最后一次迭代的次数。

由上面两式可以看出，集合 A 的骨架 $S(A)$ 可以由骨架子集 $S_k(A)$ 的并得到。还表明，A 可以通过下式重构

$$A = \bigcup_{k=0}^{K} [S_k(A) \oplus kB] \tag{8.7.7}$$

式中，$S_k(A) \oplus kB$ 为用 B 对 $S_k(A)$ 及其膨胀结果连续膨胀 k 次。

图 8.7.1 给出了对矩形区域运用式(8.7.5)提取中轴的实例。

3. 细化（thinning）

细化即擦除黑色像素使一个没有孔洞的物体腐蚀成一个与其最近的外边界等距分布最小的连接线，一个具有孔洞的物体腐蚀成一个在每一个孔与最近外边界之间的最小连接环。

集合 A 被结构元 B 细化记为 $A \circledcirc B$，细化过程可以表示为

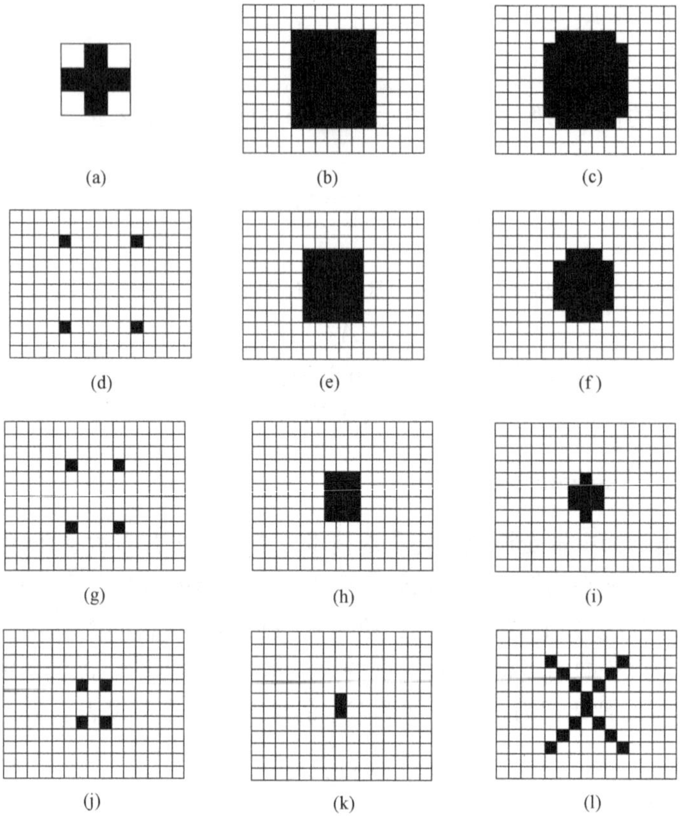

图 8.7.1 提取矩形目标区域中轴的实例

(a) 3×3 结构元 B (b) 二值图像 A (c) $A \circ B$ (d) $S_0 = A - A \circ B$ (e) $A \ominus B$ (f) $(A \ominus B) \circ B$ (g) $S_1 = (A \ominus B) - (A \ominus B) \circ B$ (h) $A \ominus 2B$ (i) $(A \ominus 2B) \circ B$ (j) $S_2 = (A \ominus 2B) - (A \ominus 2B) \circ B$ (k) $A \ominus 3B$ (l) $\bigcup_{k=0}^{3} S_k = S(A)$

$$A \circledcirc B = A - (A \otimes B) = A \cap (A \otimes B)^c \tag{8.7.8}$$

为了进行有效的细化，可以用一个结构元序列

$$\{B\} = \{B^1, B^2, \cdots, B^n\}$$

连续作用于集合 A，其中结构元素 B^i 是 B^{i-1} 旋转的结果。这个细化过程可表示为

$$A \circledcirc \{B\} = (\cdots((A \circledcirc B^1) \circledcirc B^2) \cdots) \circledcirc B^n$$

适合于细化的结构元素是工字形的。

图 8.7.2 给出了一个细化的实例。

细化将曲线形物体细化为单像素宽的线，从而图形化地显示其拓扑特性。为了避免分裂物体，可分两步过程编程进行腐蚀。第一步正常腐蚀，但只是记录应该腐蚀掉的点，并不立即消去。第二步，只将那些消除后并不破坏连通性的点消除，其余保留。以上每一步都是一个 3×3 邻域运算。

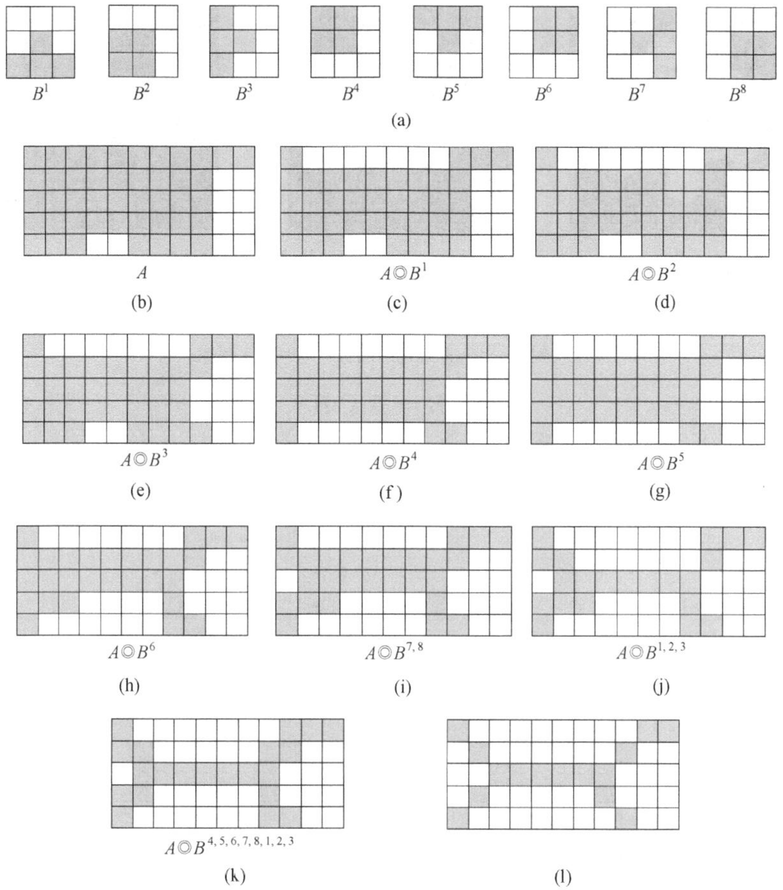

图 8.7.2 目标区域细化示例

(a) 用于细化的经旋转的结构元素序列 (b) 集合 A (c) 使用第 1 个结构元素进行细化的结果
(d) 使用第 2 个结构元素进行细化的结果 (e) 使用第 3 个结构元素进行细化的结果
(f) 使用第 4 个结构元素进行细化的结果 (g) 使用第 5 个结构元素进行细化的结果
(h) 使用第 6 个结构元素进行细化的结果 (i) 使用第 7 和 8 个结构元素进行细化的结果
(j) 再次使用第 1 个结构元素得到的结果 (k) 收敛后的结果 (l) 转换为具体混合连通的细化结果

又如，图 8.7.3 给出了对 circles. tif 图像的骨架和细化的例子。

由以上可以看出：细化与骨架化的主要差别在于中轴骨架在拐角处延伸到了边界，而细化的没有。

4. 粗化(Thickening)

形态学粗化运算的定义是

$$A \odot B = A \cup (A \otimes B) \tag{8.7.9}$$

对 A 进行粗化，就是对 A^c 作细化，两者之间的关系为

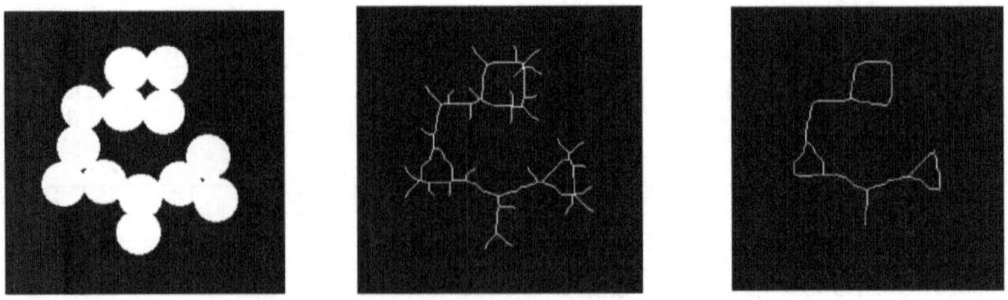

(a) (b) (c)

图 8.7.3 骨架化与细化结果比较

(a) 原图 (b) 骨架化的图像 (c) 细化图像

$$A \odot B = A^c \circledcirc B^* \qquad (8.7.10)$$

式中，$B^* = (B_2, B_1)$。

图 8.7.4 给出了粗化过程的示例，图 8.7.5 给出了一个粗化的实际例子。

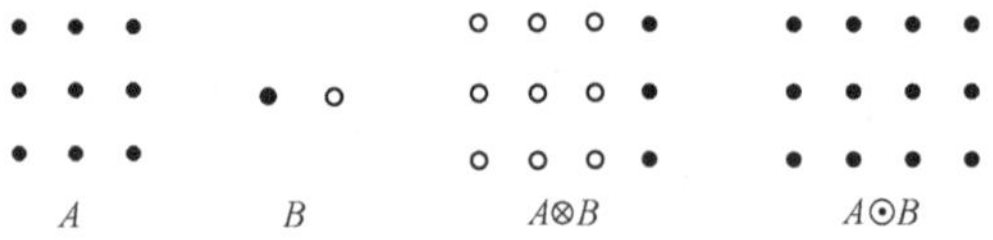

图 8.7.4 粗化示例

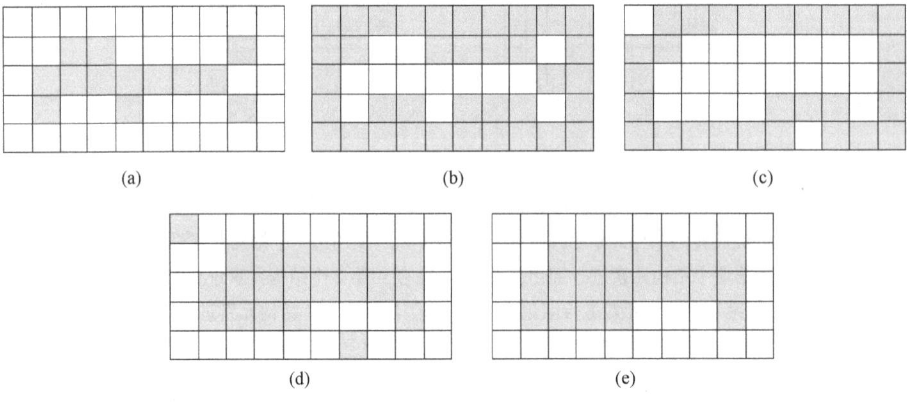

图 8.7.5 粗化举例

(a) 集合 A (b) A 的补集 (c) 对(b)细化的结果

(d) 对(c)求补粗化的结果 (e) 最终结果

5. 修剪(Pruning)

通常，在细化和骨架化处理后，可能会在生成的图像中留下毛刺。这是由于边界上单个像素尺寸的起伏产生了小的分枝，由此造成了毛刺，可以用修剪的方法消除。

设 A 是需修剪的图像，用合适的结构元素对 A 进行多次重复细化处理，检测端点，然后恢复原来的形状，但要去掉寄生分枝。设细化后为 X_2，接着用一个特定形状的结构元素序列 G 对 X_2 进行条件膨胀，对端点多次进行膨胀并用 A 去掉多余的部分。修剪过程使用的公式为

$$X_1 = A \circledcirc \{B\} \tag{8.7.11}$$

$$X_2 = \bigcup_{n=1}^{k} \{X_1 \otimes B^n\} \tag{8.7.12}$$

$$X_3 = A \cap \{X_2 \otimes G\} \tag{8.7.13}$$

$$X_4 = X_1 \cup X_3 \tag{8.7.14}$$

图 8.7.6 给出了钢纹图像先经过骨架化，再修剪的例子。可以看出，经过修剪后的图像在边界处就不再有毛刺存在了。

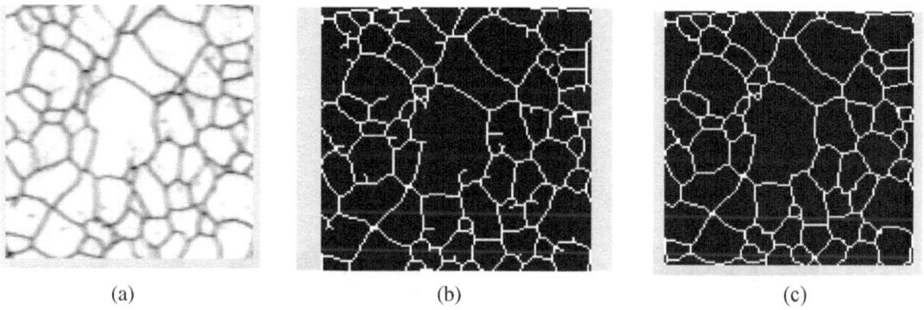

图 8.7.6　骨架化后进行图像修剪

(a) steel 的原始图像　(b) 骨架化的结果　(c) 修剪后的结果

6. 区域填充

形态学也可以用于区域填充。

设二值图像含有一个目标区域的边界，令其值为 1，而非边界为 0，边界点集记为集合 A，从边界内的一点 P 开始，令 $X_0 = P = 1$，可用下面的迭代式进行区域填充

$$X_k = (X_{k-1} \oplus B) \cup A^c, \qquad k = 1,2,\cdots \tag{8.7.15}$$

式中，B 为对称结构元，上式迭代至 $X_k = X_{k-1}$ 时为止。集合 A 和 X_k 的并集即为边界及填充部分，算法最后产生一个单连通域。

图 8.7.7 所示的是区域填充的一个例子，其中图(a)为集合 A，图(b)为 A 的补集，图(c)为结构元素 B，图(d)边界内的初始点，图(e)～图(h)使用式(8.7.15)的步骤，图(i)为最后结果。

图 8.7.8 为用形态学的方法填充图像中的孔洞的一个实例。

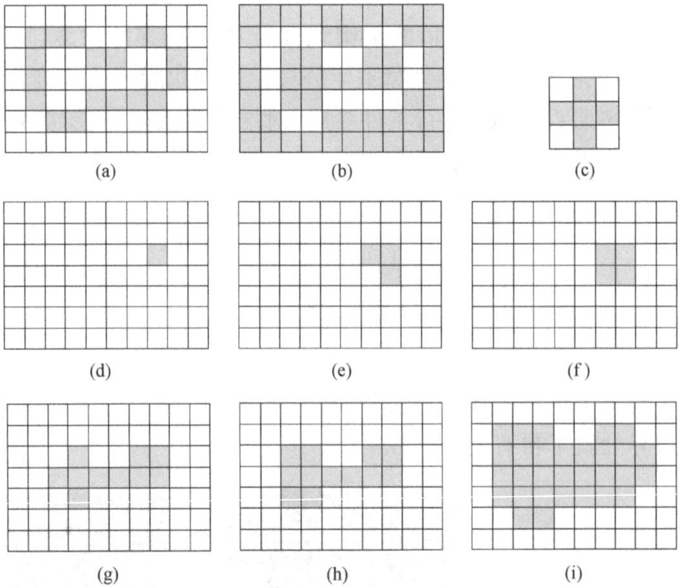

图 8.7.7　区域填充举例

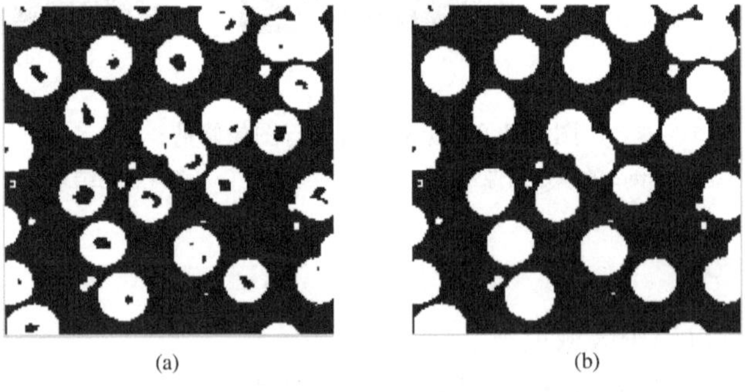

图 8.7.8　图像区域填充

(a) blood. tif 求反图像作为原始图像　(b) 填充图像

8.7.2　形态学在边界描述中的应用

1. 形态学用于提取二值图像目标的边界

设区域用集合 A 表示，其边界记为 $\beta(A)$。B 为一个以原点对称的结构元。首先用 B 腐蚀 A，$A\ominus B$ 运算可以得到区域的内部，接着求 A 与它的腐蚀的差，$A-(A\ominus B)$就是区域的边界 $\beta(A)$。因此，边界提取过程可以表示为

$$\beta(A)=A-(A\ominus B) \tag{8.7.16}$$

注意到，结构元取得越大，得到的边界就越宽。

图 8.7.9 给出了一个以 blood.tif 图像的二值化图像为例运用形态学方法提取图像边界的例子。从图中我们可以看到处理后的细胞的边界非常清晰。

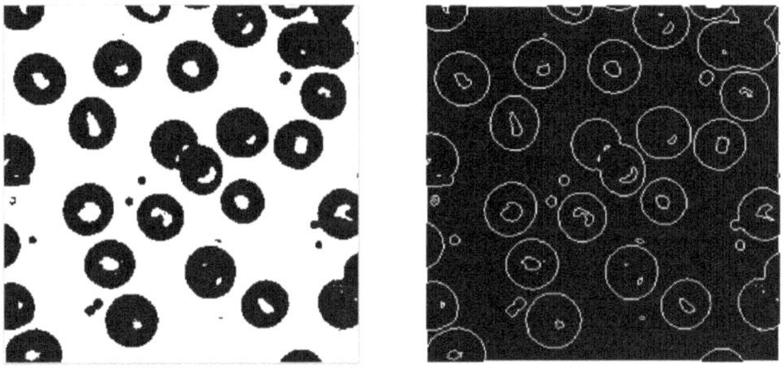

(a)　　(b)

图 8.7.9　形态学用于二值边界提取

(a) blood.tif 图像的二值化图像　(b) 提取边界后的结果

2. 形态学用于提取灰度图像中的边界提取

计算图像 f 的形态学梯度 g，可以表示为

$$g = (f \oplus b) - (f \ominus b) \tag{8.7.17}$$

式中，b 为对称结构函数。

形态学梯度能加强区域边界，用对称的结构函数计算形态学梯度受到边界方向的影响较小。

8.7.3　形态学用于纹理描述

形态学方法也可以用于某些类型纹理区域的分割。因为闭合运算可以把比结构元素小的缺口或孔填充上，搭接短的间隔而起到连通作用，这样就相当于能去除图像中的暗细节。同理，开运算可以把比结构小的突刺滤掉，切断细长搭接而起到分离作用，能去除图像中的亮细节，这样闭运算和开运算就可以用于分割某些纹理区域。

8.8　小　　结

图像描述是从图像分割到图像分类识别的重要过渡，它为图像分类识别提供重要的特征参数。本章先从图像像素间的基本关系出发，在介绍连通性概念的基础上，给出了区域、边界和距离等描述方法。针对目标物的边界，给出了链码表示、曲线拟合和傅里叶描述子等边界描述方法。而对于目标物区域，介绍了四叉树、拓扑和骨架描述方法。几何特征作为目标物特征中容易获得且最常用的基本特征，在图像分类识别中起着至关重要的作用，为此本章介绍了常用的 6 种几何特征。

最后，介绍了图像的矩描述、纹理描述和形态描述等描述方法。这些方法将为目标物特征的选择与提取提供有力的依据。

习　　题

8.1　题图 8.1 给出了一幅二值图像，用八方向链码对图像中的边界进行链码表述(起点是 S 点)，写出它的八链码(沿顺时针)，并对该链码进行起点归一化，说明起点归一化链码与起点无关的原因。

$S\rightarrow$	1	1					
	1		1	1	1	1	1
	1						1
	1	1				1	
			1	1		1	
					1		

题图 8.1

8.2　针对题 8.1：

(1) 写出其一阶差分码，并说明其与边界的旋转无关；

(2) 写出其形状数，并说明阶数。

8.3　试用题图 8.3 给定的以下点，用曲线拟合的方法来描述曲线 AB。

8.4　已知二值图像，如题图 8.4 所示。

(1) 对该图像使用四叉树进行划分；

(2) 用四叉树表达该图像。

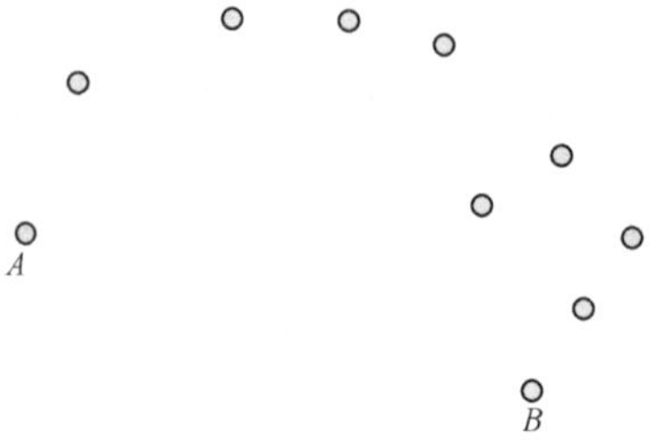

题图 8.3

0	0	0	0	1	1	1	1
0	0	0	0	1	1	1	1
0	0	1	1	1	1	1	1
0	0	1	1	1	1	1	1
0	1	1	1	1	0	0	0
1	1	1	1	0	0	0	0
0	0	0	0	0	0	0	0
0	0	0	0	0	0	0	0

题图 8.4

8.5　求出题图 8.5 中各个字符的欧拉数。

8.6　画出以下图形的中轴。

(1) 圆形；(2) 正方形；(3) 矩形；(4) 等腰三角形。

8.7　写出题图 8.7 中图形的形状数和阶数。

8.8　在数字图像中，区域的周长和面积有几种计算方法？各有何特点？

8.9　求出题图 8.9 中的区域边界的周长和面积。

8.10　设一个 5×5 棋盘图像的左上角像素值为 0，分别定义位置操作算子 W 是向右 1 个像素和向右 2 个像素，求这两种情况下的灰度共生矩阵。

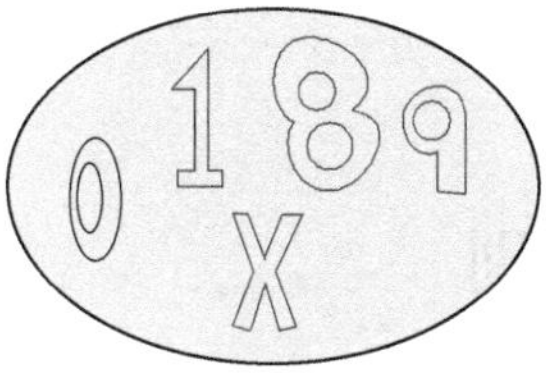

题图 8.5

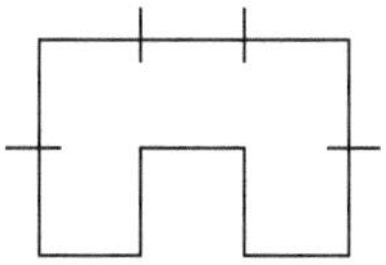

题图 8.7

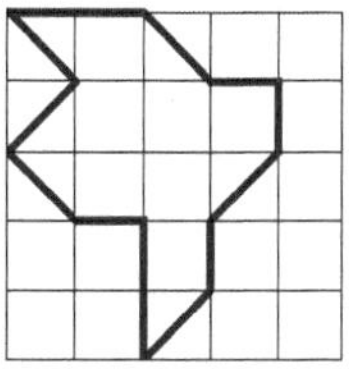

题图 8.9

8.11 求下列矩阵的等游程矩阵。

$$\begin{bmatrix} 0 & 1 & 1 & 2 \\ 3 & 2 & 0 & 0 \\ 3 & 2 & 2 & 1 \\ 3 & 0 & 1 & 3 \end{bmatrix}$$

8.12 (1) 画出用 1 个半径为 $r/4$ 的圆形结构元素膨胀 1 个半径为 r 的圆的示意图；

(2) 画出用上述结构元素膨胀 1 个 $r\times r$ 的正方形的示意图；

(3) 画出用上述结构元素膨胀 1 个侧边长为 r 的等腰三角形的示意图；

(4) 将(1)、(2)、(3)中的膨胀改为腐蚀，分别画出示意图。

8.13 若灰度相似准则 $V=\{1\}$，试按四连通和八连通分别标出题图 8.13 所示图像的目标物区域边界。

0	0	0	0	0	0	0	0
0	0	1	1	1	1	0	0
0	1	1	1	1	1	1	0
0	1	1	1	1	1	1	0
0	1	1	1	1	1	1	0
0	1	1	1	1	1	1	0
0	0	1	1	1	1	0	0
0	0	0	0	0	0	0	0

题图 8.13

8.14 对于书中图 8.1.5(a)，若采用八连通($V=\{1\}$)，请标出其中的边界点、孤点、内点、曲线点和封闭曲线。

8.15 类似于书中图 8.1.6，请给出距中心点的距离不大于 4 的三种距离[$D_e(p,q)$、$D_4(p,q)$和 $D_8(p,q)$]对比图。

第 9 章　图像分类识别

在第 7 章我们介绍了图像的分割技术，它是将图像分成不同的目标物和背景区域，第 8 章对目标物区域的描述方法进行了介绍，所有这些都是为图像的分类识别做准备。

一个图像分类识别系统大体上可以分成三个部分，如图 9.0.1 所示。首先获取包含要分类识别目标物(称作对象)的数字图像，并对该图像进行预处理，包括平滑和锐化等。接着进行图像分割处理，一般要经过边缘点检测、边缘线跟踪、不同目标物区域和背景生成。再根据要分类识别目标物的特点和分割结果，选择能正确代表该目标物特点，又能容易区分不同目标物的特征，同时提取这些特征。这些内容都在前面几章进行了介绍。最后设计分类识别器，进行判断和分类，这也是图像识别的最终目的，是人们对图像的理解从感性认识提升到理性认识的重要阶段。

图 9.0.1　图像分类识别系统

本章将在前几章的基础上，介绍图像分类识别的基本概念和基本方法，包括图像匹配、图像分类和图像识别。

9.1　图 像 匹 配

在图像分类识别过程中，通常需要把不同的传感器或者同一传感器在不同的时间、不同的成像条件下对同一物体获取的两幅或者多幅图像在空间上对准，或者根据已知模式到另一幅图像中寻找相应的模式，也就是用目标的特征集在图像中进行搜索，直接确定目标在图像中的位置，我们把这一过程称为匹配。匹配的方法包括基于模板的相关匹配和基于特征的最近匹配等。其核心思想是要确定图像中是否包括有所关心的目标物，其在图像中什么位置，进而识别目标物。

9.1.1　模板匹配

要判定搜索图像中是否存在某一目标物，可以事先将该目标物从标准图像中分割提取出来，以矩阵形式表示成代表该目标物的样板，该样板就称作模板。根据该模板与一幅图像的各部分的相似度，判定其是否存在，并求得目标物在图像中的位置，这一操作就叫模板匹配。模板匹配最基本的原则就是通过计算相关函数来找到它在被搜索图像中的坐标位置[73]，如图 9.1.1 所示。

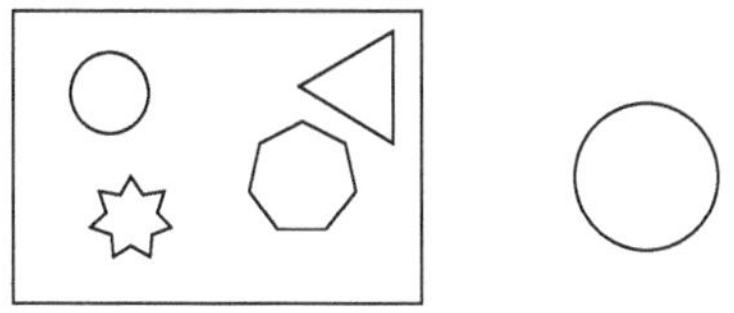

(a) (b)

图 9.1.1　图像(a)与被搜索模板(b)

如图 9.1.2 所示，设模板为 $T(m,n)$，其大小为 $M\times M$；搜索图像为 $S(m,n)$，其大小为 $N\times N$，且 $N\geqslant M$。将模板 T 叠放在搜索图像 S 上平移，模板覆盖下的区域称为子图 $S^{i,j}$，(i,j) 为区域左上角点在图像 S 中的坐标，称为参考点，可以看到

$$1\leqslant i,\ j\leqslant N-M+1$$

比较 T 和 $S^{i,j}$ 的内容，若两者一致，则 T 和 $S^{i,j}$ 的差值为零。但实际应用中并非如此，一般可用下面的公式来描述 T 和 $S^{i,j}$ 的相似程度(相似性)：

$$D(i,j)=\sum_{m=1}^{M}\sum_{n=1}^{M}[S^{i,j}(m,n)-T(m,n)]^2 \tag{9.1.1}$$

或者

$$D(i,j)=\sum_{m=1}^{M}\sum_{n=1}^{M}\mid S^{i,j}(m,n)-T(m,n)\mid \tag{9.1.2}$$

展开式(9.1.1)，则有

$$D(i,j)=\sum_{m}\sum_{n}[S^{i,j}(m,n)]^2-2\sum_{m}\sum_{n}S^{i,j}(m,n)\cdot T(m,n)+\sum_{m}\sum_{n}[T(m,n)]^2 \tag{9.1.3}$$

上式右边第一项是覆盖区域的子图能量，它随坐标 (i,j) 的变化而缓慢变化；第二项是子图和模板的互相关系数，随坐标 (i,j) 的变化而变化，当 T 和 $S^{i,j}$ 达到匹配时，互相关系数取最大值；第三项是常数，表示模板的总能量，它的取值与坐标 (i,j) 无关。因此，可以用下列的相关系数作为相似性量度

$$R(i,j)=\frac{D(i,j)\text{ 的第二项}}{D(i,j)\text{ 的第一项}}=\frac{\sum_{n}\sum_{n}S^{i,j}(m,n)\cdot T(m,n)}{\sum_{n}\sum_{n}[S^{i,j}(m,n)]^2} \tag{9.1.4}$$

或者归一化为

$$R(i,j)=\frac{\sum_{n}\sum_{n}S^{i,j}(m,n)\cdot T(m,n)}{\left(\sum_{n}\sum_{n}[S^{i,j}(m,n)]^2\right)^{1/2}\left(\sum_{n}\sum_{n}[T(m,n)]^2\right)^{1/2}} \tag{9.1.5}$$

上述就是模板匹配的基本原理。由于其需要逐点进行检测，因此计算量很大，要在$(N-M+1)^2$个参考位置上做相关计算，其中除了一点之外，其余的匹配过程都是在做无用功。对此，人们也提出了一些改进的快速算法，实际使用时可参考相关资料。

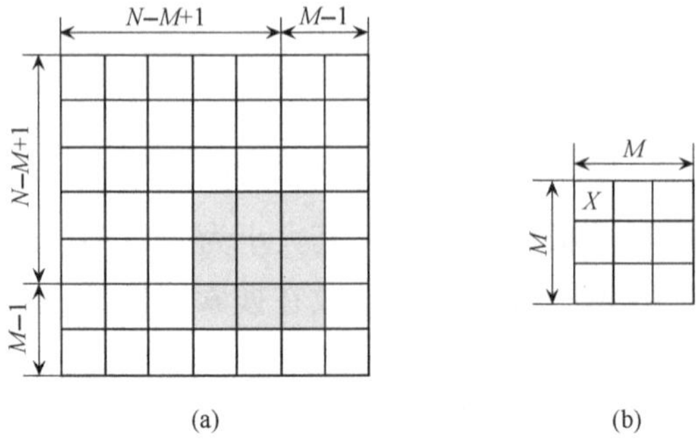

图 9.1.2　搜索图(a)及模板(b)

9.1.2　特征匹配

图像匹配的计算量很大，匹配效率和精度也比较低。而在实际应用中的多数场合，我们关心的并不是目标物所在区域的所有像素，而是目标物的特征，即要在一幅图像中找到目标物，只要进行目标物特征(特征点)的匹配，就可达到目的。常用的匹配特征有特征点、字符串、形状数、惯量等效椭圆等。

特征匹配中最常用的特征点是图像中的一些特殊点，例如边缘点、交界点和拐点等。特征点匹配主要步骤如下：

(1) 选取特征点。

(2) 特征点的匹配。

(3) 对匹配结果进行插值。

特征匹配中的两种基本方法是字符串匹配和形状匹配。

1. 字符串匹配法

字符串匹配是根据逐个符号完成的。首先将两个区域边界 A 和 B 进行分别编码，得到两个字符串。从起始点开始，如果在某个位置上编码位的数值相同，则认为这两个边界有一次匹配，设 M 为两字符串匹配的次数，则非匹配的次数为

$$Q=\max(\|A\|,\|B\|)-M \tag{9.1.6}$$

其中，$\|\arg\|$ 代表 arg 的字符串表达长度(符号个数)，当且仅当两边界的字符串相等时，$Q=0$。

我们用一个相似性量度 R 来衡量两边界的近似程度如下

$$R=\frac{M}{Q}=\frac{M}{\max(\|A\|,\|B\|)-M} \tag{9.1.7}$$

则 R 越大说明两个边界的匹配程度越高。当完全匹配时 R 为无穷大。需要注意的是，起点的位置对计算量影响很大，因此通常需要对字符串进行归一化处理。

2. 形状数匹配法

形状匹配中常用的一种方法是形状数匹配法。该方法的基本原理是：通过比较两个对象边界的形状数的相似程度，来匹配对象。

首先定义两个区域边界的相似度为两形状数之间的最大公共形状数。设有闭合曲线 A 和 B，都用 4 链码表示，当 A 和 B 具有相同的相似度 k 时，则它们的相似度就是 k。

即 A 和 B 具有相似级别 k，当且仅当满足：

$$S_4(A)=S_4(B), S_6(A)=S_6(B), S_8(A)=S_8(B), \cdots, S_k(A)=S_k(B),$$
$$S_{k+2}(A)\neq S_{k+2}(B),\ S_{k+4}(A)\neq S_{k+4}(B), \cdots \tag{9.1.8}$$

这里 S 表示形状数，下标表示序号。

两个区域边界 A 和 B 形状数的距离 $D(A,B)$ 为其相似度的倒数，即

$$D(A,B)=1/k \tag{9.1.9}$$

则它必然满足

$$D(A,B)\geqslant 0$$
$$D(A,B)=0 \qquad \text{当且仅当 } A=B$$
$$D(A,C)\leqslant \max[D(A,B),D(B,C)]$$

利用形状数匹配法进行匹配的步骤是：

(1) 用不同密度的网格划分边界区域，获得不同序数的形状数。

(2) 利用相似级别 k 或相似距离 D 进行相似性判别。

① 如果使用相似级别 k，k 越大则越相似。

② 如果使用相似距离 D，D 越小则越相似。

9.2 图像的分类

图像分类就是根据提取出的目标物特征（一般用特征向量表示），利用分类技术进行分类。其中某一目标物属于某一类别的可能性可以用 9.1 节介绍的图像匹配法进行求解。分类方法包括统计方法和结构方法，实际中常用统计方法。统计分类方法可以分为监督分类法和非监督分类法。

9.2.1 监督分类法

所谓监督分类方法就是根据预先已知类别名的训练样本，求出各类在特征空间的分布，然后利用它对未知数据进行分类的方法。图 9.2.1 表示了这种分类的典型方法，其步骤[13]为

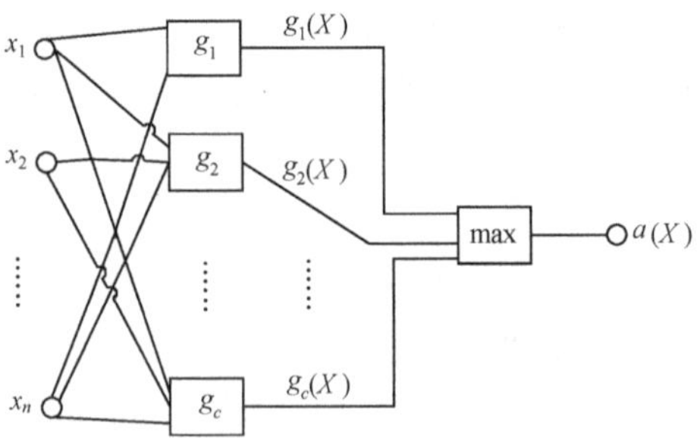

图 9.2.1　监督分类

(1) 根据类别名预先给定的训练样本，求出确定各类特征矢量分布的判别函数 $g_1, g_2, \cdots, g_c$（其中 c 为类别数）。

(2) 对于待分类的特征矢量（或模式）$\boldsymbol{X}=(x_1, x_2, \cdots, x_n)$，计算各判别函数的值 $g_1(\boldsymbol{X}), g_2(\boldsymbol{X}), \cdots, g_c(\boldsymbol{X})$。

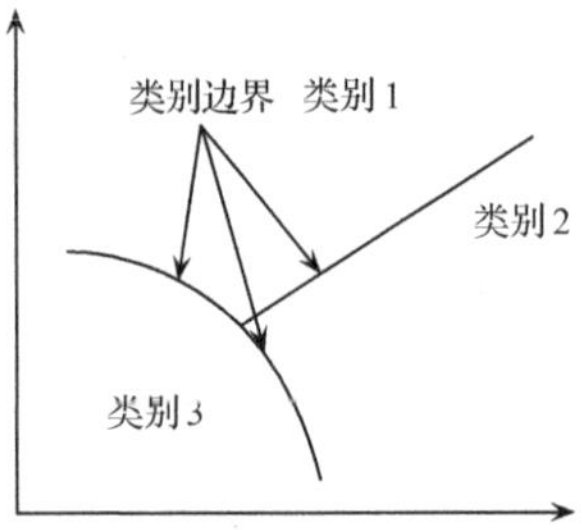

图 9.2.2　特征空间分割

(3) 在 $g_1(\boldsymbol{X}), g_2(\boldsymbol{X}), \cdots, g_c(\boldsymbol{X})$ 中选择最大值，并把模式 $\boldsymbol{X}$ 分到这一类。

换言之，监督分类法就是根据训练样本把特征空间分割成对应于各个类别的区域，如图 9.2.2 所示。输入未知模式后判断这一特征矢量进入到哪个区域，就将区域的类别名赋予它。类别 i 和 j 的区域边界可以用 $g_i(\boldsymbol{X})=g_j(\boldsymbol{X})$ 表示。在类别 i 的区域内有 $g_i(\boldsymbol{X})>g_j(\boldsymbol{X})$，在类别 j 的区域内有 $g_i(\boldsymbol{X})<g_j(\boldsymbol{X})$。

常用的判别函数有：

1) 距离函数

把距离作为判别函数的分类法是最简单的分类法，如图 9.2.3 所示那样，求出与模式 $\boldsymbol{X}$ 距离最近的训练样本或者各类的平均值，并把 $\boldsymbol{X}$ 分类到这一类中。常用的距离判别函数有如下三种：

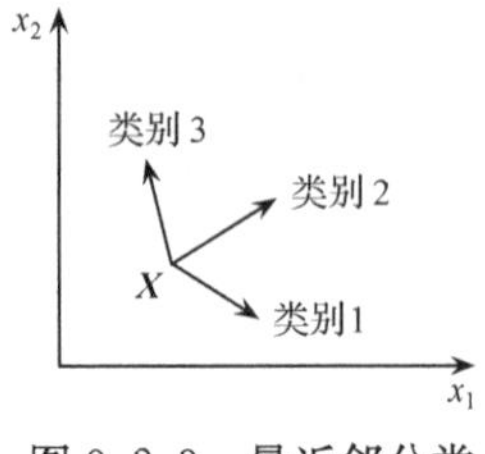

图 9.2.3　最近邻分类

欧几里得距离　$$\left|\sum_{i=1}^{n}(x_i-y_i)^2\right|^{\frac{1}{2}} \tag{9.2.1}$$

L 距离　$$\sum_{i=1}^{n}|x_i-y_i| \tag{9.2.2}$$

相似度　$$\frac{\boldsymbol{X}\cdot\boldsymbol{Y}}{\|\boldsymbol{X}\|\cdot\|\boldsymbol{Y}\|} \tag{9.2.3}$$

图 9.2.4 的(a)和(b)分别表示了使用到类别的平均值和到逐个训练样本的距离的场合，可见二个判别边界的不同之处在于前者判别边界为直线，而后者则为复

杂曲线。

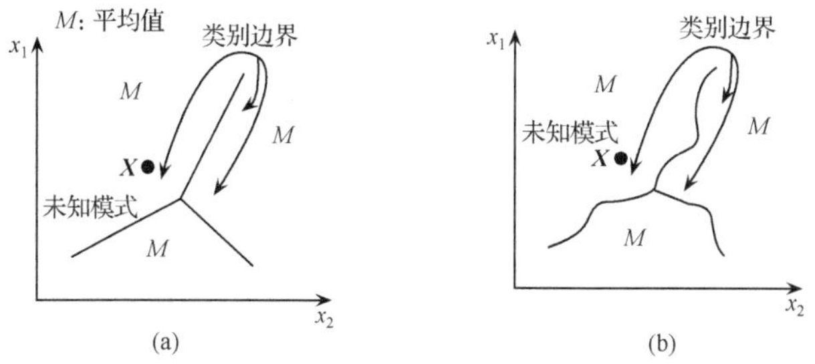

图 9.2.4　最近邻分类的两种方法比较

(a) 与类别平均值比较　(b) 与各样本的比较

2）统计决策理论

统计决策理论在遥感识别中是最常用的方法。设 $p(\boldsymbol{X}|\omega_i)$ 为某一类别 ω_i 的特征矢量分布函数，它是把模式 $\boldsymbol{X}$ 分类到

$$g_i(\boldsymbol{X}) = p(\omega_i \mid \boldsymbol{X}) = p(\boldsymbol{X} \mid \omega_i)P(\omega_i) \tag{9.2.4}$$

为最大的类别中的分类方法。式中，$P(\omega_i)$ 表示类别 ω_i 模式的先验概率；$p(\boldsymbol{X}|\omega_i)$ 表示条件概率密度函数；$p(\omega_i|\boldsymbol{X})$ 为在观测模式 $\boldsymbol{X}$ 时，该模式属于类别 ω_i 的确定度(似然度)。这一方法称为最大似然法，它是理论上误差最小的分类方法。

图 9.2.5 所示是一个用某值将特征空间分为两个区域的例子，因此而产生的错误分类概率如图 9.2.5(b)中的阴影部分的面积表示。

$$P_E = E_{12} + E_{21} = \int_{-\infty}^{T} P(\omega_2)p(\boldsymbol{X} \mid \omega_2)\mathrm{d}x + \int_{T}^{+\infty} P(\omega_1)p(\boldsymbol{X} \mid \omega_1)\mathrm{d}x \tag{9.2.5}$$

式中，E_{12} 为类别 ω_2 的模式被错误分入类别 ω_1 中的概率，E_{21} 则表示类别 ω_1 的模式被错误分到 ω_2 中的概率。

这里的错误分类概率和 T 的位置有很大关系，当 $P(\omega_1)p(\boldsymbol{X}|\omega_1)=P(\omega_2)p(\boldsymbol{X}|\omega_2)$ 时，T 值对应的 P_E 最小，即当 $P(\omega_1)p(\boldsymbol{X}|\omega_1)>P(\omega_2)p(\boldsymbol{X}|\omega_2)$ 时把 $\boldsymbol{X}$ 分类到 ω_1 中，否则分类到 ω_2 中，此时的错误分类概率取最小值。

3）线性判别函数

线性判别函数是一种应用广泛的判别函数，它是图像所有特征量的线性组合。即

$$g(\boldsymbol{X}) = a \cdot \boldsymbol{X} + b \tag{9.2.6}$$

采用线性判别函数进行分类时，一般将 m 类问题分解成$(m-1)$个 2 类识别问题，我们首先把特征空间分为 1 类和其他类，然后对其他类依次进行下去。最简单、最基本的是 2 类线性分类问题，其中线性判别函数的系数可以通过样本试验来确定。

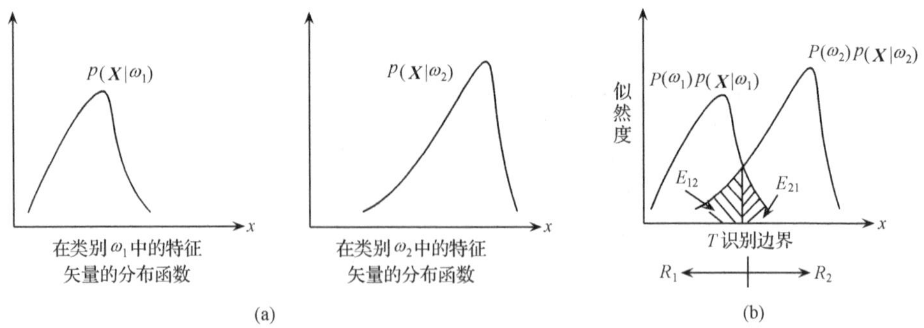

图 9.2.5　最大似然法分类

9.2.2　非监督分类法(聚类分析法)

在监督分类法中,认为类别名已知的训练样本是预先给定的。而实际应用中,有时事先并不知道有什么样的类别存在,这时在无法得知类别先验知识的情况下,要根据模式之间的相似性进行类别划分,将相似性强的模式划分为同一个类别。由于这种"物以类聚"的思想,因此这种非监督分类的方法又称为聚类分析法。这种方法完全按照模式本身的统计规律分类,因此分类的效果较好。此外,聚类分析还有可能揭示一些尚未察觉的模式类别及其内在规律。

9.3　图像识别

随着计算机技术和图像处理技术的不断发展,模式识别逐渐形成了其自有体系,主要包括四个大的类别:统计模式识别、结构模式识别、模糊集识别和人工神经网络模式识别等。这里的模式是指一个类的成员所表现出的共有且有意义的规则性,即表示这一类目标物的本质特征集合,它可以度量并可用于对感兴趣的目标物进行分类。而模式识别是指在图像处理、特征提取的基础上,把待识别模式划分到各自的模式类中去的过程,即自动或半自动地检测、度量、分类图像中的目标物。其中的模式类就是模式所属的类别,它是可预先赋予一个目标物的相互不包容的任一类。在本节中,我们将对统计模式识别、结构模式识别和人工神经网络模式识别等三种常见的图像模式识别方法进行简要介绍。

9.3.1　统计模式识别

统计模式识别是最基本的识别技术之一,其过程如图 9.3.1 所示[73]。可以看到数字化是要将图像信息转化为能够被计算机读取的数字信号,然后通过预处理的步骤来去除干扰和噪声,并将原始信息变换成能够有利于提取图像特征的形式

(也可包括图像分割)，最后我们再对预处理后的信息分析并进行特征提取。

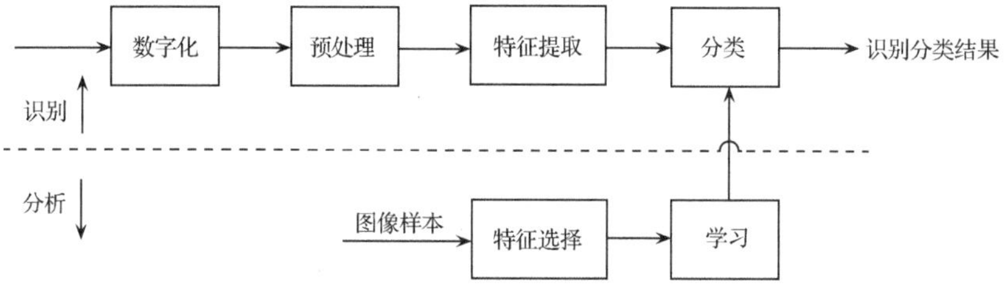

图 9.3.1 统计识别的基本过程

统计识别的方法实际上也是分类的方法。假设已提取了 N 个图像特征，而图像分为 m 类，那么我们也可以将图像的特征进行分类，并且由此确定图像属于 m 中的哪一类。

一般我们把模式识别看作一个 N 维空间的向量 $\boldsymbol{X}$，则有

$$\boldsymbol{X}=[x_1,x_2,x_3,\cdots,x_N]^{\mathrm{T}}$$

模式类别为 $\omega_1,\omega_2,\cdots,\omega_m$，识别就是要判断 $\boldsymbol{X}$ 是否属于 ω_i，以及 x_i 属于 ω_i 中的哪一类。在此过程中，主要有两个难点：一是如何提取图像特征，二是假设我们已经得到了图像特征，又怎样来判断它是属于哪一类，也就是要确定判别函数。

设图像有 $\omega_1,\omega_2,\cdots,\omega_m$，共 m 个类别，那么也就对应了 $D_1(\boldsymbol{X}),D_2(\boldsymbol{X}),D_3(\boldsymbol{X}),\cdots,D_m(\boldsymbol{X})$，共 m 个判别函数，如果 $\boldsymbol{X}$ 属于第 i 类，那么就有

$$D_i(\boldsymbol{X})>D_j(\boldsymbol{X})\qquad (j=1,2,3,\cdots,m;\quad i\neq j)$$

在两类的交界处，有 $D_i(\boldsymbol{X})=D_j(\boldsymbol{X})$。此时 $\boldsymbol{X}$ 不仅属于第 i 类，也属于第 j 类，在这种情况下判别函数是无效的。为了准确地进行识别，我们需要根据适合的图像特征选择对应的判别函数，9.2 节介绍的三种判别函数都可以使用，而实际应用中广泛采用的判别函数就是式(9.2.6)所示的线性判别函数。

线性判别函数是图像所有特征量的线性组合，即

$$D_i(\boldsymbol{X})=\sum_{k=1}^{N}\omega_{ik}x_k+\omega_{i0}\tag{9.3.1}$$

其中，$D_i(\boldsymbol{X})$表示了第 i 个判别函数；ω_{ik} 是系数；ω_{i0} 为常数阈值。在判别的交界处有

$$D_i(\boldsymbol{X})-D_j(\boldsymbol{X})=0\tag{9.3.2}$$

上式在二维的情况下是直线，在三维的情况下是平面，而在 N 维的情况下则表现为超平面，此时可以写成以下的形式

$$D_i(\boldsymbol{X})-D_j(\boldsymbol{X})=\sum_{k=1}^{N}(\omega_{ik}-\omega_{jk})x_k+(\omega_{i0}-\omega_{j0})\tag{9.3.3}$$

判别过程如下：如果 $D_i(\boldsymbol{X})>D_j(\boldsymbol{X})$，或者 $D_i(\boldsymbol{X})-D_j(\boldsymbol{X})>0$，则有 $\boldsymbol{X}\sim\omega_i$，若 $D_i(\boldsymbol{X})<D_j(\boldsymbol{X})$或者 $D_i(\boldsymbol{X})-D_j(\boldsymbol{X})<0$，则有 $\boldsymbol{X}\sim\omega_j$。

用线性判别函数进行分类的分类器称为线性分类器。由于任何 m 类问题都可以分解成$(m-1)$个 2 类判别问题，方法是把模式类空间分为 1 类和其他类，再将其他类如此分类。因此，最简单和最基本的分类器是两类线性分类器。

在 2 类判别中，若判别函数为 $D=D_1-D_2$，则判别结果为

$$\begin{cases} D=0, & \text{判别界限} \\ D>0, & \text{判别为 1 类} \\ D<0, & \text{判别为 2 类} \end{cases} \tag{9.3.4}$$

此时只需要处理与 D 相应的一组权的输入模式并判断输出符号即可进行分类，其原理如图 9.3.2 所示。

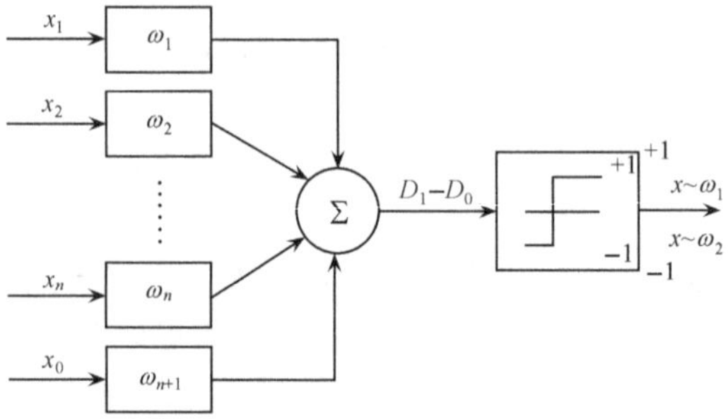

图 9.3.2　两类线性分类器

在线性分类器中关键是要选择合适的权重系数，通常采用试验法。例如，先令所有的系数都为 1，送入每个模式，然后根据分类结果的正确与否再逐渐调整系数，最终得到适合的模式权重系数，这个过程就叫做线性分类器的训练或学习。考虑 N 个特征和 1 放在一起称为 $\boldsymbol{Y}$，$N+1$ 个系数为 $\boldsymbol{\omega}$，即有

$$\boldsymbol{Y}=\begin{bmatrix} X_1 \\ X_2 \\ \vdots \\ X_N \\ 1 \end{bmatrix}, \qquad \boldsymbol{\omega}=\begin{bmatrix} \omega_1 \\ \omega_2 \\ \vdots \\ \omega_N \\ \omega_{N+1} \end{bmatrix} \tag{9.3.5}$$

针对两个不同模式类别，即 $m=2$，此时有两个训练集合 T_1 和 T_2。这两个集合是可分的，也就是说存在某个加权向量 $\boldsymbol{\omega}$，如

$$\begin{cases} \boldsymbol{Y}^{\mathrm{T}}\boldsymbol{\omega}>0, & \boldsymbol{Y}\in T_1 \\ \boldsymbol{Y}^{\mathrm{T}}\boldsymbol{\omega}<0, & \boldsymbol{Y}\in T_2 \end{cases} \tag{9.3.6}$$

如果分类器的输出不满足上面的表达式，则通过误差校正来调整系数。具体方法是

对于任一 $\boldsymbol{Y}\in T_1$，若 $\boldsymbol{Y}^{\mathrm{T}}\boldsymbol{\omega}\leqslant 0$，则

$$\boldsymbol{\omega}'=\boldsymbol{\omega}+\alpha\boldsymbol{Y} \tag{9.3.7}$$

对于任一 $\boldsymbol{Y}\in T_2$，若 $\boldsymbol{Y}^{\mathrm{T}}\boldsymbol{\omega}>0$，则

$$\boldsymbol{\omega}' = \boldsymbol{\omega} - \alpha \boldsymbol{Y} \tag{9.3.8}$$

通常使用的误差校正方法有固定增量规则、绝对修正规则和部分修正规则。固定增量规则是令 α 为一个固定的非负数，绝对修正规则是令 α 为一个最小整数，使 $\boldsymbol{Y}^{\mathrm{T}}\boldsymbol{\omega}$ 的值刚好大于零，即

$$\alpha = 大于\frac{|\boldsymbol{Y}^{\mathrm{T}}\boldsymbol{\omega}|}{\boldsymbol{Y}^{\mathrm{T}}\boldsymbol{\omega}}的最小整数 \tag{9.3.9}$$

部分修正规则中有

$$\alpha = \gamma\frac{|\boldsymbol{Y}^{\mathrm{T}}\boldsymbol{\omega}|}{\boldsymbol{Y}^{\mathrm{T}}\boldsymbol{\omega}}, \qquad 0 < \gamma \leqslant 2 \tag{9.3.10}$$

9.3.2 结构模式识别

结构模式识别系统主要由三个部分组成，分别是：预处理、模式描述和句法分析。该系统的简单框图如图 9.3.3 所示[73]。

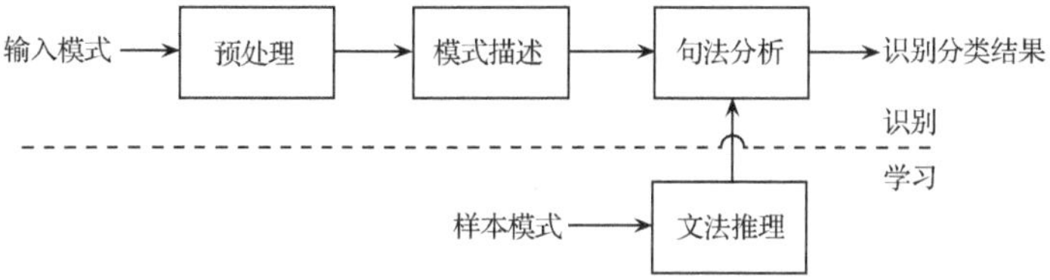

图 9.3.3 结构模式识别系统框图

其中，预处理的目的是：通过模式的编码和近似来压缩样本数据，通过滤波、复原和增强，来消除噪声和复原缺损，以利于下一步的模式描述。模式描述部分由模式分割和基元抽取两部分组成。为此，需要根据识别问题选定一组基元，并确定基元间的关系。基元抽取如同统计模式识别中的特征提取那样，对整个识别系统的性能有很大的影响。基元应该是基本的模式元素，能够通过一定的结构关系紧凑而方便地对模式加以描述，而且应该容易用非句法方法进行抽取或识别，其本身的结构信息在所研究的问题中可以不必考虑。

文法推理和句法分析构成结构模式识别理论的中心内容。文法推理类似统计模式识别中的监督学习和统计分类中的监督分类，其通过已知类别的一组样本推断出描述该类模式的文法。句法分析是判断输入模式是否由学习过程中所推断出来的文法产生，因而是一个识别过程。在最简单的情况下，可以用匹配器代替句法分析，即用表示一种输入模式的基元串与各种模型(也是用基元串表示的)相比较，按照选定的匹配准则，输入模式被划入匹配“最好”的那一类。这种结构识别方法的特点是简单、快速，但是没有充分利用句法信息，因此只有在能够确定合适的参考链并有明确的匹配准则情况下才适用。另一种识别方法是研究全部层次结构信息，并基于文法推理和句法分析，其识别过程比较复杂。此外还有若干介于这两种方法之间的研究方法。

在实际应用中，识别方法的选取通常取决于待识别的模式，若识别要求有完整的模式描述，就要分析全部层次结构信息，反之就可用较简单的方法以提高识别效率。

9.3.3 神经网络识别

从 20 世纪 50 年代开始，研究人员开始着力于模拟生物神经系统的某些功能，尤其是研究人的神经系统的信息处理过程。人们将若干个处理单元(即神经元)通过一定的互联模型连接成一个网络，这个网络通过一定的机制(如误差后项传播)可以模仿人的一些动作过程，以达到识别分类的目的。其区别于其他识别方法的最大特点是它对待识别的对象不要求有太多的分析与了解，具有一定的智能化处理的特点。

在人工神经网络中，一个处理单元(即一个人工神经元)将接受的信息 x_0，x_1，…，x_{n-1}通过用 W_0，W_1，…，W_{n-1}来表示互联强度，以点积的形式合成为输入，如图 9.3.4 所示，并把它和设定的阈值(或偏差)θ 作比较，再经过某函数 f 的变换，便得到处理单元(神经元)的输出 y。图 9.3.5 是常见的三种非线性对应函数 f，其中图(a)为强制性函数，图(b)为逻辑性函数，图(c)是最常见的一种作用函数，称为 Sigmoid 型。

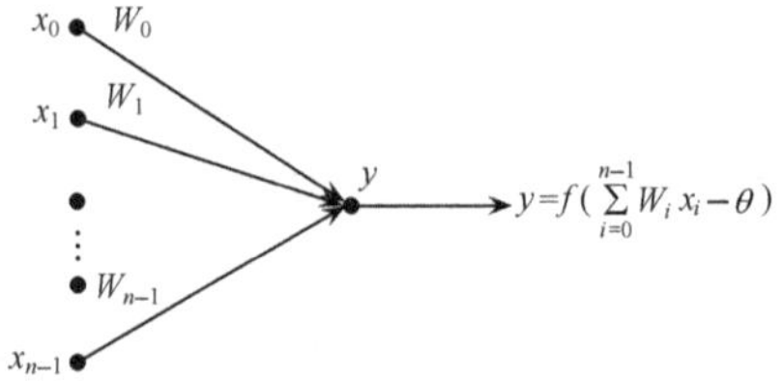

图 9.3.4 一个人工神经元的示例

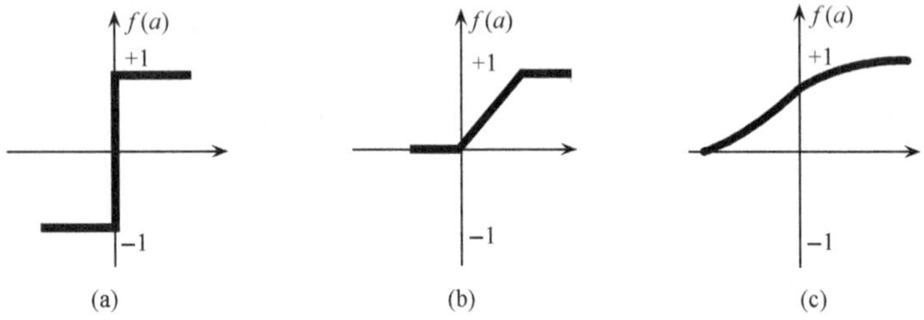

图 9.3.5 常用变换函数曲线

(a) 强制性函数 (b) 阈值逻辑性函数 (c) S 型函数

神经元的输出与输入间的关系由下式给出

$$y=f\left(\sum_{i=0}^{n-1} W_i x_i-\theta\right) \tag{9.3.11}$$

式中，x_i 为第 i 个输入元素；W_i 为从第 i 个输入与神经元间的互联权系数；θ 为神经元的内部阈值；y 为神经元的输出。

在基于神经网络的模式识别应用中，神经网络的输入是要识别对象的特征向量，这个特征向量将输入到第一隐含层的所有神经元。通常，特征向量如式(9.3.5)一样会增加一维，这为求和提供了一个附加的权重，在函数 f 中起到偏移量的作用。输入特征向量经不同层传播，在输出层上产生相应的输出向量，该输出向量作为特征类属的可能性，据此可将该对象划分到某一类中。

与传统分类器一样，利用神经网络也是将 N 维特征划分到 m 类的模式中。但神经网络的独特性在于可利用一个称为感知机(perceptron)的神经网络模型，将线性阈值单元作为输出单元，感知机通过算法的训练学习过程，不断调整权重系数，最终能找到一组实现正确分类的权重。一旦权重确定，也就确定了用于识别分类的神经网络，也就是分类器。到此，就可以利用该分类器进行图像识别分类。此时，权重系数保持不变。图 9.3.6 是传统分类器和神经网络分类器的比较[73]。

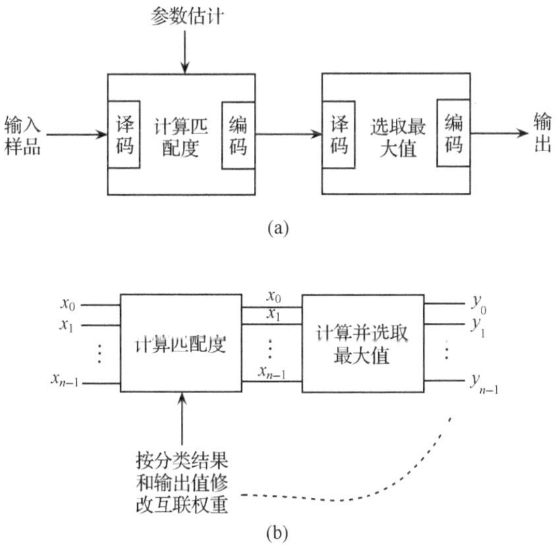

图 9.3.6　传统分类器和神经网络的比较

(a) 传统分类器　(b) 神经网络分类器

9.4　小　　结

本章简要介绍了图像的匹配和识别分类的概念和基本方法，包括图像匹配、图像统计分类和模式识别方法。

图像匹配是根据已知模式或获取的对象模式特征集，对要识别图像进行搜索，寻找相应的模式，并确定目标物在图像中的位置。9.2 节主要介绍了用于图像分类的统计方法，包括监督分类法和非监督分类法。它们是根据提取出的目标物特征，利用分类器进行分类，其核心是设计合理的分类器。而模式识别作为图像识别的主要方法，目前已有许多成熟技术可供实际应用。对此，9.3 节对统计模式识别、结构模式识别和人工神经网络模式识别等三种常用的图像模式识别方法进行了简要介绍。实际应用中，图像匹配、图像统计分类和模式识别等方法可配合使用。当然针对不同的应用环境，还有许多更好的方法可供使用，而本章仅仅是让读者在前几章学习的基础上，对图像的分类识别有初步的了解。

习　　题

9.1　试说明模板匹配与 Hough 变换的联系，并分析比较它们在检测共线点时的计算量。

9.2　一般哪些纹理参数可用于纹理匹配？讨论这些纹理参数相互之间满足什么关系时组合起来效果会更好。

9.3　除了常用的形状特征、纹理特征、颜色特征外，还有哪些描述图像内容的特征？

9.4　如题图 9.4 所示，已知一幅图像，其中有一三角形子图像 $f_1(x,y)$，试用模板匹配方法确定出 $f_1(x,y)$ 的位置。

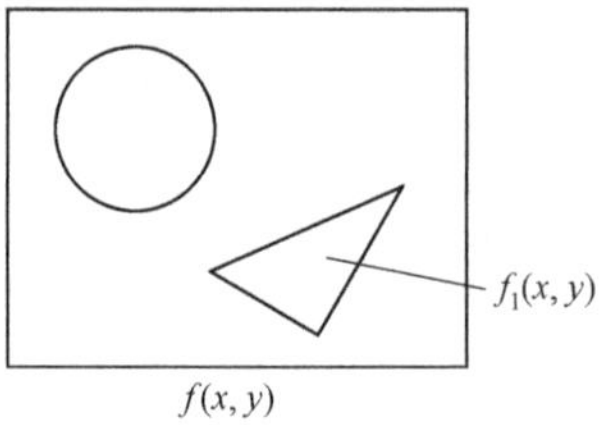

题图 9.4

参考文献

1 陈书海,傅录祥．实用数字图像处理．北京:科学出版社,2005

2 阮秋琦．数字图像处理学．北京:电子工业出版社,2001

3 Gonzalez R C,et al. 数字图像处理. 2 版. 阮秋琦等译．北京:电子工业出版社,2003

4 章毓晋．图像工程(上)——图像处理和分析．北京:清华大学出版社,1999

5 Bose T. Digital Signal and Image Processing(影印版). 北京:高等教育出版社,2004

6 Pratt W K. 数字图像处理. 3 版. 邓鲁华,张延恒等译．北京:机械工业出版社,2005

7 孙即祥．图像处理．北京:科学出版社,2004

8 刘明才．小波分析及其应用．北京:清华大学出版社,2005

9 杨福生．小波变换的工程分析与应用．北京:科学出版社,1999

10 彭玉华．小波变换与工程应用．北京:科学出版社,1999

11 成礼智,王红霞,罗永．小波的理论与应用．北京:科学出版社,2004

12 李朝晖．数字图像处理及应用．北京:机械工业出版社,2004

13 贾永红．数字图像处理．武汉:武汉大学出版社,2003

14 陆系群,陈纯．图像处理原理、技术与算法．杭州:浙江大学出版社,2001

15 芮杰,吴冰,秦志远．一种稳健的自适应图像平滑算法．中国图像图形学报,2005,10(1)

16 傅德胜,寿亦升. 图形图像处理学．南京:东南大学出版社,2002

17 余松煜,周源华,吴时光．数字图像处理．北京:电子工业出版社,1989

18 陈传波,金先级．数字图像处理．北京:机械工业出版社,2004

19 邹谋炎．反卷积与信号复原．北京:国防工业出版社,2001

20 缪绍纲．数字图像处理——活用 Matlab. 成都:西南交通大学出版,2001

21 Sina Farsiu, Dirk Robinson M, Elad M. Fast and robust multiframe super resolution. IEEE Trans. On Image Processing,2004, 13(10),1327～1344

22 张新明,沈兰荪．在小波变换域内实现图像的超分辨率复原．计算机学报,2003,26(9):1183～1189

23 Park S C, Park M K. Super-resolution image reconstruction: a technical overview. IEEE Signal Processing Magazine, 2003: 21～36

24 Farsiu S,Robinson D,Elad M, et al. Advances and challenges in super-resolution. International Journal of Imaging Systems and Technology,2004,14(2):47～72

25 Castleman K R. 数字图像处理．朱志刚等译．北京:电子工业出版社,2002

26 黄华,齐春,孔玲莉等．基于凸集投影和线过程模型的图像超分辨率重建. 西安交通大学学报,2003,37(10):1059～1062

27 李在铭等．数字图像处理、压缩与识别技术．成都:电子科技大学出版社,2000

28 Hunt B R. Super-resolution of imagery: understanding the basis for recovery of spatial frequencies beyond the diffraction limit. Proceedings of Information, Decision and Control, Adelaide, Australia,1999: 243～248

29 苏秉华,金伟其,牛丽红等．超分辨率图像复原及其进展．光学技术,2001,27(1):6～9

30 Elad M, Feuer A. Super-resolution reconstruction of an image. Proc. 19th IEEE Conf. on Electrical and Electronics Engineers, Israel, 1996: 391～394

31 许录平,姚静．一种图像快速超分辨率复原方法．西安电子科技大学学报,2007,34(3):382～385,408

32 冯玉珉,邵玉明,张星．数据图像压缩编码．北京:中国铁道出版社,1993

33 黄贤武,王加俊,李家华．数字图像处理与压缩编码技术．成都:电子科技大学出版社,2000

34 David Salomon. 数据压缩原理与应用. 第二版. 吴乐南等译．北京:电子工业出版社,2003

35 张旭东,卢国栋,冯健．图像编码基础和小波压缩技术——原理、算法和标准．北京:清华大学出版

社，2004
36 孙即祥等．图像压缩与投影重建．北京：科学出版社，2005
37 吕凤军．数字图像处理编程入门——做一个自己的 Photoshop. 北京：清华大学出版社，1999
38 陈武凡．小波分析及其在图像处理中的应用．北京：科学出版社，2002
39 http://210.41.4.20/course/58/58/MMT/MMT03_02_2.htm
40 http://datacompression.info/ArithmeticCoding.shtml
41 Shapiro J M. Embedded image coding using zerotrees of wavelet coefficients. IEEE Trans on Signal Processing，1993，41(12)：3445～3462
42 Said A，Pearlman W. A new，fast and efficient image codec based on set partitioning in hierarchical trees. IEEE Trans on Circuits Systems for Video Technology，1996，6(3)：243～250
43 Taubman D. High performance scalable image compression with EBCOT. IEEE Trans on Image Processing，2000，9(7)：1158～1170
44 孙即祥．图像分析．北京：科学出版社，2005
45 Friedrich M Wahl. 数字图像信号处理"原理、方法与实例". 王宗海等译. 上海：上海远东出版社，1993
46 章毓晋．图像处理和分析基础．北京：高等教育出版社，2002
47 孙景荣．油田工程图的线划提取与矢量化．西安：西安电子科技大学硕士学位论文，2003
48 赵宗刚. 用 VC＋＋实现数字图像处理的图像分割算法．西安：西安电子科技大学本科毕业论文，2005
49 马颂德，张正友．计算机视觉——计算理论与算法基础．北京：科学出版社，2003
50 甘金来．图像边缘检测算法的比较研究．成都：电子科技大学硕士学位论文，2005
51 赵荣椿等．数字图像处理导论．西安：西北工业大学出版社，2000
52 杨宜禾，周维真．成像跟踪技术导论．西安：西安电子科技大学出版社，1991
53 Cherkassky V，Mulier F. Learning from Data：Concepts Theory and Methods. NY：John Viley&Sons，1997
54 田启川，潘泉，张洪才，等．Hough 变换在虹膜区域分割中的应用．计算机应用．2005，(1)：1～3
55 龙璐岚. 基于虹膜的身份识别技术研究——预处理研究，西安：西安电子科技大学本科毕业论文，2006
56 王积分，张新荣．计算机图像识别．北京：中国铁道出版社，1988
57 郎锐．数字图像处理学 VC＋＋实现．北京：北京希望电子出版社，2003
58 Petrou M，Bosdogianni P. 数字图像处理疑难解析．赖剑煌，冯国灿译．北京：机械工业出版社，2005
59 刘榴娣，刘明奇，党长民．实用数字图像处理．北京：北京理工大学出版社，1998
60 何东健．数字图像处理．西安：西安电子科技大学出版社，2003
61 许殿元，丁树柏．遥感图像信息处理．北京：宇航出版社，1990
62 周新伦，柳健，刘华志．数字图像处理．北京：国防工业出版社，1986
63 朱秀昌，刘峰，胡栋．数字图像处理与图像通信．北京：北京邮电大学出版社，2002
64 容观澳．计算机图像处理．北京：清华大学出版社，2000
65 霍宏涛．数字图像处理．北京：北京理工大学出版社，2002
66 景晓军．图像处理技术及其应用．北京：国防工业出版社，2005
67 何斌．Visual C＋＋数字图像处理．北京：人民邮电出版社，2002
68 夏德深，傅德胜．现代图像处理技术与应用．南京：东南大学出版社，1997
69 田捷，沙飞，张新生．实用图像分析与处理技术．北京：电子工业出版社，1995
70 崔屹．数字图像处理技术与应用．北京：电子工业出版社，1997
71 陆宗骐．C/C＋＋图像处理编程．北京：清华大学出版社，2005
72 贾永红．计算机图像处理与分析．武汉：武汉大学出版社，2001
73 沈庭芝，方子文．数字图像处理及模式识别．北京：北京理工大学出版社，1998
74 左飞．数字图像处理原理与实践(MATLAB 版)．北京：电子工业出版社，2014